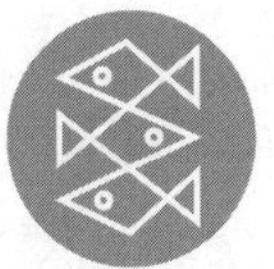

Nirgendwo lernt man Philip K. Dick besser kennen als in seinen Stories. Ihm gelingt das überraschende Kunststück, seine Protagonisten, die als Arbeiter oder Angestellte ihren Alltagsgeschäften nachgehen, plötzlich in andere Galaxien zu katapultieren und ihr Leben gehörig auf den Kopf zu stellen. Nach ›Total Recall Revisited‹ (Bd. 90578) zeigen die fünfzehn in diesem Band versammelten Stories abermals die faszinierende Bandbreite von Dicks Werk.

»Philip K. Dick ist unter den literarischen Geheimtipps der Superstar.«
Claudius Seidl, Frankfurter Allgemeine Sonntagszeitung

»Wenn die Visionen seiner Bücher wahr sein sollten, amüsiert er sich längst in einer Parallelwelt über seinen späten Triumph.«
Christoph Dallach, Der Spiegel

Philip K. Dick hat Science-Fiction nicht erfunden, aber aus ihr eine Kunst gemacht. Mit prophetischem Blick und genialischer Phantasie sah er Szenarien voraus, in denen unsere Gegenwart zum Albtraum wird: ›Blade Runner‹, ›Minority Report‹, ›Total Recall‹, ›Impostor‹, ›Paycheck‹, ›Der dunkle Schirm‹ – all diese Filme basieren auf seinen Büchern. 1928 in Chicago geboren, rettete er sich aus seiner psychotischen Jugend nach Berkeley. Er nahm so ziemlich alle Aufputschmittel und Drogen, die es gab, hatte Visionen und göttliche Erscheinungen, schrieb bis zu 60 Seiten am Tag und fühlte sich von FBI und KGB verfolgt. 1982 starb er wenige Wochen vor der Filmpremiere von ›Blade Runner‹.

Weitere Informationen finden Sie auf www.fischerverlage.de.

Philip K. Dick

Ein kleines Trostpflaster für uns Temponauten

15 Stories

Mit einem Nachwort von Jonathan Lethem

FISCHER Klassik

Originalausgabe
Erschienen bei FISCHER Taschenbuch
Frankfurt am Main, Mai 2016

Satz: Dörlemann Satz, Lemförde
Druck und Bindung: CPI books GmbH, Leck
Printed in Germany
ISBN 978-3-596-90567-6

Inhalt

Und jenseits – das Wobb

Sie waren mit Beladen fast fertig. Draußen stand der Optus mit verschränkten Armen und düsterer Miene. Captain Franco schlenderte gemächlich die Laufplanke herunter und grinste.

»Was haben Sie?«, fragte er. »Sie bekommen das alles doch bezahlt.«

Der Optus erwiderte nichts. Er raffte sein Gewand zusammen und wandte sich ab. Der Captain setzte seinen Stiefel auf den Saum des Gewands.

»Moment. Gehen Sie nicht weg. Ich bin noch nicht fertig.«

»So?« Würdevoll drehte sich der Optus um. »Ich kehre ins Dorf zurück.« Er sah zu den Tieren, Vierbeinern und Vögeln, die die Laufplanke hinauf in das Raumschiff getrieben wurden. »Wir müssen wieder auf die Jagd gehen.«

Franco zündete sich eine Zigarette an. »Na und? Sie und Ihre Leute können jederzeit raus in die Steppe und finden neue Beute. Aber wir, wenn wir auf halber Strecke zwischen Mars und Erde sind –«

Der Optus ging wortlos davon. Franco trat zum ersten Offizier unten an der Planke.

»Wie läuft es?«, fragte er. Er warf einen Blick auf seine Uhr. »Wir machen hier ein gutes Geschäft.«

Der Offizier schnitt eine säuerliche Grimasse. »Wie das wohl kommt?«

»Was ist los mit Ihnen? Wir brauchen die Tiere, und zwar dringender als die.«

»Bis später, Captain.« Der Offizier drängte sich zwischen den langbeinigen Mars-Stelzvögeln die Laufplanke hinauf ins Schiff.

Franco sah, wie er verschwand. Er wollte ihm gerade folgen, als er es plötzlich sah.

»Mein Gott!« Die Hände in die Seiten gestemmt, stand er da und starrte das Ding an. Peterson kam mit hochrotem Kopf den Pfad entlang und führte es an einem Strick.

»Ging nicht schneller, Captain«, sagte er und zerrte an dem Strick. Franco ging auf ihn zu.

»Was ist *das* denn?«

Das Tier blieb stehen; sein mächtiger, schlaffer Körper kam langsam zur Ruhe. Mit halbgeschlossenen Augen setzte es sich hin. Ein paar Fliegen summten um seine Flanke, und es schlug mit seinem Schwanz nach ihnen.

Da saß es, und für eine Weile schwiegen die Männer.

»Das ist ein Wobb«, sagte Peterson schließlich. »Ich hab es von einem Eingeborenen bekommen, für fünfzig Cents. Er sagte, es sei ein sehr ungewöhnliches Tier. Genießt hier großen Respekt.«

»Das da?« Franco stieß gegen die mächtige, schräg abfallende Seite des Wobbs. »Das ist ein Schwein! Ein riesiges, dreckiges Schwein!«

»Ja, ein Schwein, Sir. Die Eingeborenen nennen es Wobb.«

»Ein riesiges Schwein. Muss an die vierhundert Pfund wiegen.« Franco packte ein Büschel borstiger Haare. Das Wobb japste. Seine kleinen, feuchten Augen öffneten sich. Dann zuckte sein großes Maul.

Eine Träne rollte die Wange des Wobbs herunter und platschte auf den Boden.

»Vielleicht ist es ja genießbar«, sagte Peterson verlegen.

»Das werden wir schon noch herausfinden«, sagte Franco.

Das Wobb überlebte den Start und schlief tief und fest im Laderaum des Schiffs. Als sie sich draußen im Weltraum befanden und alles reibungslos lief, befahl Captain Franco seinen Leuten, das Wobb heraufzuschaffen, damit er sich ein Urteil bilden könne, um was es sich bei diesem Tier genau handelte.

Grunzend und schnaufend quetschte sich das Wobb durch die Gänge.

»Komm schon«, ächzte Jones und zerrte am Strick. Das Wobb krümmte sich, scheuerte sich an den glatten Chromwänden die Haut ab. Es platzte in den Vorraum und sackte dort zu einem Haufen zusammen. Die Männer sprangen auf.

»Du lieber Gott«, sagte French. »Was ist denn das?«

»Peterson sagt, ein Wobb«, sagte Jones. »Es gehört ihm.« Er versetzte dem Wobb einen Fußtritt. Das Wobb stand mühsam auf, es hechelte.

»Was hat es?« French trat näher. »Ist ihm schlecht?«

Sie beobachteten es. Das Wobb rollte traurig die Augen. Sein Blick glitt über die Männer.

»Ich glaube, es hat Durst«, sagte Peterson. Er ging, um etwas Wasser zu holen. French schüttelte den Kopf.

»Kein Wunder, dass wir beim Start solche Schwierigkeiten hatten. Ich musste die ganze Ballastkalkulation neu durchgehen.«

Peterson kam mit dem Wasser zurück. Das Wobb begann dankbar zu schlürfen und bespritzte dabei die Männer.

Captain Franco erschien in der Tür.

»Dann wollen wir mal sehen.« Er ging zum Wobb und beäugte es kritisch. »Sie haben es für fünfzig Cents bekommen?«

»Ja, Sir«, sagte Peterson. »Es frisst fast alles. Ich hab es mit Getreide gefüttert, das mochte es. Und dann mit Kartoffeln und Brei und Essensresten und Milch. Es scheint gern zu fressen. Nach dem Fressen legt es sich hin und schläft.«

»So, so«, sagte Captain Franco. »Aber wie schmeckt es, das ist doch die Frage? Hat wohl kaum Sinn, es noch mehr zu mästen. Es kommt mir fett genug vor. Wo ist der Koch? Er soll herkommen. Ich will wissen –«

Das Wobb hörte auf zu schlabbern und blickte hoch.

»Captain«, sagte das Wobb. »Ich schlage wirklich vor, dass wir von anderen Dingen sprechen.«

Im Raum war es still.

»War da was?« fragte Franco. »Gerade eben?«

»Das Wobb, Sir«, sagte Peterson. »Es hat gesprochen.«

Alle sahen das Tier an.

»Was hat es gesagt? Was hat es gesagt?«

Franco trat zum Wobb. Er ging einmal um es herum und betrachtete es von allen Seiten. Dann kam er wieder zurück und stellte sich zu den Männern.

»Wer weiß, vielleicht steckt ein Eingeborener da drin«, sagte er nachdenklich. »Vielleicht sollten wir es aufschneiden und nachsehen.«

»Du liebe Güte!«, rief das Wobb. »Ist das das Einzige, woran Sie und Ihresgleichen denken können, töten und aufschneiden?«

Franco ballte die Fäuste. »Kommen Sie da raus! Wer Sie auch sind, kommen Sie raus!«

Nichts rührte sich. Die Männer standen mit verdutzten Gesichtern beisammen und starrten das Wobb an. Das Wobb schlug mit dem Schwanz. Es rülpste.

»Bitte um Entschuldigung«, sagte das Wobb.

»Ich glaube nicht, dass da jemand drin ist«, sagte Jones leise. Sie sahen einander an.

Der Koch kam herein.

»Sie haben mich gerufen, Captain?«, sagte er. »Was ist denn das für ein Ding?«

»Das ist ein Wobb«, sagte Franco. »Es soll zubereitet werden. Wiegen Sie es, und finden Sie raus –«

»Ich glaube, wir sollten uns einmal unterhalten«, sagte das Wobb. »Ich würde gern mit Ihnen darüber diskutieren, Captain, wenn es Ihnen recht ist. Mir scheint, dass Sie und ich in einigen grundlegenden Dingen nicht ganz übereinstimmen.«

Der Captain brauchte für seine Antwort viel Zeit. Das Wobb wartete gutmütig und leckte sich das Wasser von den Backen.

»Komm in mein Büro«, sagte der Captain schließlich. Er drehte sich um und verließ den Raum. Das Wobb erhob sich und trottete hinter ihm her. Die Männer beobachteten es, als es hinausging. Sie hörten, wie es die Treppe hinaufstieg.

»Möchte wissen, was das wohl werden soll«, sagte der Koch. »Also, ich bin in der Küche. Wenn ihr was wisst, sagt mir Bescheid.«

»Ja«, sagte Jones. »Ja, ja.«

Mit einem Seufzer ließ sich das Wobb in der Ecke nieder. »Sie müssen verzeihen«, sagte es. »Aber ich bin süchtig nach jeder Form von Entspannung. Wenn man so konstituiert ist wie ich –«

Der Captain nickte ungeduldig. Er setzte sich an seinen Schreibtisch und faltete die Hände.

»Also gut«, sagte er. »Fangen wir an. Du bist ein Wobb. Ist das korrekt?«

Das Wobb zuckte die Schultern. »Ich glaube schon. So nennen uns jedenfalls die Eingeborenen, meine ich. Wir haben unsere eigene Bezeichnung.«

»Und du sprichst Englisch? Du hattest bereits früher einmal mit Erdmenschen Kontakt?«

»Nein.«

»Und woher kannst du es dann?«

»Englisch sprechen? Spreche ich Englisch? Es ist mir nicht bewusst, dass ich irgendetwas Spezielles spreche. Ich habe nur Ihr Bewusstsein sondiert –«

»Mein Bewusstsein?«

»Ich habe seinen Inhalt studiert, vor allem den semantischen Speicher, wenn Sie so wollen –«

»Ich verstehe«, sagte der Captain. »Telepathie. Natürlich.«

»Wir sind eine sehr alte Rasse«, sagte das Wobb. »Sehr alt und gewichtig. Es fällt uns schwer, uns zu bewegen. Sie werden verstehen, dass etwas so Langsames und Schwerfälliges agileren Lebensformen auf Gedeih und Verderb ausgeliefert ist. Es war für uns zwecklos, auf physische Verteidigungsmöglichkeiten zu bauen. Wie hätten wir siegen sollen? Zu schwer, um zu laufen, zu weich, um zu kämpfen, zu gutmütig, um zu jagen –«

»Wovon lebt ihr dann?«

»Pflanzen. Gemüse. Wir können fast alles essen. Wir sind sehr genügsam. Tolerant, anpassungsfähig, genügsam. Wir leben und lassen leben. So sind wir durchgekommen.«

Das Wobb sah den Captain an.

»Und darum protestiere ich nachdrücklich dagegen, gekocht zu werden. Ich kann die bildliche Vorstellung in Ihrem Bewusstsein sehen – ein Großteil von mir landet im Kühlraum, ein kleinerer Teil im Topf; ein paar Happen für Ihre Lieblingskatze –«

»Du kannst also Gedanken lesen?«, sagte der Captain. »Ist ja interessant. Kannst du noch etwas, ich meine, irgendetwas in dieser Art?«

»Nun, noch so dies und das«, sagte das Wobb geistesabwesend und sah sich im Raum um. »Ein schönes Zimmer haben Sie hier, Captain. Sie halten es gut in Ordnung. Ich empfinde Hochachtung vor ordentlichen Lebensformen. Einige Marsvögel sind recht ordentlich. Sie werfen aus ihren Nestern raus, was nicht reingehört, und fegen sie aus –«

»Ja, ja.« Der Captain nickte. »Um wieder zum Thema zu kommen –«

»Richtig. Sie sprachen davon, mich zu verspeisen. Der Geschmack, hab ich mir sagen lassen, ist gut. Ein bisschen fett, aber sehr zart. Aber wie kann zwischen Ihren Leuten und meinen ein dauerhafter Kontakt hergestellt werden, wenn Sie ein derart barbarisches Verhalten an den Tag legen? Mich essen! Sie sollten lieber mit mir philosophische Fragen diskutieren, Philosophie, Kunst –«

Der Captain erhob sich. »Philosophie. Es dürfte dich vielleicht interessieren, dass wir nicht recht wissen, was wir die nächsten vier Wochen essen sollen. Unglücklicherweise ist uns nämlich Proviant verdorben und –«

»Ich weiß.« Das Wobb nickte. »Aber wäre es nicht eher in Übereinstimmung mit euren demokratischen Prinzipien, wenn wir Strohhalme zögen oder irgendetwas in der Art? Schließlich ist Demokratie dazu da, Minderheiten vor solchen Übergriffen zu schützen. Also, wenn jeder von uns eine Stimme abgeben würde –«

Der Captain kam um den Schreibtisch herum.

»Von wegen«, sagte er. Er ging zur Tür. Er machte den Mund auf.

Und erstarrte, mit weitgeöffnetem Mund und stierem Blick; seine Finger umklammerten den Türgriff.

Das Wobb betrachtete ihn. Dann schob es sich am Captain vorbei und trottete aus dem Raum. Tief in Gedanken versunken, ging es den Gang entlang.

Im Raum war es still.

»Sie sehen also«, sagte das Wobb, »wir haben einen gemeinsamen Mythos. In Ihrem Bewusstsein finden sich viele mythische Symbole, die auch uns geläufig sind. Ischtar, Odysseus –«

Peterson saß stumm da und blickte zu Boden. Er richtete sich auf seinem Stuhl auf.

»Fahren Sie fort«, sagte er. »Bitte fahren Sie fort.«

»Ich verstehe Ihren Odysseus als eine Gestalt, die allen Mythologien jener Rassen gemein ist, die sich ihrer selbst bewusst sind. Ich interpretiere Odysseus als einen Wanderer, der sich seiner selbst als Individuum bewusst ist. Das nämlich ist die Idee der Trennung, der Trennung von Familie und Heimatland. Ein Prozess der Individuation.«

»Aber Odysseus kehrt wieder zurück.« Peterson blickte hinaus durch die Sichtluke zu den Sternen – unzählige Sterne, die intensiv in der Leere des Universums brannten. »Am Ende kehrt er nach Hause zurück.«

»So wie alle Lebewesen. Die Trennung ist nur von vorübergehender Dauer, eine kurze Reise der Seele. Sie beginnt, und sie endet. Der Wanderer kehrt zurück in sein Land, zu seinen Vorfahren …«

Die Tür öffnete sich. Das Wobb hielt inne und drehte seinen großen Kopf herum.

Captain Franco kam in den Raum, gefolgt von den Männern. Sie zögerten an der Tür.

»Alles in Ordnung mit dir?«, fragte French.

»Meinst du mich?«, fragte Peterson überrascht. »Was soll mit mir sein?«

Franco senkte sein Gewehr. »Kommen Sie her«, sagte er zu Peterson. »Stehen Sie auf und kommen Sie her.«

Peterson schwieg.

»Gehen Sie nur«, sagte das Wobb. »Es spielt keine Rolle.«

Peterson stand auf. »Aber warum denn?«

»Das ist ein Befehl.«

Peterson ging zur Tür. French ergriff seinen Arm.

»Was soll das?« Peterson befreite sich von dem Griff. »Was habt ihr denn?«

Captain Franco ging auf das Wobb zu. Das Wobb blickte auf von seinem Platz in der Ecke, wo es dicht an die Wand gepresst lag.

»Es ist interessant«, sagte das Wobb, »dass Sie derart besessen sind von der Idee, mich zu essen. Ich frage mich, woher das rührt.«

»Steh auf«, sagte Franco.

»Wenn Sie es wünschen.« Das Wobb erhob sich grunzend. »Haben Sie ein wenig Geduld. Das ist alles nicht so einfach für mich.« Keuchend stand es auf den Beinen mit albern baumelnder Zunge.

»Schießen Sie schon«, sagte French.

»Um Himmels willen!«, rief Peterson. Jones drehte sich rasch zu ihm herum; die Angst stand ihm ins Gesicht geschrieben.

»Sie haben ihn nicht gesehen – wie eine Statue stand er da, mit offenem Mund. Wenn wir nicht nach ihm gesehen hätten, würde er jetzt noch da stehen.«

»Wer? Der Captain?« Peterson sah sich nach ihm um. »Aber es ist doch jetzt alles wieder in Ordnung mit ihm.«

Sie sahen zum Wobb, das mitten im Raum stand; sein mächtiger Brustkorb hob und senkte sich.

»Also«, sagte Franco. »Aus dem Weg.«

Die Männer traten beiseite in Richtung Tür.

»Sie haben ziemlich große Angst, nicht wahr?«, sagte das Wobb. »Habe ich Ihnen irgendetwas getan? Ich bin grundsätzlich gegen jede Gewaltanwendung. Ich habe nur versucht, mich zu schützen, das ist alles. Hätten Sie von mir erwartet, dass ich mich begierig in den Tod stürze? Ich bin ein vernunftbegabtes Wesen wie Sie. Ich war neugierig darauf, Ihr Schiff zu sehen und etwas über Sie zu erfahren. Ich schlug daher dem Eingeborenen vor –«

Das Gewehr zuckte.

»Na also«, sagte Franco. »Hab ich's mir doch gedacht.«

Das Wobb legte sich ächzend wieder nieder. Es streckte die Klauen aus, legte seinen Schwanz an.

»Es ist schön warm hier«, sagte das Wobb. »Das heißt, dass wir uns nahe bei den Düsen befinden. Atomkraft. Sie haben viele wunderbare Dinge auf diesem Gebiet vollbracht – technisch gesehen. Offensichtlich ist in Ihrer wissenschaftlichen Hierarchie kein Platz für die Lösung moralischer, ethischer –«

Franco drehte sich zu den Männern um, die sich stumm und mit schreckgeweiteten Augen hinter ihm drängten.

»Es geht los. Aufgepasst.«

French nickte. »Sehen Sie zu, dass Sie das Gehirn treffen. Das kann man ohnehin nicht essen. Zielen Sie nicht auf die Brust. Wenn der Brustkorb zertrümmert wird, müssen wir nachher die Knochensplitter raussuchen.«

»Hört doch mal zu«, sagte Peterson und fuhr sich mit der Zunge über die Lippen. »Hat es uns irgendetwas getan? Was für einen Schaden hat es schon angerichtet? Ich frage euch! Außerdem gehört es immer noch mir. Ihr habt kein Recht, es zu erschießen. Es gehört euch nicht.«

Franco hob sein Gewehr.

»Ich geh raus«, sagte Jones, sein Gesicht sah bleich und elend aus. »Ich will das nicht sehen.«

»Ich auch nicht«, sagte French. Murmelnd gingen die beiden Männer hinaus. Peterson verharrte in der Tür.

»Es hat mit mir über Mythen gesprochen«, sagte er. »Es würde niemandem etwas tun.«

Er ging hinaus.

Franco trat auf das Wobb zu. Das Wobb schaute langsam auf. Es schluckte.

»Eine sehr dumme Geschichte«, sagte es. »Ich bin betrübt, dass Sie es tatsächlich tun wollen. Es gibt da eine Parabel, die Ihr Erlöser einmal erzählte –«

Es brach ab, starrte auf das Gewehr.

»Können Sie mir ins Auge blicken und es tun?«, sagte das Wobb. »Können Sie das?«

Der Captain schaute auf das Tier herab. »Ich kann dir ins Auge blicken«, sagte er. »Zu Hause auf der Farm hatten wir Schweine, dreckige Spitzrückenschweine. Und wie ich das kann.«

Er sah dem Wobb starr in die feuchten, funkelnden Augen – und drückte ab.

Es schmeckte ausgezeichnet.

Bedrückt saßen sie am Tisch; kaum einer hatte richtig gegessen. Nur Captain Franco schien sich prächtig zu amüsieren.

»Noch ein Stück?«, fragte er und blickte sich um. »Ein Stück Fleisch? Oder noch etwas Wein?«

»Für mich nicht, danke«, sagte French. »Ich glaube, ich geh mal wieder in den Navigationsraum.«

»Ich auch.« Jones schob seinen Stuhl zurück und stand auf. »Bis nachher.«

Der Captain sah ihnen nach. Ein paar weitere Männer entschuldigten sich.

»Was ist denn los mit denen?«, fragte der Captain. Er schaute zu Peterson. Peterson starrte auf seinen Teller, auf die Kartoffeln, die grünen Erbsen und die dicke Scheibe zarten, warmen Fleisches.

Er öffnete den Mund. Er brachte keinen Ton heraus.

Der Captain legte seine Hand auf Petersons Schulter.

»Es ist jetzt bloß noch organischer Stoff«, sagte er. »Die Lebenskraft ist fort.« Er aß und tunkte etwas Brot in die Soße. »Also ich, ich esse für mein Leben gern. Essen ist eines der großartigsten Dinge, die eine lebende Kreatur genießen kann. Essen, ruhen, meditieren, diskutieren.«

Peterson nickte. Zwei weitere Männer standen auf und gingen hinaus. Der Captain trank etwas Wasser und seufzte.

»Also«, sagte er, »ich muss schon sagen, dieses Mahl war ein Genuss. Mir ist viel Gutes von dem Geschmack des Wobbs berichtet worden – und es war nicht übertrieben. Wirklich großartig. Aber in der Vergangenheit war mir ein solcher Genuss nun einmal versagt.«

Er tupfte sich die Lippen mit seiner Serviette ab und ließ sich gegen die Stuhllehne sacken. Peterson blickte niedergeschlagen auf den Tisch.

Der Captain sah ihn an. Er beugte sich vor.

»Na, na«, sagte er. »Kopf hoch! Lassen Sie uns ein wenig diskutieren.«

Er lächelte.

»Wie ich bereits sagte, bevor ich unterbrochen wurde: Die Rolle des Odysseus in den Mythen –«

Peterson richtete sich mit einem Ruck auf und starrte ihn an.

»Um den Gedanken zu Ende zu bringen –«, sagte der Captain, »Odysseus, wie ich ihn verstehe –«

Roog

»Roog!«, sagte der Hund. Er stützte die Vorderpfoten auf den Zaun und sah sich um.

Der Roog lief zum Hof.

Es war früher Morgen, und die Sonne war noch nicht ganz aufgegangen. Die Luft war kalt und grau, die Wände des Hauses waren feucht. Der Hund beobachtete ihn mit leicht geöffneter Schnauze, und seine großen schwarzen Pfoten krallten sich in das Holz des Zauns.

Der Roog stand beim offenen Tor und sah in den Hof. Es war ein kleiner Roog, dünn und weiß, auf wackeligen Beinen. Der Roog zwinkerte dem Hund zu, und der Hund fletschte die Zähne.

»Roog!«, sagte er wieder. Im stillen Halbdunkel hallte das Wort nach. Nichts regte, nichts rührte sich. Der Hund löste seine Pfoten vom Zaun und ging über den Hof zur Verandatreppe zurück. Er setzte sich auf die unterste Stufe und beobachtete den Roog. Der Roog warf ihm einen kurzen Blick zu. Dann reckte der Roog den Hals zum Fenster des Hauses, direkt über ihm, und schnupperte.

Wie der Blitz schoss der Hund quer über den Hof. Er prallte gegen den Zaun, und das Tor erzitterte und ächzte. Eilig entfernte sich der Roog, mit komischen kleinen Schritten trippelte er davon. Der Hund streckte sich zwischen den Torpfosten aus, schwer atmend und mit heraushängender Zunge. Er sah dem entschwindenden Roog nach.

Der Hund lag still, mit schwarzen, glänzenden Augen da. Der Tag brach an. Der Himmel wurde ein wenig weißer, und von überallher hallten die Geräusche von Menschen durch die Morgenluft. Hinter Rollos gingen Lichter an. Im frostigen Morgendämmer wurde ein Fenster geöffnet.

Der Hund rührte sich nicht. Er hielt den Gehweg im Auge.

In der Küche goss Mrs. Cardossi Wasser in die Kaffeekanne. Dampf stieg auf und nahm ihr die Sicht. Sie stellte die Kanne auf den Rand des Herds und ging zur Speisekammer. Als sie zurückkam, stand Alf in der Küchentür. Er setzte die Brille auf.

»Ist die Zeitung schon da?«, fragte er.

»Ist noch draußen.«

Alf Cardossi durchquerte die Küche. Er entriegelte die Hintertür und trat hinaus auf die Veranda. Er sah hinaus in den grauen, feuchten Morgen. Am Zaun lag Boris, schwarz und struppig, mit baumelnder Zunge.

»Zunge rein«, sagte Alf. Rasch hob der Hund den Kopf. Sein Schwanz schlug gegen den Boden. »Die Zunge«, sagte Alf. »Tu die Zunge rein.«

Der Hund und der Mann sahen einander an. Der Hund winselte. Seine Augen glänzten, fast wie im Fieber.

»Roog!«, sagte er leise.

»Was?« Alf sah sich um. »Kommt wer? Der Zeitungsjunge?«

Der Hund starrte ihn mit offenem Maul an.

»Ganz schön überdreht in letzter Zeit«, sagte Alf. »Immer hübsch mit der Ruhe. Für Aufregung werden wir beide langsam zu alt.«

Er ging ins Haus.

Die Sonne stieg höher. In der Straße wurde es hell, alles war von Farben belebt. Der Briefträger ging mit seinen Briefen und Zeitschriften über den Bürgersteig. Ein paar Kinder eilten lachend und lärmend an ihm vorbei.

Gegen elf Uhr fegte Mrs. Cardossi die Vorderveranda. Sie hielt einen Augenblick inne und atmete die Morgenluft ein.

»Riecht gut«, sagte sie. »Wird warm heute.«

In der Hitze der Mittagssonne lag der schwarze Hund lang ausgestreckt unter der Veranda. Sein Brustkorb hob und senkte sich. Im Kirschbaum tummelten sich Vögel, schwatzten und schimpften. Ab und zu hob Boris den Kopf und sah nach ihnen. Schließlich stand er auf und trottete unter den Baum.

Er stand unter dem Baum, als er die beiden Roogs bemerkte, die auf dem Zaun saßen und zu ihm hersahen.

»Er ist groß«, sagte der eine Roog. »Die meisten Wächter sind kleiner als der da.«

Der andere Roog nickte mit dem wackeligen Kopf. Boris beobachtete sie angespannt und reglos. Die Roogs schwiegen jetzt und betrachteten den großen schwarzen Hund mit der zottigen weißen Halskrause.

»Wie sieht's aus mit der Opferurne?«, fragte der erste Roog. »Bald voll?«

»Ja.« Der andere nickte. »Ist bald soweit.«

»He, du!«, sagte der erste Roog mit erhobener Stimme. »Hörst du mich? Wir haben beschlossen, diesmal das Opfer anzunehmen. Also vergiss nicht, uns reinzulassen. Mach uns keinen Ärger.«

»Denk dran«, fügte der andere hinzu. »Es ist bald soweit.«

Boris sagte nichts.

Die beiden Roogs sprangen vom Zaun herab und gingen zusammen hinüber auf die andere Seite des Gehwegs. Der erste holte eine Karte hervor, die sie gemeinsam studierten.

»Diese Gegend ist für einen ersten Versuch eigentlich nicht besonders geeignet«, sagte der erste Roog. »Zu viele Wächter ... Das nördliche Gebiet dagegen –«

»Es ist nun einmal so beschlossen worden«, sagte der andere Roog. »Sie werden schon ihre Gründe haben –«

»Natürlich.« Sie blickten kurz zu Boris und entfernten sich weiter vom Zaun. Den Rest ihres Gesprächs konnte er nicht mehr hören.

Schließlich steckten die Roogs ihre Karte ein und gingen den Weg hinunter und verschwanden.

Boris trottete zum Zaun und beschnüffelte die Bretter. Er roch den ekelhaften, fauligen Geruch der Roogs, und auf seinem Rücken sträubten sich die Haare.

Als Alf Cardossi am Abend nach Hause kam, stand der Hund beim Tor und spähte den Weg hinunter. Alf öffnete das Tor und betrat den Hof.

»Wie geht's?«, fragte er und tätschelte den Hund. »Hast du dich wieder beruhigt? Bist ziemlich nervös in letzter Zeit. Das war doch früher nicht so.«

Boris winselte und blickte unverwandt empor in das Gesicht des Mannes.

»Bist ein guter Hund«, sagte Alf. »Bist außerdem ziemlich groß für einen Hund. Schon ein Weilchen her, dass du klein und niedlich warst.«

Boris lehnte sich gegen das Bein des Mannes.

»Bist ein guter Hund«, murmelte Alf. »Möchte nur mal wissen, was du in letzter Zeit hast.«

Er ging ins Haus. Mrs. Cardossi war dabei, den Tisch fürs Abendessen zu decken. Alf ging ins Wohnzimmer und legte Hut und Mantel ab. Er stellte seinen Henkelmann auf die Anrichte und ging zurück in die Küche.

»Was ist los?«, fragte Mrs. Cardossi.

»Der Hund muss aufhören, so viel Lärm zu machen. Immer dieses Gebell. Die Nachbarn beschweren sich bloß wieder bei der Polizei.«

»Wenn wir ihn nur nicht zu deinem Bruder geben müssen«, sagte Mrs. Cardossi und verschränkte die Arme. »Aber er benimmt sich wirklich wie verrückt, vor allem freitags morgens, wenn die Müllmänner kommen.«

»Vielleicht beruhigt er sich wieder«, sagte Alf. Er steckte sich seine Pfeife an und rauchte mit ernstem Gesicht. »Früher war er doch ganz anders. Aber vielleicht gibt sich das ja, und er wird wieder wie früher.«

»Hoffen wir's«, sagte Mrs. Cardossi.

Die Sonne war kalt und unheilvoll aufgegangen. Nebel schwebte in den Bäumen und über dem Boden.

Es war Freitagmorgen.

Der schwarze Hund lag unter der Veranda, lauschend und mit großen, spähenden Augen. Sein Fell war steif vom Raureif, und sein Atem, der ihm aus den Nasenlöchern drang, bildete dampfende Wolken in der dünnen Luft. Plötzlich drehte er den Kopf und sprang auf.

Irgendwo, noch sehr weit in der Ferne, war ein leises, mahlendes Geräusch zu hören.

»Roog!«, rief Boris und sah sich um. Er lief zum Tor und richtete sich auf, die Vorderpfoten auf dem Zaun.

Wieder war in der Ferne das Geräusch zu hören, jetzt schon etwas lauter, nicht mehr so weit entfernt. Es war ein Krachen und Scheppern, als werde ein großes Tor aufgestoßen.

»Roog!«, rief Boris. Angstvoll blickte er hinter sich zu den dunklen Fenstern. Aber dort rührte sich nichts.

Und die Straße herauf kamen die Roogs. Die Roogs und ihr Gefährt rückten unaufhaltsam vor, und die Räder holperten krachend und dröhnend über die unebenen Steine.

»Roog!«, rief Boris und sprang mit blitzenden Augen umher. Dann wurde er ruhiger. Er streckte sich auf dem Boden aus und wartete und lauschte.

Vorne vor dem Haus hielten die Roogs mit ihrem Laster. Er hörte, wie sie die Türen öffneten und auf den Bürgersteig hinaustraten. Boris wetzte in einem kleinen Kreis herum. Er winselte und drehte seine Schnauze dann wieder in Richtung Haus.

Drinnen, im warmen, dunklen Schlafzimmer, setzte sich Mr. Cardossi ein wenig im Bett auf und sah zur Uhr.

»Dieser Hund«, murmelte er. »Dieser gottverdammte Hund.« Er drehte sein Gesicht dem Kissen zu und schloss die Augen.

Die Roogs kamen jetzt den Gehweg entlang. Der erste Roog stieß gegen das Tor, und das Tor öffnete sich. Die Roogs kamen auf den Hof. Der Hund wich vor ihnen zurück.

»Roog! Roog!«, rief er. Der widerliche, bittere Geruch der Roogs drang ihm in die Nase, und er wandte sich ab.

»Die Opferurne«, sagte einer der Roogs. »Sie ist voll, glaube ich.« Er lächelte dem erstarrten, zornigen Hund zu. »Wie überaus freundlich von dir«, sagte er.

Die Roogs traten zu dem metallenen Gefäß, und einer von ihnen hob den Deckel hoch.

»Roog! Roog!«, rief Boris, dicht an die unterste Stufe der Verandatreppe gepresst. Sein Körper zitterte vor Entsetzen. Die Roogs hoben das große Metallgefäß hoch und kippten es um. Der Inhalt ergoss sich auf den Boden, und die Roogs machten sich mit ihren Schaufeln über die prallgefüllten, zerschlissenen Papiertüten her, schnappten sich die Orangenschalen, Toastreste, Eierschalen.

Ein Roog steckte sich Eierschalen in den Mund. Seine Zähne malmten darauf herum.

»Roog!«, rief Boris ohne jede Hoffnung, mehr zu sich selbst. Die Roogs waren beinahe fertig mit ihrer Arbeit, die Opfergaben aufzulesen. Sie hielten einen Moment inne und blickten kurz zum Hund.

Dann hoben die Roogs langsam und schweigend die Köpfe und blickten zum Haus hoch, die Wand hoch bis zu dem Fenster, dessen braunes Rollo bis ganz nach unten zugezogen war.

»Roog!«, kreischte Boris auf, und er lief auf sie zu, taumelnd vor Zorn und Entsetzen. Widerstrebend kehrten sich die Roogs vom Fenster ab. Sie gingen hinaus durchs Tor und schlossen es hinter sich.

»Seht ihn euch an«, sagte der letzte Roog voll Verachtung und zog die Zipfel der Decke, in der sie alles trugen, straffer über seine Schulter. Boris stemmte sich gegen den Zaun mit offener, wild schnappender Schnauze. Der größte Roog schwenkte zornig die Arme, und Boris zog sich zurück. Er ließ sich wieder unten an der Verandatreppe nieder; die Schnauze stand ihm noch offen, und aus seinem Innern drang ein Klagelaut voll Elend und Verzweiflung.

»Komm schon«, sagte einer der Roogs zu dem am Zaun verharrenden Roog.

Sie gingen den Weg entlang.

»Na ja«, sagte der größte Roog, »mit Ausnahme dieser kleinen Bereiche rings um die Wächter ist dieses Gebiet doch recht gut geräumt. Hoffentlich ist dieser Wächter hier bloß bald erledigt. Er macht uns wirklich eine Menge Ärger.«

»Nur Geduld«, sagte einer der Roogs. Er grinste. »Unser Laster ist jedenfalls voll genug. Lassen wir noch was für die kommende Woche.«

Alle Roogs lachten.

Sie gingen weiter den Weg entlang und trugen all die Gaben in ihrer schmutzigen Decke mit sich fort.

Zahltag

Plötzlich spürte er, dass er fuhr. Rings um ihn summten leise Düsenjets. Er befand sich in einem kleinen privaten Raketenkreuzer, der gemächlich im Überlandverkehr am Nachmittagshimmel dahinzog.

»Aah!« Er stöhnte, als er sich in seinem Sitz aufrichtete und sich die Stirn rieb. Earl Rethrick neben ihm sah ihn mit leuchtenden Augen an.

»Sind Sie wieder zu sich gekommen?«

»Wo sind wir?« Jennings schüttelte den Kopf, er versuchte den dumpfen Schmerz loszuwerden. »Oder sollte ich anders fragen?« Er konnte bereits sehen, dass es nicht Spätherbst war. Es war Frühling. Die Felder unter dem Kreuzer waren grün. Das Letzte, woran er sich erinnerte, war, mit Rethrick einen Fahrstuhl betreten zu haben. Und das war im Spätherbst gewesen. Und in New York.

»Ja«, sagte Rethrick. »Es sind fast zwei Jahre vergangen. Sie werden viele Veränderungen vorfinden. Vor ein paar Monaten ist die Regierung gestürzt worden. Die neue Regierung greift noch wesentlich härter durch. Die SP, die Sicherheitspolizei, verfügt jetzt über nahezu unbegrenzte Macht. Man bringt den Schulkindern jetzt bei zu bespitzeln. Aber das haben wir ja kommen sehen. Tja, was noch? New York hat sich vergrößert. Und soweit ich weiß, ist die Verlandung der San Francisco Bay abgeschlossen.«

»Was ich wissen will, ist, was ich verdammt nochmal in den letzten zwei Jahren getan habe!« Jennings steckte sich nervös eine Zigarette an. »Sagen Sie es mir?«

»Nein. Natürlich nicht.«

»Wo fliegen wir hin?«

»Zurück nach New York, zu unserem dortigen Büro. Wo Sie mich kennengelernt haben. Erinnern Sie sich? Wahrscheinlich erinnern Sie sich daran besser als ich. Schließlich ist das für Sie erst etwa einen Tag her.«

Jennings nickte. Zwei Jahre! Zwei Jahre seines Lebens, für immer verloren. Es schien nicht möglich. Er hatte noch überlegt, hatte mit sich gerungen, noch als er in den Fahrstuhl getreten war. Sollte er seine Entscheidung nicht doch lieber rückgängig machen? Selbst wenn er so viel Geld kriegte – und es war eine Menge, sogar für ihn –, letztlich schien das die Sache nicht wert zu sein. Er würde sich immer fragen, was für eine Arbeit er eigentlich gemacht hatte. War sie legal? War sie – Aber für Spekulationen war es jetzt zu spät. Während er noch versucht hatte, zu einer Entscheidung zu gelangen, war der Vorhang gefallen. Bedauernd blickte er durch das Fenster in den Nachmittagshimmel. Das Land unten war saftig grün. Frühling – Frühling zwei Jahre später. Und was hatte er für die zwei Jahre vorzuweisen?

»Bin ich ausbezahlt worden?«, fragte er. Er holte seine Brieftasche heraus und sah hinein. »Anscheinend nicht.«

»Nein. Sie werden im Büro ausgezahlt. Kelly wird das tun.«

»Die ganze Summe auf einmal?«

»Fünfzigtausend Credits.«

Jennings lächelte. Jetzt, nachdem die Summe laut genannt worden war, fühlte er sich ein wenig besser. Vielleicht war es ja doch nicht so schlecht. Es war fast so, als wäre er fürs Schlafen bezahlt worden. Aber er war zwei Jahre älter; und genau so viel Zeit hatte er weniger zu leben. Es war, als habe er einen Teil von sich selbst, einen Teil seines Lebens verkauft. Er zuckte die Schultern. Wie auch immer, es war geschehen.

»Wir sind gleich da«, sagte der ältere Mann. Der Robot-Pilot setzte zum Sinkflug an, sie verloren an Höhe. Unter ihnen wurden die Randgebiete von New York City sichtbar. »Also, Jennings, ich sehe Sie vielleicht nicht wieder. Wir haben zusammen gearbeitet, wissen Sie, Seite an Seite. Sie sind einer der besten Mechaniker, die ich je gesehen habe. Es war klug, dass wir Sie angeheuert haben, selbst für den Lohn. Sie haben ihn uns um ein Vielfaches zurückgezahlt – wenn Sie davon auch nicht das Geringste wissen.«

»Freut mich, dass Sie was für Ihr Geld bekommen haben.«

»Sie klingen gereizt.«

»Nein. Ich versuche nur, mich an den Gedanken zu gewöhnen, zwei Jahre älter zu sein.«

Rethrick lachte. »Sie sind noch immer ein sehr junger Mann. Und Sie werden sich besser fühlen, wenn sie Ihnen Ihren Lohn gibt.«

Sie traten hinaus auf den winzigen Dachlandeplatz des New Yorker Bürogebäudes. Rethrick führte ihn zu einem Fahrstuhl. Als die Tür zuglitt, zuckte Jennings zusammen. Das war das Letzte, woran er sich erinnerte, dieser Fahrstuhl. Dann hatte sein Bewusstsein ausgesetzt.

»Kelly wird sich freuen, Sie zu sehen«, sagte Rethrick, als sie hinaustraten in einen erleuchteten Flur. »Sie hat zwischendurch immer mal wieder nach Ihnen gefragt.«

»Warum?«

»Sie sagt, Sie sähen gut aus.« Rethrick richtete einen Codeschlüssel auf eine Tür. Die Tür reagierte und schwang weit auf. Sie betraten das luxuriöse Büro von Rethrick Construction. Hinter einem langen Mahagoni-Schreibtisch saß eine junge Frau und las in einer Akte.

»Kelly«, sagte Rethrick, »was meinen Sie wohl, wessen Zeit gerade abgelaufen ist?«

Die junge Frau blickte lächelnd auf. »Hallo, Mr. Jennings. Was ist das für ein Gefühl, wieder in der Welt zu sein?«

»Großartig.« Jennings ging zu ihr hin. »Rethrick sagt, Sie sind der Zahlmeister.«

Rethrick gab Jennings einen Klaps auf den Rücken. »Machen Sie's gut, mein Freund. Ich muss zurück zur Fabrik. Sollten Sie irgendwann mal wieder eine Menge Geld brauchen, kommen Sie einfach vorbei, dann machen wir wieder einen Vertrag mit Ihnen.«

Jennings nickte. Als Rethrick hinausging, setzte er sich an den Schreibtisch und schlug die Beine übereinander. Kelly schob ihren Stuhl zurück und zog eine Schublade auf. »Okay. Ihre Zeit ist rum, und Rethrick Construction wird Sie wie vereinbart auszahlen. Haben Sie Ihre Ausfertigung des Vertrags?«

Jennings zog einen Umschlag aus seiner Tasche und warf ihn auf den Schreibtisch. »Da ist sie.«

Kelly nahm einen kleinen Lederbeutel sowie ein paar handbeschriebene Blätter aus der Schreibtischschublade. Für eine Weile las sie die beschriebenen Blätter durch, ihr kleines Gesicht wirkte sehr konzentriert.

»Stimmt was nicht?«

»Ich glaube, Sie werden etwas überrascht sein.« Kelly gab ihm seinen Vertrag zurück. »Lesen Sie sich das noch einmal durch.«

»Warum?« Jennings öffnete den Umschlag.

»Es gibt da eine Klausel zur Alternativ-Vergütung. ›Sofern der Vertragspartner es wünscht, und zwar zu jeder beliebigen Zeit während der Dauer des Vertrags mit besagter Rethrick Construction Company – ‹«

»› – steht es ihm frei, auf eigenen Wunsch anstelle der vereinbarten Geldsumme Artikel oder Produkte zu wählen, die nach seinem Dafürhalten der vereinbarten Geldsumme im Wert entsprechen – ‹«

Jennings griff nach dem Leinenbeutel, zog ihn auf. Den Inhalt schüttete er sich in die Hand. Kelly sah zu.

»Wo ist Rethrick?« Jennings stand auf. »Falls er sich einbildet, dass er – «

»Rethrick hat damit nichts zu tun. Es war Ihr eigener Wunsch. Hier, sehen Sie sich das an.« Kelly reichte ihm die Papiere. »In Ihrer eigenen Handschrift. Lesen Sie. Es war Ihre Idee, nicht unsere. Ehrlich.« Sie lächelte ihn an. »Das passiert dann und wann mit Leuten, die wir unter Vertrag nehmen. Während ihrer Zeit bei uns entscheiden sie sich, kein Geld, sondern etwas anderes zu nehmen. Warum weiß ich nicht. Sie wurden ja einer Gehirnwäsche unterzogen, nachdem Sie sich einverstanden erklärt haben – «

Jennings überflog die Blätter. Es war seine Handschrift. Daran gab es keinen Zweifel. Seine Hände zitterten. »Ich kann das nicht glauben. Selbst wenn das meine Handschrift ist.« Er faltete das Papier zusammen, biss die Zähne zusammen. »Irgendwas ist mit mir angestellt worden, als ich dort war. Ich hätte niemals in so etwas eingewilligt.«

»Sie müssen einen Grund gehabt haben. Ich gebe zu, dass es nicht sehr vernünftig zu sein scheint. Aber Sie wissen nicht, was für Faktoren Sie bewogen haben mögen, bevor Ihre Erinnerung gelöscht wurde. Sie sind da nicht der Erste. Vor Ihnen hat es schon eine ganze Reihe ähnlicher Fälle gegeben.«

Jennings starrte auf das, was er da in der Hand hielt. Aus dem Leinenbeutel hatte er verschiedene Gegenstände herausgeschüttet. Einen Codeschlüssel. Eine abgerissene Eintrittskarte. Eine Paketannahmebescheinigung. Ein Stückchen dünnen Draht. Einen halben Pokerchip, mitten durchgebrochen. Einen grünen Stoffstreifen. Eine Busmünze.

»Das anstelle von fünfzigtausend Credits«, murmelte er. »Zwei Jahre …«

Er trat aus dem Gebäude, hinaus auf die Straße und in den geschäftigen Nachmittagstrubel. Noch immer war er ganz benommen, benommen und verwirrt. Hatte man ihn betrogen? Er tastete in seiner Tasche nach dem Draht, der Eintrittskarte und dem anderen Kram. *Das* für zwei Jahre Arbeit! Aber er hatte seine Handschrift erkannt, hatte die Verzichterklärung gesehen, die Ersatzforderung. Aber warum? Aus welchem Grund? Was hatte ihn dazu veranlasst?

Er drehte sich um, ging den Bürgersteig entlang. An der Ecke blieb er stehen, weil gerade ein Schwebekreuzer einbog.

»Los, Jennings. Steigen Sie ein.«

Sein Kopf zuckte hoch. Die Tür des Kreuzers war geöffnet. Ein Mann kniete und zielte mit einem Hitzegewehr direkt auf sein Gesicht. Ein Mann in Blaugrün. Sicherheitspolizei.

Jennings stieg ein. Die Tür ging zu, hinter ihm schlossen sich magnetische Schnappschlösser. Wie bei einem Banksafe. Der Kreuzer glitt davon, die Straße hinunter. Jennings sank auf den Sitz zurück. Neben ihm senkte der SP-Mann sein Gewehr. Auf der anderen Seite saß ein zweiter Beamter, der ihn fachmännisch nach Waffen abtastete. Er holte Jennings' Brieftasche und die Handvoll Krimskrams hervor. Den Umschlag und den Vertrag.

»Was hat er bei sich?«, fragte der Fahrer.

»Brieftasche, Vertrag mit Rethrick Construction. Keine Waffen.« Er gab Jennings die Sachen zurück.

»Was hat das zu bedeuten?«, fragte Jennings.

»Wir möchten Ihnen ein paar Fragen stellen. Das ist alles. Sie haben für Rethrick gearbeitet?«

»Ja.«

»Zwei Jahre?«

»Fast zwei Jahre.«

»In der Fabrik?«

Jennings nickte. »Ich glaub schon.«

Der Beamte beugte sich zu ihm vor. »Wo befindet sich diese Fabrik, Mr. Jennings?«

»Das weiß ich nicht.«

Die beiden Polizisten sahen sich an. Der erste befeuchtete sich die Lippen, seine Miene verriet seine Angespanntheit. »Sie wissen es nicht? Eine letzte Frage: Was haben Sie in den zwei Jahren getan, was für eine Art von Arbeit haben Sie gemacht? Was war Ihre Aufgabe?«

»Ich bin Mechaniker. Ich habe elektronische Geräte repariert.«

»Was für elektronische Geräte?«

»Das weiß ich nicht.« Jennings sah ihn an. Er musste unwillkürlich lächeln, spöttisch verzogen sich seine Lippen. »Tut mir leid, aber ich weiß es nicht. Das ist die Wahrheit.«

Für einen Moment schwiegen die Beamten.

»Was soll das heißen, Sie wissen es nicht? Soll das heißen, Sie haben zwei Jahre lang an Geräten gearbeitet, ohne zu wissen, an was für welchen? Und ohne zu wissen, wo Sie sich befanden?«

Jennings richtete sich auf. »Was hat das alles zu bedeuten? Warum haben Sie mich festgenommen? Ich habe nichts getan. Ich war –«

»Das wissen wir. Wir verhaften Sie nicht. Wir wollen nur ein paar Informationen für unsere Akten. Über Rethrick Construction. Sie haben für die Firma gearbeitet, in Rethricks Fabrik. In einer wichtigen Position. Sind Sie Elektronikmechaniker?«

»Ja.«

»Sie reparieren Großrechner und was damit zusammenhängt?«

Der Beamte zog sein Notizbuch zurate. »Sie gelten als einer der besten im Land, heißt es.«

Jennings sagte nichts.

»Sagen Sie uns die zwei Dinge, die wir wissen wollen, und wir lassen Sie sofort wieder laufen. Wo befindet sich Rethricks Fabrik? Und was wird dort produziert? Sie haben da Maschinen gewartet. Hab ich recht? Zwei Jahre lang.«

»Ich weiß es nicht. Ich nehm es an. Ich habe keine Ahnung, was ich während der zwei Jahre getan habe. Ob Sie mir das nun glauben oder nicht.« Jennings starrte voll Überdruss auf den Boden.

»Was sollen wir tun?«, sagte der Fahrer schließlich. »Wir haben keine weitergehenden Anweisungen.«

»Bringen wir ihn zur Wache. Hier können wir die Befragung nicht fortsetzen.« Draußen auf dem Bürgersteig eilten Männer und Frauen vorbei. Die Straßen waren von Kreuzern verstopft; Angestellte, die zurück nach Hause aufs Land wollten.

»Jennings, warum antworten Sie nicht? Was haben Sie? Es gibt doch keinen Grund, warum Sie uns nicht ein paar einfache Informationen geben sollten. Wollen Sie nicht mit Ihrer Regierung kooperieren? Warum uns Informationen vorenthalten?«

»Ich würde es Ihnen ja sagen, wenn ich was wüsste.«

Der Beamte grunzte. Keiner sprach. Schließlich hielt der Kreuzer vor einem großen Backsteingebäude. Der Fahrer stellte den Motor ab, entfernte die Steuerkapsel und steckte sie ein. Dann richtete er auf die Tür einen Codeschlüssel und entsicherte so das Magnetschloss.

»Was sollen wir tun? Ihn mit reinnehmen? Eigentlich sollen wir nicht –«

»Moment.« Der Fahrer stieg aus. Die beiden anderen folgten ihm; sie schlossen die Türen hinter sich und sicherten sie. Sie standen auf dem Bürgersteig vor der SP-Wache und berieten sich.

Jennings saß stumm, den Blick zu Boden gerichtet, im Innern. Die SP wollte Informationen über Rethrick Construction. Nun, es gab nichts, was er ihnen hätte sagen können. Sie waren bei ihm an den Falschen geraten, aber wie konnte er das beweisen? Die ganze

Sache war zu unwahrscheinlich. Zwei Jahre komplett aus seinem Bewusstsein gelöscht. Wer würde ihm das glauben? Auch ihm selbst erschien es ja unglaublich.

Seine Gedanken wanderten zurück zu dem Tag, an dem er die Anzeige zum ersten Mal gelesen hatte. Sie passte genau, traf direkt auf ihn zu. *Mechaniker gesucht*, dazu eine allgemeine Beschreibung der Arbeit, andeutungsweise, indirekt, aber doch direkt genug, um ihm zu sagen, dass sie voll in sein Fach schlug. Und die Bezahlung! Vorstellungsgespräch im Büro. Tests, Formulare. Und dann die allmähliche Erkenntnis, dass Rethrick Construction alles über ihn erfuhr, er aber nichts über diese Leute. Was machten sie? Konstruierten, bauten – aber was genau? Was für Maschinen hatten sie? Fünfzigtausend Credits für zwei Jahre …

Und er war herausgekommen mit einer perfekten Gehirnwäsche. Zwei Jahre, und er erinnerte sich an nichts. Er hatte lange gebraucht, um diesem Teil des Vertrages zuzustimmen. Aber er *hatte* zugestimmt.

Jennings sah durchs Fenster hinaus. Die drei Polizisten besprachen sich noch immer auf dem Bürgersteig, beratschlagten, was mit ihm geschehen sollte. Er befand sich in einem wirklichen Dilemma. Sie verlangten Informationen, die er nicht geben konnte, Informationen, die er nicht besaß. Aber wie konnte er das beweisen? Wie konnte er beweisen, dass er zwei Jahre lang gearbeitet hatte und herausgekommen war, ohne mehr zu wissen, als zu Anfang! Die SP würde ihn in die Mangel nehmen. Es würde lange dauern, bis sie ihm glaubten, und bis dahin –

Rasch blickte er sich um. Gab es keine Fluchtmöglichkeit? Jeden Augenblick würden sie zurückkommen. Er berührte die Tür. Gesichert durch die Tripelring-Magnetschlösser. An Magnetschlössern hatte er oft gearbeitet. Er hatte sogar einen Teil eines Auslöserkerns entworfen. Ohne den passenden Codeschlüssel konnte man die Türen nicht öffnen. Falls man nicht zufällig ein Schloss kurzschließen konnte. Aber womit?

Er kramte in seinen Taschen. Was konnte er gebrauchen? Falls er die Schlösser kurzschließen, sie heraussprengen konnte, bestand eine kleine Chance. Draußen drängten Männer und Frauen vorbei, auf dem Heimweg von der Arbeit. Es war nach fünf; die großen Bürogebäude waren im Begriff zu schließen, auf den Straßen wimmelte der Verkehr. Wenn er es schaffen konnte, hinauszukommen, würden die Polizisten nicht wagen zu schießen. – Wenn er nur irgendwie hinauskommen konnte.

Die drei Polizisten trennten sich. Einer stieg die Stufen zur Wache hinauf. Gleich würden die beiden anderen wieder in den Kreuzer steigen. Jennings kramte in seinen Taschen, holte den Codeschlüssel, die Eintrittskarte, den Draht heraus. Draht! Dünner Draht, dünn wie Menschenhaar.

Er kniete nieder, strich mit seinen Fingern fachmännisch über die Oberfläche der Tür. Am Rande des Schlosses war eine dünne Linie, eine Ritze zwischen dem Schloss und der Tür. Er nahm das Drahtende und steckte es vorsichtig etwa zwei Fingerbreit ein. Schweiß bildete sich auf Jennings' Stirn. Er bewegte den Draht eine Winzigkeit weiter, drehte ihn. Er hielt den Atem an. Das Relais müsste –

Ein Blitz blendete ihn.

Jennings warf sich mit seinem ganzen Gewicht gegen die Tür. Die Tür schwang auf, das kurzgeschlossene Schloss qualmte. Jennings stürzte hinaus auf die Straße und rappelte sich schnell auf. Rings um ihn her jagten Kreuzer dahin und hupten. Er duckte sich hinter einen langsameren Laster und gelangte zur mittleren Fahrspur. Ein kurzer Blick zum Bürgersteig zeigte ihm, dass die SP-Leute die Verfolgung aufgenommen hatten.

Ein Bus näherte sich, heftig schwankend, voll mit Leuten, die vom Einkaufen oder von der Arbeit kamen. Jennings ergriff das hintere Geländer und zog sich hoch auf die Plattform. Erstaunte Gesichter sahen auf ihn herab, bleiche Monde, die sich um ihn herum drängten. Der Robot-Schaffner kam auf ihn zu; er surrte ärgerlich.

»Sir – «, fing der Schaffner an. Der Bus verlangsamte seine Fahrt. »Sir, es ist nicht gestattet – «

»Schon in Ordnung«, sagte Jennings. Auf einmal erfüllte ihn eine eigentümliche freudige Erregung. Einen Augenblick zuvor hatte er noch in der Falle gesessen, ohne irgendeine Fluchtmöglichkeit. Zwei

Jahre seines Lebens hatte er verloren, für nichts. Die Sicherheitspolizei hatte ihn festgenommen und von ihm Informationen verlangt, die er nicht geben konnte. Eine hoffnungslose Situation! Aber jetzt arbeitete sein Verstand wieder richtig.

Er griff in seine Tasche und holte die Busmünze hervor. Ruhig steckte er sie in den Münzschlitz des Schaffners.

»Okay?«, sagte er. Unter seinen Füßen schwankte der Bus, der Fahrer zögerte. Dann beschleunigte der Bus und fuhr weiter. Der Schaffner drehte sich um, sein Surren verstummte. Alles war in Ordnung. Jennings lächelte. Er schlängelte sich an den stehenden Fahrgästen vorbei und suchte nach einem Platz, irgendeinem Platz, wo er sich setzen konnte. Wo er nachdenken konnte.

Über vieles, sehr vieles. Seine Gedanken rasten.

Der Bus fuhr dahin, schwamm mit im ruhelosen Strom des städtischen Verkehrs. Jennings nahm die Menschen, in deren Mitte er saß, nur halb wahr. Es gab keinen Zweifel: Er war nicht betrogen worden. Die Sache hatte ihre Richtigkeit. Es war tatsächlich seine eigene Entscheidung gewesen. Sonderbarerweise hatte er nach zwei Jahren Arbeit eine Handvoll Krimskrams einer Geldsumme von fünfzigtausend Credits vorgezogen. Noch sonderbarer war allerdings, dass sich die Handvoll Krimskrams als weit wertvoller zu erweisen schien.

Mit einem Stück Draht und einer Busmünze war er der Sicherheitspolizei entkommen. Das war eine Menge wert. Geld wäre für ihn nutzlos gewesen, wenn er erst einmal in der großen Wache verschwunden wäre. Da hätten ihm auch keine fünzigtausend Credits etwas genützt. Fünf Gegenstände waren noch übrig. Er tastete seine Taschen ab. Noch fünf. Zwei hatte er bereits gebraucht. Die anderen – wofür waren sie gut? Auch für etwas so Wichtiges?

Aber das große Rätsel war: Wie hatte *er* – sein früheres Selbst – gewusst, dass ein Stück Draht und eine Busmünze einmal sein Leben retten würden? Er *hatte* es gewusst, das war gewiss. Hatte es im Voraus gewusst. Aber woher? Und die anderen fünf Sachen? Wahrscheinlich waren sie genauso wertvoll oder würden es noch sein.

Der *Er* jener zwei Jahre hatte Dinge gewusst, die er jetzt nicht wusste; Dinge, die fortgespült worden waren, als die Firma seine Erinnerung gelöscht hatte. Wie bei einer Rechenmaschine, bei der die Speicher gelöscht wurden. Alles war wie ein unbeschriebenes Blatt. Was *er* gewusst hatte, war jetzt fort. Alles war fort, ausgenommen die sieben Gegenstände, von denen noch fünf in seiner Tasche steckten.

Aber das eigentliche Problem war im Augenblick kein spekulatives. Es war sehr konkret. Die Sicherheitspolizei suchte nach ihm. Sie hatten seinen Namen und seine Beschreibung. In seine Wohnung konnte er auf keinen Fall gehen – wenn er denn überhaupt noch eine Wohnung hatte. Aber wohin dann? In ein Hotel? Die SP kämmte sie täglich durch. Zu Freunden? Das hieße, sie ebenfalls in Gefahr zu bringen. Es war nur eine Frage der Zeit, dass die SP ihn schnappte, beim Spaziergang auf der Straße, beim Essen in einem Restaurant, in einer Show, während er in irgendeiner Pension schlief. Die SP war überall.

Überall? Nicht ganz. Mochte ein einzelnes Individuum auch schutzlos sein, eine Firma war es nicht. Die großen Unternehmen hatten es geschafft, frei zu bleiben, obwohl praktisch alles andere von der Regierung absorbiert worden war. Gesetze schützten nicht mehr Privatpersonen, aber immer noch Eigentum und Industrie. Die SP konnte jede beliebige Person festnehmen, aber in eine Firma konnte sie nicht einfach eindringen und sie in ihre Gewalt bringen. Das war in der Mitte des 20. Jahrhunderts eindeutig festgelegt worden.

Gesellschaften, Körperschaften, Firmen wurden vor der Sicherheitspolizei geschützt. Dafür sorgte eine Reihe von juristischen Auflagen. Zwar interessierte sich die SP für die Rethrick Construction, aber solange nicht irgendein Statut verletzt wurde, konnte sie nichts unternehmen. Wenn es ihm gelingen würde, zur Firma zurückzufinden, wäre er in Sicherheit. Jennings lächelte grimmig. Die moderne Version der Kirche als Zufluchtsort. Die Regierung kämpfte gegen die Firmen, und nicht so sehr der Staat gegen die Kirche. Das neue Notre Dame der Welt. Hier konnte der Arm des Gesetzes nicht hinlangen.

Würde Rethrick ihn wieder aufnehmen? Ja, in der gehabten Weise. Das hatte er bereits gesagt. Weitere zwei Jahre verlieren, und dann zurück auf die Straße. Würde ihm das helfen? Plötzlich kramte er wieder in seiner Tasche. Da war der restliche Krimskrams. Zweifellos hatte *er* die Absicht gehabt, sie zu gebrauchen! Nein, er konnte nicht zurück zu Rethrick und eine weitere Frist bei ihm arbeiten. Irgendetwas anderes sagten ihm die Gegenstände in seiner Tasche. Irgendetwas, was von größerer Dauer sein würde. Jennings grübelte. Rethrick Construction. Was konstruierten sie? Was hatte *er* gewusst, was herausgefunden in den zwei Jahren? Und warum war die SP so sehr daran interessiert?

Er holte die fünf Gegenstände aus der Tasche und betrachtete sie eingehend.

Der grüne Stoffstreifen. Der Codeschlüssel. Die abgerissene Eintrittskarte. Der Paketzettel. Der halbe Poker-Chip. Merkwürdig, dass so kleine Dinge so wichtig sein konnten.

Und es hatte mit Rethrick Construction zu tun.

Daran gab es keinen Zweifel. Die Antwort, alle Antworten waren bei Rethrick zu suchen. Aber wo *war* Rethrick? Er hatte nicht die leiseste Ahnung, wo sich die Fabrik befand. Er wusste, wo sich das Büro befand, der große, luxuriöse Raum mit der jungen Frau und ihrem Schreibtisch. Aber das war nicht Rethrick Construction. Wusste es irgendjemand außer Rethrick? Kelly wusste es nicht. Wusste es die SP?

Sie befand sich außerhalb der Stadt. Das war sicher. Er war per Rakete gereist. Wahrscheinlich befand sie sich innerhalb der Vereinigten Staaten, irgendwo auf dem Land in den riesigen Anbaugebieten zwischen den Städten. Was für eine verteufelte Situation! Jeden Augenblick konnte ihn die SP schnappen. Ein zweites Mal würde er wohl kaum entkommen. Seine einzige Chance, wirklich in Sicherheit zu gelangen, war, Rethrick zu erreichen. Und es war seine einzige Chance, die Dinge herauszufinden, die er herausfinden musste. Die Fabrik – ein Ort, an dem er gewesen war, an den er sich aber nicht mehr erinnern konnte. Er betrachtete die fünf Gegenstände. Konnte ihm einer davon weiterhelfen?

Eine Flut von Verzweiflung überwältigte ihn. Vielleicht war alles nur Zufall, der Draht und die Busmünze. Vielleicht –

Er betrachtete den Paketzettel, drehte ihn herum und hielt ihn ins Licht. Plötzlich spürte er, wie sich sein Magen verkrampfte. Sein Herz schlug schneller. Er hatte recht gehabt. Nein, das war kein Zufall, der Draht und die Münze. Der Paketzettel war zwei Tage vorausdatiert. Das Paket, oder was es auch war, es war noch nicht einmal aufgegeben worden. Das sollte erst in achtundvierzig Stunden geschehen.

Er sah sich die anderen Dinge an. Die abgerissene Eintrittskarte. Wozu taugte so ein Abschnitt? Sie war ganz zerknittert, x-mal gefaltet. Damit konnte er nirgendwo mehr hineinkommen, nicht mit diesem Rest einer Eintrittskarte. Er sagte einem höchstens, wo man drin gewesen *war.*

Wo war er gewesen?

Er beugte sich vor, glättete das Papier, starrte darauf. Das Bedruckte war mitten durchgerissen worden. Nur ein Teil von jedem Wort war zu erkennen.

PORTOLA-T
STUARTSVI
IOW

Er lächelte. Das war's. *Da* war er gewesen. Er konnte die fehlenden Buchstaben ergänzen. Was er sah, reichte ihm. Gar kein Zweifel: Auch das hatte *er* vorhergesehen. Drei von den sieben Gegenständen hatte er bereits verwenden können. Vier waren noch übrig. Stuartsville, Iowa. Gab es diesen Ort? Er sah hinaus aus dem Busfenster. Die Intercity-Raketenstation war nur etwa einen Block entfernt. In einer Sekunde konnte er dort sein. Ein schneller Spurt vom Bus, wobei ihm die Polizei hoffentlich nicht in die Quere kommen würde –

Aber irgendwie wusste er, dass man ihn nicht aufhalten würde. Nicht mit den anderen vier Dingen in seiner Tasche. Und sobald er sich in der Rakete befand, war er in Sicherheit. Intercity war ein großes Unternehmen, groß genug, um die SP von sich fernzuhalten. Jennings steckte den restlichen Krimskrams wieder ein, stand auf und zog die Halt-Schnur.

Einen Augenblick später trat er vorsichtig hinaus auf den Bürgersteig.

Die Rakete setzte ihn am Stadtrand ab, auf einem winzigen braunen Landeplatz. Ein paar Träger liefen gleichgültig herum, stapelten Gepäck aufeinander oder erholten sich von der Glut der Sonne.

Jennings überquerte den Landeplatz und gelangte zum Wartesaal; er betrachtete die Leute um sich her. Gewöhnliche Menschen, Arbeiter, Geschäftsleute, Hausfrauen. Stuartsville war eine Kleinstadt im Mittelwesten. Lastwagenfahrer. Schulkinder.

Er ging durch den Wartesaal, hinaus auf die Straße. Hier also befand sich Rethricks Fabrik – vielleicht. Falls er die Eintrittskarte richtig gedeutet hatte. Jedenfalls befand sich *irgendetwas* hier, andernfalls hätte *er* den Abschnitt nicht zu den anderen Dingen getan.

Stuartsville, Iowa. Ein Plan nahm in seinem Hinterkopf vage Konturen an. Mit den Händen in den Taschen ging er los. Er sah sich um. Ein Zeitungsbüro, Imbiss-Stuben, Hotels, Billardzimmer, ein Frisör, ein Fernsehgeschäft. Ein Raketenhändler mit riesigen Schaufenstern, hinter denen Raketen glänzten. Familienkreuzer. Und am Ende des Blocks das Portola-Theater.

Stadthäuser wurden immer spärlicher. Farmen, Felder. Meilenweit grünes Land. Am Himmel zogen träge ein paar Transportraketen, die die Farmen belieferten, vorüber. Eine kleine, unbedeutende Stadt. Genau das Richtige für Rethrick Construction. Die Fabrik würde sich hier verlieren, fern von der Großstadt, fern von der SP.

Jennings ging zurück. Er betrat eine Imbiss-Stube, BOB'S PLACE. Als er sich an die Theke setzte, kam ein junger Mann mit Brille herbei und wischte sich die Hände an seinem weißen Kittel ab.

»Kaffee«, sagte Jennings.

»Kaffee.« Der Mann brachte ihm eine Tasse Kaffee. In dem Imbiss waren nur wenige Leute. Am Fenster hörte man Fliegen summen.

Draußen auf der Straße gingen Farmer und Leute mit Einkaufstüten vorbei.

»Sagen Sie«, sagte Jennings und rührte in seinem Kaffee. »Wo kann man hier Arbeit bekommen? Können Sie mir da helfen?«

»Was für eine Arbeit?« Der junge Mann kam zurück, stützte sich auf die Theke.

»Na ja, ich bin Elektromechaniker. Fernsehen, Raketen, Computer. Solche Sachen.«

»Warum versuchen Sie's nicht in den großen Industriegebieten? Detroit. Chicago. New York.«

Jennings schüttelte den Kopf. »Ich kann Großstädte nicht ausstehen. Ich habe Großstädte noch nie gemocht.«

Der junge Mann lachte. »Viele Leute hier wären froh, in Detroit arbeiten zu können. Sie sind Elektriker?«

»Gibt es hier irgendwelche Fabriken? Irgendwelche Reparaturbetriebe oder Fabriken?«

»Nicht dass ich wüsste.« Der junge Mann ging, um ein paar Männer zu bedienen, die hereingekommen waren. Jennings schlürfte seinen Kaffee. Hatte er einen Fehler gemacht? Vielleicht sollte er zurückfliegen und Stuartsville, Iowa, vergessen? Vielleicht hatte er aus der Eintrittskarte die falschen Schlüsse gezogen. Aber die Karte bedeutete irgendetwas, wenn er sich nicht in allem völlig täuschte. Für eine solche Erkenntnis war es allerdings ein wenig spät.

Der junge Mann kam zurück. »Gibt es nicht *irgendeine* Art Arbeit, die ich hier bekommen kann?«, fragte Jennings. »Nur so fürs Erste.«

»Auf den Farmen gibt's immer Arbeit.«

»Was ist mit Reparaturbetrieben? Autowerkstätten, Fernsehgeschäften?«

»Es gibt eine Werkstatt für Rundfunkgeräte ein Stück weiter die Straße runter. Vielleicht kriegen Sie da was. Sie könnten's versuchen. Erntehelfer werden immer gut bezahlt. Die können immer Leute gebrauchen. Die meisten Männer sind beim Militär. Haben Sie nicht Lust, Heu zu laden?«

Jennings lachte. Er bezahlte für seinen Kaffee. »Nicht besonders. Danke.«

»Manchmal fahren ein paar Männer die Landstraße rauf, um zu arbeiten. Da ist eins von diesen Regierungsprojekten stationiert.«

Jennings nickte. Er stieß die Tür auf und trat hinaus auf den heißen Bürgersteig. Eine Weile lief er ziellos umher und war ganz damit beschäftigt, seinen Plan immer wieder durchzugehen. Es war ein guter Plan; er würde alle seine Probleme auf einen Schlag lösen. Aber noch hing alles von einer Sache ab: Er musste Rethrick Construction finden. Und er hatte nur einen Anhaltspunkt, wenn es denn ein Anhaltspunkt war. Die zerknitterte Eintrittskarte in seiner Tasche. Und er musste darauf vertrauen, dass *er* gewusst hatte, was er tat.

Ein Regierungsprojekt. Jennings blieb stehen und sah sich um. Auf der anderen Seite der Straße war ein Taxistand, und ein paar Taxifahrer saßen rauchend und zeitunglesend in ihren Wagen. Einen Versuch war es wenigstens wert. Viel mehr Möglichkeiten blieben nicht. Rethrick würde, zumindest nach außen hin, als etwas anderes erscheinen. Falls die Firma sich als Regierungsprojekt ausgab, würde niemand Fragen stellen. Alle waren an Regierungsprojekte gewöhnt, die heimlich und ohne Erklärung betrieben wurden.

Er ging zum ersten Taxi. »Mister«, fragte er, »können Sie mir wohl eine Frage beantworten?«

Der Taxifahrer blickte auf. »Was denn?«

»Ich habe gehört, dass draußen bei dem Regierungsprojekt Arbeit zu kriegen ist. Stimmt das?«

Der Taxifahrer musterte ihn. Er nickte.

»Was für eine Art Arbeit ist das?«

»Weiß nicht.«

»Wo stellen die Leute ein?«

»Weiß nicht.« Der Taxifahrer hob seine Zeitung.

»Danke.« Jennings drehte sich um.

»Die stellen niemanden ein. So gut wie niemanden. Viele nehmen sie jedenfalls nicht. Gehen Sie lieber anderswohin, wenn Sie wirklich Arbeit suchen.«

»Okay.«

Der andere Taxifahrer beugte sich aus seinem Taxi. »Die brauchen nur ein paar Tagelöhner, Kumpel. Das ist alles. Und sie sind wählerisch. Die lassen kaum jemanden rein. Irgendeine Form von Rüstungsindustrie.«

Jennings spitzte die Ohren. »Geheim?«

»Sie kommen in die Stadt und sammeln einen Haufen Fabrikarbeiter ein. Vielleicht einen Laster voll. Das ist alles. Sie sind sehr vorsichtig bei der Auswahl.«

Jennings ging ein Stück auf den Taxifahrer zu. »Ach ja?«

»Ist ein großes Werk. Stahlwände. Unter Strom. Wächter. Und Tag und Nacht wird gearbeitet. Aber niemand kommt rein. Es befindet sich auf einem Hügel, draußen an der alten Henderson Road. Ungefähr zweieinhalb Meilen.« Der Taxifahrer tippte sich gegen die Schulter. »Man kann nur mit Erkennungsmarke rein. Sie kennzeichnen ihre Arbeiter, wenn sie sie ausgewählt haben. Sie verstehen.«

Jennings starrte ihn an. Der Taxifahrer zog auf seiner Schulter eine Linie. Plötzlich begriff Jennings. Ein Gefühl der Erleichterung durchströmte ihn.

»Aber ja«, sagte er. »Ich verstehe, was Sie meinen. Ich glaube es wenigstens.« Er griff in seine Tasche und holte die noch übrigen vier Gegenstände heraus. Sorgfältig glättete er den grünen Stoffstreifen. »Meinen Sie so was?«

Die Taxifahrer sahen das Stück Stoff an. »Ganz recht«, sagte einer von ihnen, ohne den Blick abzuwenden. »Wo haben Sie das her?«

Jennings lachte. »Von einem Freund.« Er steckte den Stoff wieder ein. »Ein Freund hat ihn mir gegeben.«

Er entfernte sich in Richtung Intercity-Landeplatz. Jetzt, nachdem der erste Schritt getan war, gab es für ihn viel zu erledigen. Rethrick befand sich hier, das war sicher. Und was den Krimskrams betraf, so hatte er ihm bislang geholfen und würde ihm weiterhin helfen. Ein Ding für jedes Problem. Eine Handvoll Wunder von jemandem, der die Zukunft kannte!

Aber den nächsten Schritt konnte er nicht allein tun. Er brauchte Hilfe. Für diesen Teil brauchte er noch jemanden. Aber wen? Grübelnd betrat er den Intercity-Wartesaal. Es gab nur eine einzige Person, an die er sich wenden konnte. Die Chance war gering, doch er musste es versuchen. Er konnte es nicht allein bewerkstelligen, hier draußen. Wenn sich die Rethrick-Fabrik hier befand, müsste Kelly …

Die Straße war dunkel. An der Ecke flackerte eine trübe Straßenlaterne. Ein paar Kreuzer fuhren vorüber.

Aus dem Eingang des Wohnblocks kam eine schlanke Gestalt, eine junge Frau. Jennings beobachtete sie im Licht der Laterne. Kelly McVane ging aus, wahrscheinlich zu einer Party. Schick gekleidet, hochhackige, auf dem Bürgersteig widerhallende Schuhe, Kostüm, Hut, in der Hand eine Handtasche.

Er trat hinter sie. »Kelly.«

Rasch drehte sie sich um; erschreckt riss sie den Mund auf. »Oh!«

Jennings nahm ihren Arm. »Keine Angst. Ich bin's nur. Wo gehen Sie hin, großartig sehen Sie aus.«

»Nirgends.« Sie blinzelte. »Meine Güte, haben Sie mich erschreckt. Was ist denn los? Was ist passiert?«

»Nichts. Haben Sie ein paar Minuten für mich Zeit? Ich muss mit Ihnen reden.«

Kelly nickte. »Ich denke schon.« Sie sah sich um. »Wohin wollen wir gehen?«

»Wo können wir reden? Ich möchte nicht, dass uns jemand zuhört.«

»Können wir nicht einfach spazieren gehen?«

»Nein. Die Polizei.«

»Die Polizei?«

»Die suchen nach mir.«

»Nach Ihnen? Aber warum?«

»Wir dürfen hier nicht stehen bleiben«, sagte Jennings grimmig. »Wo können wir hin?«

Kelly zögerte. »Wir könnten raufgehen in meine Wohnung. Da ist sonst niemand.«

Sie fuhren mit dem Fahrstuhl hinauf. Kelly entriegelte die Tür, indem sie den Codeschlüssel auf sie richtete. Die Tür schwang auf, und sie traten ein; Heizung und Licht sprangen automatisch an. Kelly schloss die Tür und zog ihre Jacke aus.

»Ich werde nicht lange bleiben«, sagte Jennings.

»Ist schon in Ordnung. Ich werde Ihnen einen Drink machen.« Sie ging in die Küche. Jennings setzte sich auf die Couch und sah sich in der adretten kleinen Wohnung um. Kurz darauf kam das Mädchen zurück. Sie setzte sich neben ihn, und Jennings nahm seinen Drink. Scotch und Wasser, eiskalt.

»Danke.«

Kelly lächelte. »Keine Ursache.« Eine Zeitlang saßen beide schweigend da. »Nun?«, fragte sie schließlich. »Was ist passiert? Weshalb sucht die Polizei nach Ihnen?«

»Sie wollen etwas über Rethrick Construction herausfinden. Ich bin nur eine unbedeutende Schachfigur in diesem Spiel. Sie glauben, dass ich etwas weiß, weil ich zwei Jahre lang in Rethricks Fabrik gearbeitet habe.«

»Aber Sie wissen doch nichts!«

»Das kann ich nicht beweisen.«

Kelly streckte die Hand aus und berührte Jennings' Kopf, unmittelbar über dem Ohr. »Fühlen Sie hier. Diese Stelle.«

Jennings hob die Hand. Über seinem Ohr, unter der Kopfhaut, fühlte er eine winzige harte Stelle. »Was ist das?«

»Da hat man durch den Schädel hindurchgebrannt, da wurde ein winziger Keil aus dem Gehirn herausgeschnitten. Ihre Erinnerungen an die letzten beiden Jahre. Man hat sie lokalisiert und ausgebrannt. Die SP hat keine Möglichkeit, an Ihre Erinnerungen zu gelangen. Sie sind fort. Sie besitzen sie nicht mehr.«

»Bis die das begreifen, wird von mir nicht mehr viel übrig sein.«

Kelly sagte nichts.

»Verstehen Sie jetzt, in was für einer Klemme ich stecke? Ich wär besser dran, wenn ich mich erinnern könnte. Dann könnte ich denen was erzählen, und die würden –«

»Und Rethrick vernichten?«

Jennings zuckte die Schultern. »Warum nicht? Rethrick bedeutet mir nichts. Ich weiß nicht mal, was er macht. Und warum ist die Polizei so interessiert an ihm? Was sollte denn diese ganze Geheimnistuerei, die Gehirnwäsche –«

»Das hat alles seinen guten Grund.«

»Und kennen Sie ihn?«

»Nein.« Kelly schüttelte den Kopf. »Aber ich bin sicher, dass es einen Grund gibt. Wenn die SP so interessiert daran ist, gibt es einen Grund.« Sie stellte ihren Drink hin, wandte sich ihm zu. »Ich hasse die Polizei. Das tun wir alle, jeder von uns. Sie sind ständig hinter uns her. Ich weiß nichts über Rethrick. Wüsste ich was, wäre mein Leben nicht mehr sicher. Die schützende Wand zwischen Rethrick und denen ist nur dünn. Ein paar Gesetze. Mehr nicht.«

»Ich habe das Gefühl, Rethrick ist etwas mehr als bloß ein weiterer Betrieb, den die SP unter ihre Kontrolle bringen möchte.«

»Das mag sein. Ich weiß es wirklich nicht. Ich bin bloß die Empfangsdame. Ich bin nie in der Fabrik gewesen. Ich weiß nicht einmal, wo sie sich befindet.«

»Aber Sie möchten nicht, dass irgendetwas mit ihr geschieht.«

»Natürlich nicht! Sie kämpfen gegen die Polizei. Jeder, der gegen die Polizei kämpft, ist auf unserer Seite.«

»Wirklich? Die Art von Logik kommt mir bekannt vor. Vor ein paar Jahrzehnten war automatisch gut, wer gegen den Kommunismus kämpfte. Nun, das wird sich zeigen. Was mich betrifft, ich bin zwischen zwei rücksichtslose Mächte geraten: Regierung und Wirtschaft. Die Regierung hat Leute und Geld. Rethrick Construction hat seine Technokratie. Wozu sie sie gebrauchen, weiß ich nicht. Vor ein paar Wochen wusste ich es. Alles, was ich jetzt habe, ist eine gewisse Ahnung; ich habe ein paar Hinweise. Und eine Theorie.«

Kelly sah ihn an. »Eine Theorie?«

»Und meine Handvoll Krimskrams. Sieben Gegenstände. Drei oder vier sind noch da. Die andern habe ich benutzt. Auf ihnen gründen sich meine Überlegungen. Wenn meine Theorie stimmt, dann kann ich das Interesse der SP verstehen. Ich fange sogar an, ihr Interesse zu teilen.«

»Und was tut Rethrick Ihrer Meinung nach?«

»Sie entwickeln eine Zeitschaufel.«

»Was?«

»Eine Zeitschaufel. Theoretisch ist das schon seit mehreren Jahren möglich. Aber es ist illegal, mit Zeitschaufeln oder Zeitspiegeln zu experimentieren. Das ist ein schweres Verbrechen, und wenn man erwischt wird, gehen sämtliche Geräte und Daten in den Besitz der

Regierung über.« Jennings lächelte verächtlich. »Kein Wunder, dass die Regierung daran interessiert ist. Wenn sie Rethrick bei der Produktion erwischen könnten –«

»Eine Zeitschaufel. Das ist ja unglaublich.«

»Meinen Sie nicht, dass ich recht habe?«

»Ich weiß nicht. Vielleicht. Ihre sonderbaren Wertgegenstände. Sie sind nicht der Erste, der mit einem kleinen Leinenbeutel voller Schnickschnack wiedergekommen ist. Wie haben Sie die Gegenstände bis jetzt gebraucht?«

»Zuerst den Draht und die Busmünze, um der Polizei zu entkommen. Es ist komisch, aber hätte ich die Sachen nicht gehabt, wäre ich jetzt nicht hier. Ein Stück Draht und ein Zehncentstück. Aber für gewöhnlich habe ich solche Sachen nicht bei mir. Das ist der Punkt.«

»Eine Zeitreise.«

»Nein. Keine Zeitreise. Berkowsky hat bewiesen, dass Zeitreisen unmöglich sind. Hier geht es um eine Zeitschaufel, einen Spiegel, um in die Zukunft zu sehen, und eine Schaufel, um Objekte mitzubringen. Den Kleinkram. Wenigstens einer der Gegenstände stammt aus der Zukunft. Wie mit einer Schaufel aufgelesen und zurückgebracht.«

»Woher wissen Sie das?«

»Er ist datiert. Bei den anderen Sachen bin ich mir nicht sicher. So was wie die Münze und der Draht sind natürlich ganz alltägliche Dinge. Eine Busmünze ist so gut wie jede andere. Was diese Sachen angeht, muss *er* einen Spiegel benutzt haben.«

»*Er?*«

»Ich, als ich bei Rethricks arbeitete. Ich muss einen Spiegel benutzt haben. Ich habe in meine eigene Zukunft gesehen. Wenn ich mit der Wartung ihrer Geräte beschäftigt war, konnte man mich ja nicht gut von ihnen fern halten! Ich muss einen Blick in die Zukunft geworfen und gesehen haben, was kommen würde. Dass die SP mich festnehmen würde. Und ich muss gesehen haben, wozu mir ein Stück Draht und eine Busmünze einmal nützlich sein würden – wenn ich sie im richtigen Augenblick bei mir hätte.«

Kelly überlegte. »Und? Wozu brauchen Sie nun mich?«

»Im Moment bin ich mir da nicht sicher. Halten Sie Rethrick eigentlich für eine gute Einrichtung, die gegen die Polizei Krieg führt? Eine Art Roland bei Roncesvalles –«

»Was spielt es schon für eine Rolle, wofür ich die Firma halte?«

»Eine große.« Jennings leerte sein Glas, schob es beiseite. »Weil ich nämlich möchte, dass Sie mir helfen. Ich will Rethrick Construction erpressen.«

Kelly starrte ihn an.

»Das ist meine einzige Chance, am Leben zu bleiben. Ich habe gegen Rethrick etwas in der Hand, etwas von enormer Bedeutung. Etwas von so großer Bedeutung, dass sie mich reinlassen werden, zu meinen Bedingungen. Es gibt keinen anderen Ort, wo ich hingehen kann. Früher oder später würde mich die Polizei erwischen. Wenn ich nicht in der Fabrik bin und unverzüglich –«

»Ich soll Ihnen helfen, die Firma zu erpressen? Rethrick zu zerstören?«

»Nein. Nicht zu zerstören. Ich will sie nicht zerstören – mein Leben hängt ja von der Firma ab. Mein Leben hängt davon ab, dass Rethrick stark genug ist, sich der SP zu widersetzen. Aber solange ich *draußen* bin, spielt es keine Rolle, wie stark Rethrick ist. Verstehen Sie? Ich muss hinein. Ich muss hinein, bevor es zu spät ist. Und zwar zu meinen eigenen Bedingungen, nicht als ein Zwei-Jahres-Arbeiter, der hinterher wieder rausgesetzt wird.«

»Wo ihn dann die Polizei aufgreift.«

Jennings nickte. »Genau.«

»Und wie wollen Sie die Firma erpressen?«

»Ich werde in die Fabrik eindringen und mir genügend Material beschaffen, um zu beweisen, dass Rethrick eine Zeitschaufel in Betrieb hat.«

Kelly lachte. »In die Fabrik eindringen? Sehen Sie erst mal zu, dass Sie die Fabrik *finden*. Die Polizei sucht seit Jahren danach.«

»Ich habe sie bereits gefunden.« Jennings lehnte sich zurück, steckte sich eine Zigarette an. »Mit Hilfe meiner speziellen Gegenstände. Und vier habe ich noch, genügend, um hineinzukommen, denke ich. Und um an das heranzukommen, was ich brauche. Ich werde genügend Unterlagen und Fotos herausbringen können, um Rethrick das Genick zu brechen. Aber ich will Rethrick nicht das Genick brechen. Ich will nur verhandeln. Und hier kommen Sie ins Spiel.«

»Ich?«

»Ihnen kann man vertrauen, dass Sie nicht zur Polizei gehen. Ich brauche jemanden, dem ich das Material anvertrauen kann. Ich wage nicht, es bei mir zu behalten. Sobald ich es habe, muss ich es jemandem geben, der es an einem Ort versteckt, wo ich es nicht finden kann.«

»Warum?«

»Weil«, sagte Jennings ruhig, »ich jeden Augenblick von der SP geschnappt werden kann. Zwar liebe ich Rethrick nicht, aber ich möchte auch nicht, dass die Firma auffliegt. Darum müssen Sie mir helfen. Ich werde die Unterlagen Ihnen zum Aufbewahren geben, während ich mit Rethrick verhandle. Sonst müsste ich sie bei mir behalten. Und wenn ich sie bei mir habe –«

Er sah sie an. Kelly blickte zu Boden. Ihr Gesicht war angespannt. Starr.

»Also? Was sagen Sie? Wollen Sie mir helfen, oder soll ich das Risiko eingehen, dass mich die SP mit dem Material aufgreift? Genügend Beweismaterial, um Rethrick zu vernichten. Na? Wollen Sie, dass Rethrick vernichtet wird? Wie entscheiden Sie sich?«

Die beiden waren in die Hocke gegangen und ließen ihren Blick über die Felder schweifen, hin zu der Anhöhe in der Ferne. Der Hügel erhob sich kahl und braun; Feuerrodung hatte ihn von jeder Vegetation befreit. Nichts wuchs mehr an den Hängen. Auf halber Höhe verlief im Zickzack ein langer Stahlzaun, gekrönt von elektrisch geladenem Stacheldraht. Auf der anderen Seite schob eine winzige Figur mit Gewehr und Helm Wache.

Oben auf dem Hügel befand sich ein enormer Betonklotz, ein hoch aufragendes Gebäude ohne Fenster und Türen. Das Sonnenlicht des frühen Tages fiel auf die Geschütze, die auf dem Dach des Gebäudes in einer Reihe aufgestellt waren, und ließ sie aufblitzen.

»Das ist also die Fabrik«, sagte Kelly leise.

»Das ist sie. Man würde eine Armee brauchen, um den Hügel hinauf und durch die Absperrung zu kommen. Es sei denn, man darf hinein.« Jennings erhob sich, half Kelly hoch. Sie gingen den Pfad zurück, zwischen den Bäumen, zu der Stelle, wo Kelly den Kreuzer geparkt hatte.

»Glauben Sie wirklich, Ihr grünes Stoffband wird Ihnen helfen hineinzukommen?«, fragte Kelly, während sie hinter das Steuer glitt.

»Die Leute in der Stadt haben gesagt, dass irgendwann heute Morgen ein Laster mit Arbeitern zur Fabrik fahren wird. Am Eingang müssen die Männer absteigen. Da werden sie dann überprüft. Ist alles in Ordnung, lässt man sie durch den Zaun auf das Gelände. Am Ende des Tages werden sie wieder hinausgelassen und zur Stadt zurückgefahren.«

»Bringt Sie das nahe genug heran?«

»Zumindest werde ich auf der anderen Seite des Zauns sein.«

»Wie wollen Sie an die Zeitschaufel herankommen? Die muss sich doch irgendwo im Gebäude befinden.«

Jennings holt einen kleinen Codeschlüssel hervor. »Der wird mich hineinbringen. Das will ich jedenfalls hoffen.«

Kelly nahm den Schlüssel und betrachtete ihn. »Das ist also eins Ihrer geheimnisvollen Objekte. Wir hätten uns den Inhalt Ihres kleinen Leinenbeutels genauer ansehen sollen.«

»Wir?«

»Die Firma. Ich habe mehrere solcher Beutel mit Kleinkram gesehen und hab sie ja selber ausgehändigt. Rethrick hat nie etwas dazu gesagt.«

»Wahrscheinlich hat die Firma geglaubt, dass niemand jemals den Wunsch haben würde, wieder hineinzukommen.« Jennings nahm ihr den Codeschlüssel aus der Hand. »Also, Sie wissen Bescheid, was Sie zu tun haben?«

»Ich warte mit meinem Kreuzer hier, bis Sie zurückkommen. Sie werden mir das Material geben. Ich bring es dann nach New York und warte darauf, dass Sie mit mir Kontakt aufnehmen.«

»Richtig.« Jennings blickte zu der fernen Landstraße, die durch die Bäume zum Tor des Fabrikgeländes führte. »Ich verstecke mich besser dort. Der Laster kann jeden Augenblick kommen.«

»Aber was ist, wenn man den Arbeitertrupp durchzählt?«

»Das Risiko muss ich eingehen. Aber ich mache mir keine Sorgen. Ich bin sicher, dass *er* alles vorausgesehen hat.«

Kelly lächelte. »Sie und Ihr hilfreicher Freund. Ich hoffe, *er* hat Ihnen genügend Objekte beschafft, um auch wieder rauszukommen, wenn Sie die Fotos haben.«

»Hoffen Sie das wirklich?«

»Warum nicht?«, sagte Kelly leichthin. »Ich habe Sie immer gemocht. Das wissen Sie. Sie wussten es, als Sie zu mir kamen.«

Jennings stieg aus dem Kreuzer. Er trug einen Overall und Arbeitsschuhe und ein graues Sweatshirt. »Bis später. Wenn alles klappt. Und ich geh mal davon aus.« Er klopfte auf seine Tasche. »Mit meinen Glücksbringern hier.«

Dann machte er sich auf den Weg und lief eilig durch die Bäume davon.

Die Bäume führten unmittelbar bis zum Rand der Landstraße. Er trat nicht hinaus ins Freie, sondern hielt sich zwischen den Bäumen verborgen. Die Werkwachen beobachteten zweifellos den Hang. Dort war alles so sorgfältig niedergebrannt worden, dass jeder, der zum Zaun hinaufzukriechen versuchte, sofort entdeckt werden würde. Auch hatte er Infrarot-Suchscheinwerfer ausmachen können.

Jennings hatte sich hingehockt und beobachtete zusammengekrümmt die Straße. Nur ein ganz kurzes Stück entfernt, fast unmittelbar vor dem Tor, befand sich eine Straßensperre. Er sah auf seine Uhr. Halb elf. Er würde wohl warten müssen, noch eine ganze Weile. Er versuchte, sich zu entspannen.

Es war bereits nach elf, als der große Lastwagen rumpelnd und schnaufend die Straße hochgefahren kam.

Jennings erwachte aus seiner Betäubung. Er holte den grünen Stoffstreifen hervor und befestigte ihn an seinem Arm. Der Laster kam näher. Jetzt konnte Jennings die Fracht erkennen. Er war voller Arbeiter, Männer in Jeans und Arbeitshemden, die auf dem Fahrzeug gehörig durchgerüttelt wurden. Tatsächlich trug jeder Mann eine Armbinde genau wie die seine, einen grünen Stoffstreifen um den Oberarm. So weit, so gut.

Der Laster verlangsamte seine Fahrt und hielt dann bei der Sperre. Die Männer kletterten gemächlich hinunter auf die Straße und wirbelten in der heißen Mittagssonne jede Menge Staub auf. Die Leute klopften sich den Staub von den Jeans, einige steckten sich Zigaretten an. Von der Sperre her schritten lässig zwei Wachen herbei. Jennings spannte sich an. Gleich wäre es soweit. Die Wachen bewegten sich zwischen den Männern, überprüften sie, ihre Armbinden, ihre Gesichter, bei einigen wenigen die Identifikationsmarke.

Die Straßensperre glitt zur Seite. Das Tor öffnete sich. Die Wachen kehrten auf ihre Posten zurück.

Jennings schob sich vorwärts, zwängte sich durchs Unterholz in Richtung Straße. Die Männer traten ihre Zigaretten aus und kletterten wieder auf den Laster. Der Motor dröhnte auf, der Fahrer löste die Bremsen. Jennings sprang auf die Straße, direkt hinter den Laster. Ein Schauer aus Blättern und Erdklümpchen folgte ihm. Die Stelle, wo er landete, war durch das Fahrzeug vor den Augen der Wachen geschützt. Jennings hielt den Atem an. Er rannte zum Laster.

Die Männer starrten ihn neugierig an, als er sich mit pumpender Brust zu ihnen hinaufzog. Ihre Gesichter waren wettergegerbt, grau und gefurcht. Männer der Scholle. Als der Laster losfuhr, fand Jennings einen Platz zwischen zwei stämmigen Farmern. Sie schienen ihn nicht zu bemerken. Er hatte Erde auf seine Haut geschmiert und seine Bartstoppeln einen Tag lang wachsen lassen. Bei einem flüchtigen Blick sah er nicht viel anders aus als die anderen. Doch falls irgendwer durchzählte –

Der Laster fuhr durch das Tor, aufs Gelände. Hinter dem Fahrzeug schloss sich das Tor. Jetzt ging es aufwärts, den steilen Hügel empor, und der Laster ratterte und schwankte von einer Seite zur andern. Das gewaltige Betongebäude rückte näher. Würden sie direkt hineinfahren? Fasziniert beobachtete Jennings alles. Eine dünne, hohe Tür glitt zurück und enthüllte ein dunkles Inneres. Zahlreiche Lampen spendeten künstliches Licht.

Der Laster hielt. Wieder stiegen die Arbeiter ab. Ein paar Mechaniker traten zu ihnen.

»Was sollen die hier machen?«, fragte einer von ihnen.

»Graben. Drinnen.« Ein anderer wies mit dem Daumen hinter sich. »Schickt sie rein.«

Jennings klopfte das Herz. Er kam rein! Unwillkürlich fasste er sich an den Hals. Von seinem Hals herab hing, wie ein Lätzchen unter seinem grauen Sweatshirt, eine Flachkamera. Er konnte sie kaum spüren, obwohl er wusste, dass sie dort war. Vielleicht war alles einfacher, als er gedacht hatte.

Die Arbeiter gingen zu Fuß durch die Tür. Jennings in ihrer Mitte. Sie befanden sich in einer gewaltigen Arbeitshalle. Lange Werkbänke mit halbfertigen Maschinen, Ladebäume und Kräne und das ständige Dröhnen der Arbeit. Hinter ihnen schloss sich die Tür und schnitt sie von der Außenwelt ab. Jennings war in der Fabrik. Aber wo befanden sich die Zeitschaufel und der Spiegel?

»Hier lang«, sagte ein Vorarbeiter. Die Männer stapften nach rechts hinüber. Ein Lastenaufzug kam herauf aus den Eingeweiden des Gebäudes, um sie in Empfang zu nehmen. »Ihr fahrt jetzt nach unten. Wer von euch hat Erfahrung mit Bohrern?«

Ein paar Hände hoben sich.

»Ihr könnt es den anderen zeigen. Wir bauen das Erdreich mit Bohrern und Schrämmaschinen ab. Schon mal wer mit einer Schrämmaschine gearbeitet?«

Keine Hände. Jennings sah zu den Werkbänken hin. Hatte er hier vor noch gar nicht langer Zeit gearbeitet? Ein plötzliches Frösteln ging durch ihn hindurch. Wenn ihn nun jemand wiedererkannte? Vielleicht hatte er sogar mit diesen Mechanikern zusammengearbeitet.

»Los«, sagte der Vorarbeiter ungeduldig. »Beeilt euch.«

Zusammen mit den anderen betrat Jennings den Lastenaufzug. Gleich darauf bewegten sie sich nach unten, den schwarzen Schacht hinab. Tiefer und tiefer, zu den untersten Stockwerken der Fabrik. Rethrick Construction war *groß*, sehr viel größer, als es von außen den Anschein hatte. Sehr viel größer, als selbst er es sich vorgestellt hatte. Ein unterirdisches Stockwerk nach dem anderen ließ der Lift hinter sich.

Der Aufzug hielt. Die Tür öffnete sich. Jennings sah in einen langen Korridor. Die Luft war voller Steinstaub. Und sie war feucht. Rings um Jennings begannen die Arbeiter sich aufzuteilen. Plötzlich erstarrte Jennings, wich zurück.

Am Ende des Korridors, vor einer Stahltür, stand Earl Rethrick. Er sprach mit einer Gruppe von Technikern.

»Endstation«, sagte der Vorarbeiter. »Aussteigen.«

Jennings verließ den Aufzug, hielt sich hinter den anderen. Rethrick! Sein Herz klopfte dumpf. Falls Rethrick ihn sah, war er erledigt. Er wühlte in seinen Taschen. Er hatte eine Mini-Boris-Pistole, aber die würde ihm nicht viel nützen, wenn er entdeckt würde. Wenn Rethrick ihn sah, war alles aus.

»Hier lang.« Der Vorarbeiter führte sie zu etwas, was wie eine U-Bahn-Station aussah. Die Männer stiegen in die Metallwagen, die auf dem Gleis standen. Jennings beobachtete Rethrick. Er sah, wie er wütend gestikulierte; gedämpft klang seine Stimme durch den Gang. Plötzlich drehte sich Rethrick um. Er hob die Hand, und die große Stahltür, vor der er stand, öffnete sich.

Jennings' Herz hörte beinahe auf zu schlagen.

Dort, hinter der Stahltür, war die Zeitschaufel. Er erkannte sie sofort. Der Spiegel. Die langen Metallstangen, an deren Ende sich die Klauen befanden. Wie Berkowskys theoretisches Modell – nur, dass dies hier echt war.

Rethrick betrat den Raum, gefolgt von den Technikern. Rings um die Maschine standen Männer, die an ihr arbeiteten. Ein Teil des Schilds war abmontiert. Die Leute machten sich im Innern der Zeitschaufel zu schaffen. Jennings starrte hin, blieb hinter den anderen zurück.

»He, Sie – «, sagte der Vorarbeiter und trat auf ihn zu. Die Stahltür schloss sich. Die Sicht war ihm genommen. Rethrick, die Zeitschaufel, die Techniker waren verschwunden.

»Tut mir leid«, murmelte Jennings.

»Sie sollen hier gefälligst nicht rumschnüffeln.« Der Vorarbeiter musterte ihn eindringlich. »Sie kenn ich ja gar nicht. Zeigen Sie mir mal Ihre Marke.«

»Meine Marke?«

»Ihre Identifikationsmarke.« Der Vorarbeiter drehte sich um. »Bill, die Liste.« Er betrachtete Jennings von oben bis unten. »Ich werde Sie nach der Liste überprüfen, Mister. Ich habe Sie nämlich noch nie in der Mannschaft gesehen. Bleiben Sie da stehen.«

Aus einem Nebeneingang kam ein Mann mit einem Klemmbrett in Händen zu ihnen her.

Jetzt oder nie!

Jennings sprintete los, den Korridor entlang, auf die große Stahltür zu. Hinter ihm wurden verblüffte Rufe laut; der Vorarbeiter und sein Gehilfe. Jennings zog blitzschnell den Codeschlüssel hervor und betete inbrünstig, während er noch rannte. Er erreichte die Tür, richtete den Schlüssel auf sie. Mit der anderen Hand zückte er die Boris-Pistole. Auf der anderen Seite der Tür befand sich die Zeitschaufel. Ein paar Aufnahmen und dann, wenn er es schaffte, wieder rauszukommen –

Die Tür rührte sich nicht. Schweiß trat auf sein Gesicht. Er hämmerte mit dem Schlüssel gegen die Tür. Warum ging sie nicht auf? Sie musste – Er begann zu zittern, Panik erfasste ihn. Durch den Korridor kamen Leute, jagten hinter ihm her. Geh auf –

Aber die Tür ging nicht auf. Der Schlüssel, den er in der Hand hielt, war der falsche Schlüssel.

Er war geschlagen. Die Tür und der Schlüssel passten nicht zusammen. Entweder hatte *er* sich geirrt, oder der Schlüssel war anderswo zu verwenden. Aber wo? Hektisch sah Jennings sich um. Wo? Wo konnte er hin?

Auf der einen Seite gab es eine halbgeöffnete Tür, eine reguläre Riegelschlosstür. Er ging darauf zu, stieß sie auf. Er befand sich in einer Art Lagerraum. Er warf die Tür zu, schob den Riegel vor. Von draußen klangen verwirrte Stimmen, riefen nach den Wachen. Bald würden ein paar bewaffnete Wachen zur Stelle sein. Jennings hielt die Boris-Pistole mit festem Griff und sah sich um. Saß er in einer Falle? Gab es einen zweiten Ausgang?

Er rannte durch den Raum, stieß Ballen und Schachteln beiseite, zu Stapeln hochgetürmte Kartons. Hinten befand sich ein Notausgang. Sofort öffnete er ihn. Er spürte einen Impuls, den Schlüssel wegzuwerfen. Was hatte er ihm genützt? Doch sicher hatte *er* gewusst, was er tat. *Er* hatte all das vorhergesehen. Wie für Gott war für *ihn* alles bereits schon geschehen. Alles war vorherbestimmt. *Er* konnte sich nicht irren. Oder doch?

Ein Frösteln überlief ihn. Vielleicht war die Zukunft veränderbar. Vielleicht war das einmal der richtige Schlüssel gewesen. War es aber jetzt nicht mehr!

Hinter sich hörte er Geräusche. Man schweißte die Tür des Lagerraums auf. Jennings eilte durch den Notausgang in einen niedrigen, feuchten und schlechtbeleuchteten Gang. Er rannte, bog um Ecken. Der Gang war aus Beton, wie ein Abwasserkanal. Von allen Seiten mündeten andere Gänge in ihn.

Er blieb stehen? Wohin nur? Wo konnte er sich verstecken? Über seinem Kopf klaffte die Öffnung eines großen Belüftungsrohrs. Seine Hände fanden Halt, und er zog sich hinauf. Mühsam zwängte er sich hinein. Auf das Rohr würden die Verfolger nicht weiter achten. Vorsichtig kroch er das Rohr entlang. Warme Luft blies ihm ins Gesicht. Warum ein so großes Lüftungsrohr? Seltsamerweise war es am anderen Ende mit einem Raum verbunden. Er gelangte zu einem Metallrost und hielt dort inne.

Sein Atem stockte.

Er sah in den großen Raum, den Raum, in den er schon durch die offene Stahltür einen Blick geworfen hatte. Nur dass er sich jetzt auf der anderen Seite befand. Da war die Zeitschaufel. Und ein ganzes Stück entfernt, jenseits der Maschine, stand Rethrick, der aufgeregt in einen laufenden Bildschirm sprach. Die Alarmanlage war ausgelöst worden, ihr Schrillen hallte von überall her wider. Techniker rannten in alle Richtungen. Uniformierte Wachen quollen in den Raum, andere drängten hinaus.

Die *Zeitschaufel.* Jennings untersuchte den Rost. Er war nur festgeklemmt. Jennings löste ihn an einer Seite und hatte den Rost schon in Händen. Niemand hatte etwas bemerkt. Vorsichtig glitt Jennings in den Raum, die Boris-Pistole schussbereit. Hinter der Zeitschaufel war er recht gut versteckt, und die Techniker und die Wachen befanden sich sämtlich auf der anderen Seite des Raums, dort, wo er sie zuerst gesehen hatte.

Und hier lag nun alles vor ihm, die schematischen Darstellungen, der Spiegel, Unterlagen, Daten, Pläne. Er betätigte seine Kamera. Sie vibrierte an seiner Brust, während sie den Film transportierte. Er schnappte sich eine Handvoll Zeichnungen. Vielleicht hatte *er* diese Zeichnungen vor nur wenigen Wochen benutzt!

Er stopfte sich die Papiere in die Taschen. Der Film war fast voll. Aber er war auch fertig. Er zwängte sich wieder durch die Öffnung in den Belüftungsschacht und kroch das Rohr entlang. Der Betonkorridor war immer noch leer, aber jetzt war ein beharrliches Trommeln zu hören, das Geräusch von Stimmen und Schritten. So viele Gänge – Sie suchten nach ihm in einem Labyrinth von Fluchtgängen.

Jennings rannte. Er rannte, ohne auf die Richtung zu achten, versuchte jedoch, sich an den Hauptkorridor zu halten. Immer wieder gingen Seitengänge von ihm ab, zahllose Gänge. Der Gang verlief schräg nach unten. Er gelangte tiefer, immer tiefer.

Plötzlich blieb er keuchend stehen. Das Geräusch hinter ihm war für einen Augenblick verstummt. Aber ein neues Geräusch war zu hören, vor ihm. Er ging langsamer weiter. Der Korridor verlief in einem Bogen nach rechts. Langsam näherte er sich, die Boris-Pistole schussbereit.

Ein kurzes Stück von ihm entfernt standen zwei Wachen, die sich ruhig unterhielten. Hinter ihnen befand sich eine schwere Code-Tür. Und hinter Jennings waren wieder die Stimmen zu hören, jetzt aber lauter. Sie hatten den Gang gefunden, den er genommen hatte. Sie waren ihm auf den Fersen.

Mit erhobener Boris-Pistole trat Jennings vor. »Hände hoch. Waffen fallen lassen.«

Die Wachen starrten ihn an. Kinder, Jungen mit kurzgeschorenen Blondschöpfen in adretten Uniformen. Bleich und verängstigt wichen sie zurück.

»Eure Waffen. Werft sie hin.«

Die beiden Gewehre polterten zu Boden. Jennings lächelte. Jungen. Wahrscheinlich hatten sie hier noch nie Ärger gehabt. Ihre gewichsten Stiefel glänzten.

»Macht die Tür auf«, sagte Jennings. »Ich will durch.«

Sie starrten ihn an. Hinter ihm wurden die Geräusche lauter.

»Aufmachen.« Er wurde ungeduldig. »Los.« Er schwenkte seine Pistole. »Macht sie auf, verdammt nochmal! Oder wollt ihr, dass ich –«

»Wir – wir können nicht.«

»Was?«

»Wir können nicht. Das ist eine Code-Tür. Wir haben den Schlüssel nicht. Ehrlich, Mister. Den Schlüssel geben die uns nicht.« Sie hatten Angst. Jennings bekam es jetzt selber mit der Angst zu tun. Das Trommeln hinter ihm wurde immer lauter. Er saß in der Falle.

Oder doch nicht?

Plötzlich lachte er. Rasch trat er zur Tür. »Vertrauen«, murmelte er und hob die Hand. »Man sollte niemals das Vertrauen verlieren.«

»Was – was meinen Sie?«

»Das Selbstvertrauen.«

Die Tür glitt auf, als er den Codeschlüssel auf sie richtete. Gleißendes Sonnenlicht fiel herein und blendete ihn. Mit festem Griff hielt er die Pistole. Er war draußen, beim Tor. Drei Wachen starrten entsetzt auf die Pistole. Er war beim Tor – und jenseits vom Tor war der Wald.

»Aus dem Weg.« Jennings feuerte auf die Metallstangen des Tors. Das Metall ging in Flammen auf und schmolz; eine Feuerwolke stieg auf.

»Haltet ihn!« Hinter ihm, aus dem Korridor, jagten Männer herbei, Wachen.

Jennings spang durch das rauchende Tor. Das Metall riss an ihm, versengte ihn. Er rannte durch den Rauch, fiel, überschlug sich. Er raffte sich hoch und eilte weiter, flüchtete in den Schutz der Bäume.

Er war draußen. *Er* hatte ihn nicht im Stich gelassen. Der Schlüssel hatte funktioniert, allerdings. Er hatte ihn zuerst nur bei der falschen Tür verwendet.

Weiter und immer weiter lief er; nach Luft japsend hastete er zwischen den Bäumen hindurch. Hinter ihm blieben die Fabrik und die Stimmen zurück. Er hatte die Unterlagen. Und er war draußen.

Er fand Kelly und gab ihr den Film und alles, was er sich hatte in die Taschen stopfen können. Dann schlüpfte er wieder in seine normale Kleidung. Kelly fuhr ihn bis zum Rand von Stuartsville und setzte ihn dort ab. Jennings beobachtete, wie sich ihr Kreuzer in die Luft erhob und in Richtung New York davonflog. Dann ging er in die Stadt und stieg in die Intercity-Rakete.

Während des Flugs schlief er inmitten von dösenden Geschäftsleuten. Als er aufwachte, befand sich die Rakete im Sinkflug und landete auf dem riesigen New York Spaceport.

Jennings stieg aus und folgte dem Strom von Menschen. Jetzt, wo er zurück war, bestand die Gefahr, wieder der SP in die Fänge zu geraten. Zwei Polizeibeamte in grünen Uniformen beobachteten ihn gleichgültig, als er draußen in ein Taxi stieg. Das Taxi tauchte mit ihm in den Stadtverkehr ein. Jennings wischte sich den Schweiß von der Stirn. Das war knapp gewesen. Jetzt musste er Kelly finden.

Er aß zu Abend in einem kleinen Restaurant, wo er einen Platz im hinteren Teil, abseits der Fenster wählte. Als er wieder hinaustrat, begann die Sonne bereits unterzugehen. Tief in Gedanken versunken, schlenderte er den Bürgersteig entlang.

So weit, so gut. Er hatte die Unterlagen und den Film, und er war entkommen. Der Kleinkram hatte sich bisher als äußerst wertvoll erwiesen. Ohne ihn wäre er hilflos gewesen. Er tastete in seiner Tasche herum. Zwei Dinge hatte er noch nicht benutzt. Die gezackte Hälfte eines Poker-Chips und einen Paketzettel. Er holte den Zettel heraus und betrachtete ihn im schwächer werdenden Abendlicht.

Plötzlich fiel ihm etwas auf. Das Datum auf dem Zettel war das heutige Datum. Jennings hatte die Zeit aufgeholt.

Er steckte ihn ein, ging weiter. Was hatte das zu bedeuten? Wofür war der Zettel? Er zuckte die Schultern. Er würde es zur rechten Zeit erfahren. Und der halbe Poker-Chip. Wofür, zum Teufel, war der? Er hatte keine Ahnung. Auf jeden Fall war er sicher, dass er es schaffen würde. *Er* hatte ihm beigestanden, bis jetzt. Allerdings, viel hatte er nicht mehr in der Hand.

Er erreichte Kellys Wohnblock, blieb stehen und sah nach oben. Sie hatte noch Licht. Sie war zurück; ihr kleiner Kreuzer war schneller gewesen als die Intercity-Rakete. Er betrat den Fahrstuhl und fuhr in ihre Etage.

»Hallo«, sagte er, als sie die Tür öffnete.

»Alles in Ordnung mit Ihnen?«

»Ja. Kann ich reinkommen?«

Er trat ein. Kelly schloss hinter ihm die Tür. »Ich bin froh, Sie zu sehen. In der Stadt wimmelt es von SP-Leuten. An jeder Straßenecke. Und die Streifen –«

»Ich weiß. Ich hab sie beim Spaceport gesehen.« Jennings setzte sich auf die Couch. »Es ist jedenfalls ein gutes Gefühl, wieder hier zu sein.«

»Und ich dachte schon, man würde vielleicht alle Intercity-Flüge stoppen und die Passagiere überprüfen.«

»Sie dürften kaum annehmen, dass ich in die Stadt kommen würde.«

»Daran habe ich nicht gedacht.« Kelly nahm ihm gegenüber Platz. »Und, was jetzt? Was wollen Sie jetzt tun, wo Sie das Material haben?«

»Als Nächstes werde ich mich mit Rethrick treffen und ihn mit einer Nachricht überraschen. Mit der Nachricht, dass die Person, die aus der Fabrik entkommen ist, niemand anderer war als ich. Er weiß, dass ihm jemand durch die Lappen gegangen ist, aber er weiß nicht wer. Zweifellos nimmt er an, dass es ein SP-Mann war.«

»Könnte er nicht den Zeitspiegel benutzen, um das herauszufinden?«

Ein Schatten huschte über Jennings' Gesicht. »Das stimmt. Daran habe ich nicht gedacht.« Er rieb sich das Kinn, runzelte die Stirn. »Auf jeden Fall habe ich das Material. Oder besser gesagt: Sie haben es.«

Kelly nickte.

»In Ordnung. Dann werden wir fortfahren, wie geplant. Morgen treffen wir uns mit Rethrick. Wir treffen uns hier in New York. Können Sie ihn ins Büro holen? Kommt er, wenn Sie ihn darum bitten?«

»Ja. Wir haben einen Code. Wenn ich ihm sage, dass er kommen soll, kommt er auch.«

»Bestens. Ich werde mich dort mit ihm treffen. Wenn er erfährt, dass wir den Film und die Unterlagen haben, wird er meine Forderungen erfüllen müssen. Er muss mich an Rethrick Construction teilhaben lassen, zu meinen Bedingungen. Tut er das nicht, kann er davon ausgehen, dass das Material der Sicherheitspolizei übergeben wird.«

»Und wenn Sie dann drin sind? Wenn Rethrick Ihre Forderungen erfüllt?«

»Ich habe in der Fabrik genug gesehen, um zu wissen, dass Rethrick weitaus größer ist, als ich angenommen hatte. Wie groß, weiß ich nicht. Kein Wunder, dass *er* sich so dafür interessiert hat!«

»Sie wollen gleichberechtigter Teilhaber der Firma werden?«

Jennings nickte.

»Sie würden sich niemals damit zufriedengeben, als einfacher Mechaniker dorthin zurückzukehren, nicht wahr? So wie vorher.«

»Nein. Um irgendwann wieder hinausbefördert zu werden?« Jennings lächelte. »Ich weiß nur, dass *er* etwas Besseres mit mir vorhatte. *Er* hat einen sorgfältigen Plan entwickelt. Der Krimskrams. Er muss alles lange im Voraus geplant haben. Nein, ich werde nicht als Mechaniker zurückkehren. Ich habe dort viel gesehen, Stockwerke voller Männer und Maschinen. Dort ist etwas Großes im Gange. Und ich möchte dabei sein.«

Kelly schwieg.

»Können Sie das verstehen?«, fragte Jennings.

»Ich verstehe.«

Er verließ die Wohnung und eilte durch die dunklen Straßen. Er hatte sich zu lange dort aufgehalten. Falls die SP sie beide zusammen fand, war es aus mit Rethrick Construction. Er durfte kein Risiko eingehen, wo das Ziel fast schon in Sicht war.

Er sah auf seine Uhr. Es war nach Mitternacht. An diesem Morgen würde er sich mit Rethrick treffen und ihm seinen Vorschlag unterbreiten. Wie er so dahinlief, wuchs seine Zuversicht. Er würde in Sicherheit sein. Mehr als das. Rethrick Construction war auf etwas aus, das viel größer war als bloße industrielle Macht. Was er gesehen hatte, hatte ihn davon überzeugt, dass sich eine Revolution anbahnte. Unten in den vielen unterirdischen Stockwerken, unter der Festung aus Beton, bewacht von Geschützen und bewaffneten Männern, traf Rethrick Vorbereitungen für einen Krieg. Maschinen wurden produziert. Die Zeitschaufel und der Spiegel waren voll einsatzfähig, sie beobachteten, nahmen Proben, analysierten.

Kein Wunder, dass *er* einen derart sorgfältigen Plan ausgearbeitet hatte. *Er* hatte all das gesehen und verstanden, hatte sich seine Gedanken gemacht. Das Problem war die Gehirnwäsche gewesen. Seine Erinnerung sollte ausgelöscht werden, wenn er entlassen würde. Das wäre das Ende aller Pläne. Das Ende? Es gab ja die Alternativ-Klausel in dem Vertrag. Andere hatten sie gesehen und genutzt. Aber nicht so, wie *er* sie zu nutzen beabsichtigte!

Er hatte mehr im Sinn gehabt als irgendjemand vor ihm. *Er* war der Erste, der verstanden hatte und Konsequenzen zog. Die sieben Gegenstände verbanden ihn mit irgendetwas jenseits, irgendetwas, das –

Am Ende des Blocks hielt ein SP-Kreuzer am Bordstein. Seine Türen glitten auf.

Jennings blieb stehen, sein Herz krampfte sich zusammen. Die Nachtstreife auf ihrer Tour durch die Stadt. Es war nach elf, Ausgangssperre. Er sah sich rasch um. Alles war dunkel. Die Geschäfte waren geschlossen und die Häuser über Nacht zugesperrt. Stumme Wohnblocks, Gebäude. Sogar die Bars waren dunkel.

Er blickte zurück, in die Richtung, aus der er gekommen war. Hinter ihm hatte ein zweiter SP-Kreuzer gehalten. Zwei Polizisten waren ausgestiegen. Sie hatten ihn gesehen. Sie kamen auf ihn zu. Er erstarrte, blickte die Straße hinauf und hinunter.

Ihm gegenüber befand sich der Eingang eines vornehmen Hotels mit leuchtender Neonschrift. Er ging darauf zu, seine Schritte hallten auf dem Pflaster.

»Halt!«, rief einer der SP-Leute. »Kommen Sie zurück! Was haben Sie hier draußen zu suchen? Was –«

Jennings ging die Treppe hinauf und betrat das Hotel. Er durchquerte das Foyer. Der Nachtportier starrte ihn an. Sonst war niemand zu sehen. Das Foyer war leer. Er verlor allen Mut. Er hatte keine Chance. Er lief einfach los, vorbei an der Rezeption, dann durch einen mit Teppichen ausgelegten Korridor. Vielleicht führte der irgendwo zu einem Hinterausgang. Hinter Jennings hatten die SP-Leute das Foyer bereits betreten.

Jennings bog um eine Ecke. Zwei Männer traten vor und blockierten ihm den Weg.

»Wo wollen Sie hin?«

Er blieb stehen, betrachtete sie argwöhnisch. »Lassen Sie mich vorbei.« Er langte in seine Jacke nach der Boris-Pistole. Sofort bewegten sich die Männer.

»Schnappen wir ihn uns.«

Wie mit Schraubstöcken hielten sie seine Arme fest. Gangster offenbar, Profis. Hinter ihnen war Licht. Licht und Geräusche. Irgendetwas war dort los. Menschen.

»Okay«, sagte einer der Gangster. Sie schleppten ihn durch den Korridor zurück in Richtung Foyer. Jennings wehrte sich, aber vergeblich. Er war in eine Sackgasse geraten. Gangster, eine Spielhölle. Die Stadt war voll davon. Die protzige Fassade war nur Tarnung. Sie würden ihn hinauswerfen, der SP in die Arme treiben.

Jemand kam durch den Korridor, ein Mann und eine Frau. Ältere Leute. Gutgekleidet. Neugierig betrachteten sie Jennings, der von den beiden Männern fast getragen wurde.

Plötzlich begriff Jennings. Eine Woge der Erleichterung überrollte ihn. »Wartet«, murmelte er. »In meiner Tasche.«

»Weiter.«

»Wartet doch. Seht selbst nach. In meiner rechten Tasche. Seht da nach.«

Entspannt wartete er. Der Gangster zu seiner Rechten griff ihm vorsichtig in die Tasche. Jennings lächelte. Das war geschafft. *Er* hatte das vorhergesehen. Ein Fehlschlag war völlig ausgeschlossen. Das löste das Problem, wo er sich aufhalten konnte, bis er am Morgen Rethrick treffen würde. Hier konnte er bleiben.

Der Gangster holte den halben Poker-Chip heraus, betrachtete die gezackten Ränder. »Moment mal.« Aus seinem eigenen Jackett holte er einen entsprechenden Chip, der an einer Goldkette befestigt war. Er fügte die Zacken ineinander.

»In Ordnung?«, fragte Jennings.

»Allerdings.« Sie ließen ihn los. Mechanisch glättete Jennings seine Jacke. »Alles in Ordnung, Mister. Sorry. Warum haben Sie denn nicht gleich –«

»Bringt mich nach hinten«, sagte Jennings und wischte sich das Gesicht. »Da sind ein paar Typen, die nach mir suchen. Und ich bin nicht besonders scharf darauf, dass die mich finden.«

»Alles klar.« Sie führten ihn nach hinten, in die Spielzimmer. Der halbe Chip hatte das, was beinahe eine Katastrophe geworden wäre, zu seinen Gunsten gewendet. Ein Etablissement für Glücksspiele und Mädchen. Eine der wenigen Institutionen, die die Polizei in Ruhe ließ. Er war in Sicherheit. Gar keine Frage. Blieb nur noch eins. Der Kampf mit Rethrick!

Rethricks Gesicht war wie versteinert. Er starrte Jennings an, schluckte hastig.

»Nein«, sagte er. »Ich wusste nicht, dass Sie das waren. Wir dachten, es wäre die SP.«

Sie schwiegen. Kelly saß auf dem Stuhl an ihrem Schreibtisch, die Beine übereinandergeschlagen, eine Zigarette zwischen den Fingern. Jennings lehnte mit vor der Brust gekreuzten Armen an der Tür.

»Warum haben Sie den Spiegel nicht benutzt?«, fragte er.

Rethricks Augen flackerten. »Den Spiegel? Sie haben gute Arbeit geleistet, mein Freund. Wir haben *versucht*, den Spiegel zu benutzen.«

»Versucht?«

»Bevor Sie Ihre Arbeitszeit bei uns beendeten, haben Sie einige Leitungen im Spiegel verändert. Als wir ihn einsetzen wollten, passierte gar nichts. Ich habe die Fabrik vor einer halben Stunde verlassen. Da war man noch immer damit beschäftigt.«

»Das habe ich getan, bevor meine zwei Jahre um waren?«

»Offenbar hatten Sie alles detailliert geplant. Sie wussten, dass wir Sie mit dem Spiegel mühelos hätten aufspüren können. Sie sind ein guter Mechaniker, Jennings. Der Beste, den wir je hatten. Wir würden Sie gern mal wieder bei uns sehen. Sie sollten wirklich wieder für uns arbeiten. Es gibt bei uns niemanden, der mit dem Spiegel so umgehen könnte wie Sie. Und derzeit können wir ihn sogar überhaupt nicht benutzen.«

Jennings lächelte. »Ich hatte keine Ahnung, dass *er* das getan hat. Ich habe ihn unterschätzt. *Sein* Schutz war sogar noch –«

»Von wem sprechen Sie?«

»Von mir. Von meinem Ich während der zwei Jahre. Der Einfachheit halber in der dritten Person.«

»Gut, Jennings, Sie beide haben also einen raffinierten Plan ausgearbeitet, um uns wichtige Unterlagen zu stehlen. Warum? Wozu? Sie haben sie doch nicht der Polizei aushändigt?«

»Nein.«

»Dann darf ich wohl davon ausgehen, dass es sich um Erpressung handelt.«

»Ganz recht.«

»Wozu? Was wollen Sie?« Rethrick wirkte gealtert. Sein Körper war schlaff, seine Augen klein und glasig, nervös rieb er sich das Kinn. »Sie haben sich eine Menge Mühe gemacht, um uns in diese Lage zu bringen. Ich möchte zu gern wissen, warum. Als Sie für uns arbeiteten, haben Sie das Fundament gelegt. Jetzt haben Sie, all unseren Vorkehrungen zum Trotz, die Sache zu Ende gebracht.«

»Vorkehrungen?«

»Das Auslöschen Ihrer Erinnerung. Die Tarnung der Fabrik.«

»Sagen Sie's ihm«, sagte Kelly. »Sagen Sie ihm, warum Sie es getan haben.«

Jennings holte tief Luft. »Also, Rethrick: Ich hab es getan, um wieder reinzukommen. Rein in die Firma. Aus diesem und keinem anderen Grund.«

Rethrick starrte ihn an. »Um wieder in die Firma reinzukommen? Sie können wieder rein. Das habe ich Ihnen doch gesagt. Und so lange bleiben, wie Sie wollen.«

»Als Mechaniker.«

»Ja. Als Mechaniker. Wir beschäftigen ja viele –«

»Ich will nicht als Mechaniker zu Ihnen zurück. Ich will nicht für Sie arbeiten. Hören Sie, Rethrick. Als ich dieses Büro verlassen hatte, wurde ich sofort von der SP geschnappt. Wenn *er* nicht vorgesorgt hätte, wäre ich längst tot.«

»Die haben Sie festgenommen?«

»Sie wollten wissen, was bei Rethrick Construction vor sich geht. Sie dachten, ich könnte es ihnen sagen.«

Rethrick nickte. »Das ist schlimm. Das wussten wir nicht.«

»Nein, Rethrick. Ich komme in die Firma nicht als Angestellter, den Sie jederzeit nach Belieben feuern können. Ich arbeite nicht für Sie, ich arbeite mit Ihnen.«

»Mit mir?« Rethrick starrte ihn an. Sein Gesicht wurde zur Maske, zu einer hässlichen, harten Maske. »Ich verstehe Sie nicht.«

»Sie und ich werden zusammen Rethrick Construction führen. Ab sofort. Und niemand wird aus Sicherheitsgründen meine Erinnerung löschen.«

»Das also verlangen Sie?«

»Ja.«

»Und wenn wir Sie nicht beteiligen?«

»Dann kriegt die SP die Unterlagen und die Filme. So einfach ist das. Aber das will ich nicht. Ich will die Firma nicht vernichten. Ich will zur Firma gehören! Ich will in Sicherheit sein. Sie wissen nicht, wie das ist, da draußen zu sein, ohne zu wissen, wohin. Es gibt für einen keinen Ort mehr, wohin man sich wenden kann. Niemanden, der einem hilft. Gefangen zwischen zwei rücksichtslosen Mächten, eine Marionette zwischen politischen und wirtschaftlichen Kräften. Und ich bin es leid, eine Marionette zu sein.«

Rethrick schwieg lange. Er starrte zu Boden, sein Gesicht war dumpf und leer. Schließlich blickte er auf. »Ich weiß, dass Sie nicht übertreiben. Und ich weiß es nicht erst seit heute. Ich weiß es viel länger als Sie. Ich bin so viel älter als sie. Ich habe es kommen sehen, habe gesehen, wie es sich entwickelt hat in all den Jahren. Aus genau diesem Grund gibt es Rethrick Construction. Eines Tages wird alles anders sein. Eines Tages, wenn wir mit der Zeitschaufel und dem Spiegel fertig sind. Wenn die Waffen bereit sind.«

Jennings schwieg.

»Ich weiß sehr wohl, wie das ist! Ich bin ein alter Mann. Ich habe viele Jahre lang gearbeitet. Als man mir sagte, jemand sei mit Dokumenten aus der Fabrik entkommen, dachte ich, das wär das Ende. Wir wussten bereits, dass Sie den Spiegel beschädigt hatten. Wir wussten, dass da eine Verbindung bestand, haben aber die Zusammenhänge nicht ganz richtig gesehen.

Wir dachten natürlich, die Sicherheit hätte Sie bei uns eingeschmuggelt, um herauszufinden, was wir tun. Dann, als Ihnen bewusst wurde, dass Sie Ihre Informationen nicht rausschaffen konnten, beschädigten Sie den Spiegel. Da der Spiegel beschädigt war, konnte die SP also aktiv werden und –«

Er brach ab, rieb sich die Wange.

»Weiter«, sagte Jennings.

»Sie haben das also allein getan … Erpressung. Um in die Firma zu gelangen. Sie wissen doch gar nicht, was das Ziel der Firma ist, Jennings! Wie können Sie es da wagen, sich bei uns einzumischen! Wir haben all das in langen Jahren mühsam aufgebaut. Sie ruinieren uns, um Ihre Haut zu retten. Sie vernichten uns, nur um sich selbst in Sicherheit zu bringen.«

»Ich ruiniere Sie nicht. Ich kann Ihnen eine große Hilfe sein.«

»Ich leite die Firma allein. Es ist meine Firma. Ich habe sie gegründet und aufgebaut. Sie gehört mir.«

Jennings lachte. »Und was, wenn Sie sterben? Oder soll die Revolution noch zu Ihren Lebzeiten stattfinden?«

Rethricks Kopf ruckte hoch.

»Sie werden einmal sterben, und es wird niemand da sein, um das fortzuführen. Sie wissen, dass ich ein guter Mechaniker bin. Sie haben es selbst gesagt. Sie sind ein Narr, Rethrick. Sie wollen alles in Ihrer Hand haben. Wollen alles selbst machen, alles selbst entscheiden. Aber eines Tages werden Sie nicht mehr sein. Und was geschieht dann?«

Schweigen herrschte.

»Lassen Sie mich lieber mitmachen – zum Wohl der Firma wie auch zu meinem eigenen. Ich kann viel für Sie tun. Wenn Sie nicht mehr da sind, wird die Firma in meinen Händen überleben. Und vielleicht wird es sogar zur Revolution kommen.«

»Sie sollten froh sein, dass Sie überhaupt am Leben sind! Hätten wir Ihnen nicht gestattet, diesen Kleinkram mit herauszunehmen –«

»Was hätten Sie denn tun sollen? Wie können Sie Männer an dem Spiegel arbeiten und in die Zukunft sehen lassen und ihnen verbieten, das in irgendeiner Weise für sich auszunutzen? Es liegt doch auf der Hand, warum Sie gezwungen waren, die Klausel mit der Alternativ-Vergütung in den Vertrag einzufügen. Sie hatten keine Wahl.«

»Sie wissen nicht einmal, was wir tun. Warum wir existieren.«

»Ich habe eine recht gute Vorstellung. Schließlich habe ich zwei Jahre für Sie gearbeitet.«

Zeit verging. Rethrick befeuchtete sich wieder und wieder die Lippen, rieb sich die Wange. Auf seiner Stirn stand Schweiß. Schließlich blickte er auf.

»Nein«, sagte er. »Daraus wird nichts. Niemand außer mir wird jemals die Firma leiten. Wenn ich sterbe, stirbt sie mit mir. Sie ist mein Eigentum.«

Jennings reagierte sofort. »Dann erhält die Polizei die Papiere.«

Rethrick sagte nichts, aber über sein Gesicht glitt ein eigentümlicher Ausdruck, ein Ausdruck, der Jennings plötzlich frösteln ließ.

»Kelly«, sagte Jennings. »Haben Sie die Unterlagen bei sich?«

Kelly löste sich aus ihrer Erstarrung und stand auf. Sie drückte ihre Zigarette aus, ihr Gesicht war blass. »Nein.«

»Wo sind sie? Wo haben Sie sie hingetan?«

»Tut mir leid«, sagte Kelly leise. »Das werde ich Ihnen nicht sagen.«

Er starrte sie an. »Was?«

»Tut mir leid«, sagte Kelly wieder. Ihre Stimme klang noch leiser. »Sie sind in Sicherheit. Die SP wird sie niemals bekommen. Sie aber auch nicht. Bei Gelegenheit werde ich sie meinem Vater zurückgeben.«

»Ihrem Vater?«

»Kelly ist meine Tochter«, sagte Rethrick. »Damit haben Sie nicht gerechnet, nicht wahr, Jennings? Auch *er* hat nicht damit gerechnet. Niemand weiß es außer uns beiden. Ich wollte alle Vertrauenspositionen in der Familie halten. Wie ich jetzt sehe, war das nur richtig. Aber es musste geheim gehalten werden. Hätte die SP etwas geahnt, hätte sie sie sofort festgenommen. Ihr Leben wäre nicht sicher gewesen.«

Jennings atmete langsam aus. »Ich verstehe.«

»Es schien mir ratsam, mit Ihnen zusammenzuarbeiten«, sagte Kelly. »Getan hätten Sie es ja sowieso, auch auf eigene Faust. Und dann hätten Sie die Papiere bei sich gehabt. Wie Sie selber gesagt haben: Würde die SP Sie mit den Papieren erwischen, wäre das unser Ende. Also habe ich bei Ihnen mitgemacht. Nachdem Sie mir die Papiere gegeben hatten, habe ich sie an einen sicheren Ort gebracht.« Sie lächelte schwach. »Niemand wird sie finden, außer mir. Tut mir leid.«

»Jennings, Sie können zu uns kommen«, sagte Rethrick. »Sie können für uns arbeiten, solange Sie wollen. Sie können alles haben, was Sie wollen. Nur –«

»Nur dass niemand außer Ihnen die Firma leiten wird.«

»Ganz recht. Jennings, die Firma ist alt. Älter als ich. Ich habe sie nicht wirklich gegründet. Sie wurde mir – könnte man sagen – *vermacht.* Ich hab die Last auf mich geladen, die Verantwortung, sie zu leiten, sie wachsen zu lassen, sie auf den Tag vorzubereiten. Den Tag der Revolution, wie Sie es genannt haben.

Mein Großvater hat die Firma gegründet, noch im zwanzigsten Jahrhundert. Die Firma war seit jeher in Familienbesitz. Und wird es auch immer sein. Eines Tages, wenn Kelly heiratet, wird es einen Erben geben, der nach mir weitermachen kann. Dafür ist also gesorgt. Die Firma wurde oben in Neuengland, in einer Kleinstadt in Maine gegründet. Mein Großvater war ein kleiner, alter Mann, anspruchslos, ehrlich, leidenschaftlich unabhängig. Er betrieb irgendeinen kleinen Reparaturdienst. Und das mit viel Geschick.

Als er erkannte, dass die Regierung und die Wirtschaft alles unter ihre Fuchtel zu nehmen begannen, ging er in den Untergrund. Rethrick Construction verschwand von der Landkarte. Die Regierung brauchte lange, um Maine zu organisieren, länger als bei den meisten anderen Staaten. Als der Rest der Welt schon aufgeteilt worden war zwischen internationalen Kartellen und Welt-Staaten, war Neuengland noch immer am Leben. Noch immer frei. Und ebenso mein Großvater und Rethrick Construction.

Er holte sich ein paar Männer in die Firma, Mechaniker, Ärzte, Juristen, kleine Angestellte aus dem Mittelwesten. Die Firma wuchs. Waffen kamen ins Spiel, Waffen und das entsprechende Know-how. Die Zeitschaufel samt Spiegel! Die Fabrik wurde gebaut, heimlich, für viel Geld, lange Jahre lang. Die Fabrik ist groß. Groß und tief. Sie reicht noch sehr viel mehr Stockwerke unter die Erde, als Sie gesehen haben. *Er*, Ihr Alter Ego, hat sie gesehen. Dort verborgen liegt große Macht. Dort sind auch Männer, die überall auf der Welt von der Bildfläche verschwunden sind: handverlesene Leute. Wir haben sie zu uns geholt, nur die allerbesten.

Eines Tages, Jennings, werden wir ausbrechen. Sehen Sie, Zustände wie diese können nicht andauern. So können Menschen nicht leben, hin und her gestoßen zwischen politischen und wirtschaftlichen Mächten. Menschenmassen, die bald in diese Richtung, bald in jene gedrängt werden, je nach den Bedürfnissen dieser Regierung oder jenes Kartells. Eines Tages wird es zum Widerstand kommen. Zu starkem, verzweifeltem Widerstand. Nicht von den Großen, den Mächtigen, sondern von den Kleinen. Den Busfahrern. Kleinhändlern. Videofonisten. Kellnern. Und in diesem Moment tritt die Firma auf den Plan.

Wir werden diese Leute mit dem versorgen, was sie brauchen, mit Werkzeug, Waffen, Know-how. Wir werden ihnen unsere Dienste ›verkaufen‹. Sie werden in der Lage sein, uns anzuheuern. Und sie werden jemanden brauchen, den sie anheuern können. Es gibt so vieles, was sich ihnen in den Weg stellen wird. Jede Menge Reichtum und Macht.«

Eine Weile schwiegen sie.

»Verstehen Sie?«, fragte Kelly. »Deshalb dürfen Sie sich nicht einmischen. Die Firma gehört meinem Vater. Es ist seit jeher so gewesen. So sind die Menschen in Neuengland nun einmal. Sie ist Teil der Familie. Die Firma gehört der Familie. Es ist unsere Firma.«

»Kommen Sie zu uns«, sagte Rethrick. »Als Mechaniker. Tut mir leid, aber mehr kann ich Ihnen nicht anbieten. Das klingt vielleicht nicht sehr vielversprechend, aber wir haben es seit jeher so gehalten.«

Jennings sagte nichts. Er ging, die Hände in den Taschen, langsam durch das Büro. Schließlich ließ er das Rollo hochgleiten und sah hinunter auf die Straße unten in der Tiefe.

Ein SP-Kreuzer trieb dort wie ein winziger schwarzer Käfer im Verkehr. Das Fahrzeug stieß zu einem anderen, das bereits am Bordstein parkte. In seiner Nähe standen vier SP-Leute in ihren grünen Uniformen, und Jennings konnte sehen, dass von der anderen Straßenseite noch ein paar kamen. Er zog das Rollo wieder herunter.

»Das ist wahrlich keine leichte Entscheidung«, sagte er.

»Wenn Sie da rausgehen, werden die Sie sofort schnappen«, sagte Rethrick. »Die sind überall. Sie haben keine Chance.«

»Bitte –«, sagte Kelly und sah zu ihm auf.

Plötzlich lächelte Jennings. »Sie wollen mir also nicht verraten, wo Sie die Unterlagen versteckt haben?«

Kelly schüttelte den Kopf.

»Moment mal.« Jennings langte in seine Tasche. Er holte ein kleines Stück Papier hervor. Er entfaltete es langsam, überflog es. »Haben Sie sie vielleicht bei der Dunne National Bank deponiert, und zwar gestern, so um drei Uhr nachmittags? Zur Aufbewahrung im Tresorgewölbe?«

Kelly hielt unwillkürlich den Atem an. Sie griff nach ihrer Handtasche, klappte sie auf. Jennings steckte die Annahmebescheinigung wieder ein. »Also sogar das hat *er* gesehen«, murmelte er. »Das letzte Objekt. Und ich habe mich schon gefragt, wofür das wohl war.«

Kelly wühlte mit wildem Gesicht in ihrer Handtasche. Sie zog einen Zettel hervor, schwenkte ihn.

»Sie irren sich! Hier ist er! Er ist noch hier.« Sie entspannte sich ein wenig. »Ich weiß nicht, was *Sie* da haben, aber das hier ist –«

In der Luft über ihnen bewegte sich etwas. Ein dunkler Raum bildete sich, ein Kreis. Der Kreis waberte. Kelly und Rethrick sahen wie versteinert nach oben.

In dem dunklen Kreis tauchte eine Art Schaufel auf, eine metallene Klaue, die mit einer glänzenden Stange verbunden war. Die Klaue sank tiefer und beschrieb einen weiten Bogen. Sie riss den Schein aus Kellys Fingern. Sie verharrte eine Sekunde. Dann zog sie sich wieder zurück und verschwand mit dem Papier in dem Kreis aus Dunkelheit. Schlagartig und ohne einen Laut verschwanden die Klaue, die Stange und der Kreis. Nichts blieb zurück. Überhaupt nichts.

»Wo – wo ist er hin?«, flüsterte Kelly. »Der Schein. Was war das?«

Jennings klopfte sacht gegen seine Tasche. »Er ist in Sicherheit. Und zwar genau hier. Ich habe mich schon gefragt, wann *er* wohl auftauchen würde. Ich wollte mir schon ernsthaft Sorgen machen.«

Rethrick und seine Tochter hatten sich erhoben, sie waren geschockt.

»Jetzt guckt doch nicht so entsetzt«, sagte Jennings. Er verschränkte die Arme. »Der Schein ist sicher – und die Firma ist sicher. Wenn die Zeit gekommen ist, wird sie zur Stelle sein, stark und bereit, bei der Revolution zu helfen. Dafür werden wir schon sorgen, wir alle, Sie und ich und Ihre Tochter.«

Er zwinkerte Kelly zu. »Wir drei. Und vielleicht hat die Familie bis dahin dann noch *mehr* Mitglieder.«

Der König der Elfen

Es regnete und wurde dunkel. Wasserschwaden fegten an den Zapfsäulen vorbei; die Bäume auf der anderen Straßenseite beugten sich unter dem Wind.

Shadrach Jones hockte in der Tür seines Tankstellenhäuschens auf einem Ölfass. Die Tür stand offen; Regen wehte herein und spritzte auf den Holzfußboden. Es war spät; die Sonne war schon untergegangen, und es wurde kalt. Shadrach kramte in seiner Tasche und holte eine Zigarre hervor. Er biss die Spitze ab und kehrte dann der offenen Tür den Rücken zu. Mühsam zündete er die Zigarre an. Endlich loderte sie in der Dunkelheit auf. Shadrach tat einen tiefen Zug. Er knöpfte seine Jacke zu und trat hinaus auf die Straße.

»Verdammt«, sagte er. »Was für eine Nacht!« Regen und Wind schüttelten ihn durch. Mit zusammengekniffenen Augen suchte er den Highway ab. Weit und breit kein Auto zu sehen. Er schüttelte den Kopf und sah zu den Zapfsäulen.

Er ging in das Häuschen zurück und zog die Tür hinter sich zu. Er öffnete die Kasse und zählte das Geld, das er an diesem Tag eingenommen hatte. Es war nicht viel.

Nicht viel, aber doch genug für einen alten Mann. Genug, um sich Tabak zu kaufen und Brennholz und Zeitschriften, so dass er es sich behaglich machen konnte, während er darauf wartete, dass mal ein Auto vorbeikam. Sehr viele Autos kamen den Highway nicht mehr entlang. Der Highway war ausbesserungsbedürftig geworden; sein ausgedörrter, rauer Belag war voller Risse, und die meisten Autos gaben dem breiten State-Highway auf der anderen Seite der Berge den Vorzug. In Derryville gab es keinerlei Attraktionen, nichts, was jemanden anlocken würde. Derryville war eine kleine Stadt, zu klein, um für irgendeinen wichtigen Industriezweig von Interesse zu sein, zu klein, um für irgendwen groß von Interesse zu sein. Mitunter vergingen Stunden, ohne dass –

Shadrach hielt den Atem an. Seine Finger schlossen sich über dem Geld. Draußen war ein Geräusch zu hören, der Wohlklang, den der Signaldraht auf der Zufahrt auslöste.

Dinggg!

Shadrach ließ das Geld in die Kasse fallen und schob die Lade zu. Langsam erhob er sich und ging zur Tür; er lauschte. An der Tür knipste er das Licht aus. Er wartete und starrte in die Dunkelheit hinaus.

Ein Auto konnte er dort nicht sehen. Zuerst konnten seine Augen überhaupt nichts erkennen. Dann schluckte der alte Mann entsetzt.

Zwei winzige Gestalten standen da im Regen und hielten zwischen sich eine Art Schild. Was einmal fröhlich leuchtende Kleider gewesen sein mochten, hing jetzt schlaff und triefend an ihnen herunter. Mutlos blickten sie Shadrach an. Das Wasser rann ihnen in dicken Tropfen über die Gesichter. Der Wind wirbelte und peitschte ihre Umhänge um ihre kleinen Körper.

Auf dem Schild bewegte sich etwas. Erschöpft wandte sich ein kleiner Kopf Shadrach zu. Im trüben Licht glänzte matt ein regenüberströmter Helm.

»Wer bist denn du?«, fragte Shadrach.

Die Gestalt auf dem Schild erhob sich. »Ich bin der König der Elfen und völlig durchnässt.«

Shadrach starrte ihn verblüfft an.

»Ganz recht«, sagte einer der Träger. »Wir sind alle völlig durchnässt.«

Nach und nach kamen weitere Elfen herbei und sammelten sich um ihren König. Stumm und verängstigt drängten sie sich aneinander.

»Der König der Elfen«, wiederholte Shadrach. »Hol mich der Kuckuck!«

Sollte das wahr sein? Sie waren sehr klein, das war richtig, und ihre triefenden Umhänge waren fremdartig und von sonderbarer Farbe.

Aber *Elfen*?

»Verdammt. Aber wer ihr auch seid, in so einer Nacht solltet ihr nicht hier draußen sein.«

»Natürlich nicht«, murmelte der König. »Das ist nicht unsere Schuld. Das ist …« Ein würgendes Husten erstickte seine Stimme. Die Elfengarde sah besorgt zum Schild hoch.

»Ihr bringt ihn wohl besser rein«, sagte Shadrach. »Mein Haus ist gleich hier die Straße rauf. Er sollte wirklich nicht draußen im Regen sein.«

»Glaubst du, es macht uns Spaß, bei diesem Wetter hier herumzulaufen?«, murmelte einer der Träger. »Wo ist dieses Haus? Führe uns!«

Shadrach deutete die Straße hinauf. »Gleich hier. Folgt mir einfach. Ich mach euch dann Feuer an.«

Er ging mit vorsichtigen Schritten die Straße entlang, bis er mit den Füßen die ersten flachen Steinstufen spürte, die er und Phineas Judd während des Sommers gelegt hatten. Von der obersten Stufe blickte er zurück. Langsam und sacht hin und her schwankend kam der Schild näher. Dahinter mühten sich die Elfensoldaten mit der Treppe ab, ein zierlicher Tross schweigender, triefender Wesen, unglücklich und durchgefroren.

»Ich mach dann mal Feuer«, sagte Shadrach. Er trieb sie zur Eile an, hineinzugehen.

Erschöpft lag der Elfenkönig an das Kissen gelehnt. Nachdem er eine heiße Schokolade geschlürft hatte, wirkte er entspannter, und sein schwerer Atem klang verdächtig wie ein Schnarchen.

Shadrach wurde etwas unruhig.

»Tut mir leid«, sagte der Elfenkönig plötzlich und öffnete die Augen. Er rieb sich die Stirn. »Ich muss eingenickt sein. Wo war ich?«

»Euer Majestät sollten sich jetzt zurückziehen«, sagte einer der Soldaten müde. »Es ist spät, und dies sind schwere Zeiten.«

»Wahr«, sagte der Elfenkönig. »Sehr wahr.« Er blickte zu der hochragenden Gestalt Shadrachs auf, der, ein Glas Bier in der Hand, beim Kamin stand. »Sterblicher, wir danken dir für deine Gastlichkeit. Für gewöhnlich drängen wir uns Menschen nicht auf.«

»Die Trolle sind schuld«, sagte ein anderer Soldat, der sich auf der Couch in einem Kissen räkelte.

»Genau«, pflichtete ein anderer Soldat bei. Er setzte sich auf, tastete nach seinem Schwert. »Diese stinkenden Trolle, diese krächzenden Maulwürfe, diese –«

»Du musst wissen«, unterbrach der Elfenkönig ihn, »dass wir auf dem Weg waren von den Großen Flachen Stufen zu jener Burg, die da liegt in den Niederungen der Ragenden Berge –«

»Du meinst Sugar Ridge«, versuchte Shadrach auszuhelfen.

»Die Ragenden Berge. Nur langsam kamen wir voran. Ein Unwetter setzte ein. Wir verirrten uns. Plötzlich brach aus dem Unterholz ein Trupp Trolle hervor. Wir verließen den Wald und brachten uns in Sicherheit auf dem Endlosen Weg –«

»Dem Highway, Highway zwanzig.«

»Und deshalb sind wir nun hier.« Der Elfenkönig schwieg einen Augenblick. »Der Regen wurde immer stärker. Bitterkalt wehte der Wind. Eine endlos lange Zeit quälten wir uns voran. Wir wussten nicht mehr, in welche Richtung wir gingen, noch was aus uns werden sollte.«

Der Elfenkönig sah zu Shadrach auf. »Wir wussten nur eins: Hinter uns waren die Trolle, die durch den Wald krochen und alles vor sich niederwalzten.«

Er hob die Hand an den Mund und beugte sich vor. Er hustete. Alle Elfen warteten besorgt, bis der Anfall vorüber war. Der König richtete sich wieder auf.

»Es war freundlich von dir, uns bei dir aufzunehmen. Wir werden dir nicht lange zur Last fallen. Es ist nicht Art der Elfen –«

Wieder hustete er, bedeckte sein Gesicht mit der Hand. Äußerst besorgt näherten sich ihm die Elfen. Schließlich rührte sich der König. Er seufzte.

»Was ist?«, fragte Shadrach. Er trat zum König und nahm ihm die Tasse Schokolade aus der gebrechlichen Hand. Der Elfenkönig legte sich zurück, schloss die Augen.

»Er muss ruhen«, sagte einer der Soldaten. »Wo ist dein Zimmer? Dein Schlafzimmer?«

»Oben«, sagte Shadrach. »Ich zeig es euch.«

Später in derselben Nacht saß Shadrach allein im dunklen, leeren Wohnzimmer und dachte nach. Im Stockwerk über ihm schliefen die Elfen, der Elfenkönig im Bett, die anderen zusammengekauert auf dem Teppich.

Das Haus war still. Draußen fiel unaufhörlich der Regen, schlug gegen das Haus. Shadrach hörte die Äste der Bäume, wie sie im Wind peitschten. Er ballte seine Hände zu Fäusten, öffnete sie wieder. Was für eine Geschichte! Diese Elfen mit ihrem alten, kranken König und ihren feinen Stimmchen. Wie besorgt und verärgert sie waren!

Und doch bemitleidenswert; so klein und nass, und ihre lustigen Kleider waren vom Wasser ganz schlaff und durchgeweicht.

Und was waren die Trolle für welche? Anscheinend ziemlich unangenehme und nicht sehr saubere Gesellen. Gruben und trieben sich irgendwie in den Wäldern rum, wenn er sie richtig verstanden hatte …

Plötzlich lachte Shadrach verlegen vor sich hin. Was war nur mit ihm los, all das zu glauben? Ärgerlich drückte er seine Zigarre aus; seine Ohren glühten. Was ging hier vor sich? Sollte das ein Scherz sein?

Elfen? Shadrach grunzte verächtlich. Elfen in Derryville? Mitten in Colorado? Schon möglich, dass es in Europa Elfen gab. Vielleicht in Irland. Er hatte davon gehört. Aber hier? Oben in seinem Haus? Und schliefen gar noch in seinem Bett?

»Ich glaube, es reicht jetzt«, sagte er. »Ich bin nämlich nicht blöd – damit das klar ist.«

Er wandte sich zur Treppe, tastete im Halbdunkel nach dem Geländer. Er begann, die Stufen emporzusteigen.

Über ihm ging plötzlich das Licht an. Eine Tür öffnete sich.

Zwei Elfen traten langsam heraus auf den Treppenabsatz. Sie sahen zu ihm herab. Irgendetwas in ihren Gesichtern brachte ihn dazu, stehen zu bleiben.

»Was ist denn los?«, fragte er stockend.

Sie antworteten nicht. Das Haus wurde kalt, kalt und dunkel, der schauderhafte Regen draußen verband sich mit der schauderhaften Ungewissheit drinnen.

»Was ist los?«, fragte er noch einmal. »Was ist los?«

»Der König ist tot«, sagte einer der Elfen. »Er ist gerade gestorben.«

Shadrach sah mit großen Augen zu ihnen hoch. »Er ist gestorben? Aber –«

»Er fühlte sich sehr kalt und sehr müde.« Die Elfen drehten sich um, gingen in das Zimmer zurück und schlossen langsam und leise die Tür.

Shadrach stand da, seine Finger ruhten auf dem Geländer, harte, sehnige, dünne Finger.

Er nickte mechanisch mit dem Kopf.

»Ich verstehe«, sagte er zu der geschlossenen Tür. »Er ist tot.«

Die Elfen umstanden ihn in feierlichem Kreis. Der kalte weiße Schein der frühen Morgensonne erhellte das Wohnzimmer.

»Versteht doch«, sagte Shadrach. Er zupfte an seiner Krawatte. »Ich muss zur Tankstelle. Könnt ihr mir das nicht erzählen, wenn ich wiederkomme?«

Die Gesichter der Elfensoldaten waren ernst und bekümmert.

»Hör uns an«, sagte einer von ihnen. »Bitte! Das ist für uns sehr wichtig.«

Shadrach sah an ihnen vorbei. Durch das Fenster sah er den dampfenden Highway, und ein Stück weiter befand sich hellglitzernd die Tankstelle. Und während er noch hinsah, hielt auch schon ein Wagen; ungeduldiges Hupen war leise zu hören. Als niemand aus der Tankstelle kam, fuhr der Wagen wieder weiter.

»Wir bitten dich«, sagte ein Soldat.

Shadrach blickte hinunter zu den ihn umringenden Elfen mit ihren vor Sorgen und Kummer ernsten Gesichtern. Komisch, er hatte sich Elfen immer als sorglose Wesen vorgestellt, die ohne Kummer und Not herumschwebten –

»Na gut«, sagte er. »Ich höre.« Er ging zu dem großen Sessel und nahm Platz. Die Elfen folgten ihm, umringten ihn wieder. Einen Augenblick besprachen sie sich, murmelnd und flüsternd. Dann sahen sie zu Shadrach auf.

Der alte Mann verschränkte die Arme vor der Brust und wartete, was jetzt wohl kommen würde.

»Wir können nicht ohne König sein«, sagte ein Soldat. »Wir würden nicht überleben. Nicht in diesen Zeiten.«

»Die Trolle«, fügte ein anderer hinzu. »Sie vermehren sich sehr schnell. Es sind furchtbare Wesen. Sie sind dick und plump, roh, sie stinken –«

»Ihr Geruch ist grauenvoll. Sie kommen aus den dunklen, feuchten Stätten unter der Erde, wo sich blinde, kriechende Pflanzen in der Stille nähren, tief unter dem Erdboden, fernab von der Sonne.«

»Nun ja, dann solltet ihr einen König wählen«, meinte Shadrach. »Ich sehe da kein Problem.«

»Wir wählen nicht den König der Elfen«, sagte ein Soldat. »Der alte König muss seinen Nachfolger bestimmen.«

»Oh«, sagte Shadrach. »Nun, diese Methode ist bestimmt nicht verkehrt.«

»Als unser alter König im Sterben lag, kamen ein paar entrückte Worte von seinen Lippen«, sagte ein Soldat. »Wir beugten uns näher, ängstlich und unglücklich, und lauschten.«

»Ist schon wichtig«, stimmte Shadrach zu. »Nichts, was man sich entgehen lassen möchte.«

»Er nannte den Namen dessen, der uns führen wird.«

»Gut. Dann habt ihr ihn also verstanden. Und, wo liegt das Problem?«

»Der Name, den er nannte, war – war dein Name.«

Shadrach glotzte ihn an. *»Meiner?«*

»Der sterbende König sagte: ›Macht ihn, den hochragenden Sterblichen, zu eurem König. Große Dinge werden geschehen, wenn er die Elfen in die Schlacht gegen die Trolle führt. Ich sehe die Wiederauferstehung des Elfenreichs, es wird sein, wie es in den alten Tagen war, so wie es war, bevor –‹«

»Ich?« Shadrach stand auf. »König der Elfen?«

Shadrach stapfte, die Hände in den Taschen, im Zimmer umher. »Ich, Shadrach Jones, König der Elfen!« Er grinste unsicher. »Das hätt ich mir auch nicht träumen lassen.«

Er trat vor den Spiegel über dem Kamin und betrachtete sich. Er sah sein schütteres graues Haar, seine feuchten Augen, seinen großen Adamsapfel.

»König der Elfen«, sagte er. »König der Elfen. Na, wenn das Phineas Judd hört. Das muss ich ihm erzählen!«

Phineas Judd würde aus dem Staunen nicht mehr herauskommen!

Über der Tankstelle, hoch oben am klaren blauen Himmel schien die Sonne.

Phineas Judd trat auf dem Gaspedal seines alten Ford-Transporters herum. Der Motor heulte auf, wurde dann wieder ruhiger. Phineas griff nach dem Zündschlüssel, drehte ihn herum und zog ihn ab, dann kurbelte er das Fenster ganz herunter.

»*Was* hast du gesagt?«, fragte er. Er nahm seine Brille ab und begann die Gläser mit schlanken, geschickten Fingern zu putzen. Er setzte seine Brille wieder auf die Nase und strich sein dünnes Haar zurecht.

»Wie war das, Shadrach?«, fragte er. »Wiederhol das noch mal.«

»Ich bin König der Elfen«, sagte Shadrach zum zweiten Mal. Er wechselte seine Stellung und setzte den anderen Fuß auf das Trittbrett. »Hättest du das für möglich gehalten? Ich, Shadrach Jones, König der Elfen?«

Phineas gaffte ihn an. »Und seit wann bist du – König der Elfen, Shadrach?«

»Seit vorletzter Nacht.«

»Verstehe. Vorletzte Nacht.« Phineas nickte. »Verstehe. Und was, darf ich fragen, ist vorletzte Nacht passiert?«

»Die Elfen sind zu mir ins Haus gekommen. Als der alte König dann starb, sagte er ihnen –«

Ein Laster rumpelte heran, und der Fahrer sprang heraus. »Wasser!«, rief er. »Wo, zum Teufel, ist der Wasserschlauch?«

Shadrach wandte sich widerwillig um. »Ich hol ihn schon!« Er sah wieder Phineas an. »Vielleicht kann ich dir heute Abend alles erzählen, wenn du aus der Stadt zurück bist. Ich muss dir noch den Rest erzählen. Das ist wirklich interessant.«

»Klar«, sagte Phineas und ließ den Motor seines Transporters wieder an. »Klar, Shadrach. Ich bin gespannt.«

Er fuhr davon.

Später an diesem Tag kam Dan Green mit seiner alten Kiste zur Tankstelle.

»He, Shadrach«, rief er. »Komm mal her! Ich möchte dich mal was fragen.«

Shadrach kam aus dem kleinen Häuschen, einen Putzlumpen in der Hand.

»Was denn?«

»Komm her.« Dan beugte sich aus dem Fenster, er grinste von einem Ohr zum anderen. »Ich darf dich doch was fragen, oder?«

»Sicher.«

»Ist es wahr? Bist du wirklich der König der Elfen?«

Shadrach errötete leicht. »Ich glaub schon«, gab er zu; er sah beiseite. »Doch, das bin ich.«

Dans Grinsen verschwand. »He, willst du mich auf den Arm nehmen? Wo ist die Pointe?«

Shadrach wurde wütend. »Was soll das heißen? Selbstverständlich bin ich der König der Elfen. Und jeder, der sagt, dass ich es nicht bin –«

»Schon gut, Shadrach«, sagte Dan und brachte eilig seinen Wagen in Gang. »Nur nicht aufregen. Ich wollte ja bloß fragen.«

Shadrach sah ihn sonderbar an.

»Schon gut«, sagte Dan. »Ich hab doch gar nichts gesagt, oder?«

Gegen Ende des Tages war jedermann in der Umgebung über Shadrach im Bilde und wusste, dass er plötzlich König der Elfen geworden war. Pop Richey, der in Derryville den Lucky Store betrieb, behauptete, das sei nur so ein Trick von Shadrach, um für die Tankstelle Reklame zu machen.

»Er ist ein altes Schlitzohr«, sagte Pop. »Da fahren doch nicht mehr viele Autos lang. Der weiß schon, was er tut.«

»Also ich weiß nicht«, widersprach Dan Green. »Wenn man ihn so hört, könnte man meinen, dass er wirklich dran glaubt.«

»König der Elfen?« Alle brachen in Gelächter aus. »Mal abwarten, was er uns als Nächstes auftischt.«

Phineas Judd grübelte. »Ich kenne Shadrach seit Jahren. Ich kann mir einfach keinen Vers drauf machen.« Er zog die Stirn in missbilligende Falten. »Gefällt mir nicht.«

Dan sah ihn an. »Dann meinst du also, dass er es glaubt.«

»Allerdings«, sagte Phineas. »Vielleicht irre ich mich, aber ich hab das Gefühl, er glaubt das.«

»Aber wie kann er das ernsthaft glauben?«, fragte Pop. »Shadrach ist doch nicht dumm. Er ist schon so lange im Geschäft. Wie ich das sehe, muss dabei irgendwas für ihn herausspringen. Aber was, wenn es nicht darum geht, der Tankstelle auf die Beine zu helfen?«

»Ja, seht ihr denn nicht, was für ihn dabei rausspringt?«, sagte Dan grinsend. Sein Goldzahn blitzte.

»Was denn?«, wollte Pop wissen.

»Ein ganzes Königreich für sich selbst, das springt dabei für ihn heraus – wo er tun und lassen kann, was er will. Würde dir das nicht auch gefallen, Pop? Wärst du nicht auch lieber König der Elfen, statt dich hier um diesen alten Kramladen kümmern zu müssen?«

»An meinem Laden ist nichts auszusetzen«, sagte Pop. »Ich hab keinen Grund, mich zu schämen. Immer noch besser, als Klamotten zu verkaufen.«

Dan lief rot an. »Da ist auch nichts dran auszusetzen.« Er sah Phineas an. »Oder? Da ist doch wohl nichts dran auszusetzen, am Klamottenverkaufen. Etwa nicht, Phineas?«

Phineas starrte zu Boden. Er hob den Kopf. »Was? Was hast du gesagt?«

»Was ist los mit dir?«, wollte Pop wissen. »Worüber denkst du nach?«

»Ich mache mir Sorgen wegen Shadrach«, sagte Phineas. »Er wird alt. Hockt da die ganze Zeit einsam und allein, bei Wind und Wetter, bei Regen läuft ihm das Wasser über die Dielen – und im Winter pustet der Wind ganz gehörig über den Highway –«

»Du meinst also, er glaubt dran?«, beharrte Dan. »Du meinst also nicht, dass das eine Masche ist?«

Phineas schüttelte zerstreut den Kopf und antwortete nicht.

Das Gelächter verstummte. Alle sahen sich an.

Als Shadrach am späten Abend die Tankstelle zuschloss, kam aus der Dunkelheit eine kleine Gestalt auf ihn zu.

»He!«, rief Shadrach. »Wer da?«

Blinzelnd trat ein Elfensoldat in das Licht. Er war mit einem kleinen grauen Umhang bekleidet, der von einer silbernen Schnur um die Taille zusammengehalten wurde. An den Füßen trug er kleine Lederstiefel, an seiner Seite ein kurzes Schwert.

»Ich habe eine wichtige Botschaft für dich«, sagte der Elf. »Wo habe ich sie bloß hingetan?«

Er durchsuchte sein Gewand, und Shadrach wartete. Der Elf zog endlich eine winzige Schriftrolle hervor und öffnete sie, indem er geschickt das Wachs aufbrach. Er reichte die Rolle Shadrach.

»Wie lautet die Botschaft?«, fragte Shadrach. Er beugte sich vor und brachte die Augen dicht vors Pergament. »Ich habe meine Brille nicht dabei. Kann diese kleinen Buchstaben nicht recht erkennen.«

»Die Trolle sind im Anmarsch. Sie haben gehört, dass der alte König tot ist, und sie erheben sich überall in den Tälern und den Bergen. Sie werden versuchen, das Elfenkönigreich zu zerbrechen, die Elfen zu zerstreuen –«

»Ich verstehe«, sagte Shadrach. »Bevor euer neuer König überhaupt richtig loslegen kann.«

»Ganz recht.« Der Elfensoldat nickte. »Dies ist ein entscheidender Augenblick für die Elfen. Seit Jahrhunderten ist unsere Existenz schon gefährdet. Es gibt so viele Trolle, und Elfen sind sehr zart und werden oft krank –«

»Nun, was soll ich tun? Gibt es irgendwelche Vorschläge?«

»Du sollst dich mit uns heute Nacht unter der Großen Eiche treffen. Wir werden dich in das Elfenkönigreich bringen, und du und dein Stab, ihr werdet die Verteidigung des Reiches planen und alle notwendigen Beschlüsse fassen.«

»Was?« Shadrach wurde unbehaglich zumute. »Aber ich habe noch nicht mal zu Abend gegessen. Und meine Tankstelle – morgen ist Samstag, da kommen eine Menge Kunden –«

»Aber du bist der König der Elfen«, sagte der Soldat.

Shadrach rieb sich nachdenklich das Kinn.

»Stimmt«, erwiderte er. »Das bin ich ja wohl, oder?«

Der Elfensoldat verbeugte sich.

»Tja, wenn ich das geahnt hätte«, sagte Shadrach. »Hätte ich geahnt, dass man als König der Elfen –«

Auf eine Entgegnung hoffend, brach er ab. Aber der Elfensoldat sah ihn nur stumm und reglos an.

»Vielleicht solltet ihr jemand anderes zum König nehmen«, meinte Shadrach. »Ich verstehe nicht viel von Krieg und so Sachen, vom Kämpfen und so weiter.« Er hielt inne, zuckte die Schultern. »In so was mische ich mich grundsätzlich nicht ein. Hier in Colorado gibt es keine Kriege. Ich meine, jedenfalls keine zwischen Menschen.«

Noch immer schwieg der Elfensoldat.

»Warum ist die Wahl nur auf mich gefallen?«, fuhr Shadrach hilflos fort und rang die Hände. »Ich verstehe doch gar nichts davon. Warum hat er mich ausgewählt? Warum nicht einen anderen?«

»Er hat dir vertraut«, sagte der Elf. »Du hast ihm in deinem Haus Schutz vor dem Regen gewährt. Er wusste, dass du dafür nichts von ihm erwartet hast, dass du dafür nichts hast haben wollen. Der König hat in seinem Leben nicht viele getroffen, die gegeben haben, ohne zu nehmen.«

»Oh.« Shadrach überlegte. Schließlich blickte er auf. »Aber was ist mit meiner Tankstelle? Und mit meinem Haus? Und was sollen die Leute denken, Dan Green und Pop unten im Laden –«

Der Elfensoldat trat heraus aus dem Licht und zog sich zurück. »Ich muss gehen. Es wird immer später, und nachts kommen die Trolle heraus. Ich möchte mich nicht zu weit von den anderen entfernen.«

»Schon gut«, sagte Shadrach.

»Die Trolle fürchten sich vor nichts mehr, jetzt wo der alte König tot ist. Sie streifen überall umher. Niemand ist sicher.«

»Wo soll das Treffen stattfinden, hast du gesagt? Und wann?«

»Bei der Großen Eiche. Wenn heute Nacht der Mond untergeht, wenn er gerade den Himmel verlässt.«

»Dann werd ich wohl besser kommen«, sagte Shadrach. »Du hast recht. Es gehört sich nicht für einen Elfenkönig, sein Reich im Stich zu lassen, wenn es ihn braucht.«

Er sah sich um, aber der Elfensoldat war bereits verschwunden.

Shadrach ging den Highway entlang, sein Kopf war voller Fragen und Zweifel. Als er zur ersten der flachen Steinstufen kam, blieb er stehen.

»Und die alte Eiche steht auf Phineas' Farm! Was wird Phineas dazu sagen?«

Aber er war der Elfenkönig, und die Trolle marschierten über die Berge. Shadrach hielt inne und lauschte auf das Rauschen des Windes, der in den Bäumen auf der anderen Straßenseite raschelte und über die fernen Hügel und Berge strich.

Trolle? Gab es dort wirklich Trolle, die sich im Schutz der Dunkelheit frech und zu allem entschlossen aufmachten, die nichts und niemanden fürchteten?

Und überhaupt diese ganze Elfenkönig-Geschichte …

Shadrach stieg mit zusammengepressten Lippen die Stufen hinauf. Als er oben anlangte, war das letzte Sonnenlicht endgültig verloschen. Es war Nacht.

Phineas Judd sah zum Fenster hinaus. Er fluchte und schüttelte den Kopf. Dann ging er rasch zur Tür und hinaus auf die Veranda. Im kalten Mondschein sah er, wie eine Gestalt langsam über das untere Feld ging und sich auf dem Trampelpfad dem Haus näherte.

»Shadrach!«, rief Phineas. »Was ist los? Was machst du mitten in der Nacht hier draußen?«

Shadrach blieb stehen und stemmte trotzig die Fäuste in die Seiten.

»Geh zurück nach Hause«, sagte Phineas. »Was ist denn nur in dich gefahren?«

»Tut mir leid, Phineas«, sagte Shadrach. »Tut mir leid, dass ich deinen Grund und Boden betreten muss. Aber ich muss mich mit jemandem bei der alten Eiche treffen.«

»Um diese Uhrzeit?«

Shadrach senkte den Kopf.

»Was ist los mit dir, Shadrach? Wen um alles in der Welt willst du mitten in der Nacht auf meiner Farm treffen?«

»Ich soll mich mit den Elfen treffen. Wir müssen den Krieg mit den Trollen planen.«

»Also ich will verdammt sein«, sagte Phineas Judd. Er ging ins Haus zurück und knallte die Tür zu. Lange stand er nur da und grübelte. Dann ging er wieder zurück auf die Veranda. »*Was* hast du vor? Du brauchst es mir natürlich nicht zu erzählen, aber ich bin doch –«

»Ich treff mich mit den Elfen bei der alten Eiche. Wir müssen großen Rat halten wegen des Krieges gegen die Trolle.«

»Ja, natürlich. Die Trolle. Man darf Trolle allerdings keinen Augenblick aus den Augen lassen!«

»Trolle sind überall«, stellte Shadrach fest und nickte. »Bisher war mir das gar nicht so recht klar. Aber man kann sie nicht einfach ignorieren. Denen entgeht jedenfalls nichts. Schmieden ständig Pläne, behalten uns im Auge –«

Phineas starrte ihn sprachlos an.

»Ach, übrigens«, sagte Shadrach. »Ich werde wohl für eine Weile fort sein. Kommt drauf an, wie lange diese Sache dauert. Ich hab ja nicht viel Erfahrung im Kampf mit Trollen, ich bin mir daher nicht so sicher. Aber könntest du vielleicht für mich nach der Tankstelle sehen, so zweimal am Tag, einmal morgens und einmal abends, nur um sicherzugehen, dass niemand eingebrochen hat oder so.«

»Du gehst fort?« Rasch kam Phineas die Treppe herab. »Was redest du da über Trolle? Warum gehst du fort?«

Geduldig wiederholte Shadrach, was er bereits gesagt hatte.

»Aber warum?«

»Weil ich der Elfenkönig bin. Ich muss sie anführen.«

Sie schwiegen. »Ich verstehe«, sagte Phineas schließlich. »Stimmt. Sagtest du ja bereits, nicht wahr? Aber hör doch, Shadrach, warum kommst du nicht für ein Weilchen rein, dann kannst du mir von den Trollen erzählen und etwas Kaffee trinken und –«

»Kaffee?« Shadrach sah zu dem fahlen Mond auf, zum Mond und dem bleichen Himmel. Die Welt war still und tot, und die Nacht war sehr kalt, und der Mond würde noch lange nicht untergehen.

Shadrach fröstelte.

»Es ist eine kalte Nacht«, drängte Phineas. »Zu kalt, um hier draußen rumzustehen. Komm rein –«

»Ich glaub, ich hab noch etwas Zeit«, räumte Shadrach ein. »Eine Tasse Kaffee kann da nicht schaden. Aber ich kann wirklich nicht lange bleiben …

Shadrach streckte die Beine aus und seufzte. »Der Kaffee schmeckt wirklich gut, Phineas.«

Phineas trank ein wenig und stellte seine Tasse ab. Im Wohnzimmer war es still und warm. Es war ein sehr ordentliches kleines Wohnzimmer mit ernsten Bildern an den Wänden, grauen uninteressanten Bildern, die ihren Zweck erfüllten. In der Ecke stand ein kleines Harmonium, auf dem fein säuberlich Notenblätter aufgelegt waren.

Shadrach sah das Harmonium und lächelte. »Du spielst noch immer, Phineas?«

»Nicht mehr viel. Die Bälge funktionieren nicht richtig. Der eine will nicht wieder nach oben kommen.«

»Das könnte ich doch reparieren. Wenn ich mal in der Nähe bin, meine ich.«

»Das wäre großartig«, sagte Phineas. »Ich hatte schon vor, dich mal drum zu bitten.«

»Erinnerst du dich noch, wie du immer ›Vilia‹ gespielt hast und wie Dan Green mit dieser Lady angekommen ist, die, die im Sommer für Pop gearbeitet hat? Die den Töpferladen aufmachen wollte?«

»Na klar«, sagte Phineas.

Schließlich setzte Shadrach seine Kaffeetasse ab und richtete sich in seinem Sessel auf.

»Möchtest du noch Kaffee?«, fragte Phineas rasch. Er erhob sich. »Noch einen Schluck?«

»Einen kleinen Schluck noch. Aber ich muss dann gleich wirklich gehen.«

»Das ist keine Nacht zum Spazierengehen.«

Shadrach sah aus dem Fenster. Es war dunkler geworden; der Mond war fast untergegangen. Die Felder lagen trist im Dunkeln. Shadrach fröstelte. »Ich kann dir da nicht widersprechen«, sagte er.

Phineas wandte sich ihm eifrig zu. »Pass auf, Shadrach. Du gehst jetzt nach Hause; da ist es warm. Du kannst ein andermal wiederkommen und gegen Trolle kämpfen. Trolle gibt's immer. Das hast du selbst gesagt. Dann kannst du das doch später tun. Wenn es wieder wärmer ist.«

Müde rieb sich Shadrach die Stirn. »Weißt du, das kommt mir alles wie ein verrückter Traum vor. Wann habe ich angefangen, über Elfen und Trolle zu reden? Wann hat das alles begonnen?« Seine Stimme wurde fast unhörbar. »Danke für den Kaffee.« Langsam kam er auf die Füße. »Das hat mich ordentlich aufgewärmt. Und war nett, mit dir zu plaudern. Wie in alten Zeiten haben wir hier zusammen gehockt, ganz wie früher.«

»Du willst gehen?« Phineas zögerte. »Nach *Hause*, will ich hoffen?«

»Das wird wohl das Beste sein. Es ist spät.«

Phineas erhob sich rasch. Er legte einen Arm auf Shadrachs Schulter und begleitete ihn zur Tür.

»Genau, Shadrach, geh nach Hause. Nimm ein schönes heißes Bad, bevor du zu Bett gehst. Das wird dir guttun. Und vielleicht noch ein Schlückchen Brandy, wärmt das Blut.«

Phineas öffnete die Haustür; langsam gingen sie die Verandatreppe hinunter und traten auf den kalten, dunklen Boden.

»Ja, ich geh dann mal«, sagte Shadrach. »Gute Nacht –«

»Genau.« Phineas tätschelte seinen Arm. »Geh schön nach Hause, und nimm noch ein heißes Bad, und dann sofort ab ins Bett.«

»Wirklich eine gute Idee. Dank dir, Phineas. Ich weiß deine Freundlichkeit zu schätzen.« Shadrach blickte auf Phineas' Hand auf seinem Arm. Seit Jahren war er Phineas nicht so nah gewesen.

Shadrach betrachtete die Hand. Verwundert runzelte er die Stirn.

Phineas' Hand war riesig und rau, und seine Arme waren kurz. Seine Finger waren stumpf; seine Nägel gebrochen und gerissen. Fast schwarz, so sah es zumindest im Mondschein aus.

Shadrach sah Phineas an. »Merkwürdig«, murmelte er.

»Was ist merkwürdig, Shadrach?«

Im Mondschein wirkte Phineas' Gesicht sonderbar klobig und brutal. Noch nie hatte Shadrach bemerkt, wie stark das Kinn hervorragte, was für einen mächtig ausladenden Unterkiefer Phineas hatte. Die Haut war gelb und rau, wie Pergament. Hinter den Brillengläsern waren die Augen wie zwei Steine, kalt und leblos. Die Ohren waren riesig, das Haar strähnig und verfilzt.

Merkwürdig, dass ihm das noch nie aufgefallen war. Aber er hatte Phineas auch noch nie im Mondschein gesehen.

Shadrach trat zurück und betrachtete seinen Freund. Aus wenigen Schritt Entfernung wirkte Phineas Judd ungewöhnlich kurz und untersetzt. Seine Beine waren leicht gebogen. Seine Füße waren unglaublich groß. Und da war noch etwas –

»Was hast du?«, fragte Phineas, der misstrauisch zu werden begann. »Stimmt irgendetwas nicht?«

Etwas stimmte ganz und gar nicht. Und es war ihm niemals aufgefallen, in all den Jahren nicht, die sie Freunde waren. Phineas war eingehüllt in einen Geruch, einen leicht stechenden Gestank von verfaulendem, von verwesendem Fleisch, feuchtem, schimmligem Fleisch.

Shadrach sah sich langsam um. »Ob irgendwas nicht stimmt?«, wiederholte er. »Das nicht direkt.«

An der Hauswand stand ein altes, halbzerfallenes Regenfass. Shadrach trat darauf zu.

»Nein, Phineas. Alles in bester Ordnung.«

»Was machst du da?«

»Ich?« Shadrach ergriff eine Fassdaube und riss sie los. Er hielt die Daube fest in der Hand und ging zu Phineas zurück. »Ich bin der König der Elfen. Wer – oder was – bist du?«

Phineas brüllte auf und attackierte ihn mit seinen mächtigen, mörderischen Schaufelhänden.

Shadrach zog ihm die Fassdaube über den Kopf. Phineas röhrte vor Wut und Schmerz.

Dem Krachen der Daube folgte ein Poltern, und unter dem Haus kam eine wilde Horde von hüpfenden, springenden Kreaturen hervor, dunklen buckligen Wesen mit schweren, gedrungenen Körpern und riesigen Füßen und Köpfen. Shadrach warf einen gehetzten Blick auf die Flut dunkler Kreaturen, die sich aus Phineas' Keller ergoss. Er wusste, was das für Wesen waren.

»Hilfe!«, rief Shadrach. »Trolle! Hilfe!«

Die Trolle kamen von allen Seiten, packten ihn, zerrten an ihm, kletterten an ihm empor, trommelten auf sein Gesicht und seinen Körper mit Fäusten ein.

Shadrach drosch mit der Fassdaube um sich, immer wieder holte er aus; er trat die Trolle mit seinen Füßen und zog ihnen die Daube über. Es schienen Hunderte zu sein. Immer mehr quollen unter Phineas' Haus hervor, eine schwarzbrandende Flut unförmiger Gestalten, deren große Augen und Zähne im Mondschein funkelten.

»Hilfe!«, schrie Shadrach erneut, aber schon schwächer. Er atmete schwer, sein Herz pumpte wie wild. Ein Troll biss ihm ins Handgelenk, klammerte sich an seinen Arm. Shadrach schleuderte ihn fort, riss sich los von der Horde, die sich an seine Hosenbeine geklammert hatte; unaufhörlich hieb er auf sie ein.

Einer der Trolle bekam die Fassdaube zu packen. Eine ganze Gruppe von Trollen half ihm und versuchte, Shadrach die Daube zu entwinden. Verzweifelt hielt Shadrach fest. Überall auf ihm waren Trolle, sie hockten auf seinen Schultern, klammerten sich an seine Jacke, ritten auf seinen Armen und Beinen, zerrten an seinem Haar –

Er hörte ein helles Trompetensignal, den Klang einer fernen goldenen Trompete, die in den Bergen widerhallte.

Plötzlich hielten die Trolle in ihrer Attacke inne. Einer ließ sich von Shadrachs Hals herunterfallen. Ein anderer ließ seinen Arm los.

Wieder erklang das Trompetensignal, dieses Mal lauter.

»Elfen!«, knurrte ein Troll. Er drehte sich um und machte ein paar Schritte in Richtung des Tons, mit gebleckten Zähnen spie er vor Wut aus.

»Elfen!«

Die Trolle schwärmten aus, eine anschwellende Woge gebleckter Zähne und erhobener Krallen; wild stürmten sie den Marschsäulen der Elfen entgegen. Die Elfen lösten ihre Formationen auf und stellten sich zur Schlacht auf; mit ihren hellen Flötenstimmen wurden in wilder Freude Befehle ausgerufen. Die Woge der Trolle rollte auf sie zu. Troll gegen Elf, Prankenkralle gegen goldenes Schwert, beißender Kiefer gegen Dolch.

»Tötet die Elfen!«

»Tod den Trollen!«

»Vorwärts!«

»Voran!«

Shadrach kämpfte verzweifelt mit den Trollen, die sich noch immer an ihn klammerten. Er war erschöpft; er keuchte, rang nach Luft. Blind schlug er immer wieder zu, trat mit den Füßen und hüpfte, schleuderte Trolle von sich, durch die Luft und auf den Boden.

Wie lange die Schlacht tobte, hätte Shadrach später nicht sagen können. Er verlor sich in einem Meer dunkler Körper, die sich an ihn klammerten, kugelig und stinkend, die an ihm zerrten, ihn bissen, an seiner Nase rissen, an seinem Haar und an seinen Fingern. Er kämpfte stumm und verbissen.

Überall prallten die Elfenlegionen gegen die Trollhorden, kleine Gruppen kämpfender Krieger auf allen Seiten.

Plötzlich hörte Shadrach auf zu kämpfen. Er hob den Kopf, sah sich unsicher um. Nichts bewegte sich. Alles war still. Der Kampf war zu Ende.

Ein paar Trolle hingen noch immer an seinen Armen und Beinen. Einem verpasste Shadrach einen Hieb mit der Fassdaube. Er heulte auf und ging zu Boden. Shadrach taumelte rückwärts im Kampf mit dem letzten Troll, der sich zäh an seinen Arm krallte.

»Jetzt du!«, keuchte Shadrach. Er riss den Troll von sich los und schleuderte ihn durch die Luft. Der Troll fiel zu Boden und eilte davon in die Nacht.

Es war vorbei. Nirgends bewegte sich noch ein einziger Troll. Still lagen die öden, mondbeschienenen Felder da.

Shadrach sank auf einen Stein. Schmerzhaft hob und senkte sich seine Brust. Rote Flecken schwammen vor seinen Augen. Schwach holte er ein Taschentuch heraus und wischte sich Hals und Gesicht. Er schloss die Augen, drehte den Kopf von einer Seite zur anderen.

Als er die Augen wieder öffnete, hatten sich die Elfen bereits gesammelt und kamen auf ihn zu. Die Elfen waren zerzaust und zerschunden. Ihre goldenen Rüstungen waren gerissen oder entzwei. Ihre Helme verbeult oder verlorengegangen. Die meisten ihrer scharlachroten Federn waren verschwunden. Die noch vorhandenen waren gebrochen und hingen herunter.

Die Schlacht war vorüber. Der Krieg war gewonnen. Die Trollhorden waren in die Flucht geschlagen worden.

Shadrach erhob sich langsam. Die Elfenkrieger umstanden ihn im Kreis und blickten in stummer Achtung zu ihm empor. Einer von ihnen stützte ihn, als er das Taschentuch wieder einsteckte.

»Danke«, sagte Shadrach. »Vielen Dank.«

»Die Trolle sind besiegt«, verkündete ein Elf und konnte noch nicht recht fassen, was geschehen war.

Shadrach ließ seinen Blick über die Elfen schweifen. Es waren viele, mehr als er je zuvor gesehen hatte. Alle Elfen waren in die Schlacht gezogen. Ihre Mienen waren grimmig, geprägt vom Ernst des Augenblicks, und erschöpft von dem furchtbaren Ringen.

»Ja, sie sind tatsächlich verschwunden«, sagte Shadrach. Allmählich kam er wieder zu Atem. »Das war knapp. Ihr seid wirklich im richtigen Augenblick gekommen. Ich war so gut wie erledigt, als sie mich alle auf einmal angriffen.«

»Ganz allein wehrte der König der Elfen die gesamte Troll-Armee ab«, verkündete ein Elf mit schriller Stimme.

»Was?«, rief Shadrach verblüfft aus. Dann lächelte er. »Stimmt, eine Zeitlang habe ich ganz allein gegen sie gekämpft. Ich habe die Trolle ganz allein abgewehrt. Die ganze verdammte Troll-Armee.«

»Und das ist nicht alles«, sagte ein Elf.

Shadrach blinzelte ungläubig. »Nicht alles?«

»Seht hier, o König, mächtigster aller Elfen. Hier entlang. Zur Rechten.«

Die Elfen geleiteten Shadrach hin.

»Was ist das?«, murmelte Shadrach, der zuerst nichts erkannte. Er sah nach unten und versuchte die Dunkelheit zu durchdringen. »Könnte vielleicht jemand eine Fackel holen?«

Ein paar Elfen brachten kleine Kiefernfackeln.

Dort, mit dem Rücken auf dem gefrorenen Boden, lag Phineas Judd. Seine Augen waren starr und ausdruckslos, sein Mund halb geöffnet. Er rührte sich nicht. Sein Körper war kalt und steif.

»Er ist tot«, sagte ein Elf feierlich.

Shadrach schluckte beklommen. Plötzlich stand kalter Schweiß auf seiner Stirn. »Du lieber Himmel! Mein alter Freund! Was habe ich bloß getan?«

»Ihr habt den Großen Troll erschlagen.«

Shadrach zögerte.

»Ich habe *was*?«

»Ihr habt den Großen Troll erschlagen, den Anführer aller Trolle.«

»Das hat es noch nicht gegeben«, rief ein anderer Elf aufgeregt. »Der Große Troll ist Hunderte von Jahren alt. Niemand hätte geglaubt, dass er überhaupt sterben könnte. Das ist der größte Augenblick in unserer Geschichte.«

Die Elfen sahen auf die leblose Gestalt mit einer Scheu, in die sich mehr als nur ein wenig Furcht mischte.

»Ach, hört doch auf!«, rief Shadrach aus. »Das ist bloß Phineas Judd.«

Aber während er noch sprach, lief ihm ein Schauer über den Rücken. Ihm fiel ein, was er vor einer kleinen Weile gesehen hatte, als er so dicht neben Phineas gestanden hatte, als das Mondlicht über das Gesicht seines alten Freundes geglitten war.

»Seht her.« Einer der Elfen bückte sich und öffnete Phineas' blaue Sergeweste. Er schob Jacke und Weste auseinander. »Seht Ihr?«

Shadrach ging in die Hocke.

Ihm stockte der Atem.

Unter Phineas Judds blauer Sergeweste befand sich ein Panzerhemd aus altem, rostigem Eisen, das den untersetzten Körper eng umspannte. Auf dem Panzer eingraviert waren Insignien, dunkel und alt, verkrustet von Schmutz und von Rost. Ein verrottetes, fast schon getilgtes Emblem. Das Emblem von Eulenbein und Giftpilz, über Kreuz.

Das Zeichen des Großen Trolls.

»Mein Gott«, sagte Shadrach. »Und *ich* habe ihn getötet.«

Lange Zeit starrte er schweigend zu Boden. Dann dämmerte ihm langsam eine Erkenntnis. Er richtete sich auf, auf seinem Gesicht erschien ein Lächeln.

»Was habt Ihr, o König?«, flötete ein Elf.

»Mir ist gerade ein Gedanke gekommen«, sagte Shadrach. »Ich hab mir so gedacht, jetzt – jetzt, wo der Große Troll nun tot ist und die Troll-Armee die Flucht ergriffen hat –«

Er brach ab. Alle Elfen warteten.

»Ich dachte, ich könnte vielleicht – ich meine, wo ihr mich doch jetzt eigentlich nicht mehr braucht –«

Die Elfen hörten respektvoll zu. »Was ist Euer Begehr, mächtiger König? Fahrt fort.«

»Ich dachte, vielleicht könnte ich jetzt doch zur Tankstelle zurück und müsste dann nicht mehr König sein.« Shadrachs hoffnungsvoller Blick glitt über die Elfen. »Was meint ihr? Wo der Krieg nun mal vorbei ist und so. Und der da ist tot. – Also?«

Eine Weile schwiegen die Elfen. Unglücklich blickten sie zu Boden. Keiner von ihnen sagte etwas. Schließlich wandten sie sich ab, sammelten ihre Banner und Wimpel ein und zogen ab.

»Ja, geh nur«, sagte ein Elf ruhig. »Der Krieg ist vorbei. Die Trolle sind besiegt. Du kannst zu deiner Tankstelle zurückkehren, wenn du das willst.«

Eine Woge der Erleichterung erfasste Shadrach. Er reckte sich, grinste bis über beide Ohren. »Danke! Das ist großartig! Das ist wirklich großartig. Das ist das Großartigste, was ich je in meinem Leben gehört habe.«

Er entfernte sich von den Elfen, rieb sich die Hände und blies in seine Fäuste.

»Vielen, vielen Dank.« Er grinste die schweigenden Elfen an. »Also, ich mach mich dann mal auf den Weg. Ist schon spät. Und verdammt kalt. War eine anstrengende Nacht. Bis – bis irgendwann mal!«

Die Elfen nickten stumm.

»Großartig. Dann also gute Nacht.« Shadrach drehte sich um und folgte dem Trampelpfad. Er blieb stehen und winkte den Elfen nach. »Kein schlechter Kampf, nicht? Wir haben es ihnen ordentlich gegeben.« Er eilte weiter. Wiederum blieb er stehen, blickte sich um und winkte. »Hat mich ehrlich gefreut, dass ich behilflich sein konnte. Also dann, gute Nacht!«

Ein oder zwei der Elfen winkten, doch keiner von ihnen sagte ein Wort.

Shadrach Jones ging langsam nach Hause. Er konnte es bereits von der Anhöhe aus sehen; er sah den Highway, auf dem nur wenige Wagen fuhren, die Tankstelle, die immer mehr zerfiel, und er sah sein Haus, das ihn wohl auch nicht überleben würde; und er hatte nicht genug Geld, um alles nur im jetzigen Zustand zu erhalten oder sich was Besseres zu kaufen.

Er machte kehrt und eilte zurück.

Die Elfen standen noch immer dort in der Stille der Nacht beisammen. Sie waren nicht fortgezogen.

»Ich hatte gehofft, dass ihr noch nicht weg sein würdet«, sagte Shadrach erleichtert.

»Und wir hatten gehofft, dass du uns nicht verlassen würdest«, sagte ein Soldat.

Shadrach trat gegen einen Stein. Der Stein schoss durch das angespannte Schweigen und blieb dann liegen. Noch immer beobachteten die Elfen Shadrach.

»Euch verlassen?«, sagte Shadrach. »Bin ich vielleicht nicht mehr der König der Elfen?«

»Dann willst du also unser König bleiben?«, rief ein Elf.

»Es ist für einen Mann in meinem Alter nicht eben leicht, sich zu verändern. Kein Benzin mehr zu verkaufen, sondern mit einem Mal König zu sein, das hat mir eine Weile Angst gemacht. Aber jetzt nicht mehr.«

»Das ist dein Ernst? Das ist dein Ernst?«

»Aber ja«, sagte Shadrach Jones.

Der kleine Kreis aus Elfenfackeln kam hocherfreut näher. In ihrem Schein sah Shadrach einen Schild, wie den, auf dem der alte Elfenkönig getragen worden war. Nur war dieser viel größer, groß genug, um einen Menschen zu tragen, und ein Dutzend stolzer Soldaten wartete bereits mit den Tragstangen auf ihren Schultern.

Ein Soldat verneigte sich glücklich vor Shadrach. »Für Euch, Sire.«

Shadrach kletterte auf den Schild. Es war viel unbequemer als Gehen, aber er wusste sehr wohl, dass sie ihn so ins Elfenreich bringen wollten.

Gewisse Lebensformen

»Joan, Herrgott nochmal!«

Selbst durch den Wandlautsprecher bemerkte Joan Clarke den Ärger in der Stimme ihres Mannes. Sie erhob sich aus ihrem Sessel vor dem Videoschirm und eilte ins Schlafzimmer. Wütend wühlte Bob im Kleiderschrank herum, riss Jacken und Anzüge heraus und schleuderte sie aufs Bett. Sein Gesicht war rot vor Zorn.

»Was suchst du denn?«

»Meine Uniform. Wo ist sie? Ist sie nicht hier?«

»Natürlich. Lass mich nachschauen.«

Mürrisch ging Bob aus dem Weg. Joan drängte sich vor ihn und klickte den automatischen Sortierer an. In rascher Folge ruckten Anzüge vorbei, marschierten zur Inspektion vor ihr auf.

Es war früh am Morgen, gegen neun Uhr. Der Himmel war strahlend blau. Keine einzige Wolke war zu sehen. Ein warmer Frühlingstag Ende April. Der Boden draußen vor dem Haus war feucht und schwarz von den Regengüssen des Vortages. Schon begannen grüne Schösslinge sich durch die dampfende Erde nach oben zu bohren. Der Bürgersteig war dunkel vor Nässe. Weite Rasenflächen glitzerten im funkelnden Sonnenlicht.

»Hier ist sie.« Joan schaltete den Sortierer aus. Die Uniform fiel in ihre Arme, und sie trug sie hinüber zu ihrem Mann. »Nun reg dich aber nächstes Mal nicht so auf.«

»Danke.« Bob grinste verlegen. Er klopfte auf die Jacke. »Aber schau mal, sie ist ganz zerknittert. Ich dachte, du würdest das verdammte Ding reinigen lassen.«

»Das ist gleich in Ordnung.« Joan schaltete den Bettenmacher ein. Der Bettenmacher glättete die Laken und Decken und faltete sie an den richtigen Stellen. Die Tagesdecke legte sich behutsam über die Kopfkissen. »Wenn du sie eine Weile getragen hast, wird sie einfach wunderbar aussehen. Bob, du bist der pingeligste Mann, den ich kenne.«

»Tut mir leid, Liebling«, murmelte Bob.

»Was ist los?« Joan trat neben ihn und legte ihre Hand auf seine breite Schulter. »Machst du dir wegen irgendwas Sorgen?«

»Nein.«

»Sag's mir.«

Bob begann, seine Uniform aufzuknöpfen. »Es ist nichts Wichtiges. Ich wollte dich nicht damit belästigen. Erickson rief mich gestern auf der Arbeit an, um mir zu sagen, dass meine Gruppe wieder dran sei. Scheinbar berufen sie jetzt zwei Gruppen gleichzeitig ein. Ich dachte, ich würde in den nächsten sechs Monaten nicht rausgerissen werden.«

»O Bob! Warum hast du mir nichts *gesagt*?«

»Erickson und ich haben uns lange unterhalten. ›Um Himmels willen!‹, sagte ich zu ihm. ›Ich war grade erst oben.‹ ›Ich weiß, Bob‹, sagte er. ›Es tut mir höllisch leid, aber ich kann nichts daran ändern. Wir sitzen alle im selben Boot. Es wird jedenfalls nicht lange dauern. Könntest es ebensogut hinter dich bringen. Es geht um die Situation auf dem Mars. Alle regen sich darüber auf und sind besorgt.‹ Das hat er gesagt. Er war sehr nett. Für einen Sektor-Organisator ist Erickson ein ziemlich feiner Kerl.«

»Wann – wann musst du gehen?«

Bob schaute auf seine Uhr. »Ich muss bis Mittag unten am Flugplatz sein. Mir bleiben noch drei Stunden.«

»Wann kommst du zurück?«

»Och, ich müsste in ein paar Tagen zurück sein – wenn alles gutgeht. Du weißt ja, wie das ist. Ganz unterschiedlich. Erinnerst du dich an letzten Oktober, als ich eine ganze Woche fort war? Aber das ist ungewöhnlich. Sie lassen die Gruppen jetzt so schnell rotieren, dass man praktisch schon zurück ist, bevor man startet.«

Tommy kam aus der Küche hereingeschlendert. »Was ist los, Dad?« Er bemerkte die Uniform. »Sag mal, ist deine Gruppe wieder dran?«

»Richtig.«

Tommy grinste von einem Ohr zum anderen, ein entzücktes Teenagergrinsen. »Wirst du bei der Geschichte auf dem Mars eingesetzt? Ich hab das auf dem Videoschirm verfolgt. Diese Marsianer sehen aus wie ein zusammengeschnürtes Bündel trockener Pflanzen. *Die* solltet ihr doch wohl zum Teufel jagen können.«

Bob lachte und schlug seinem Sohn auf den Rücken. »Du zeigst es ihnen, Tommy.«

»Ich würde so gerne mitkommen.«

Bobs Ausdruck veränderte sich. Seine Augen wurden hart wie grauer Feuerstein. »Nein, das würdest du nicht, Junge. Sag so was nicht.«

Ein unbehagliches Schweigen entstand.

»Ich hab nur Spaß gemacht«, murmelte Tommy.

Bob lachte erleichtert. »Vergiss es. Und jetzt raus mit euch allen, damit ich mich umziehen kann.«

Joan und Tommy verließen das Zimmer. Die Tür glitt zu. Bob kleidete sich rasch an, schleuderte Bademantel und Schlafanzug aufs Bett und zog die dunkelgrüne Uniform an. Er schnürte die Stiefel zu und öffnete dann die Tür.

Joan hatte seinen Koffer aus der Kammer im Flur geholt. »Du willst sicher diesen, oder?« fragte sie.

»Danke.« Bob nahm den Koffer. »Gehen wir raus zum Wagen.« Tommy war schon ganz mit dem Videoschirm beschäftigt und begann mit dem Schulunterricht für diesen Tag. Eine Biologiestunde lief langsam über den Bildschirm.

Bob und Joan gingen die Vordertreppe hinunter und den Pfad entlang zu ihrem Schwebewagen, der am Straßenrand geparkt war. Als sie näher kamen, öffnete sich die Tür. Bob warf den Koffer hinein und setzte sich hinters Lenkrad.

»Warum müssen wir gegen die Marsianer kämpfen?«, fragte Joan plötzlich. »Sag's mir, Bob. Sag mir, warum.«

Bob zündete sich eine Zigarette an. Er ließ den grauen Rauch im Wageninneren umhertreiben. »Warum? Das weißt du genauso gut wie ich.« Er streckte seine große Hand aus und schlug gegen das noble Steuerpult des Wagens. »Darum.«

»Was soll das heißen?«

»Der Steuerungsmechanismus benötigt Rexeroid. Und die einzigen Rexeroidvorkommen im ganzen System befinden sich auf dem Mars. Wenn wir den Mars verlieren, verlieren wir dies hier.« Er ließ seine Hand über das schimmernde Steuerpult gleiten. »Und wenn wir das hier verlieren, wie sollen wir dann herumreisen? Verrat mir das mal.«

»Können wir nicht wieder zur Handsteuerung zurückkehren?«

»Das konnten wir vor zehn Jahren. Doch vor zehn Jahren fuhren wir weniger als hundert Meilen pro Stunde. Kein Mensch könnte bei den Geschwindigkeiten heutzutage selbst steuern. Wir können nicht wieder zur Handsteuerung zurückkehren, ohne unser Tempo zu verringern.«

»Können wir das nicht tun?«

Bob lachte. »Schatz, es sind neunzig Meilen von hier bis in die Stadt. Glaubst du wirklich, ich könnte meine Arbeitsstelle behalten, wenn ich den ganzen Weg mit fünfunddreißig Meilen pro Stunde fahren müsste? Ich wäre mein ganzes Leben unterwegs.«

Joan schwieg.

»Verstehst du, wir müssen dieses verdammte Zeug haben – das Rexeroid. Es macht unsere Steuerungsausrüstung erst möglich. Wir sind davon abhängig. Wir brauchen es. Wir müssen den Bergbau auf dem Mars in Gang halten. Wir können es uns nicht leisten, uns die Rexeroidvorkommen von den Marsianern wegnehmen zu lassen. Verstehst du?«

»Ich verstehe. Und letztes Jahr war es das Kryonerz von der Venus. Wir mussten es haben. Also gingst du und hast auf der Venus gekämpft.«

»Liebling, ohne Kryon würden die Wände unseres Hauses keine gleichbleibende Temperatur aufrechterhalten. Kryon ist der einzige anorganische Stoff im System, der sich selbsttätig an Temperaturveränderungen anpasst. Nun, wir müssten – wir müssten alle wieder zu Fußbodenheizungen zurückkehren. Wie die von meinem Großvater.«

»Und im Jahr davor war es das Lonolit vom Pluto.«

»Lonolit ist der einzige bekannte Stoff, der für die Konstruktion der Datenbanken bei Rechenmaschinen verwendet werden kann. Es ist das einzige Metall mit echter Speicherfähigkeit. Ohne Lonolit würden wir unsere sämtlichen Großrechenanlagen verlieren. Und du weißt, wie weit wir ohne sie kämen.«

»In Ordnung.«

»Schatz, du weißt, ich *will* nicht gehen. Aber ich muss. Wir alle müssen.« Bob deutete auf das Haus. »Willst du das aufgeben? Willst du zurückkehren in die Vergangenheit?«

»Nein.« Joan trat vom Wagen zurück. »In Ordnung, Bob. Dann sehe ich dich in ein oder zwei Tagen?«

»Ich hoffe es. Diese Scherereien dürften bald überstanden sein. Die meisten Gruppen aus New York werden einberufen. Die Gruppen aus Berlin und Oslo sind schon dort. Es dürfte nicht lange dauern.«

»Viel Glück.«

»Danke.« Bob schloss die Tür. Der Motor wurde automatisch angelassen. »Grüß Tommy noch mal von mir.«

Der Wagen fuhr los und beschleunigte, das automatische Steuerpult fädelte ihn geschickt in den Hauptverkehrsstrom auf dem Highway ein. Joan schaute dem Wagen nach, bis er sich mit der endlosen Flut glänzender Metallkarosserien vermischt hatte, die wie ein leuchtendes Band quer durch die Landschaft auf die ferne Stadt zurasten. Dann ging sie langsam zurück ins Haus.

Bob kehrte nie vom Mars zurück, also wurde Tommy sozusagen der Mann im Haus. Joan bekam für ihn eine Befreiung von der Schule, und nach einer Weile begann er, als Labortechniker an dem Forschungsprojekt der Regierung ein paar Meilen entfernt mitzuarbeiten.

Eines Abends kam Bryan Erickson, der Sektor-Organisator, vorbei, um sich zu erkundigen, wie sie zurechtkämen. »Ein nettes kleines Haus habt ihr hier«, sagte Erickson und schlenderte herum.

Tommy platzte vor Stolz. »Ja, nicht wahr? Setzen Sie sich und machen Sie es sich bequem.«

»Danke.« Erickson spähte in die Küche, die gerade damit beschäftigt war, das Abendessen zuzubereiten. »Eine tolle Küche.«

Tommy stellte sich neben ihn. »Sehen Sie diese Anlage oben auf dem Herd?«

»Wozu dient sie?«

»Das ist ein Wähler für die Küche. Er stellt jeden Tag ein neues Menü zusammen. Wir müssen uns nicht überlegen, was, wir essen sollen.«

»Wundervoll.« Erickson warf einen kurzen Blick auf Tommy. »Ihr scheint gut zurechtzukommen.«

Joan blickte vom Videoschirm auf. »Den Umständen entsprechend.« Ihre Stimme war tonlos und matt.

Erickson brummte. Er ging zurück ins Wohnzimmer. »Nun, ich glaube, ich muss jetzt gehen.«

»Wozu sind Sie hergekommen?«, fragte Joan.

»Nichts Besonderes, Mrs. Clarke.« An der Tür zögerte Erickson, ein großer, rotgesichtiger Mann Ende dreißig. »Oh, da war noch eine Sache.«

»Was denn?« Ihre Stimme war kühl.

»Tom, hast du deine Sektorgruppenkarte ausgefüllt?«

»Meine Sektorgruppenkarte?«

»Nach dem Gesetz musst du als Teil dieses Sektors – *meines* Sektors – registriert werden.« Er griff in seine Tasche. »Ich habe ein paar leere Karten bei mir.«

»Menschenskind!«, sagte Tommy ein wenig erschrocken. »Jetzt schon? Ich dachte, das wäre nicht nötig, bevor ich achtzehn werde.«

»Sie haben die Richtlinien geändert. Wir haben auf dem Mars eine ziemliche Niederlage eingesteckt. Einige der Sektoren können ihre Quoten nicht erfüllen. Müssen ab jetzt tiefer graben.« Erickson grinste gutmütig. »Das hier ist ein guter Sektor, weißt du. Wir haben viel Spaß beim Exerzieren und beim Ausprobieren der neuen Ausrüstung. Ich habe Washington endlich dazu gebracht, uns eine ganze Staffel der neuen kleinen Zweistrahlturbojäger anzuvertrauen. Jeder Mann in meinem Sektor bekommt das Benutzungsrecht für einen Jäger.«

Tommys Augen leuchteten auf. »Wirklich?«

»Der Benutzer kann den Jäger sogar übers Wochenende mit nach Hause nehmen. Du kannst ihn auf eurem Rasen parken.«

»Im Ernst?« Tommy setzte sich an den Schreibtisch. Freudig füllte er die Gruppenkarte aus.

»Ja, wir amüsieren uns glänzend«, murmelte Erickson.

»Zwischen den Kriegen«, sagte Joan ruhig.

»Wie bitte, Mrs. Clarke?«

»Nichts.«

Erickson nahm die ausgefüllte Karte entgegen. Er steckte sie in seine Brieftasche. »Übrigens«, sagte er.

Tommy und Joan wandten sich ihm zu.

»Ich nehme an, Sie haben den Gleco-Krieg auf dem Bildschirm verfolgt. Ich nehme an, Sie wissen alles darüber.«

»Den Gleco-Krieg?«

»Wir bekommen unser gesamtes Gleco vom Callisto. Es wird aus den Häuten irgendeiner Tierart hergestellt. Nun, es gab ein paar Scherereien mit den Eingeborenen. Sie fordern –«

»Was ist Gleco?«, fragte Joan angespannt.

»Das ist das Zeug, das bewirkt, dass Ihre Haustür sich nur für Sie öffnet. Es reagiert auf Ihr Druckmuster. Gleco wird aus diesen Tieren hergestellt.«

Es entstand eine Stille; die Luft schien plötzlich zum Schneiden dick.

»Ich glaube, ich gehe jetzt.« Erickson ging auf die Tür zu. »Wir sehen dich beim nächsten Übungstreffen, Tom. Abgemacht?« Er öffnete die Tür.

»Abgemacht«, murmelte Tommy.

»Gute Nacht.« Erickson ging und schloss die Tür hinter sich.

»Aber ich muss gehen!«, rief Tommy.

»Warum?«

»Der ganze Sektor geht. Das ist so vorgeschrieben.«

Joan starrte aus dem Fenster. »Es ist nicht richtig.«

»Aber wenn wir nicht gehen, verlieren wir Callisto. Und wenn wir Callisto verlieren …«

»Ich weiß. Dann müssen wir wieder Schlüssel mit uns herumtragen. Wie unsere Großväter.«

»Richtig.« Tommy streckte die Brust heraus und drehte sich hin und her. »Wie sehe ich aus?«

Joan sagte nichts.

»Wie sehe ich aus? Sehe ich ordentlich aus?«

Tommy sah gut aus in seiner tiefgrünen Uniform. Er war schlank, hielt sich gerade und sah viel besser aus als Bob. Bob hatte zugenommen gehabt. Sein Haar war schütter geworden. Tommys Haar war voll und schwarz. Seine Wangen waren vor Aufregung gerötet, seine blauen Augen blitzten. Er setzte seinen Helm auf und schnallte den Riemen fest.

»Okay?«, fragte er.

Joan nickte. »Gut.«

»Gib mir einen Abschiedskuss. Ich bin unterwegs zum Callisto. In ein paar Tagen bin ich zurück.«

»Wiedersehen.«

»Du klingst nicht sehr glücklich.«

»Das bin ich auch nicht«, sagte Joan. »Ich bin nicht sehr glücklich.«

Tommy kam heil vom Callisto zurück, doch während des Trekton-Krieges auf Europa ging mit seinem kleinen Zweistrahlturbojäger etwas schief, und die Sektorgruppe kehrte ohne ihn zurück.

»Trekton«, erklärte Bryan Erickson, »wird in den Röhren der Videoschirme verwendet. Es ist sehr wichtig, Joan.«

»Ich verstehe.«

»Du weißt, was der Videoschirm bedeutet. Darüber läuft unsere gesamte Bildung und Information. Die Kinder lernen damit. Sie werden unterrichtet. Und abends benutzen wir die Vergnügungskanäle zur Unterhaltung. Du willst doch nicht, dass wir wieder dazu übergehen müssen, das –«

»Nein, nein – natürlich nicht. Tut mir leid.« Joan gab ein Handzeichen, und der Kaffeetisch glitt, mit einer Kanne dampfenden Kaffees beladen, ins Wohnzimmer. »Sahne? Zucker?«

»Nur Zucker, danke.« Erickson nahm seine Tasse, rührte um,

trank schlückchenweise und saß schweigend auf dem Sofa. Im Haus war es still. Es war später Abend, gegen elf Uhr. Die Rollos waren heruntergelassen. In der Ecke lief leise der Videoschirm. Draußen vor dem Haus war die Welt dunkel und reglos, bis auf einen leichten Wind, der zwischen den Zedern am Ende des Grundstücks raschelte.

»Irgendwelche Nachrichten von den verschiedenen Fronten?«, fragte Joan nach einer Weile, lehnte sich zurück und glättete ihren Rock.

»Von den Fronten?« Erickson überlegte. »Nun, ein paar neue Entwicklungen im Iderium-Krieg.«

»Wo findet der statt?«

»Auf dem Neptun. Wir bekommen unser Iderium vom Neptun.«

»Wozu wird Iderium benutzt?« Joans Stimme klang dünn und schwach, so als käme sie aus weiter Ferne. Ihr Gesicht wirkte ausgehöhlt und war unnatürlich blass. Als hätte sich eine Maske darübergelegt und wäre dort geblieben, eine Maske, durch die sie aus großer Entfernung hindurchsah.

»Die ganzen Zeitungsmaschinen brauchen Iderium«, erklärte Erickson. »Durch die Auskleidung mit Iderium sind sie in der Lage, Ereignisse in dem Augenblick wahrzunehmen, in dem sie geschehen, und sie gleich über den Videoschirm durchzugeben. Ohne Iderium müssten wir wieder zu Berichterstattern und zu handgeschriebenen Nachrichten zurückkehren. Das würde Subjektivität hineinbringen. Frisierte Nachrichten. Die Iderium-Nachrichtenmaschinen sind unparteiisch.«

Joan nickte. »Noch mehr Neuigkeiten?«

»Nur ein paar. Es heißt, es könnte eventuell Scherereien auf Merkur geben.«

»Was bekommen wir vom Merkur?«

»Von dort kommt unser Ambrolin. Wir benutzen Ambrolin in den verschiedensten Arten von Wahlanlagen. In Ihrer Küche – der Wähler, den Sie dort haben. Der Mahlzeitenwähler, der die Menükombinationen zusammenstellt. Das ist eine Ambrolin-Anlage.«

Joan starrte ausdruckslos in ihre Kaffeetasse. »Die Eingeborenen auf dem Merkur – greifen die uns an?«

»Es gab Unruhen, Aufwiegelung und dergleichen. Einige Sektorgruppen sind bereits dorthin einberufen worden. Die Gruppen aus Paris und Moskau. Große Gruppen, glaube ich.«

Nach einer Weile sagte Joan: »Hören Sie, Bryan, ich weiß, dass Sie aus einem bestimmten Grund gekommen sind.«

»O nein. Warum sagen Sie das?«

»Ich weiß es. Was ist los?«

Erickson errötete, sein gutmütiges Gesicht lief an. »Sie sind ziemlich scharfsinnig, Joan. Ich bin tatsächlich aus einem bestimmten Grund gekommen.« »Was ist los?«

Erickson griff in seine Jacke und zog ein gefaltetes vervielfältigtes Papier heraus. Er reichte es Joan. »Das ist nicht meine Idee, verstehen Sie. Ich bin nur ein Rädchen in einer großen Maschine.« Er kaute nervös auf seiner Lippe herum. »Es ist wegen der schweren Verluste im Trekton-Krieg. Sie müssen die Reihen schließen. Ich habe gehört, sie sind in der Klemme.«

»Was hat das alles zu bedeuten?« Joan reichte das Papier zurück. »Ich werde nicht schlau aus diesen ganzen juristischen Formulierungen.«

»Nun, das bedeutet, dass Frauen bei – bei Abwesenheit männlicher Familienmitglieder in die Sektorgruppen aufgenommen werden können.«

»Oh, ich verstehe.«

Erickson stand schnell auf, erleichtert, dass er seine Pflicht erfüllt hatte. »Ich glaube, ich muss jetzt gehen. Ich wollte das vorbeibringen und es Ihnen zeigen. Sie werden überall verteilt.« Er steckte das Papier wieder zurück in seine Jacke. Er sah sehr müde aus.

»Da bleiben nicht mehr sehr viele Menschen übrig, nicht wahr?«

»Wie meinen Sie das?«

»Erst die Männer. Dann die Kinder. Jetzt die Frauen. Es scheint so ungefähr jeden zu treffen.«

»Irgendwie wahrscheinlich schon. Nun, es muss einen Grund geben. Wir müssen diese Fronten halten. Das Zeug muss weiter hereinkommen. Wir müssen es haben.«

»Vermutlich.« Joan erhob sich langsam. »Bis bald, Bryan.«

»Ja, ich werde wohl gegen Ende der Woche vorbeikommen. Bis dann.«

Bryan Erickson kam wieder vorbei, gerade als der Nymphit-Krieg auf dem Saturn ausbrach. Er lächelte Mrs. Clarke entschuldigend an, als sie ihn einließ.

»Tut mir leid, Sie so früh morgens zu belästigen«, sagte Erickson. »Ich habe es sehr eilig, bin im ganzen Sektor unterwegs.«

»Was ist los?« Joan schloss die Tür hinter ihm. Er trug seine Organisatorenuniform, blassgrün mit silbernen Borten quer über den Schultern. Joan war noch im Morgenmantel.

»Schön warm hier drinnen«, sagte Erickson und wärmte sich die Hände an der Wand. Draußen war der Tag strahlend und kalt. Es war November. Über allem lag Schnee, eine kalte, weiße Decke. Ein paar öde Bäume ragten auf, die Äste kahl und eisbedeckt. In der Ferne entlang des Highways war das leuchtende Band der Schwebewagen zu einem dünnen Rinnsal verebbt. Nur noch wenige Leute fuhren in die Stadt. Die meisten Schwebewagen waren eingelagert.

»Ich nehme an, Sie wissen von den Scherereien auf dem Saturn«, murmelte Erickson. »Sie haben davon gehört.«

»Ich glaube, ich habe Aufnahmen davon gesehen. Auf dem Videoschirm.«

»Ein ziemliches Drunter und Drüber. Diese Eingeborenen auf dem Saturn sind wirklich groß. Menschenskind, sie müssen über fünfzehn Meter hoch sein.«

Joan nickte geistesabwesend und rieb sich die Augen. »Es ist ein Jammer, dass wir irgendwas vom Saturn brauchen. Haben Sie gefrühstückt, Bryan?«

»O ja, danke – ich habe schon gegessen.« Erickson wandte sich von der Wand ab. »Tut jedenfalls gut, aus der Kälte draußen reinzukommen. Sie halten Ihr Haus wirklich schön sauber. Ich wünschte, meine Frau würde unser Heim auch so sauber halten.«

Joan ging zu den Fenstern hinüber und zog die Rollos herauf. »Was verwenden wir vom Saturn?«

»Nymphit, ausgerechnet. Alles andere könnten wir aufgeben. Aber nicht Nymphit.«

»Wofür wird Nymphit verwendet?«

»Für die gesamte Ausrüstung für Eignungstests. Ohne Nymphit wären wir nicht in der Lage, festzustellen, wer sich für welchen Posten eignet, den des Weltratspräsidenten eingeschlossen.«

»Ich verstehe.«

»Mit den Nymphit-Testgeräten können wir bestimmen, wo die Stärke jedes Einzelnen liegt und welche Art von Arbeit er verrichten sollte. Nymphit ist das grundlegende Rüstzeug der modernen Gesellschaft. Es dient zu unserer Klassifizierung und Einstufung. Sollte irgendwas mit der Versorgung schiefgehen …«

»Und es kommt alles vom Saturn?«

»Ich fürchte ja. Jetzt haben die Eingeborenen Unruhen angezettelt und versuchen, die Nymphitminen zu übernehmen. Das wird ein harter Kampf. Sie sind groß. Die Regierung wird jeden einberufen müssen, den sie kriegen kann.«

Plötzlich rang Joan nach Luft. »Jeden?« Sie schlug die Hand vor den Mund. »Sogar Frauen?«

»Ich fürchte. Tut mir leid, Joan. Sie wissen, das ist nicht meine Idee. Keiner will es. Aber wenn wir all die Dinge behalten wollen, die wir haben –«

»Aber wer bleibt dann noch übrig?«

Erickson antwortete nicht. Er setzte sich an den Schreibtisch, füllte eine Karte aus und reichte sie ihr. Joan nahm sie mechanisch. »Ihre Gruppenkarte.«

»Aber wer wird übrig bleiben?«, fragte Joan wieder. »Können Sie mir das nicht sagen? Wird irgendjemand übrig bleiben?«

Das Raketenschiff vom Orion landete mit lautem, krachendem Getöse. Aus den Ablassventilen strömten Abgaswolken, während die Düsenkompressoren abkühlten und verstummten.

Eine Zeitlang war kein Laut zu kören. Dann wurde die Luke

vorsichtig aufgeschraubt und nach innen geklappt. Behutsam trat N'tgari-3 hinaus und schwenkte einen Atmosphären-Testkegel vor sich her.

»Ergebnisse?«, fragte sein Begleiter, indem seine Gedanken zu N'tgari-3 hinübereilten.

»Zu dünn zum Atmen. Für uns. Aber ausreichend für gewisse Lebensformen.« N'tgari-3 starrte umher, über die Hügel und Ebenen in der Ferne. »Wirklich still hier.«

»Kein Laut. Oder irgendein Lebenszeichen.« Sein Begleiter tauchte auf. »Was ist das dort drüben?«

»Wo?«, fragte N'tgari-3.

»Dort, in dieser Richtung.« Luci'n-6 deutete mit seiner gepolten Antenne hinüber. »Siehst du das?«

»Sieht aus wie irgendwelche Gruppen von Bauwerken. Eine Art Gebäudekomplex.«

Die beiden Orionianer hoben ihr Beiboot auf Lukenhöhe an und ließen es auf den Boden hinausgleiten. Mit N'tgari-3 hinterm Lenkrad schossen sie über die Ebene auf die Erhöhung zu, die am Horizont zu sehen war. Auf allen Seiten wuchsen Pflanzen, einige hoch und robust, andere zart und klein mit mehrfarbigen Blüten.

»Ziemlich viele unbewegliche Formen«, bemerkte Luci'n-6. Sie durchquerten ein Feld mit grau-orangefarbenen Pflanzen, mit tausenden gleichförmigen Halme, endlosen Pflanzen, alle genau gleich.

»Die sehen aus, als wären sie künstlich gesät«, murmelte N'tgari-3.

»Drossle das Tempo. Wir kommen zu irgendeiner Art von Gebäude.«

N'tgari-3 verlangsamte das Beiboot, bis es fast zum Stillstand kam. Die beiden Orionianer lehnten sich aus der Luke und schauten interessiert umher.

Ein wunderschönes Gebäude erhob sich, umgeben von allen Arten von Pflanzen, hohen Pflanzen, Teppichen von niedrigen Pflanzen, Beeten von Pflanzen mit erstaunlichen Blüten. Das Gebäude selbst war sauber und hübsch, offensichtlich das Artefakt einer höheren Kultur.

N'tgari-3 sprang aus dem Beiboot. »Vielleicht werden wir gleich den legendären Wesen von Terra begegnen.« Er eilte über den Pflanzenteppich, der langgestreckt und gleichförmig den Boden bedeckte, bis zur vorderen Veranda des Gebäudes.

Luci'n-6 folgte ihm. Sie untersuchten die Tür. »Wie lässt sie sich öffnen?«, fragte Luci'n-6.

Sie brannten ein sauberes Loch in das Schloss, und die Tür glitt zurück. Automatisch gingen Lichter an. Das Haus war warm, von den Wänden beheizt.

»Wie – wie raffiniert! Wie ausgesprochen fortschrittlich.«

Sie schlenderten von Zimmer zu Zimmer, begafften den Videoschirm, die ausgeklügelte Küche, die Möbel im Schlafzimmer, die Vorhänge, die Stühle, das Bett.

»Aber wo sind die Terraner?«, fragte N'tgari-3 schließlich.

»Sie werden gleich zurückkommen.«

N'tgari-3 lief hin und her. »Ich hab so ein komisches Gefühl. Ich kann meine Antenne nicht darauf einstellen. Irgendwie so ein unbehagliches Gefühl.« Er zögerte. »Es ist doch unmöglich, dass sie *nicht* zurückkommen, oder?«

»Warum nicht?«

Luci'n-6 begann, am Videoschirm herumzufummeln. »Kaum wahrscheinlich. Wir werden auf sie warten. Sie werden zurückkommen.«

N'tgari-3 spähte nervös aus dem Fenster. »Ich sehe sie nicht. Aber sie *müssen* in der Nähe sein. Sie können doch nicht einfach weggegangen sein und das alles zurückgelassen haben. Wohin sollten sie gehen? Warum?«

»Sie werden zurückkommen.« Luci'n-6 empfing nur Rauschen auf dem Bildschirm. »Das ist nicht sehr beeindruckend.«

»Ich hab das Gefühl, sie kommen nicht zurück.«

»Wenn die Terraner nicht zurückkehren«, sagte Luci'n-6 nachdenklich und spielte mit den Knöpfen des Videoschirms, »dann wird das eines der größten Rätsel für die Archäologie sein.«

»Ich werde weiter nach ihnen Ausschau halten«, sagte N'tgari-3 ungerührt.

Umstellungsteam

Es war früh am Morgen. Die Sonne beschien die feuchten Rasenflächen und Bürgersteige und spiegelte sich glitzernd in den parkenden Autos wider. Der Kanzleisekretär kam mit schnellen Schritten daher und blätterte stirnrunzelnd seine Instruktionen durch. Einen Augenblick blieb er vor dem kleinen, grünen, stuckverzierten Haus stehen, dann bog er in den Seitenweg ein und betrat den Hinterhof.

Der Hund schlief in seiner Hütte und hatte der Welt den Rücken gekehrt. Nur sein buschiger Schwanz war zu sehen.

»Um Himmels willen«, rief der Kanzleisekretär, die Hände in die Hüften gestemmt, und klopfte mit dem automatischen Kugelschreiber geräuschvoll gegen sein Klemmbrett. »Wach auf, da drinnen.«

Der Hund regte sich. Langsam, den Kopf voran, kam er aus seiner Hütte und blinzelte gähnend ins Licht der Morgensonne. »Ach, du bist's. Schon?« Er gähnte wieder.

»Große Dinge.« Der Kanzleisekretär fuhr mit geübtem Finger über den Verkehrskontrollbogen. »Heute Vormittag wird Sektor T137 umgestellt. Beginn Punkt 9 Uhr.« Er warf einen Blick auf seine Taschenuhr. »Drei Stunden für die Erneuerung. Wird mittags beendet sein.«

»T137? Das ist nicht weit von hier.«

Die dünnen Lippen des Kanzleisekretärs zuckten geringschätzig. »In der Tat. Du zeigst erstaunlichen Scharfsinn, mein schwarzhaariger Freund. Vielleicht kannst du erraten, warum ich hier bin.«

»T137 deckt sich teilweise mit unserem Gebiet.«

»Genau. Elemente aus diesem Sektor sind davon betroffen. Wir müssen dafür sorgen, dass sie am rechten Platz sind, wenn die Umstellung beginnt.« Der Kanzleisekretär warf einen Blick auf das kleine, grüne, stuckverzierte Haus. »Deine spezielle Aufgabe bezieht sich auf den Mann da drinnen. Er ist Angestellter bei einem Geschäftsbetrieb, der in Sektor T137 liegt. Es ist unbedingt erforderlich, dass er vor 9 Uhr dort ist.«

Der Hund musterte das Haus. Die Jalousien waren hochgezogen worden. In der Küche brannte Licht. Hinter den Spitzenvorhängen konnte man um den Tisch herum schemenhafte Gestalten erkennen. Einen Mann und eine Frau. Sie tranken Kaffee.

»Da sind sie«, murmelte der Hund. »Der Mann, sagst du? Es wird ihm doch nichts geschehen, oder?«

»Natürlich nicht. Aber er muss frühzeitig in seinem Büro sein. Normalerweise geht er erst nach neun. Heute muss er um acht Uhr dreißig gehen. Er muss in Sektor T137 sein, bevor das Verfahren beginnt, oder er wird nicht erneuert und an die aktuelle Umstellung angepasst.«

Der Hund seufzte. »Das heißt, ich muss rufen.«

»Richtig.« Der Kanzleisekretär sah auf seinem Instruktionsbogen nach. »Du sollst genau um acht Uhr fünfzehn rufen. Verstanden? Acht Uhr fünfzehn. Nicht später.«

»Was wird ein Acht-Uhr-fünfzehn-Ruf bringen?«

Der Kanzleisekretär schlug sein Instruktionsbuch auf und suchte in der Codetabelle. »Er bringt Einen Freund Mit Einem Auto, um ihn rechtzeitig zur Arbeit zu fahren.« Er schloss das Buch, verschränkte die Arme und bereitete sich darauf vor zu warten. »Auf diese Weise erreicht er sein Büro fast eine Stunde früher. Das ist lebenswichtig.«

»Lebenswichtig«, murmelte der Hund. Er legte sich halb in seine Hütte. Die Augen fielen ihm zu. »Lebenswichtig.«

»Wach auf! Das muss auf den Moment genau passieren. Wenn du zu früh oder zu spät rufst –«

Der Hund nickte schläfrig. »Ich weiß. Ich werde es richtig machen. Ich mache es *immer* richtig.«

Ed Fletcher goss noch mehr Sahne in seinen Kaffee. Seufzend lehnte er sich in seinem Stuhl zurück. Der Ofen hinter ihm zischte leise und füllte die Küche mit warmen Dampfschwaden. Die gelbe Deckenlampe brannte.

»Noch ein Brötchen?«, fragte Ruth.

»Ich bin satt.« Ed schlürfte seinen Kaffee. »Das kannst du haben.«

»Ich muss gehen.« Ruth erhob sich und band ihren langen Morgenrock auf. »Zeit, zur Arbeit zu gehen.«

»Schon?«

»Sicher. Du glücklicher Faulpelz! Ich wünschte, ich könnte noch rumsitzen.« Ruth ging zum Badezimmer und fuhr sich mit den Fingern durch das lange schwarze Haar. »Wenn du für die Regierung arbeitest, musst du früh anfangen.«

»Aber du bist auch früh fertig«, bemerkte Ed. Er schlug den *Chronicle* auf und sah die Sportbeilage durch. »Schönen Tag wünsch ich dir. Tipp keine falschen Worte, keine Zweideutigkeiten.«

Die Badezimmertür schloss sich, während Ruth den langen Morgenmantel abstreifte und sich anzuziehen begann.

Ed gähnte und warf einen Blick auf die Uhr über der Spüle. Reichlich Zeit. Noch nicht mal acht. Er schlürfte noch mehr Kaffee und rieb sich das stoppelige Kinn. Er würde sich rasieren müssen. Träge zuckte er die Achseln. Zehn Minuten, vielleicht.

Ruth kam im Nylonslip herausgestürzt und eilte ins Schlafzimmer. »Ich bin spät dran.« Sie rannte hastig hin und her und schlüpfte dabei in Bluse und Rock, in ihre Strümpfe und ihre zierlichen weißen Schuhe. Schließlich beugte sie sich hinunter und küsste ihn. »Wiedersehen, Liebling. Die Einkäufe erledige ich heute Abend.«

»Wiedersehen.« Ed ließ die Zeitung sinken, legte den Arm um die schlanke Taille seiner Frau und drückte sie zärtlich an sich. »Du riechst gut. Flirte nicht mit dem Chef.«

Ruth rannte zur Haustür hinaus und klapperte die Stufen hinunter. Er hörte, wie das Klicken ihrer Absätze immer leiser wurde, während sie den Bürgersteig entlanglief.

Sie war fort. Im Haus war es still. Er war allein.

Ed erhob sich und schob seinen Stuhl zurück. Träge schlenderte er ins Badezimmer und holte den Rasierapparat herunter. Acht Uhr zehn. Er wusch sich das Gesicht, bestrich es mit Rasierschaum und begann sich zu rasieren. Er rasierte sich mit Muße. Er hatte reichlich Zeit.

Der Kanzleisekretär beugte sich über seine runde Taschenuhr und leckte sich nervös die Lippen. Schweiß trat ihm auf die Stirn. Der Sekundenzeiger tickte weiter. Acht Uhr vierzehn. Fast Zeit.

»Mach dich fertig!«, schnauzte der Kanzleisekretär. Er straffte sich, sein kleiner Körper erstarrte. »Noch zehn Sekunden!«

»*Zeit*!«, schrie der Kanzleisekretär.

Nichts passierte.

Der Kanzleisekretär drehte sich um, die Augen entsetzt aufgerissen. Aus der kleinen Hütte lugte ein buschiger schwarzer Schwanz hervor. Der Hund war wieder eingeschlafen.

»ZEIT!«, kreischte der Kanzleisekretär. Wütend trat er nach dem zottigen Hinterteil. »In Gottes Namen –«

Der Hund regte sich. Er polterte ungestüm herum und schob sich rückwärts aus der Hütte. »Meine Güte.« Verlegen lief er schnell zum Zaun, stellte sich auf die Hinterpfoten und sperrte das Maul weit auf. »Wuff!«, rief er. Entschuldigend blickte er den Kanzleisekretär an. »Ich bitte um Verzeihung. Ich verstehe nicht, wie –«

Der Kanzleisekretär starrte auf seine Uhr. Sein Magen krampfte sich in purem Entsetzen zusammen. Die Zeiger standen auf acht Uhr sechzehn. »Du hast versagt«, krächzte er. »Du hast versagt! Du elender, verflohter Lumpensack von einem ausgemergelten alten Köter! Du hast versagt!«

Der Hund ließ sich herunter und kam ängstlich zurück. »Ich habe versagt, meinst du? Heißt das, die Rufzeit war –«

»Du hast zu spät gerufen.« Langsam steckte der Kanzleisekretär die Uhr wieder ein, auf seinem Gesicht lag ein glasiger Ausdruck. »Du hast zu spät gerufen. Jetzt kommt nicht mehr Ein Freund Mit Einem Auto. Man kann nicht wissen, was stattdessen kommt. Ich möchte nicht wissen, was acht Uhr sechzehn bringt.«

»Ich hoffe, er wird rechtzeitig in Sektor T137 sein.«

»Wird er nicht«, jammerte der Kanzleisekretär. »Er wird nicht dort sein. Wir haben einen Fehler gemacht. Wir haben die Sache verpatzt!«

Ed spülte sich gerade den Rasierschaum vom Gesicht, als das gedämpfte Bellen des Hundes durch das stille Haus hallte.

»Verdammt«, murmelte Ed. »Weckt noch den ganzen Block auf.« Er trocknete sich das Gesicht ab und horchte. Kam da jemand?

Ein Vibrieren. Dann –

Es klingelte an der Tür.

Ed verließ das Badezimmer. Wer konnte das sein? Hatte Ruth etwas vergessen? Er warf sich ein weißes Hemd über und öffnete die Haustür.

Ein aufgeweckter junger Mann mit einem höflichen, lebhaften Gesicht stand freudestrahlend vor ihm. »Guten Morgen, Sir.« Er tippte an seinen Hut. »Tut mir leid, wenn ich Sie so früh belästige –«

»Was wollen Sie?«

»Ich bin von der Bundesanstalt für Lebensversicherungen. Ich bin gekommen, um mit Ihnen über –«

Ed schlug die Tür zu. »Will keine. Ich bin in Eile. Muss zur Arbeit.«

»Ihre Frau sagte, dies sei die einzige Zeit, in der ich Sie erwischen könnte.« Der junge Mann ergriff seine Aktentasche und schob dabei die Tür wieder auf. »Sie hat mich ausdrücklich gebeten, so früh zu kommen. Normalerweise fangen wir um diese Zeit noch nicht an zu arbeiten, aber da sie mich darum bat, habe ich mir das extra notiert.«

»Okay.« Mit einem erschöpften Seufzer ließ Ed den jungen Mann ein. »Sie können mir Ihre Police erklären, während ich mich anziehe.«

Auf dem Sofa öffnete der junge Mann seine Aktentasche und legte Stapel von Broschüren und illustrierten Faltblättern aus. »Ich möchte Ihnen gern ein paar von diesen Zahlen zeigen, wenn ich darf. Es ist für Sie und Ihre Familie äußerst wichtig, dass –«

Ed musste sich setzen und die Broschüren durchlesen. Er versicherte sein Leben mit einer Zehntausend-Dollar-Police und schob den jungen Mann dann hinaus. Er sah auf die Uhr. Praktisch neun Uhr dreißig!

»Verdammt.« Er würde zu spät zur Arbeit kommen. Er band sich die Krawatte fertig um, griff seinen Mantel, machte den Herd und die Lichter aus, stapelte das Geschirr in die Spüle und lief hinaus auf die Veranda.

Während er zur Bushaltestelle eilte, fluchte er innerlich. Versicherungsvertreter. Warum musste der Blödmann gerade kommen, als er sich zum Gehen fertigmachte?

Ed stöhnte. Man konnte nicht wissen, welche Konsequenzen es haben würde, wenn er zu spät ins Büro kam. Er würde erst kurz vor zehn Uhr dort sein. Er machte sich auf alles gefasst. Ein sechster Sinn sagte ihm, dass ihm einiges bevorstand. Etwas Schlimmes. Es war der falsche Tag für eine Verspätung.

Wenn nur der Vertreter nicht gekommen wäre.

Einen Häuserblock von seinem Büro entfernt sprang Ed aus dem Bus und lief schnellen Schrittes los. Die riesige Uhr vor Steins Juweliergeschäft zeigte auf kurz vor zehn.

Das Herz rutschte ihm in die Hose. Der alte Douglas würde ihm sicher die Hölle heiß machen. Er sah schon alles vor sich: Douglas, keuchend und schnaufend, mit hochrotem Kopf, wie er mit seinem fetten Finger auf ihn zeigte; Miss Evans lächelnd hinter ihrer Schreibmaschine; Jackie, der Laufjunge, grinsend und kichernd; Earl Hendricks; Joe und Tom; die dunkeläugige Mary, vollbusig und mit langen Wimpern. Sie alle, wie sie ihn den Rest des Tages aufzogen.

Er erreichte die Ecke und blieb an der Ampel stehen. Auf der anderen Straßenseite ragte ein großes, weißes Betongebäude auf, eine turmhohe Säule aus Stahl und Zement, Trägern und Glasfenstern – das Bürogebäude. Ed fuhr zusammen. Vielleicht konnte er sagen, der Fahrstuhl sei stecken geblieben. Irgendwo zwischen dem zweiten und dritten Stockwerk.

Die Ampel schaltete um. Niemand sonst überquerte die Straße. Ed überquerte sie allein. Auf der gegenüberliegenden Seite sprang er auf den Bordstein –

Und blieb erstarrt stehen.

Die Sonne war erloschen. Gerade schien sie noch. Dann war sie verschwunden. Ed blickte jäh nach oben. Graue Wolken wirbelten über ihm dahin. Riesige, formlose Wolken. Sonst nichts. Ein unheildrohender dichter Dunstschleier, hinter dem alles flimmerte und verschwamm. Er fröstelte beklommen. *Was war das?*

Vorsichtig ging er weiter und tastete sich durch den Nebel. Alles war still. Kein Geräusch – nicht einmal Verkehrsgeräusche. Ed spähte fieberhaft um sich und versuchte, durch den wogenden Dunstschleier etwas zu erkennen. Keine Menschen. Keine Autos. Keine Sonne. Nichts.

Gespenstisch und drohend tauchte das Bürogebäude vor ihm auf. Es war von einem unbestimmten Grau. Unsicher streckte er die Hand aus –

Ein Teil des Gebäudes brach ein. Ein Sturzbach von Partikeln regnete herab. Wie Sand. Entgeistert sperrte Ed den Mund auf. Eine Kaskade aus grauem Schutt ergoss sich über seine Füße. Dort, wo er das Gebäude berührt hatte, gähnte eine zerklüftete Höhle – ein hässliches Loch, das die Betonwand verunzierte.

Benommen gelangte er zur Vordertreppe. Er stieg hinauf. Die Stufen gaben unter seinen Tritten nach. Seine Füße sackten ein. Er watete durch Treibsand, durch eine weiche, vermoderte Masse, die unter seinem Gewicht wegbrach.

Er erreichte die Vorhalle. Sie lag in trüber Finsternis. Kraftlos flackerten die Deckenlampen in der Dunkelheit. Über allem hing ein geisterhaftes Leichentuch.

Er entdeckte den Zigarrenstand. Der Verkäufer lehnte schweigend, mit ausdruckslosem Gesicht, über dem Ladentisch, einen Zahnstocher zwischen den Zähnen. *Und grau.* Er war von oben bis unten grau.

»He«, krächzte Ed. »Was ist hier los?«

Der Verkäufer antwortete nicht. Ed streckte die Hand nach ihm aus. Sie berührte den grauen Arm des Verkäufers – und ging einfach durch ihn durch.

»O Gott«, sagte Ed.

Der Arm des Verkäufers löste sich. Er fiel auf den Boden der Vorhalle und zerbröckelte. Zu grauen Gewebefetzen. Wie Staub. Alles um Ed begann sich zu drehen.

»Hilfe!«, rief er, als er seine Stimme wiedergefunden hatte.

Keine Antwort. Er spähte umher. Hier und da standen ein paar Gestalten: ein Mann, der Zeitung las, zwei Frauen, die auf den Fahrstuhl warteten.

Ed ging hinüber zu dem Mann. Er streckte die Hand aus und berührte ihn.

Der Mann zerfiel langsam. Er sank zu einem Haufen zusammen, zu lose aufgetürmter grauer Asche. Staub. Partikel. Die beiden Frauen lösten sich auf, als er sie berührte. Geräuschlos. Sie fielen ohne jedes Geräusch auseinander.

Ed fand die Treppe. Er hielt sich am Geländer fest und stieg hinauf. Die Stufen unter ihm zerfielen. Er hastete noch schneller weiter. Hinter ihm lag ein zerklüfteter Weg – seine Fußabdrücke im Beton waren deutlich zu sehen. Aschewolken wehten um ihn her, als er den zweiten Stock erreichte.

Er starrte den stillen Gang hinunter. Noch mehr Aschewolken. Kein Laut war zu hören. Nur Dunkelheit – sich dahinwälzende Dunkelheit.

Schwankend stieg er in den dritten Stock. Einmal brach sein Schuh ganz durch die Stufe durch. Einen abscheulichen Augenblick lang hing er in der Schwebe über einem gähnenden Loch, über einem bodenlosen Nichts.

Dann stieg er weiter nach oben und erreichte sein Büro: DOUGLAS UND BLAKE, IMMOBILIEN.

Aschewolken hüllten den Flur in trübe Finsternis. Die Deckenlampen flackerten unregelmäßig. Er streckte die Hand nach dem Türgriff aus. Der Türgriff brach ab. Er ließ ihn fallen und grub seine Fingernägel in die Tür. Er durchstieß das Spiegelglas, es ging zu Bruch. Er riss die Tür in Stücke, stieg über sie hinweg und betrat das Büro.

Miss Evans saß an ihrer Schreibmaschine, die Finger ruhig auf die Tasten gelegt. Sie bewegte sich nicht. Sie war grau, das Haar, die Haut, die Kleider. Farblos. Ed berührte sie. Seine Finger drangen durch ihre Schulter in eine trockene, brüchige Masse.

Angewidert wich er zurück. Miss Evans rührte sich nicht.

Er ging weiter. Er drückte gegen einen Schreibtisch. Der Schreibtisch zerfiel zu modrigem Staub. Earl Hendricks stand neben dem Thermosbehälter, eine Tasse in der Hand. Eine starre graue Statue. Nichts regte sich. Kein Geräusch. Kein Leben. Das ganze Büro bestand aus grauem Staub – ohne Leben, ohne Bewegung.

Draußen auf dem Gang kam Ed wieder zu sich. Benommen schüttelte er den Kopf. Was hatte das zu bedeuten? War er dabei, den Verstand zu verlieren? War er – ?

Ein Geräusch.

Ed drehte sich um und spähte in den grauen Nebel. Ein lebendes Wesen kam mit schnellen Schritten auf ihn zu. Ein Mann – ein Mann im weißen Kittel. Hinter ihm folgten andere. Männer in Weiß, mit Apparaturen. Sie schleppten hochkomplizierte Gerätschaften.

»He – «, keuchte Ed kraftlos.

Die Männer blieben stehen. Ihre Münder öffneten sich. Ihre Augen traten aus den Höhlen.

»Seht mal!«

»Da ist was schiefgegangen!«

»Einer ist noch geladen.«

»Holt den De-Energetisator.«

»Wir können nicht weitermachen, bevor – «

Die Männer kamen auf Ed zu und liefen um ihn herum. Einer schleppte einen langen Schlauch mit einer Art Düse. Ein tragbarer Handwagen wurde herangerollt. Schnell riefen sie sich Instruktionen zu.

Ed erwachte aus seiner Lähmung. Angst überwältigte ihn. Panik. Etwas Abscheuliches war im Gange. Er musste raus. Leute warnen. Fliehen.

Er drehte sich um und rannte zurück, die Treppe hinunter. Unter ihm zerfielen die Stufen. Er stürzte einen halben Absatz tiefer und wälzte sich in Aschehaufen. Er stand auf und eilte weiter, hinunter ins Erdgeschoss.

Die Vorhalle versank in Wolken aus grauer Asche. Blindlings

tappte er hindurch, auf den Ausgang zu. Hinter ihm kamen mit schnellen Schritten die weißgekleideten Männer, zerrten ihre Apparaturen mit sich und riefen einander etwas zu.

Er erreichte den Bürgersteig. Das Bürogebäude hinter ihm wankte, sackte, senkte sich zur Seite, gewaltige Ascheregen stürzten herab. Er raste zur Ecke, die Männer dicht hinter ihm. Graue Wolken wirbelten um ihn her. Tastend, mit ausgestreckten Händen, suchte er sich einen Weg über die Straße. Er betrat den gegenüberliegenden Bordstein –

Die Sonne strahlte auf. Warmes gelbes Sonnenlicht umflutete ihn. Autos hupten. Verkehrsampeln schalteten um. Überall eilten und drängten Männer und Frauen in bunter Frühlingskleidung: Kauflustige, ein blaugekleideter Polizist, Vertreter mit Aktentaschen. Geschäfte, Schaufenster, Schilder … lärmende Autos, die die Straße auf und ab fuhren …

Und über ihm die strahlende Sonne und der vertraute blaue Himmel.

Ed blieb stehen und schnappte nach Luft. Er drehte sich um und blickte in die Richtung zurück, aus der er gekommen war. Auf der anderen Straßenseite stand das Bürohaus – so wie immer. Klar und deutlich. Beton, Glas und Stahl. Er trat einen Schritt zurück und stieß mit einem eiligen Passanten zusammen. »He«, grunzte der Mann. »Passen Sie doch auf.«

»Verzeihung.« Ed schüttelte den Kopf und versuchte, klar zu denken. Von dort, wo er stand, sah das Bürohaus aus wie immer, es erhob sich eindrucksvoll auf der anderen Straßenseite, groß, erhaben und stattlich.

Doch vor einer Minute –

Vielleicht hatte er den Verstand verloren. Er hatte gesehen, wie das Gebäude zu Staub zerbröckelte. Das Gebäude – und die Menschen. Sie waren zu grauen Staubwolken zerfallen. Und die Männer in Weiß – sie hatten ihn gejagt. Männer in weißen Kitteln, die Befehle riefen und hochkomplizierte Apparaturen schoben.

Er hatte den Verstand verloren. Eine andere Erklärung gab es nicht. Kraftlos drehte Ed sich um und stolperte den Bürgersteig entlang, ihm schwirrte der Kopf. Blindlings und ziellos lief er weiter, Verwirrung und Entsetzen vernebelten ihm die Sinne.

Der Kanzleisekretär wurde in die Gemächer der Obersten Verwaltung geführt und aufgefordert zu warten.

Er lief nervös hin und her und rang in quälender Vorahnung die Hände. Er nahm die Brille ab und putzte sie zitternd.

Gott. All das Unglück und Leid. Es war nicht sein Fehler. Aber man würde ihm die Schuld zuschieben. Er war dafür verantwortlich, dass die Rufer aus den Federn kamen und ihre Instruktionen befolgten. Dieser elende, flohverseuchte Rufer war wieder eingeschlafen – und *er* würde sich dafür zu verantworten haben.

Die Türen öffneten sich. »Na schön«, murmelte eine Stimme gedankenverloren. Es war eine müde, abgehärmte Stimme. Der Kanzleisekretär zitterte und trat langsam ein, Schweiß rann ihm den Hals hinunter in den Zelluloid-Kragen.

Der Alte Mann blickte auf und legte sein Buch beiseite. Ruhig musterte er den Kanzleisekretär, seine blassblauen Augen waren mild – von einer tiefen, uralten Milde, die den Kanzleisekretär nur noch mehr zittern ließ. Er nahm sein Taschentuch heraus und wischte sich übers Gesicht.

»Wie ich höre, ist da ein Fehler unterlaufen«, murmelte der Alte Mann. »In Zusammenhang mit Sektor T137. Etwas mit einem Element aus einem angrenzenden Gebiet.«

»Richtig.« Die Stimme des Kanzleisekretärs war leise und belegt. »Sehr bedauerlich.«

»Was genau ist vorgefallen?«

»Ich machte mich heute Morgen mit meinen Instruktionsbögen auf den Weg. Die Unterlagen über Sektor T137 hatten selbstverständlich höchste Priorität. Ich kündigte dem Rufer in meinem Gebiet an, dass ein Acht-Uhr-fünfzehn-Ruf erforderlich sei.«

»Hat der Rufer die Dringlichkeit verstanden?«

»Ja, Sir.« Der Kanzleisekretär zögerte. »Aber –«

»Aber was?«

Der Kanzleisekretär wand sich unglücklich. »Während ich ihm

den Rücken zukehrte, kroch der Rufer zurück in seine Hütte und schlief wieder ein. Ich war damit beschäftigt, die genaue Zeit auf meiner Uhr zu kontrollieren. Ich rief den genauen Zeitpunkt aus – aber es kam keine Reaktion.«

»Sie riefen genau um acht Uhr fünfzehn?«

»Ja, Sir! Genau acht Uhr fünfzehn. Aber der Rufer schlief. Bis ich es geschafft hatte, ihn zu wecken, war es acht Uhr *sechzehn.* Er rief, aber an Stelle von Einem Freund Mit Einem Auto bekamen wir – Einen Lebensversicherungs-Vertreter.« Das Gesicht des Kanzleisekretärs verzog sich angewidert. »Der Vertreter hielt das Element bis fast neun Uhr dreißig auf. Deshalb kam es zu spät zur Arbeit anstatt zu früh.«

Der Alte Mann schwieg einen Augenblick. »Dann befand sich das Element also nicht in T137, als die Umstellung begann.«

»Nein. Es traf gegen zehn Uhr ein.«

»Während die Umstellung im Gange war.« Der Alte Mann erhob sich und ging bedächtig auf und ab, mit grimmigem Gesicht, die Hände auf dem Rücken gefaltet. Sein wallendes Gewand bauschte sich hinter ihm. »Eine ernste Angelegenheit. Bei einer Sektoren-Umstellung müssen alle betroffenen Elemente aus anderen Sektoren einbezogen werden. Andernfalls ist ihre Orientierung nicht phasengleich. Als dieses Element T137 betrat, war die Umstellung schon seit fünfzig Minuten im Gang. Das Element fand den Sektor auf dem Höhepunkt der De-Energetisierung vor. Der Mann spazierte herum, bis er auf eines der Umstellungsteams traf.«

»Haben sie ihn erwischt?«

»Leider nein. Er entkam aus dem Sektor. In ein nahe gelegenes, voll energetisiertes Gebiet.«

»Was – was dann?«

Der Alte Mann blieb stehen, sein zerfurchtes Gesicht war grimmig. Er fuhr sich mit schwerer Hand durch das lange, weiße Haar. »Wir wissen es nicht. Wir haben die Verbindung zu ihm verloren. Natürlich werden wir sie bald wiederherstellen. Aber im Augenblick ist er außer Kontrolle.«

»Was werden Sie tun?«

»Wir müssen mit ihm in Verbindung treten und ihn festnehmen. Er muss hier herauf gebracht werden. Es gibt keine andere Lösung.«

»Hier *herauf*!«

»Es ist zu spät, um ihn zu de-energetisieren. Bis wir ihn wieder ergreifen, wird er es anderen erzählt haben. Eine Gehirnwäsche würde die Dinge nur verkomplizieren. Die üblichen Methoden werden nicht ausreichen. Um dieses Problem muss ich mich persönlich kümmern.«

»Ich hoffe, er wird rasch ausfindig gemacht«, sagte der Kanzleisekretär.

»Das wird er. Jeder Wächter ist alarmiert. Jeder Wächter und jeder Rufer.« Die Augen des Alten Mannes blitzten. »Selbst die Kanzleisekretäre, auch wenn wir Bedenken haben, uns auf sie zu verlassen.«

Der Kanzleisekretär errötete. »Ich bin froh, wenn diese Sache vorbei ist«, murmelte er.

Ruth kam leichtfüßig die Treppe herunter und trat aus dem Gebäude in die heiße Mittagssonne. Sie zündete sich eine Zigarette an und eilte die Promenade entlang; ihr kleiner Busen hob und senkte sich, während sie die Frühlingsluft einatmete.

»Ruth.« Ed trat hinter sie.

»Ed!« Sie wirbelte herum und japste erstaunt. »Wieso bist du nicht im – ?«

»Komm mit.« Ed packte sie am Arm und zog sie mit sich. »Lass uns weitergehen.«

»Aber was – ?«

»Das erzähle ich dir später.« Eds Gesicht war blass und grimmig. »Lass uns irgendwo hingehen, wo wir reden können. Unter vier Augen.«

»Ich wollte gerade zum Mittagessen ins Louie's rüber. Da können wir reden.« Ruth eilte atemlos neben ihm her. »Was ist los? Was ist passiert? Du siehst so komisch aus. Und warum bist du nicht bei der Arbeit? Bist du – bist du rausgeflogen?«

Sie überquerten die Straße und betraten ein kleines Restaurant.

Männer und Frauen schwirrten umher und bekamen ihr Mittagessen. Ed fand einen Tisch ganz hinten, etwas abseits in einer Ecke gelegen. »Hier.« Er ließ sich auf einen Stuhl fallen. »Der tut's.« Sie glitt auf den anderen Stuhl.

Ed bestellte eine Tasse Kaffee. Ruth nahm Salat, Rahmthunfisch auf Toast, Kaffee und Pfirsichkuchen. Schweigend, mit finsterem, niedergeschlagenem Gesicht beobachtete Ed sie beim Essen.

»Bitte erzähl's mir«, bat ihn Ruth.

»Willst du es wirklich wissen?«

»Natürlich will ich es wissen!« Ruth legte ängstlich ihre kleine Hand auf seine. »Ich bin doch deine Frau.«

»Heute ist etwas passiert. Heute Vormittag. Ich bin zu spät zur Arbeit gekommen. Ein verdammter Versicherungsmensch kam vorbei und hat mich aufgehalten. Ich bin eine halbe Stunde zu spät gekommen.«

Ruth hielt den Atem an. »Douglas hat dich rausgeschmissen.«

»Nein.« Langsam riss Ed eine Papierserviette in Fetzen. Er stopfte die Fetzen in das halbvolle Wasserglas. »Ich habe mir höllisch Sorgen gemacht. Ich bin aus dem Bus gestiegen und die Straße runtergelaufen. Ich hab es bemerkt, als ich den Bordstein vor dem Büro betrat.«

»Bemerkt? Was?«

Ed erzählte es ihr. Das ganze Drum und Dran. Alles.

Als er geendet hatte, lehnte Ruth sich zurück, ihr Gesicht war weiß, ihre Hände zitterten. »Ich verstehe«, murmelte sie. »Kein Wunder, dass du aufgeregt bist.« Sie trank ein wenig kalten Kaffee, die Tasse klapperte gegen die Untertasse. »Was für eine schreckliche Sache.«

Ed lehnte sich gespannt zu seiner Frau hinüber. »Ruth. Glaubst du, ich werd verrückt?«

Ruths rote Lippen zuckten. »Ich weiß nicht, was ich sagen soll. Es ist so merkwürdig …«

»Ja. Merkwürdig ist kaum das passende Wort dafür. Ich bin mit meinen Händen einfach durch sie durchgestoßen. Als wären sie aus Lehm. Aus altem, trockenem Lehm. Staub. Staubgestalten.« Ed zündete sich eine Zigarette aus Ruths Packung an. »Als ich rauskam, hab ich zurückgeschaut, und da stand es. Das Bürohaus. So wie immer.«

»Du hattest Angst, Mr. Douglas würde dich runtermachen, nicht wahr?«

»Sicher. Ich hatte Angst – und Schuldgefühle.« Eds Augen flackerten. »Ich weiß, was du denkst. Ich bin zu spät gekommen und konnte ihm nicht gegenübertreten. Deshalb hab ich als Schutzreaktion eine Art psychotischen Anfall bekommen. Rückzug aus der Realität.« Wütend drückte er die Zigarette aus. »Ruth, seitdem bin ich durch die Stadt geirrt. Zweieinhalb Stunden. Sicher hab ich Angst. Ich hab irrsinnige Angst, zurückzugehen.«

»Vor Douglas?«

»Nein! Vor den Männern in Weiß.« Ed schauderte. »Gott. Wie sie mich gejagt haben. Mit ihren verdammten Schläuchen und – und Apparaturen.«

Ruth schwieg. Schließlich blickte sie zu ihrem Mann auf, ihre dunklen Augen leuchteten. »Du musst zurückgehen, Ed.«

»Zurück? Warum?«

»Um etwas zu beweisen.«

»Zu beweisen? Was?«

»Zu beweisen, dass alles in Ordnung ist.« Ruth legte drängend ihre Hand auf seine. »Du musst, Ed. Du musst zurückgehen und dich der Sache stellen. Um dir selbst zu zeigen, dass da nichts ist, wovor du Angst haben müsstest.«

»Zum Teufel damit! Nach allem, was ich gesehen habe? Hör zu, Ruth. Ich habe gesehen, wie das feste Gefüge der Realität auseinanderbrach. Ich sah – *dahinter*. Darunter. Ich sah, was wirklich dort war. Und ich will nicht zurückgehen. Ich will keine Leute aus Staub mehr sehen. Nie wieder.«

Ruths Augen waren aufmerksam auf ihn gerichtet. »Ich gehe mit dir zurück«, sagte sie.

»Um Himmels willen.«

»Um *deinet*willen. Um deiner seelischen Gesundheit willen. Damit du Bescheid weißt.« Plötzlich erhob sie sich und legte den Mantel um. »Komm, Ed. Ich gehe mit dir. Wir gehen zusammen dorthin.

In das Büro von Douglas und Blake, Immobilien. Ich werde sogar mit dir reingehen, um mit Mr. Douglas zu sprechen.«

Ed erhob sich langsam und starrte seine Frau durchdringend an. »Du glaubst, ich hatte einen Blackout. Kalte Füße bekommen. Konnte dem Chef nicht gegenübertreten.« Seine Stimme klang leise und unnatürlich. »Oder nicht?«

Ruth schlängelte sich bereits zur Kassiererin durch. »Komm mit. Du wirst sehen. Es wird alles da sein. Genau wie immer.«

»Okay«, sagte Ed. Er folgte ihr langsam. »Wir gehen dorthin zurück – und sehen, wer von uns recht hat.«

Sie überquerten zusammen die Straße, Ruth hielt Eds Arm fest umklammert. Vor ihnen stand das Gebäude, das turmhohe Bauwerk aus Beton, Metall und Glas.

»Da ist es«, sagte Ruth. »Siehst du?«

Da war es, richtig. Das große Gebäude ragte vor ihnen auf, fest und solide, es glühte in der frühen Nachmittagssonne, die Fenster glitzerten hell.

Ed und Ruth betraten den Bordstein. Ed straffte sich, spannte seinen Körper an. Er fuhr zusammen, als sein Fuß den Bürgersteig berührte –

Aber nichts geschah: Der Straßenlärm war weiter zu hören; Autos, Menschen, die vorbeieilten; ein halbwüchsiger Zeitungsverkäufer. Geräusche, Gerüche, der Lärm einer Großstadt am helllichten Tag. Und über ihnen die Sonne und der strahlendblaue Himmel.

»Siehst du?«, sagte Ruth. »Ich hatte recht.«

Sie gingen die Vordertreppe hinauf in die Vorhalle. Hinter dem Zigarrenstand lehnte der Verkäufer mit verschränkten Armen und hörte eine Baseball-Übertragung. »Hi, Mr. Fletcher«, rief er Ed zu. Sein Gesicht strahlte gutmütig. »Wer ist die Lady? Weiß Ihre Frau davon?«

Ed lachte unsicher. Sie gingen weiter zum Fahrstuhl. Vier oder fünf Geschäftsleute standen wartend davor. Eine Gruppe von gutangezogenen Männern in mittleren Jahren, die ungeduldig warteten. »He, Fletcher«, sagte einer von ihnen. »Wo waren Sie den ganzen Tag? Douglas brüllt sich die Seele aus dem Leib.«

»Hallo, Earl«, murmelte Ed. Er packte Ruths Arm. »Ich war etwas krank.«

Der Fahrstuhl kam. Sie traten ein. Der Fahrstuhl fuhr nach oben.

»Hi, Ed«, sagte der Fahrstuhlführer. »Wer ist das hübsche Mädchen? Warum stellst du sie uns nicht vor?«

Ed grinste mechanisch. »Meine Frau.«

Der Fahrstuhl hielt im dritten Stock. Ed und Ruth stiegen aus und gingen auf die Glastür von Douglas und Blake, Immobilien, zu.

Ed blieb stehen und atmete flach. »Warte.« Er leckte sich die Lippen. »Ich –«

Ruth wartete ruhig, während Ed sich mit dem Taschentuch über Stirn und Hals wischte. »Jetzt wieder gut?«

»Ja.« Ed trat vor. Er zog die Glastür auf.

Miss Evans blickte hoch und hörte auf zu tippen. »Ed Fletcher! Wo in aller Welt sind Sie gewesen?«

»Ich war krank. Hallo, Tom.«

Tom blickte von seiner Arbeit auf. »Hi, Ed. Mensch, Douglas brüllt nach deinem Skalp. Wo bist du gewesen?«

»Ich weiß.« Erschöpft wandte Ed sich zu Ruth um. »Ich glaube, ich geh besser rein und löffele die Suppe aus.«

Ruth drückte seinen Arm. »Du schaffst das schon. Ich weiß es.« Sie lächelte, ein erleichtertes Aufblitzen von weißen Zähnen und roten Lippen. »Okay? Ruf mich an, wenn du mich brauchst.«

»Sicher.« Ed küsste sie kurz auf den Mund. »Danke, Liebling. Vielen, vielen Dank. Ich weiß nicht, was bei mir so verdammt schiefgelaufen ist. Ich nehme an, es ist vorbei.«

»Vergiss es. Bis dann.« Ruth verließ das Büro, die Tür fiel hinter ihr ins Schloss. Ed hörte, wie sie den Gang hinunter zum Fahrstuhl eilte.

»Nettes Mädel«, sagte Jackie anerkennend.

»Ja.« Ed nickte und zog seine Krawatte zurecht. Unglücklich ging er auf das innere Büro zu und machte sich auf einiges gefasst. Nun, er musste es durchstehen. Ruth hatte recht. Aber es würde ihm verdammt schwerfallen, das alles dem Chef zu erklären. Er sah Douglas schon vor sich: dickes, rosiges Doppelkinn, Stiergebrüll, wutverzerrtes Gesicht –

In der Tür zum inneren Büro blieb Ed abrupt stehen. Er erstarrte. Das innere Büro – es war *verändert.*

Seine Nackenhaare sträubten sich. Kalte Angst packte ihn und presste ihm die Luftröhre zusammen. Das innere Büro war anders. Langsam wandte er den Kopf und betrachtete alles von oben bis unten: die Schreibtische, Stühle, Lampen, Aktenschränke und Bilder.

Veränderungen. Kleine Veränderungen. Fast unmerklich. Ed schloss die Augen und öffnete sie langsam wieder. Er war auf der Hut, sein Atem ging schnell, sein Puls raste. Es war verändert, richtig. Daran bestand kein Zweifel.

»Was ist los, Ed?«, fragte Tom. Die Kollegen beobachteten ihn neugierig und hielten in ihrer Arbeit inne.

Ed sagte nichts. Langsam ging er weiter ins innere Büro. Das Büro war *überholt* worden. Das spürte er. Dinge waren erneuert worden. Neu geordnet. Nichts Offensichtliches – nichts, worauf er mit dem Finger deuten konnte. Aber er spürte es.

Joe Kent begrüßte ihn voller Unbehagen. »Was ist los, Ed? Du siehst aus wie ein begossener Pudel. Ist irgendwas – ?«

Ed musterte Joe. Er war anders. Nicht derselbe. Was war das bloß?

Joes Gesicht. Es war ein wenig voller. Sein Hemd war blaugestreift. Joe hatte nie blaue Streifen getragen. Prüfend betrachtete Ed Joes Schreibtisch. Er sah Papiere und Rechnungen. Der Schreibtisch – er stand zu weit rechts. Und er war größer. Es war nicht derselbe Schreibtisch.

Das Bild an der Wand. Es war nicht dasselbe. Es war ein anderes Bild. Und die Sachen oben auf dem Aktenschrank – manche waren neu, andere verschwunden.

Er blickte durch die Tür zurück. Jetzt, wo er darüber nachdachte, war Miss Evans' Haar anders, anders frisiert. Und heller.

Mary hier drinnen, drüben beim Fenster, feilte sich die Nägel – sie war größer, voller. Ihre Geldbörse lag vor ihr auf dem Schreibtisch – eine rote, gestrickte Geldbörse.

»Haben Sie diese Geldbörse … schon immer gehabt?«, fragte Ed.

Mary blickte auf. »Was?«

»Die Geldbörse. Hatten Sie die schon immer?«

Mary lachte. Sie strich sich den Rock um die wohlgeformten Schenkel glatt, ihre langen Wimpern klimperten sittsam. »Warum, Mr. Fletcher? Was meinen Sie?«

Ed wandte sich ab. *Er wusste es.* Selbst wenn sie es nicht wusste. Sie war neu gerichtet worden – verändert: ihre Geldbörse, ihre Kleider, ihre Figur, alles an ihr. Keiner von ihnen wusste es – außer ihm. Vor Verwirrung drehte sich ihm der Kopf. Sie waren alle verändert. Sie alle waren anders. Sie waren alle neugeformt, umgearbeitet worden. Kaum merklich – aber dennoch.

Der Papierkorb. Er war kleiner, nicht mehr derselbe. Die Jalousien – weiß, nicht elfenbeinfarben. Die Tapete hatte nicht das gleiche Muster. Die Lampen …

Endlose, kaum merkliche Veränderungen.

Ed ging zurück ins innere Büro, hob die Hand und klopfte an Douglas' Tür.

»Herein.«

Ed schob die Tür auf. Nathan Douglas blickte ungeduldig auf. »Mr. Douglas –« begann Ed. Unsicher betrat er das Zimmer – und blieb stehen.

Douglas war nicht derselbe. Ganz und gar nicht. Sein ganzes Büro war verändert: die Teppiche, die Vorhänge. Der Schreibtisch war aus Eiche, nicht aus Mahagoni. Und Douglas selbst …

Douglas war jünger, dünner. Sein Haar braun. Seine Haut nicht so rot. Sein Gesicht glatter. Keine Falten. Glatt rasiertes Kinn. Die Augen grün, nicht schwarz. Er war ein völlig anderer Mann. Zwar immer noch Douglas – aber ein anderer Douglas. Eine andere Version!

»Was ist los?«, fragte Douglas ungeduldig. »Oh, Sie sind's, Fletcher. Wo waren Sie heute Vormittag?«

Ed wich zurück. Schnell.

Er schlug die Tür zu und eilte durch das innere Büro zurück. Tom und Miss Evans blickten erstaunt auf. Ed lief an ihnen vorbei und riss die Flurtür auf.

»He!«, rief Tom. »Was – ?«

Ed eilte den Flur hinunter, von Entsetzen gepackt. Er musste sich beeilen. Er hatte es *gesehen.* Er hatte nicht viel Zeit. Er erreichte den Fahrstuhl und drückte den Knopf.

Keine Zeit.

Er rannte zur Treppe und lief hinunter. Er erreichte den zweiten Stock. Sein Entsetzen wuchs. Es kam auf jede Sekunde an.

Sekunden!

Das Telefon. Ed stürzte in die Telefonzelle. Er zog die Tür hinter sich zu. Verstört steckte er ein Zehncentstück in den Schlitz und wählte. Er musste die Polizei anrufen. Mit klopfendem Herzen hielt er den Hörer an sein Ohr.

Sie warnen. Veränderungen. Jemand pfuschte an der Realität herum. Erneuerte sie. Er hatte recht gehabt. Die weißgekleideten Männer … ihre Apparaturen … wie sie durch das Gebäude liefen.

»Hallo!«, rief Ed heiser. Keine Antwort. Kein Summen. Nichts.

Verzweifelt spähte Ed zur Tür hinaus.

Und sackte zusammen, besiegt. Langsam hängte er den Hörer ein.

Er befand sich nicht mehr im zweiten Stock. Die Telefonzelle fuhr nach oben, ließ den zweiten Stock unter sich und trug ihn hinauf, schneller und schneller. Sie fuhr Stockwerk um Stockwerk hinauf, bewegte sich lautlos und schnell.

Die Telefonzelle stieß durch das Dach des Gebäudes, hinaus ins strahlende Sonnenlicht. Sie wurde schneller. Der Erdboden fiel unter ihr zurück. Gebäude und Straßen wurden immer kleiner. Tief unten eilten winzige Pünktchen dahin. Autos und Menschen, die rasch schrumpften.

Wolken trieben zwischen ihm und der Erde. Ed schloss die Augen, schwindlig vor Angst. Verzweifelt hielt er sich an den Türgriffen der Telefonzelle fest.

Die Telefonzelle stieg schneller und schneller. Sie ließ die Erde rasch hinter sich, tief unten.

Ed spähte verstört nach oben. *Wohin*? Wohin ging die Reise? Wo brachte man ihn hin?

Er stand da, die Türgriffe umklammert, und wartete.

Der Kanzleisekretär nickte barsch. »Das ist er, richtig. Das fragliche Element.«

Ed Fletcher blickte sich um. Er befand sich in einem riesigen Gemach, dessen Ränder in undeutlichen Schatten verschwanden. Vor ihm stand ein Mann mit Notizen und Kladden unter dem Arm und blickte ihn durch eine Stahlrahmenbrille an. Ein nervöser kleiner Mann mit stechenden Augen, Zelluloid-Kragen, blauem Sergeanzug, Weste und Uhrkette. Er trug schwarze, glänzende Schuhe.

Und hinter ihm –

Saß schweigend ein alter Mann in einem riesigen, modernen Sessel. Er beobachtete Fletcher ruhig, seine blauen Augen blickten mild und müde. Eine merkwürdige Erregung durchzuckte Fletcher. Es war keine Angst. Eher eine Vibration, die ihn bis ins Mark erschütterte – ein tiefes Gefühl der Ehrfurcht, gemischt mit Faszination.

»Wo – wo bin ich hier?«, fragte er leise, noch immer benommen von dem schnellen Aufstieg.

»Stellen Sie keine Fragen!«, fuhr der nervöse kleine Mann ihn wütend an und klopfte mit dem Kugelschreiber gegen seine Kladden. »Sie sind hier, um zu antworten, nicht um Fragen zu stellen.«

Der Alte Mann bewegte sich ein wenig. Er hob die Hand. »Ich werde allein mit dem Element sprechen«, murmelte er. Seine Stimme war leise. Sie vibrierte und dröhnte durch das Gemach. Wieder erzitterte Ed vor Ehrfurcht und Faszination.

»Allein?« Der kleine Bursche wich zurück und sammelte seine Bücher und Papiere ein. »Selbstverständlich.« Er warf Ed Fletcher einen feindseligen Blick zu. »Ich bin froh, dass er endlich in Gewahrsam ist. Die ganze Arbeit und Mühe nur wegen –«

Er verschwand durch eine Tür, die sich sanft hinter ihm schloss. Ed und der Alte Mann waren allein.

»Bitte setzen Sie sich«, sagte der Alte Mann.

Ed fand einen Stuhl. Unbeholfen und nervös setzte er sich, nahm seine Zigaretten heraus und steckte sie wieder weg.

»Was ist los?«, fragte der Alte Mann.

»Langsam begreife ich.«

»Begreifen? Was?«

»Dass ich tot bin.«

Der Alte Mann lächelte kurz. »Tot? Nein, Sie sind nicht tot. Sie sind … zu Besuch. Ein ungewöhnlicher Vorgang, doch die Umstände zwingen uns dazu.« Er beugte sich zu Ed hinüber. »Mr. Fletcher, Sie sind da in etwas hineingezogen worden.«

»Ja«, stimmte Ed zu. »Ich wünschte, ich wüsste, um was es sich handelt. Oder wie es passiert ist.«

»Es war nicht Ihre Schuld. Sie waren das Opfer eines Irrtums der Kanzlei. Es wurde ein Fehler gemacht – nicht von Ihnen. Aber Sie wurden hineingezogen.«

»Was für ein Fehler?« Ed rieb sich erschöpft die Stirn. »Ich – ich bin einer Sache auf die Spur gekommen. Ich habe durch etwas *hindurch*gesehen. Ich habe etwas gesehen, was ich nicht sehen sollte.«

Der Alte Mann nickte. »Ganz richtig. Sie haben etwas gesehen, was Sie nicht sehen sollten – etwas, wovon nur wenige Elemente wissen, geschweige denn, dass sie dabei anwesend gewesen wären.«

»Elemente?«

»Ein offizieller Ausdruck. Lassen wir das. Es wurde ein Fehler gemacht, aber wir hoffen, ihn zu berichtigen. Ich hoffe sehr, dass –«

»Diese Leute«, unterbrach ihn Ed. »Haufen trockener Asche. Und grau. Als wären sie tot. Nur, dass alles so war: Treppen, Wände, Fußböden. Ohne Farbe oder Leben.«

»Dieser Sektor war vorübergehend de-energetisiert. Damit das Umstellungsteam hinein konnte, um Veränderungen vorzunehmen.«

»Veränderungen.« Ed nickte. »Genau. Als ich später zurückging, war alles wieder lebendig. Aber nicht dasselbe. Es war ganz anders.«

»Die Umstellung war am Mittag abgeschlossen. Das Team beendete seine Arbeit und re-energetisierte den Sektor.«

»Ich verstehe«, murmelte Ed.

»Sie sollten sich innerhalb des Sektors befinden, als die Umstellung begann. Aufgrund eines Irrtums waren Sie nicht dort. Sie erreichten den Sektor zu spät – während die Umstellung im Gange war. Sie flohen, und als Sie zurückkehrten, war alles vorbei. Sie haben gesehen, und Sie hätten nicht sehen sollen. Statt Zeuge der Umstellung zu werden, hätten Sie an ihr teilnehmen sollen. Auch Sie hätten sich Veränderungen unterziehen sollen, genau wie die anderen.«

Schweiß trat auf Ed Fletchers Stirn. Er wischte ihn weg. Ihm drehte sich der Magen um. Kraftlos räusperte er sich. »Ich begreife.« Seine Stimme war fast unhörbar. Eine äußerst unerquickliche Vorahnung dämmerte in ihm auf. »Ich sollte wie die anderen verändert werden. Aber ich vermute, irgendetwas ist schiefgegangen.«

»Irgendetwas ist schiefgegangen. Ein Irrtum. Und jetzt haben wir ein ernstes Problem. Sie haben diese Dinge gesehen. Sie wissen eine ganze Menge. Und Sie sind nicht mit der neuen Konfiguration gleichgeschaltet.«

»Menschenskind«, murmelte Ed. »Nun, ich werde niemandem davon erzählen.« Kalter Schweiß floss in Strömen an ihm herunter. »Darauf können Sie sich verlassen. Ich bin so gut wie verändert.«

»Sie haben bereits jemandem davon erzählt«, sagte der Alte Mann kalt.

»Ich?« Ed blinzelte. »Wem?«

»Ihrer Frau.«

Ed zitterte. Alle Farbe wich aus seinem Gesicht, ein kränkliches Weiß blieb zurück. »Ganz richtig. Das habe ich.«

»Ihre Frau weiß davon.« Das Gesicht des Alten Mannes war wutverzerrt. »Eine Frau. Ausgerechnet diese Sache –«

»Ich wusste nicht Bescheid.« Ed wich zurück, Panik durchzuckte ihn. »Aber ich weiß es *jetzt.* Sie können sich auf mich verlassen. Betrachten Sie mich als verändert.«

Die uralten blauen Augen durchbohrten ihn mit stechendem Blick und drangen in seine innersten Tiefen. »Und Sie wollten gerade die Polizei anrufen. Sie wollten die Behörden informieren.«

»Aber ich wusste nicht, *wer* die Veränderungen vorgenommen hatte.«

»Jetzt wissen Sie es. Der natürliche Prozess bedarf der Ergänzung – der Umstellung hier und da. Es müssen Korrekturen vorgenommen werden. Wir haben die Generalvollmacht, solche Korrekturen durchzuführen. Unsere Umstellungsteams erfüllen eine lebenswichtige Aufgabe.«

Ed nahm seinen ganzen Mut zusammen. »Diese spezielle Umstellung. Douglas. Das Büro. Wozu dient sie? Ich bin sicher, sie dient einem ehrbaren Ziel.«

Der Alte Mann gab ein Handzeichen. Im Schatten hinter ihm leuchtete eine riesige Karte auf. Ed hielt den Atem an. Die Ränder der Karte lösten sich im Dunkel auf. Er sah ein endloses Netz aus einzelnen Sektionen, ein Geflecht von Quadraten und geraden Linien. Jedes Quadrat hatte eine Markierung. Manche leuchteten in blauem Licht. Die Lichter wechselten ständig.

»Der Sektorenplan«, sagte der Alte Mann. Er seufzte erschöpft. »Ein deprimierender Job. Manchmal fragen wir uns, wie wir einen weiteren Zyklus durchhalten sollen. Aber es muss getan werden. Zum Wohl des Ganzen. Zu *Ihrem* Wohl.«

»Die Veränderung. In unserem – unserem Sektor.«

»Ihr Büro handelt mit Immobilien. Der alte Douglas war ein cleverer Mann, doch er wurde rasch gebrechlich. Seine körperliche Gesundheit ließ nach. In ein paar Tagen wird sich Douglas eine Gelegenheit bieten, ein riesiges unerschlossenes Waldgebiet in Westkanada aufzukaufen. Das wird den größten Teil seines Vermögens erfordern. Der ältere, weniger risikofreudige Douglas hätte gezögert. Es ist unbedingt erforderlich, dass er nicht zögert. Er muss das Gebiet aufkaufen und das Land unverzüglich roden. Nur ein jüngerer Mann – ein jüngerer Douglas – würde dieses Wagnis auf sich nehmen.

Wenn das Land gerodet ist, wird man bestimmte anthropologische Überreste entdecken. Sie liegen bereits dort. Douglas wird sein Land für wissenschaftliche Forschungen an die kanadische Regierung verpachten. Die Überreste, die dort gefunden wurden, werden in internationalen Gelehrtenkreisen für Aufregung sorgen.

Eine Kette von Ereignissen wird in Gang gesetzt. Menschen aus zahlreichen Ländern werden nach Kanada kommen, um die Überreste zu untersuchen. Sowjetische, polnische und tschechische Wissenschaftler werden sich auf die Reise machen.

Die Kette der Ereignisse wird diese Wissenschaftler zusammenbringen, zum ersten Mal seit Jahren. In der Aufregung über diese Funde von übernationalem Interesse werden nationale Forschungen vorübergehend vergessen werden. Einer der führenden sowjetischen Wissenschaftler wird sich mit einem belgischen Wissenschaftler anfreunden. Vor ihrer Abreise werden sie einen Briefwechsel vereinbaren – natürlich ohne Wissen ihrer jeweiligen Regierung.

Der Kreis wird sich vergrößern. Andere Wissenschaftler auf beiden Seiten werden darin verwickelt. Man wird eine Gesellschaft gründen. Immer mehr gebildete Menschen werden dieser internationalen Gesellschaft immer mehr Zeit widmen. Forschungen von rein nationalem Interesse werden einen leichten, aber entscheidenden Rückgang erleben. Die Kriegsgefahr wird sich verringern.

Diese Veränderung ist lebenswichtig. Und sie ist abhängig vom Aufkaufen und Roden des Waldgebietes in Kanada. Der alte Douglas hätte sich nicht getraut, das Risiko auf sich zu nehmen. Doch der erneuerte Douglas und seine erneuerten, jugendlicheren Mitarbeiter werden diese Aufgabe mit aufrichtiger Begeisterung in Angriff nehmen. Und daraus wird die lebenswichtige Kette der Ereignisse hervorgehen und immer weitere Kreise ziehen. Die Nutznießer sind *Sie.* Unsere Methoden mögen merkwürdig und umständlich erscheinen. Sogar unverständlich. Aber ich versichere Ihnen, wir wissen, was wir tun.«

»Das weiß ich inzwischen«, sagte Ed.

»Das wissen Sie. Sie wissen eine ganze Menge. Viel zu viel. Kein Element sollte über solches Wissen verfügen. Ich sollte vielleicht ein Umstellungsteam hereinrufen …«

In Eds Gedanken tauchte ein Bild auf: wirbelnde graue Wolken, graue Männer und Frauen. Ihn schauderte. »Hören Sie«, jammerte er. »Ich werde alles tun. Wirklich alles. Nur de-energetisieren Sie mich nicht.« Schweiß rann ihm übers Gesicht. »Okay?«

Der Alte Mann grübelte. »Vielleicht könnten wir eine Alternative finden. Es gibt noch eine Möglichkeit …«

»Was?«, fragte Ed begierig. »Was für eine?«

Der Alte Mann sprach langsam und nachdenklich. »Falls ich Ihnen gestatte, zurückzukehren, schwören Sie dann, niemals über die Angelegenheit zu sprechen? Schwören Sie, die Dinge, die Sie gesehen haben, niemandem zu verraten? Die Dinge, die Sie wissen?«

»Sicher!«, stieß Ed begierig hervor, überwältigt von einer alles überstrahlenden Erleichterung. »Ich schwöre!«

»Ihre Frau. Sie darf nichts mehr erfahren. Sie muss glauben, es war nur ein vorübergehender psychotischer Anfall – Rückzug aus der Realität.«

»Das glaubt sie bereits.«

»Das muss sie auch weiterhin.«

Ed biss die Zähne zusammen. »Ich werde dafür sorgen, dass sie weiterhin denkt, es war eine geistige Verwirrung. Sie wird nie erfahren, was wirklich passiert ist.«

»Sind Sie sicher, dass Sie die Wahrheit vor ihr verbergen können?«

»Bestimmt«, sagte Ed zuversichtlich. »Ich weiß, dass ich das kann.«

»Na schön.« Der Alte Mann nickte bedächtig. »Ich werde Sie zurückschicken. Aber Sie dürfen keinem davon erzählen.« Er schwoll sichtlich an. »Vergessen Sie nicht: Sie werden schließlich zu mir zurückkommen – jeder kommt am Ende zu mir zurück –, und Ihr Schicksal wird nicht beneidenswert sein.«

»Ich werde ihr nichts erzählen«, sagte Ed schwitzend. »Ich verspreche es. Sie haben mein Wort darauf. Mit Ruth werde ich schon fertig. Machen Sie sich keine Gedanken.«

Ed kam bei Sonnenuntergang zu Hause an.

Er blinzelte, benommen von dem rasanten Abstieg. Einen Augenblick blieb er auf dem Bürgersteig stehen, um seine Fassung wiederzugewinnen und zu verschnaufen. Dann betrat er schnell den Gehweg.

Er öffnete die Tür und betrat das kleine, grüne, stuckverzierte Haus.

»Ed!« Ruth kam mit tränenüberströmtem Gesicht herbeigestürzt. Sie warf die Arme um ihn und drückte ihn fest an sich. »Wo zum Teufel bist du gewesen?«

»Gewesen?«, murmelte Ed. »Im Büro natürlich.«

Ruth zog sich plötzlich zurück. »Nein, dort warst du nicht.«

Eine unbestimmte Unruhe ergriff Ed. »Selbstverständlich war ich dort. Wo sonst –?«

»Ich habe Douglas gegen drei angerufen. Er sagte, du seist weggegangen. Du hast ihn einfach stehenlassen, kaum dass ich dir den Rücken gekehrt hatte. Eddie –«

Ed tätschelte sie nervös. »Reg dich nicht auf, Liebling.« Er begann, sich den Mantel aufzuknöpfen. »Es ist alles okay. Verstanden? Alles ist völlig in Ordnung.«

Ruth setzte sich auf die Sofalehne. Sie schnäuzte sich und betupfte ihre Augen. »Wenn du wüsstest, was für Sorgen ich mir gemacht habe.« Sie steckte ihr Taschentuch weg und verschränkte die Arme. »Ich will wissen, wo du warst.«

Voller Unbehagen hängte Ed seinen Mantel in den Wandschrank. Er kam herüber zu ihr und küsste sie. Ihre Lippen waren eiskalt. »Ich werde dir alles erzählen. Aber was hältst du davon, wenn wir erst mal was essen? Ich komme fast um vor Hunger.«

Ruth musterte ihn aufmerksam. Sie stand von der Sofalehne auf. »Ich zieh mich um und mach das Abendessen.«

Sie eilte ins Schlafzimmer und streifte ihre Schuhe und Nylonstrümpfe ab. Ed folgte ihr. »Ich wollte dich nicht beunruhigen«, sagte er vorsichtig. »Nachdem du heute gegangen warst, hab ich erkannt, dass du recht hattest.«

»Ach?« Ruth zog ihre Bluse und ihren Rock aus und hängte sie auf einen Kleiderbügel. »Recht mit was?«

»Mit mir.« Ein strahlendes Grinsen überzog mechanisch sein Gesicht. »Mit dem …, was mir passiert ist.«

Ruth hängte ihren Unterrock auf den Kleiderbügel. Sie musterte ihren Mann aufmerksam, während sie sich in die hautengen Jeans zwängte. »Erzähl weiter.«

Der Augenblick war gekommen. Jetzt oder nie. Ed Fletcher nahm all seinen Mut zusammen und wählte seine Worte sorgfältig. »Ich habe erkannt«, erklärte er, »dass die ganze verdammte Sache nur in meinem Kopf stattgefunden hat. Du hattest recht, Ruth. Vollkommen recht. Und ich habe sogar erkannt, wodurch es verursacht worden ist.«

Ruth rollte ihr Baumwoll-T-Shirt herunter und stopfte es in die Jeans. »Und was hat es verursacht?«

»Überarbeitung.«

»Überarbeitung?«

»Ich brauche Urlaub. Ich habe seit Jahren keinen Urlaub mehr gehabt. Meine Gedanken sind nicht bei der Arbeit. Ich hatte Tagträume.« Er sagte es ruhig, doch das Herz schlug ihm bis zum Hals. »Ich muss mal wegfahren. In die Berge. Barsche angeln. Oder –« Er überlegte fieberhaft. »Oder –«

Ruth kam unheildrohend auf ihn zu. »Ed!«, sagte sie schneidend. »Sieh mich an!«

»Was ist los?« Panik durchzuckte ihn. »Warum siehst du mich so an?«

»Wo warst du heute Nachmittag?«

Eds Grinsen verschwand. »Das hab ich dir doch erzählt. Ich hab einen Spaziergang gemacht. Hab ich dir das nicht erzählt? Einen Spaziergang. Um über alles nachzudenken.«

»Lüg mich nicht an, Eddie Fletcher! Ich spüre, wenn du lügst!« Neue Tränen traten Ruth in die Augen. Ihre Brüste hoben und senkten sich aufgeregt unter ihrem T-Shirt. »Gib's zu! Du hast keinen Spaziergang gemacht!«

Ed stammelte kraftlos. Schweiß floss in Strömen an ihm herunter. Hilflos sackte er gegen die Tür. »Was willst du damit sagen?«

Ruths schwarze Augen blitzten vor Wut. »Komm schon! Ich will wissen, wo du warst! Erzähl's mir! Ich hab ein Recht, es zu erfahren. Was ist wirklich passiert?«

Ed zog sich entsetzt zurück, seine Entschlossenheit schmolz dahin wie Wachs. Es lief völlig schief. »Ehrlich. Ich habe einen –«

»Erzähl's mir!« Ruths scharfe Fingernägel gruben sich in seinen Arm. »Ich will wissen, wo du warst – und mit wem du zusammen warst!«

Ed öffnete den Mund. Er versuchte zu grinsen, doch seine Gesichtsmuskeln gehorchten ihm nicht. »Ich weiß nicht, was du damit sagen willst.«

»Du weißt, was ich sagen will. Mit wem warst du zusammen? Wohin bist du gegangen? Erzähl's mir! Ich werde es früher oder später herausfinden.«

Es gab keinen Ausweg. Er war erledigt – und er wusste es. Er konnte es nicht vor ihr verbergen. Verzweifelt versuchte er, sie hinzuhalten und Zeit zu gewinnen. Wenn er sie nur ablenken könnte, sie irgendwie auf andere Gedanken bringen. Wenn sie nur lockerließe, nur für einen Augenblick. Er könnte etwas erfinden – eine bessere Geschichte. Zeit – er brauchte mehr Zeit. »Ruth, du musst –«

Plötzlich ein Geräusch: das Bellen eines Hundes, das durch das dunkle Haus hallte.

Ruth ließ ihn los und hob wachsam den Kopf. »Das war Dobbie. Ich glaube, es kommt jemand.«

Es klingelte an der Tür.

»Du bleibst hier. Ich bin gleich zurück.« Ruth rannte aus dem Zimmer zur Haustür. »Verdammt.« Sie zog die Haustür auf.

»Guten Abend!« Der junge Mann trat schnell ein, er war mit Gegenständen beladen und grinste Ruth breit an. »Ich komme von der Kehraus-Staubsaugergesellschaft.«

Ruth warf ihm ungeduldig einen finsteren Blick zu. »Also wirklich, wir wollten uns gerade zu Tisch setzen.«

»Oh, es dauert nur einen Augenblick.« Mit einem metallischen Krachen stellte der junge Mann den Staubsauger samt Zubehörteilen ab. Schnell entrollte er ein langes, illustriertes Transparent, das den Staubsauger in Aktion zeigte. »Wenn Sie das bitte halten würden, während ich den Staubsauger anschließe –«

Er hantierte fröhlich herum, zog den Stecker für den Fernseher heraus, schloss den Staubsauger an und schob die Sessel aus dem Weg.

»Zuerst zeige ich Ihnen die Gardinenbürste.« Er befestigte einen Schlauch mit Düse an dem großen, glänzenden Gehäuse. »Nun, wenn Sie sich einfach setzen wollen, führe ich Ihnen dann jedes dieser handlichen Zubehörteile vor.« Seine fröhliche Stimme übertönte das Dröhnen des Staubsaugers. »Sie werden feststellen –«

Ed Fletcher setzte sich aufs Bett. Er suchte tastend in seiner Tasche, bis er die Zigaretten fand. Zitternd zündete er sich eine an und lehnte sich gegen die Wand zurück, erschöpft und erleichtert.

Ed blickte hoch, auf seinem Gesicht lag ein Ausdruck der Dankbarkeit. »Danke«, sagte er leise. »Ich glaube, wir schaffen es – doch noch. Vielen Dank.«

Und Friede auf Erden

Silvia rannte lachend durch die nächtliche Pracht, zwischen den Rosen und Cosmeen und Riesenmaßliebchen hindurch, den Kiesweg hinab und an den Haufen süßduftenden Grases vorbei, das von den Wiesen geharkt worden war. Sterne, die sich in Wassertümpeln spiegelten, glitzerten überall, als sie durch sie hindurch zu dem Hang jenseits der Backsteinmauer jagte. Zedern stützten den Himmel und ignorierten die schlanke Gestalt, die dicht an ihnen vorbeihuschte mit fliegendem braunem Haar und strahlenden Augen.

»Warte auf mich«, klagte Rick, während er sich vorsichtig hinter ihr den halbvertrauten Pfad entlangtastete. Silvia tanzte ohne anzuhalten weiter. »Langsamer!«, schrie er wütend.

»Geht nicht – wir sind spät dran.« Ohne Vorwarnung tauchte Silvia vor ihm auf, blockierte den Pfad. »Leer deine Taschen aus«, keuchte sie, und ihre grauen Augen funkelten. »Wirf alles aus Metall weg. Du weißt, dass sie Metall nicht ausstehen können.«

Rick durchsuchte seine Taschen. In seinem Mantel waren zwei Zehncentstücke und ein Fünfzigcentstück. »Zählen die?«

»*Ja*!« Silvia schnappte sich die Münzen und warf sie in die dunklen Haufen Schlangenwurz. Die Metallstückchen zischten in die feuchte Tiefe und waren verschwunden. »Noch etwas?« Sie griff nervös nach seinem Arm. »Sie sind schon unterwegs. Noch etwas, Rick?«

»Nur meine Uhr.« Rick zog das Handgelenk zurück, als Silvias stürmische Finger nach seiner Uhr schnappten. »*Die* landet nicht in den Büschen.«

»Dann leg sie auf die Sonnenuhr – oder die Mauer. Oder in einen hohlen Raum.« Silvia raste wieder davon. Ihre aufgeregte, verzückte Stimme tanzte zu ihm zurück. »Wirf dein Zigarettenetui weg. Und deine Schlüssel, deine Gürtelschnalle – alles aus Metall. Du weißt, wie sie Metall hassen. Beeil dich, wir sind spät dran!«

Rick folgte ihr mürrisch. »In Ordnung, *du Hexe.*«

Silvia zischte ihn wütend aus der Dunkelheit an. »*Sag* das nicht! Es ist nicht wahr. Du hast auf meine Schwestern und meine Mutter gehört, und –«

Ihre Worte wurden von dem Klang übertönt. Fernes Flügelschlagen, weit weg, wie wenn riesige Blätter in einem Wintersturm flatterten. Der Nachthimmel vibrierte von den rasenden Stößen; dieses Mal kamen sie sehr schnell. Sie waren zu gefräßig, viel zu gierig, um zu warten. Plötzliche Furcht erfasste den Mann, und er rannte, um Silvia einzuholen.

Silvia war eine winzige Säule in ihrem grünen Rock und der Bluse inmitten der zappelnden Masse. Sie stieß sie mit einem Arm zurück und versuchte, mit dem anderen den Wasserhahn zu bedienen. Das heftige Schlagen und Schütteln von Flügeln und Körpern bog sie wie ein Schilfrohr. Eine Weile war sie nicht mehr zu sehen.

»Rick!«, rief sie schwach. »Komm her und hilf mir!« Sie stieß sie fort und kämpfte sich hoch. »Sie ersticken mich!«

Rick kämpfte sich durch die Mauer aus blitzendem Weiß zum Rand des Troges. Sie tranken gierig das Blut, das aus dem hölzernen Hahn rann. Er zog Silvia eng an sich heran; sie war erschrocken und zitterte. Er hielt sie fest, bis die Gewalt und Wut um sie herum ein wenig abgeklungen waren.

»Sie sind hungrig«, keuchte Silvia schwach.

»Es war idiotisch von dir, vorauszulaufen. Sie können dich zu Asche verbrennen.«

»Ich weiß. Sie können alles tun.« Sie schauderte, aufgeregt und verängstigt. »Sieh sie dir an«, flüsterte sie, und ihre Stimme war heiser vor Ehrfurcht. »Sieh nur, wie groß sie sind – ihre Flügelweite. Und sie sind *weiß*, Rick. Makellos – vollkommen. Es gibt nichts in unserer Welt, das so makellos ist. Groß und rein und wundervoll.«

»Sie waren richtig wild auf das Lammblut.«

Silvias weiches Haar wehte ihm ins Gesicht, während die Flügel auf allen Seiten schlugen. Sie flogen jetzt fort, stoben hinauf in den

Himmel. Eigentlich nicht hinauf – fort. Zurück in ihre eigene Welt, von wo sie das Blut gerochen hatten. Aber es war nicht nur das Blut – sie waren wegen Silvia gekommen. *Sie* hatte sie gelockt.

Die grauen Augen des Mädchens waren weit aufgerissen. Sie streckte den Arm hinauf zu den aufsteigenden weißen Wesen. Eines von ihnen stieß herab. Gras und Blumen zischten, als eine kurze Fontäne aus grellen weißen Flammen herabbrauste. Rick stolperte zurück. Die flammende Gestalt schwebte einen Moment über Silvia, und dann erklang ein dumpfes *Poff.* Der letzte der weißgeflügelten Riesen war verschwunden. Die Luft, der Boden erkalteten allmählich zu Dunkelheit und Stille.

»Es tut mir leid«, flüsterte Silvia.

»Mach das nicht wieder«, brachte Rick heraus. Er war vom Schock wie betäubt. »Es ist gefährlich.«

»Manchmal vergesse ich das. Es tut mir leid, Rick. Ich wollte sie nicht so nah heranholen.« Sie versuchte zu lächeln. »Ich bin seit Monaten nicht mehr so unvorsichtig gewesen. Nicht seit damals, als ich dich das erste Mal mit hier rausgenommen habe.« Der leidenschaftliche wilde Blick glitt über ihr Gesicht. »Hast du ihn *gesehen*? Kraft und Flammen! Und er hat uns noch nicht mal berührt. Er hat uns nur – angesehen. Das war alles. Und alles ist verbrannt, überall um uns herum.«

Rick packte sie fest. »Hör mal«, knirschte er. »Du darfst sie nicht wieder rufen. Es ist falsch. Das hier ist nicht ihre Welt.«

»Es ist nicht falsch – es ist schön.«

»Es ist gefährlich!« Seine Finger gruben sich in ihr Fleisch, bis sie aufstöhnte. »Hör auf, sie zu uns herabzulocken!«

Silvia lachte hysterisch. Sie riss sich von ihm los, hinaus in den verbrannten Kreis, den die Horde Engel zurückgelassen hatte, als sie sich in den Himmel erhoben. »Ich *kann* nicht anders«, schrie sie. »Ich gehöre zu ihnen. Sie sind meine Familie, mein Volk. Generationen von ihnen, bis weit zurück in die Vergangenheit.«

»Was meinst du damit?«

»Sie sind meine Vorfahren. Und eines Tages werde ich zu ihnen gehen.«

»Du bist eine kleine Hexe!«, brüllte Rick wütend.

»Nein«, antwortete Silvia. »Keine Hexe, Rick. Verstehst du denn nicht? Ich bin eine Heilige.«

Die Küche war warm und hell. Silvia stöpselte den Silex ein und nahm eine große rote Kaffeekanne von dem Regal über der Spüle. »Du darfst nicht auf sie hören«, sagte sie, als sie Teller und Tassen deckte und Sahne aus dem Kühlschrank holte. »Du weißt, dass sie es nicht verstehen. Sieh sie dir da drinnen an.«

Silvias Mutter und ihre Schwestern, Betty Lou und Jean, standen dicht zusammengedrängt im Wohnzimmer, ängstlich und wachsam, und beobachteten das junge Paar in der Küche. Walter Everett stand am Kamin, das Gesicht ausdruckslos und distanziert.

»Hör *mir* zu«, sagte Rick. »Du hast die Macht, sie anzulocken. Du meinst, du bist nicht – Ist Walter nicht dein richtiger Vater?«

»Oh, doch – natürlich ist er das. Ich bin absolut menschlich. Seh ich nicht menschlich aus?«

»Aber du bist die Einzige, die diese Macht hat.«

»Ich bin nicht körperlich anders«, sagte Silvia nachdenklich. »Ich habe die Fähigkeit zu sehen, das ist alles. Andere hatten sie vor mir – Heilige, Märtyrer. Als ich ein Kind war, hat meine Mutter mir von der heiligen Bernadette vorgelesen. Weißt du, wo ihre Höhle war? In der Nähe eines Krankenhauses. Sie schwebten dort herum, und sie hat einen von ihnen gesehen.«

»Aber das Blut! Das ist grotesk. So etwas hat es noch nie gegeben.«

»Oh, doch. Das Blut zieht sie an, besonders Lammblut. Sie schweben über Schlachtfeldern. Walküren – die die Toten nach Walhall tragen. Deshalb schneiden und verstümmeln Heilige und Märtyrer sich selbst. Weißt du, woher ich das habe?«

Silvia band sich eine kleine Schürze um die Taille und füllte den Silex mit Kaffee. »Als ich neun Jahre alt war, habe ich bei Homer darüber gelesen, in der Odyssee. Odysseus hat eine Rinne in die Erde gegraben und sie mit Blut gefüllt, um die Geister anzulocken. Die Schatten aus der Unterwelt.«

»Das stimmt«, gab Rick zögernd zu. »Ich erinnere mich.«

»Die Geister verstorbener Menschen. Sie waren einmal lebendig. Jeder lebt hier, dann stirbt er und geht dorthin.« Ihr Gesicht glühte. »Wir werden alle Flügel haben! Wir werden alle fliegen. Wir werden alle mit Feuer und Macht erfüllt sein. Wir werden keine Würmer mehr sein.«

»Würmer! So nennst du mich immer.«

»Natürlich bist du ein Wurm. Wir sind alle Würmer – schmutzige Würmer, die über die Kruste der Erde kriechen, durch Staub und Dreck.«

»Wieso lockt das Blut sie an?«

»Weil es Leben ist, und sie werden vom Leben angezogen. Blut ist *uisge beatha* – das Wasser des Lebens.«

»Blut bedeutet Tod! Und ein Trog mit vergossenem Blut …«

»Es ist *nicht* der Tod. Wenn du siehst, wie eine Raupe in ihren Kokon kriecht, denkst du, sie stirbt?«

Walter Everett stand in der Tür. Er stand da und hörte mit finsterem Gesicht seiner Tochter zu. »Eines Tages«, sagte er rau, »werden sie sie sich schnappen und mitnehmen. Sie will mit ihnen gehen. Sie wartet auf diesen Tag.«

»Siehst du?«, sagte Silvia zu Rick. »Er versteht es auch nicht.« Sie schaltete den Silex ab und goss Kaffee ein. »Möchtest du Kaffee?«, fragte sie ihren Vater.

»Nein«, sagte Everett.

»Silvia«, sagte Rick, als ob er mit einem Kind spräche, »du weißt, wenn du mit ihnen weggehen würdest, könntest du nicht mehr zu uns zurückkommen.«

»Wir müssen alle hinübergehen, früher oder später. Es ist Teil unseres Lebens.«

»Aber du bist erst neunzehn«, flehte Rick. »Du bist jung und gesund und schön. Und unsere Hochzeit – was ist mit unserer Hochzeit?« Er stand halb vom Tisch auf. »Silvia, du musst damit aufhören!«

»Ich *kann* nicht damit aufhören. Ich war sieben, als ich sie das erste Mal gesehen habe.« Silvia stand an der Spüle, hielt den Silex umklammert, einen geistesabwesenden Blick in den Augen. »Weißt du noch, Daddy? Wir wohnten damals in Chicago. Es war Winter. Ich bin hingefallen, auf dem Nachhauseweg von der Schule.« Sie hielt ihren schlanken Arm hoch. »Siehst du die Narbe? Ich bin hingefallen und habe mich auf dem Kies und Schneematsch verletzt. Ich bin weinend nach Hause gekommen – es hat gehagelt, und der Wind heulte um mich herum. Mein Arm blutete, und mein Fausthandschuh war voller Blut. Und dann blickte ich auf und sah sie.«

Es herrschte Schweigen.

»Sie wollen dich haben«, sagte Everett unglücklich. »Sie sind Fliegen – Schmeißfliegen, die sich hier herumtreiben und auf dich warten. Dich rufen, damit du mit ihnen gehst.«

»Warum nicht?« Silvias graue Augen strahlten und ihre Wangen glänzten bei dem Gedanken. »Du hast sie gesehen, Daddy. Du weißt, was es bedeutet. Verwandlung – von Staub und Asche zu Göttern!«

Rick verließ die Küche. Im Wohnzimmer standen die beiden Schwestern beisammen, neugierig und unruhig. Mrs. Everett stand abseits, das Gesicht hart wie Granit, die Augen freudlos hinter der Nickelbrille. Sie wandte sich ab, als Rick an ihnen vorbeiging.

»Was ist da draußen passiert?«, fragte ihn Betty Lou angespannt flüsternd. Sie war fünfzehn, mager und unscheinbar, hohlwangig, mit stumpfem, sandfarbenem Haar. »Silvia lässt uns nie mit ihr rausgehen.«

»Nichts ist passiert«, antwortete Rick.

Ärger regte sich in dem blassen Gesicht des Mädchens. »Das ist nicht wahr. Ihr wart beide draußen im Garten, im Dunkeln, und –«

»Sprich nicht mit ihm!«, zischte ihre Mutter. Sie zerrte die beiden Mädchen weg und warf Rick einen wütenden Blick zu, voller Hass und Schmerz. Dann wandte sie sich rasch von ihm ab.

Rick öffnete die Tür zum Keller und schaltete das Licht an. Er stieg langsam hinab in den kalten, feuchten Raum aus Beton und Schmutz, dessen starres gelbes Licht an staubbedeckten Drähten von der Decke hing.

In einer Ecke ragte undeutlich der große Heizkessel mit seinen riesigen Heißluftrohren auf. Daneben standen der Warmwasserbereiter und ausrangierte Sachen, Schachteln mit Büchern, Zeitungen und alte Möbel, dick mit Staub bedeckt, überzogen mit Spinnweben.

Auf der gegenüberliegenden Seite befand sich die Waschmaschine und die Wäscheschleuder. Und Silvias Pump- und Kühlsystem.

Rick suchte sich an der Werkbank einen Hammer und zwei schwere Rohrzangen heraus. Er ging gerade auf die komplizierten Tanks und Rohre zu, als Silvia plötzlich oben auf der Treppe auftauchte, die Kaffeetasse in der einen Hand.

Sie kam rasch zu ihm heruntergeeilt. »Was machst du hier unten?«, fragte sie, wobei sie ihn aufmerksam musterte. »Wozu der Hammer und die Zangen?«

Rick warf das Werkzeug wieder auf die Werkbank. »Ich dachte, die Sache ließe sich vielleicht auf der Stelle erledigen.«

Silvia stellte sich zwischen ihn und die Tanks. »Ich dachte, du würdest es verstehen. Sie sind immer Teil meines Lebens gewesen. Als ich dich das erste Mal mitgenommen habe, sah es so aus, als ob du verstehen würdest, was –«

»Ich will dich nicht verlieren«, sagte Rick schroff, »an nichts und niemanden – in dieser Welt oder irgendeiner anderen. *Ich werde dich nicht aufgeben.*«

»Es bedeutet nicht, mich aufzugeben!« Ihre Augen verengten sich. »Du bist hier heruntergekommen, um alles zu zerstören und kaputtzumachen. In dem Moment, wo ich nicht hinsehe, wirst du das alles zerschlagen, nicht wahr?«

»Das stimmt.«

Angst verdrängte die Wut auf dem Gesicht des Mädchens. »Willst du, dass ich hier angekettet bleibe? Ich muss weitergehen – ich habe diesen Teil der Reise beendet. Ich bin lange genug hier gewesen.«

»Kannst du nicht warten?«, fragte Rick zornig. Er konnte den harschen, verzweifelten Unterton nicht aus der Stimme bekommen. »Kommt es nicht sowieso schon früh genug?«

Silvia zuckte die Schultern und wandte sich ab, die Arme verschränkt, die roten Lippen fest zusammengepresst. »Du willst immer ein Wurm bleiben. Eine haarige, kleine, kriechende Raupe.«

»Ich will *dich.*«

»Du kannst mich nicht *haben*!« Sie wirbelte wütend herum. »Ich kann nicht hier meine Zeit vergeuden.«

»Du hast Wichtigeres im Kopf«, sagte Rick bissig.

»Natürlich.« Sie wurde ein wenig sanfter. »Es tut mir leid, Rick. Erinnerst du dich an Ikarus? Du willst doch auch fliegen. Ich weiß es.«

»Wenn meine Zeit kommt.«

»Warum nicht jetzt? Warum warten? Du hast Angst.« Sie glitt geschmeidig von ihm weg, ihre roten Lippen zuckten verschlagen. »Rick, ich möchte dir etwas zeigen. Zuerst versprich mir – dass du niemandem etwas erzählen wirst.«

»Was ist es?«

»Versprochen?« Sie legte ihre Hand auf seinen Mund. »Ich muss vorsichtig sein. Es hat eine Menge Geld gekostet. Niemand weiß davon. In China machen sie das so.«

»Ich bin neugierig«, sagte Rick. Unruhe erfasste ihn. »Zeig schon.«

Vor Aufregung zitternd, verschwand Silvia hinter dem riesigen Kühlschrank im Dunkel hinter dem Netz aus frostharten Kühlrohren. Er konnte hören, wie sie an etwas zog und zerrte. Schabende Geräusche, als ob etwas Großes hergeschleift würde.

»Siehst du?«, keuchte Silvia. »Hilf mir, Rick. Er ist schwer. Massivholz und Messing – und mit Metall ausgeschlagen. Er ist handgebeizt und poliert. Und die Schnitzerei – sieh dir die Schnitzerei an! Ist sie nicht herrlich?«

»Was ist das?«, fragte Rick heiser.

»Das ist mein Kokon«, sagte Silvia schlicht. Sie sank zu einem zufriedenen Haufen auf dem Boden zusammen und legte ihren Kopf glücklich gegen den polierten Eichensarg.

Rick packte sie am Arm und zerrte sie auf die Füße. »Du kannst doch hier nicht bei diesem Sarg sitzen, hier unten im Keller mit –« Er brach ab. »Was ist los?«

Silvias Gesicht war schmerzverzerrt. Sie wich von ihm zurück und steckte rasch den Finger in den Mund. »Ich habe mich geschnitten – als du mich hochgezogen hast – an einem Nagel oder so.« Ein dünner

Blutfaden lief über ihre Finger. Sie tastete in ihrer Tasche nach einem Taschentuch.

»Lass mal sehen.« Er ging auf sie zu, aber sie wich ihm aus. »Ist es schlimm?«, fragte er.

»Bleib von mir weg«, flüsterte Silvia.

»Was ist los? Lass mich mal sehen!«

»Rick«, sagte Silvia mit leiser, eindringlicher Stimme, »hol etwas Wasser und Heftpflaster. So schnell wie möglich!« Sie versuchte, ihr wachsendes Entsetzen unter Kontrolle zu halten. »Ich muss die Blutung stoppen.«

»Oben?« Er entfernte sich linkisch von ihr. »Es sieht gar nicht schlimm aus. Warum machst du nicht …«

»Beeil dich.« Die Stimme des Mädchens war plötzlich dunkel vor Furcht. »Rick, *beeil dich!*«

Verwirrt rannte er ein paar Stufen hoch.

Silvias Entsetzen verfolgte ihn. »Nein, es ist zu spät«, rief sie schwach. »Komm nicht zurück – bleib von mir weg. Ich bin selbst schuld. Ich habe ihnen beigebracht zu kommen. *Bleib weg!* Es tut mir leid, Rick. *Oh* –« Ihre Stimme erreichte ihn nicht mehr, als die Wand des Kellers aufbrach und zusammenstürzte. Eine Wolke aus leuchtendem Weiß drang herein und flammte im Keller auf.

Sie waren hinter Silvia her. Sie lief ein paar zögernde Schritte auf Rick zu, blieb unsicher stehen, dann ging die weiße Masse aus Körpern und Flügeln über ihr nieder. Sie schrie einmal. Dann verwandelte eine heftige Explosion den Keller in einen glitzernden Tanz aus glühenden Partikeln.

Er wurde zu Boden geworfen. Der Zement war heiß und trocken – der ganze Keller knisterte vor Hitze. Fenster zerbarsten, als pulsierende weiße Gestalten sich wieder hinausdrängten. Rauch und Flammen züngelten an den Wänden. Die Decke gab nach, und Putz rieselte herab.

Rick kam mühsam auf die Beine. Der wilde Tumult ebbte ab. Der Keller war ein chaotisches Durcheinander. Alles war schwarzverkohlt, angesengt und mit rauchender Asche überkrustet. Zersplittertes Holz, zerfetzte Kleidung und gesprungener Beton waren überall verstreut. Der Heizkessel und die Waschmaschine waren völlig demoliert. Das komplizierte Pump- und Kühlsystem war nur noch eine glitzernde Masse aus Schlacke. Eine ganze Wand war verschoben worden. Über allem lag zerbröckelter Putz.

Silvia war ein groteskes Knäuel verdrehter Arme und Beine und schwarzverkohlter Fetzen; eine verdorrte, ausgebrannte Schale.

Es war eine dunkle Nacht, kalt und durchdringend. Wenige Sterne glitzerten wie Eis über ihm. Ein leichter feuchter Wind strich durch das tropfende Schlangenwurz und wehte auf dem Pfad zwischen den schwarzen Rosen Sand zu frostigen Nebeln auf.

Er kauerte lange Zeit da, lauschte und beobachtete. Hinter den Zedern hob sich das große Haus drohend gegen den Himmel ab. Am Fuß des Abhangs glitten ein paar Autos über den Highway. Sonst gab es kein Geräusch. Vor ihm zeichnete sich die Silhouette des Porzellantrogs und des Rohres ab, durch das Blut vom Kühlschrank im Keller hierher geflossen war. Der Trog war leer und ausgetrocknet, bis auf ein paar Blätter, die hineingefallen waren.

Rick atmete tief die dünne Nachtluft ein und hielt den Atem an. Dann richtete er sich steif auf. Er suchte den Himmel ab, sah aber keine Bewegung. Trotzdem waren sie da, beobachteten und warteten – verschwommene Schatten, Geisterbilder aus einer sagenumwobenen Vergangenheit, eine Reihe von Göttergestalten.

Er hob die schweren Kanister auf, zerrte sie zum Trog und schüttete Blut von einem Schlachthof in New Jersey hinein, minderwertiges Ochsenblut, dick und klumpig. Es spritzte auf seine Kleidung, und er wich nervös zurück. Aber nichts regte sich am Himmel über ihm. Der Garten war still, durchtränkt von Nachtnebel und Dunkelheit.

Er stand neben dem Trog, wartete und fragte sich, ob sie kommen würden. Sie waren wegen Silvia gekommen, nicht nur wegen des Bluts. Ohne sie gab es kein anderes Lockmittel als die rohe Nahrung. Er trug die leeren Metallbehälter hinüber zu den Büschen und beförderte sie mit einem Tritt den Abhang hinunter. Er durchsuchte sorgfältig seine Taschen, um sicherzugehen, dass kein Metall darin war.

Im Laufe der Jahre hatte Silvia sich angewöhnt, hierherzukommen. Jetzt war sie auf der anderen Seite. Bedeutete das, dass sie nicht kommen würden? Irgendwo in den feuchten Büschen raschelte etwas. Ein Tier, ein Vogel?

Im Trog schimmerte das Blut, schwer und trübe, wie altes Blei. Es war die Zeit, zu der sie gewöhnlich kamen, aber nichts bewegte die großen Bäume über ihm. Er erkannte die Reihen nickender schwarzer Knospen, den Kiespfad, den er und Silvia hinabgelaufen waren – heftig verdrängte er die frische Erinnerung an ihre blitzenden Augen und dunkelroten Lippen. Der Highway am Fuß des Abhangs – der leere, verlassene Garten – das stille Haus, in dem ihre Familie eng beieinander saß und wartete. Nach einer Weile erklang ein dumpfes schwirrendes Geräusch. Er erstarrte, aber es war nur ein Diesellaster, der den Highway entlangrumpelte, mit grellleuchtenden Scheinwerfern.

Er blieb grimmig stehen, die Beine gespreizt, die Fersen in den weichen schwarzen Boden gestemmt. Er würde nicht weggehen. Er würde dableiben, bis sie kamen. Er wollte Silvia zurück – um jeden Preis.

Über ihm trieben neblige Gespinste aus Feuchtigkeit am Mond vorbei. Der Himmel war eine gewaltige öde Fläche, ohne Leben oder Wärme. Die tödliche Kälte des Weltraumes, fern von Sonnen und lebenden Wesen. Er starrte hinauf, bis ihm der Nacken wehtat. Kalte Sterne, die in die matte Nebelschicht hinein- und wieder hinausglitten. Gab es noch etwas anderes? Wollten sie nicht kommen, oder waren sie nicht an ihm interessiert? Es war Silvia gewesen, die sie interessiert hatte – jetzt hatten sie sie.

Hinter ihm war eine geräuschlose Bewegung. Er spürte es und wollte sich umdrehen, doch plötzlich, auf allen Seiten, verschoben sich Bäume und Unterholz. Sie waberten wie Pappkulissen und wurden eins, verschmolzen langsam mit den nächtlichen Schatten. Etwas bewegte sich durch sie hindurch, rasch, leise, dann war es fort.

Sie waren gekommen. Er konnte sie fühlen. Sie hatten ihre Kraft und Glut ausgeschaltet. Kalte, gleichgültige Statuen, die sich zwischen den Bäumen erhoben, die Zedern winzig erscheinen ließen –

fern von ihm und seiner Welt, angezogen durch Neugier und sanfte Gewohnheit.

»Silvia«, sagte er deutlich. »Bist du da?«

Er bekam keine Antwort. Vielleicht war sie nicht unter ihnen. Er kam sich lächerlich vor. Ein verschwommenes weißes Flackern trieb an dem Trog vorbei, schwebte einen Moment darüber und entfernte sich, ohne anzuhalten. Die Luft über dem Trog vibrierte, erstarb dann bewegungslos, als ein anderer Riese ihn kurz inspizierte und sich zurückzog.

Panik durchströmte ihn. Sie entfernten sich wieder, zogen sich zurück in ihre eigene Welt. Der Trog war abgelehnt worden; er interessierte sie nicht.

»Wartet«, murmelte er dumpf.

Einige der weißen Schatten verweilten. Er näherte sich ihnen langsam. Wenn einer von ihnen ihn berührte, würde er mit einem kurzen Aufzischen zu einem dunklen Haufen Asche verpuffen. Ein paar Schritte von ihnen entfernt blieb er stehen.

»Ihr wisst, was ich will«, sagte er. »Ich will sie zurück. Sie hätte noch nicht geholt werden dürfen.«

Stille.

»Ihr wart zu gierig«, sagte er. »Ihr habt das Falsche getan. Sie wäre zu euch gekommen, am Ende. Sie hatte alles vorbereitet.«

Der dunkle Nebel rauschte. Zwischen den Bäumen bewegten sich die flackernden Schatten und pulsierten, reagierten auf seine Stimme. *»Fürwahr«*, kam ein einzelner unpersönlicher Klang. Der Klang schwebte um ihn herum, von Baum zu Baum, ohne Ort oder Richtung. Er wurde vom Nachtwind fortgeweht, um in einem undeutlichen Echo zu verhallen.

Erleichterung senkte sich über ihn. Sie hatten angehalten – beachteten ihn – hörten auf das, was er zu sagen hatte.

»Denkt ihr, das ist richtig?«, wollte er wissen. »Sie hatte hier ein langes Leben vor sich. Wir wollten heiraten, Kinder haben.«

Es kam keine Antwort, aber er war sich der wachsenden Spannung bewusst. Er lauschte angestrengt, aber er konnte nichts ausmachen. In diesem Augenblick wurde ihm klar, dass ein Kampf im

Gange war, ein Streit zwischen ihnen. Die Spannung wuchs – weitere Schatten flackerten – die Wolken, die eisigen Sterne wurden von der gewaltigen Präsenz verdunkelt, die um ihn herum anschwoll.

»Rick!« Eine Stimme sprach dicht neben ihm. Sie waberte, trieb zurück in die undeutlichen Bereiche der Bäume und der triefenden Pflanzen. Er konnte sie kaum hören – die Worte waren verklungen, sobald sie ausgesprochen waren. »Rick – hilf mir, zurückzukommen.«

»Wo bist du?« Er konnte sie nicht ausfindig machen. »Was kann ich tun?«

»Ich weiß nicht.« Ihre Stimme klang panisch vor Verwirrung und Schmerz. »Ich verstehe es nicht. Etwas ist schiefgegangen. Sie müssen gedacht haben, ich – wollte sofort kommen. Das wollte ich *nicht*!«

»Ich weiß«, sagte Rick. »Es war ein Versehen.«

»Sie haben darauf gewartet. Der Kokon, der Trog – aber es war zu früh.« Ihr Entsetzen drang bis zu ihm, aus der vagen Ferne eines anderen Universums. »Rick, ich habe es mir anders überlegt. Ich will zurückkehren.«

»Das ist nicht so einfach.«

»Ich weiß. Rick, die Zeit ist auf dieser Seite anders. Ich bin schon so lange fort – eure Welt scheint sich im Schneckentempo zu bewegen. Es sind schon Jahre, nicht wahr?«

»Eine Woche«, sagte Rick.

»Es war ihr Fehler. Du gibst mir doch nicht die Schuld, oder? Sie wissen, dass sie etwas falsch gemacht haben. Die, die es getan haben, sind bestraft worden, aber das hilft mir nicht.« Elend und Verzweiflung verzerrten ihre Stimme, so dass er sie kaum verstehen konnte. »Wie kann ich zurückkommen?«

»Wissen die das nicht?«

»Sie sagen, es geht nicht.« Ihre Stimme schwankte. »Sie sagen, sie haben meine irdische Hülle zerstört – sie ist verbrannt worden. Es gibt nichts, in das ich zurückkehren könnte.«

Rick holte tief Atem. »Bring sie dazu, einen anderen Weg zu finden. Es ist ihre Sache. Haben die nicht die Macht dazu? Sie haben dich zu früh geholt – sie müssen dich zurückschicken. Es ist *ihre* Verantwortung.«

Die weißen Gestalten bewegten sich unruhig. Der Streit wurde heftiger; sie konnten sich nicht einigen. Rick ging argwöhnisch ein paar Schritte zurück.

»Sie sagen, es ist gefährlich.« Silvias Stimme kam nicht von einer bestimmten Stelle. »Sie sagen, man hat es schon einmal probiert.« Sie versuchte, ihre Stimme zu kontrollieren. »Der Nexus zwischen dieser Welt und eurer ist unbeständig. Es gibt ungeheure Mengen freifließender Energie. Die Macht, die wir – auf dieser Seite – haben, ist nicht wirklich unsere eigene. Es ist eine universale Energie, abgeleitet und gesteuert.«

»Wieso können sie nicht ...«

»Das hier ist ein höheres Kontinuum. Es gibt einen natürlichen Energieprozess von höheren zu den tieferen Regionen. Aber der umgekehrte Prozess ist riskant. Das Blut – es ist eine Art Führer, dem man folgen kann – ein leuchtendes Zeichen.«

»Wie Motten dem Licht«, sagte Rick bitter.

»Wenn sie mich zurückschicken, und es geht etwas schief –« Sie brach ab und fuhr dann fort: »Wenn sie einen Fehler machen, könnte ich zwischen den beiden Bereichen verlorengehen. Ich könnte von der freien Energie absorbiert werden. Sie scheint teilweise lebendig zu sein. Man begreift es nicht. Denk nur an Prometheus und das Feuer ...«

»Ich verstehe«, sagte Rick, so ruhig er konnte.

»Liebling, wenn sie versuchen, mich zurückzuschicken, werde ich eine Form finden müssen, in die ich eindringen kann. Verstehst du, ich habe keine wirkliche Form mehr. Es gibt keine reale materielle Gestalt auf dieser Seite. Was du siehst, die Flügel und das Weiß, ist nicht real da. Wenn es mir gelänge, die Reise zurück auf eure Seite zu machen ...«

»Du müsstest etwas erschaffen«, sagte Rick.

»Ich müsste dort etwas nehmen – etwas aus Erde. Ich müsste darin eindringen und es neu gestalten. Wie ER es vor langer Zeit getan hat, als die ursprüngliche Form auf eure Welt gebracht wurde.«

»Wenn sie es schon einmal getan haben, können sie es wieder tun.«

»Der, der das getan hat, ist fort. Er ist weiter hinaufgegangen.« In ihrer Stimme lag traurige Ironie. »Es gibt Bereiche jenseits von hier. Die Leiter hört hier nicht auf. Niemand weiß, wo sie endet, sie scheint einfach immer höher und höher hinaufzugehen. Welt um Welt.«

»Wer entscheidet über dich?«, wollte Rick wissen.

»Es liegt an mir«, sagte Silvia schwach. »Sie sagen, wenn ich das Risiko eingehen will, werden sie es versuchen.«

»Und – was willst du tun?«, fragte er.

»Ich habe Angst. Was, wenn etwas schief geht? Du hast ihn nicht gesehen, den Bereich dazwischen. Die Möglichkeiten sind unglaublich – sie erschrecken mich. Er war der Einzige, der genug Mut hatte. Jeder andere hat Angst gehabt.«

»Es war ihr Fehler. Sie müssen die Verantwortung übernehmen.«

»Das wissen sie.« Silvia zögerte kläglich. »Rick, Liebling, bitte sag mir, was ich tun soll.«

»Komm zurück!«

Stille. Dann ihre Stimme, dünn und mitleiderregend. »Also gut, Rick. Wenn du denkst, es ist das Richtige.«

»Das ist es«, sagte er bestimmt. Er zwang seinen Verstand, nicht zu denken, sich nichts auszumalen oder vorzustellen. *Er musste sie zurückhaben.* »Sag ihnen, sie sollen jetzt anfangen. Sag ihnen –«

Ein ohrenbetäubender Hitzestoß explodierte vor ihm. Er wurde hochgehoben und in ein flammendes Meer aus reiner Energie geschleudert. Sie entfernten sich, und der glühend heiße See aus reiner Kraft brüllte und donnerte um ihn herum. Für den Bruchteil einer Sekunde meinte er, Silvia zu sehen, die flehend ihre Hände nach ihm ausstreckte.

Dann erkaltete das Feuer, und er lag geblendet in der tropfenden, nachtfeuchten Dunkelheit. Allein in der Stille.

Walter Everett half ihm auf. »Du verdammter Narr!«, sagte er immer wieder. »Du hättest sie nicht zurückholen sollen. Sie haben schon genug von uns bekommen.«

Dann war er in dem großen warmen Wohnzimmer. Mrs. Everett stand stumm vor ihm, das Gesicht hart und ausdruckslos. Die beiden Töchter blieben ängstlich in seiner Nähe, hektisch und neugierig, die Augen vor morbider Faszination weit aufgerissen.

»Es geht mir gut«, murmelte Rick. Seine Kleidung war angekohlt und schwarz. Er rieb sich Ruß vom Gesicht. Kleine Stücke vertrocknetes Gras steckten ihm im Haar – Sie hatten um ihn herum einen Kreis gesengt, als sie aufstiegen. Er lehnte sich zurück gegen die Couch und schloss die Augen. Als er sie öffnete, drückte Betty Lou Everett ihm gerade ein Glas Wasser in die Hand.

»Danke«, murmelte er.

»Du hättest gar nicht da hinausgehen sollen«, wiederholte Walter Everett. »Wieso? Wieso hast du das getan? Du weißt, was mit ihr passiert ist. Willst du, dass dir dasselbe passiert?«

»Ich will sie wiederhaben«, sagte Rick still.

»Bist du verrückt? Du kannst sie nicht zurückholen. Sie ist fort.« Seine Lippen zuckten krampfartig. »Du hast sie gesehen.«

Betty Lou starrte Rick eindringlich an. »Was ist da draußen passiert?«, wollte sie wissen. »Du hast sie gesehen.«

Rick kam schwerfällig auf die Beine und ging aus dem Wohnzimmer. In der Küche schüttete er das Wasser in die Spüle und goss sich einen Drink ein. Während er müde an der Spüle lehnte, tauchte Betty Lou in der Tür auf.

»Was willst du?«, fragte Rick.

Das Gesicht des Mädchens war von einem ungesunden Rot überzogen. »Ich weiß, dass da draußen etwas passiert ist. Du hast sie gefüttert, nicht wahr?« Sie kam auf ihn zu. »Du versuchst, Silvia zurückzuholen!«

»Das stimmt«, sagte Rick.

Betty Lou kicherte nervös. »Aber das kannst du nicht. Sie ist tot – ihr Körper ist verbrannt worden – ich habe es gesehen.« In ihrem Gesicht arbeitete es aufgeregt. »Daddy hat immer gesagt, dass ihr was Schlimmes passieren würde, und so ist es gekommen.« Sie lehnte sich eng an Rick. »Sie war eine Hexe! Sie hat das bekommen, was sie verdient hat!«

»Sie kommt zurück«, sagte Rick.

»*Nein*!« Panik zeichnete sich in den groben Gesichtszügen des Mädchens ab. »Sie *kann* nicht zurückkommen. Sie ist tot – wie sie immer gesagt hat – Wurm zum Schmetterling – sie ist ein Schmetterling!«

»Geh rein«, sagte Rick.

»Du kannst mich nicht rumkommandieren«, antwortete Betty Lou. Ihre Stimme hob sich hysterisch an. »Das ist *mein* Haus. Wir wollen dich nicht mehr hier haben. Daddy wird es dir sagen. Er will dich nicht, und ich will dich nicht, und meine Mutter und meine Schwester …«

Die Veränderung kam ohne Vorwarnung. Wie ein Film, der plötzlich angehalten wurde, erstarrte Betty Lou, den Mund halb geöffnet, einen Arm erhoben, die Worte stumm auf der Zunge. Sie schwebte, ein unvermittelt lebloses Ding, in der Luft, als ob sie zwischen zwei Glasscheiben gefangen wäre. Ein leeres Insekt, ohne Sprache und Stimme, unbeweglich und hohl. Nicht tot, aber jäh wieder auf ursprüngliche Unbelebtheit reduziert.

In die gefangene Hülle drang neue Kraft und neues Sein. Etwas kam über sie, ein Regenbogen des Lebens, der sich stürmisch in sie ergoss – wie heiße Flüssigkeit – in jeden Teil ihres Körpers. Das Mädchen taumelte und stöhnte; ihr Körper zuckte heftig und schlug gegen die Wand. Eine Porzellantasse fiel von einem Regalbrett und zerbarst am Boden. Das Mädchen ging wie betäubt rückwärts, eine Hand auf dem Mund, die Augen vor Schmerz und Schock aufgerissen.

»Oh!«, keuchte sie. »Ich habe mich geschnitten.« Sie schüttelte den Kopf und starrte stumm zu ihm auf, flehentlich. »An einem Nagel oder so.«

»*Silvia*!« Er packte sie und zog sie hoch, fort von der Wand. Es war *ihr* Arm, den er umfasste, warm und rund. Verwunderte graue Augen, braunes Haar, bebende Brust – sie war jetzt so, wie sie in jenen letzten Momenten unten im Keller gewesen war.

»Lass mal sehen«, sagte er. Er zog ihr die Hand vom Mund weg und untersuchte zitternd die Finger. Da war kein Schnitt, nur eine dünne weiße Linie, die rasch verblasste. »Es ist alles gut, Schatz. Du hast nichts. Mit dir ist alles in Ordnung!«

»Rick, ich war *dort.*« Ihre Stimme war heiser und schwach. »Sie sind gekommen und haben mich mit dorthin geschleppt.« Sie schauderte heftig. »Rick, bin ich wirklich *zurück*?«

Er presste sie fest an sich. »Ganz zurück.«

»Es hat so lange gedauert. Ich war ein Jahrhundert dort drüben. Eine Ewigkeit. Ich dachte –« Plötzlich riss sie sich los. »Rick …«

»Was ist?«

Silvias Gesicht war angstverzerrt. »Irgendwas stimmt nicht.«

»Es ist alles in Ordnung. Du bist wieder nach Hause gekommen, und das allein zählt.«

Silvia zog sich von ihm zurück. »Aber sie haben eine lebende Form genommen, nicht? Keine abgelegte fleischliche Hülle. Sie haben nicht diese Macht, Rick. Sie haben stattdessen SEIN Werk verändert.« Ihre Stimme hob sich in Panik. »Ein Fehler – sie werden doch hoffentlich nicht das Gleichgewicht verändert haben. Es ist unbeständig, und keiner von ihnen kann kontrollieren, wie …«

Rick blockierte die Tür. »Hör auf, so zu reden!«, sagte er wild. »Das ist es wert – *alles* ist es wert. Wenn sie die Dinge aus dem Gleichgewicht bringen, ist es ihre eigene Schuld.«

»Wir können es nicht rückgängig machen!« Ihre Stimme wurde schrill und hart, wie gespannter Draht. »Wir haben es in Bewegung gesetzt, und jetzt breiten sich die Wellen aus. Das Gleichgewicht, das ER errichtet hat, ist *verändert* worden.«

»Komm schon, Liebling«, sagte Rick. »Lass uns ins Wohnzimmer gehen und uns zu deiner Familie setzen. Du wirst dich besser fühlen. Du musst versuchen, dich davon zu erholen.«

Sie näherten sich den drei sitzenden Gestalten, zwei auf der Couch, eine auf dem Sessel am Kamin. Die Gestalten saßen regungslos, die Gesichter leer, die Körper schlaff und wächsern, stumpfe Formen, die nicht reagierten, als das Paar den Raum betrat.

Rick blieb stehen, verständnislos. Walter Everett war nach vorn gesunken, eine Zeitung in einer Hand, Pantoffeln an den Füßen; seine Pfeife rauchte noch in dem tiefen Aschenbecher auf der Sessellehne. Mrs. Everett saß da mit Nähzeug auf dem Schoß, das Gesicht grimmig und streng, aber seltsam verschwommen. Ein ungeformtes Gesicht, als ob die Substanzen schmelzen und ineinander verlaufen würden. Jean saß zu einem unförmigen Haufen zusammengekauert, ein Klumpen fest gekneteter Lehm, der jeden Augenblick formloser wurde.

Unvermittelt fiel Jean in sich zusammen. Die Arme fielen seitlich schlaff herab. Der Kopf sackte nach unten. Körper, Arme und Beine wurden fülliger. Die Gesichtszüge veränderten sich rasch. Ihre Kleidung wechselte. Farbe strömte in ihr Haar, die Augen, die Haut. Die wächserne Blässe war verschwunden.

Sie presste die Finger an die Lippen und starrte stumm zu Rick auf. Sie blinzelte, und ihre Augen wurden klar. »Oh«, keuchte sie. Ihre Lippen bewegten sich unbeholfen; die Stimme war schwach und ungleichmäßig, wie eine schlechte Tonspur. Sie stand mühsam auf, ruckartig, mit unkoordinierten Bewegungen, die sie steif auf die Beine brachten und auf ihn zutrieben – ein unbeholfener Schritt nach dem andern – wie eine Marionette.

»Rick, ich habe mich geschnitten«, sagte sie. »An einem Nagel oder so.«

Das, was Mrs. Everett gewesen war, rührte sich. Gestaltlos und vage, machte es dumpfe Geräusche und zappelte grotesk. Allmählich wurde es fester und nahm Gestalt an. »Mein Finger«, keuchte die Stimme des Wesens schwach. Wie reflektierte Klänge in der Dunkelheit verhallen, nahm die dritte Gestalt im Sessel die Worte auf. Bald wiederholten sie alle den Satz, vier Finger, die Lippen im Einklang bewegend.

»Mein Finger. Ich habe mich geschnitten, Rick.«

Mechanische Wiederholungen, schwächer werdendes Nachäffen von Worten und Bewegungen. Und die fester werdenden Gestalten waren bis ins Detail vertraut. Wieder und wieder, mehrfach um ihn herum, zweimal auf der Couch, im Sessel, dicht neben ihm – so nah, dass er hören konnte, wie sie atmeten, und er ihre zitternden Lippen sah.

»Was ist das?«, fragte die Silvia neben ihm.

Auf der Couch nahm eine Silvia ihre Näharbeit wieder auf – sie nähte methodisch, in ihre Arbeit versunken. In dem tiefen Sessel hob eine andere ihre Zeitung, ihre Pfeife wieder auf und las weiter. Eine blieb zusammengekauert sitzen, nervös und ängstlich. Die eine neben ihm folgte ihm, als er zur Tür zurückwich. Sie keuchte vor Unsicherheit, die grauen Augen weit aufgerissen, mit bebenden Nasenflügeln.

»Rick …«

Er zog die Tür auf und wich hinaus auf die dunkle Veranda. Mechanisch ertastete er sich seinen Weg die Stufen hinab, durch die nachtschwarzen Schatten, die sich überall gesammelt hatten, bis zur Einfahrt. Hinter ihm, in dem gelben Viereck aus Licht, zeichnete sich Silvia, die ihm unglücklich nachstarrte, als deutliche Silhouette ab. Und hinter ihr waren die anderen Figuren, identisch, reine Nachahmungen, über ihre Tätigkeiten gebeugt.

Er kam zu seinem Coupé und setzte hinaus auf die Straße.

Düstere Bäume und Häuser rasten vorbei. Er fragte sich, wie weit es gehen würde.

Plätschernde Wellen, die sich ausbreiteten – ein größer werdender Kreis, als sich das Ungleichgewicht ausdehnte.

Er bog auf den Highway ein; bald waren mehr Autos um ihn herum. Er versuchte, hineinzusehen, aber sie fuhren zu schnell. Der Wagen vor ihm war ein roter Plymouth. Ein stämmiger Mann im blauen Straßenanzug saß am Steuer und lachte fröhlich mit der Frau neben ihm. Er lenkte sein eigenes Coupé dicht hinter den Plymouth und folgte ihm. Der Mann ließ Goldzähne aufblitzen, grinste, winkte mit seinen dicklichen Händen. Die junge Frau war dunkelhaarig, hübsch. Sie lächelte den Mann an, zupfte ihre weißen Handschuhe zurecht, glättete ihr Haar, dann kurbelte sie das Fenster auf ihrer Seite hoch.

Er verlor den Plymouth. Ein schwerer Diesellaster schob sich dazwischen. Verzweifelt schlingerte er um den Lastwagen und drängte sich vor die schnell fahrende rote Limousine. Sie überholte ihn sofort, und einen Moment lang waren die beiden Insassen deutlich erkennbar. Die Frau ähnelte Silvia. Das gleiche, feingeschwungene kleine Kinn – die gleichen runden Lippen, die sich leicht öffneten, wenn sie lächelte – die gleichen schlanken Arme und Hände. Es war Silvia. Der Plymouth bog ab, und vor ihm war kein anderer Wagen mehr.

Er fuhr stundenlang durch die tiefe Dunkelheit der Nacht. Der Benzinanzeiger ging immer mehr nach unten. Vor ihm breitete sich eine trostlose hügelige Landschaft aus, kahle Felder zwischen Städten, und reglose Sterne hingen am düsteren Himmel. Einmal schimmerte eine Ansammlung roter und gelber Lichter. Eine Kreuzung – Tankstellen und eine große Neonreklame. Er fuhr daran vorbei.

An einer Tankstelle mit einer einzigen Zapfpistole lenkte er den Wagen vom Highway auf den ölgetränkten Kies. Er stieg aus, seine Schuhe knirschten auf den Steinen unter seinen Füßen, als er den Zapfhahn nahm und den Tankdeckel seines Wagens abschraubte. Er hatte den Tank fast voll, als sich die Tür des schäbigen Tankstellengebäudes öffnete und eine schlanke Frau in weißem Overall und marineblauem Hemd, mit einer kleinen Kappe, die sich in ihren braunen Locken verlor, hinaustrat.

»Guten Abend, Rick«, sagte sie ruhig.

Er hängte den Zapfstutzen wieder ein. Schon fuhr er hinaus auf den Highway. Hatte er den Tankdeckel wieder aufgeschraubt? Er wusste es nicht mehr. Er wurde schneller. Er war über hundert Meilen gefahren. Er näherte sich der Staatsgrenze.

Von einem kleinen Café am Straßenrand drang warmes gelbes Licht in die kühle Dunkelheit des frühen Morgens. Er bremste den Wagen ab und parkte am Rand des Highways auf dem verlassenen Parkplatz. Mit trüben Augen stieß er die Tür auf und ging hinein.

Der heiße, kräftige Duft nach gebratenem Schinken und schwarzem Kaffee umgab ihn, der wohltuende Anblick von Menschen, die gerade aßen. Eine Musikbox plärrte in der Ecke. Er ließ sich auf einen Hocker fallen und stützte sich auf, den Kopf in den Händen. Ein schmächtiger Farmer neben ihm sah kurz neugierig zu ihm herüber und wandte sich dann erneut seiner Zeitung zu. Zwei Frauen mit harten Gesichtszügen, die ihm gegenübersaßen, blickten ihn flüchtig an. Ein gutaussehender junger Bursche in Jeans und Jeansjacke aß Feuerbohnen mit Reis, die er mit dampfendem Kaffee aus einem schweren Becher hinunterspülte.

»Was darf's sein?«, fragte die kecke blonde Kellnerin, einen Stift hinterm Ohr, das Haar zu einem festen Knoten zurückgebunden. »Sieht aus, als hätten Sie einen Kater, Mister.«

Er bestellte Kaffee und Gemüsesuppe. Bald aß er, seine Hände arbeiteten mechanisch. Er stellte fest, dass er ein Sandwich mit Schinken und Käse verschlang; hatte er es bestellt? Die Musikbox plärrte, und Menschen kamen und gingen. Neben der Straße dehnte sich eine kleine Stadt aus, eingebettet in ein paar sanft ansteigende Berge. Graues Sonnenlicht, kalt und steril, drang herab, als der Morgen kam. Er aß heißen Apfelkuchen und saß hinterher da, wischte sich teilnahmslos den Mund mit einer Serviette ab.

Das Café war still. Draußen rührte sich nichts. Eine unbehagliche Ruhe hing über allem. Die Musikbox hatte aufgehört. Keiner der Leute am Tresen rührte sich oder redete. Ein vereinzelter Laster donnerte vorbei, nass und polternd, die Fenster hochgekurbelt.

Als er aufsah, stand Silvia vor ihm. Sie hatte die Arme verschränkt und starrte blicklos an ihm vorbei. Ein leuchtend gelber Stift steckte hinter ihrem Ohr. Ihr braunes Haar war zu einem festen Knoten zurückgebunden. In der Ecke saßen noch mehr, noch mehr Silvias, mit Tellern vor sich, halb schlafend oder essend, manche von ihnen lasen. Jede sah so aus wie die nächste, bis auf ihre Kleidung.

Er ging zurück zu seinem geparkten Wagen. Binnen einer halben Stunde hatte er die Staatsgrenze überquert. Kaltes helles Sonnenlicht glitzerte auf den tausendfachen Dächern und dem Straßenpflaster, während er durch kleine unbekannte Städte raste.

Er sah sie die glänzenden morgendlichen Straßen entlanggehen – Frühaufsteher auf ihrem Weg zur Arbeit. Sie gingen zu zweit oder zu dritt, ihre Absätze hallten durchdringend in der Stille. An den Bushaltestellen sah er sie in Gruppen zusammenstehen. In den Häusern, wo sie sich von ihren Betten erhoben, frühstückten, badeten, sich anzogen, waren noch mehr von ihnen – Hunderte von ihnen, Legionen ohne Zahl. Eine ganze Stadt von ihnen, die sich auf den Tag vorbereiteten, ihre gewohnte Arbeit aufnahmen, während sich der Kreis weiter und weiter ausbreitete.

Er ließ die Stadt hinter sich. Der Wagen unter ihm wurde langsamer, als sein Fuß schwer vom Gaspedal rutschte. Zwei von ihnen gingen zusammen über ein ebenes Feld. Sie trugen Bücher – Kinder auf dem Weg zur Schule. Wiederholung, unveränderlich und identisch. Ein Hund sprang aufgeregt hinter ihnen her, unbekümmert, mit ungetrübter Freude.

Er fuhr weiter. Vor ihm ragte eine große Stadt auf, ihre strengen Säulen aus Bürogebäuden hoben sich scharf gegen den Himmel ab. Auf den Straßen herrschte lautes und reges Treiben, als er durch das Hauptgeschäftsviertel kam. Irgendwo, in der Nähe des Stadtzentrums, überquerte er die sich ausdehnende Peripherie des Kreises und tauchte jenseits davon auf. Vielfalt trat an die Stelle der endlosen Silvia-Gestalten. Graue Augen und braunes Haar machten zahllosen Variationen von Männern und Frauen Platz, von Kindern und Erwachsenen aller Altersgruppen und Erscheinungsformen. Er erhöhte sein Tempo und raste auf der gegenüberliegenden Seite aus der Stadt, hinaus auf den breiten vierspurigen Highway.

Schließlich wurde er langsamer. Er war erschöpft. Er fuhr seit Stunden; sein Körper zitterte vor Müdigkeit.

Vor ihm hatte ein junger Bursche mit rotem Haar fröhlich den Daumen ausgestreckt, um ein Auto anzuhalten, eine dünne Bohnenstange in braunen Hosen und einem hellen Kamelhaarpullover. Rick fuhr an den Straßenrand und öffnete die Beifahrertür. »Spring rein«, sagte er.

»Danke, Kumpel.« Der Junge eilte zum Wagen und stieg ein, während Rick beschleunigte. Er knallte die Tür zu und ließ sich dankbar zurück in den Sitz sinken. »Mir wurde langsam heiß beim Rumstehen.«

»Wohin willst du?«, fragte Rick.

»Ganz bis nach Chicago.« Der Junge grinste schüchtern. »Ich erwarte natürlich nicht, dass Sie mich so weit mitnehmen. Ich bin schon froh, wenn ich überhaupt weiterkomme.« Er beäugte Rick neugierig. »Wohin fahren Sie?«

»Egal wohin«, sagte Rick. »Ich fahr dich nach Chicago.«

»Das sind zweihundert Meilen!«

»Schön«, sagte Rick. Er steuerte hinüber auf die linke Spur und beschleunigte. »Wenn du nach New York möchtest, fahre ich dich dahin.«

»Fühlen Sie sich nicht gut?« Der Junge bewegte sich unruhig. »Ich freue mich wirklich, dass Sie mich mitnehmen, aber …« Er zögerte. »Ich meine, ich möchte nicht, dass Sie meinetwegen einen Umweg machen.«

Rick konzentrierte sich auf die Straße vor sich, seine Hände umklammerten fest das Lenkrad. »Ich fahre schnell. Ich werde nicht langsamer fahren oder anhalten.«

»Seien Sie lieber vorsichtig«, warnte der Junge mit besorgter Stimme. »Ich möchte nicht, dass wir einen Unfall bauen.«

»Das Sorgenmachen überlass ruhig mir.«

»Aber das ist gefährlich. Was, wenn etwas passiert? Es ist zu riskant.«

»Du irrst«, murmelte Rick grimmig, die Augen auf der Straße. »Es ist das Risiko wert.«

»Aber wenn was schiefgeht –« Die Stimme brach unsicher ab und fuhr dann fort. »Ich könnte umkommen. Das ist schnell passiert. Es ist alles so unbeständig.« Die Stimme zitterte vor Sorge und Angst. »Rick, bitte …«

Rick wirbelte herum. »Woher kennst du meinen Namen?«

Der Junge saß zusammengekauert gegen die Tür gelehnt. Sein Gesicht sah weich und wie geschmolzen aus, als ob es seine Gestalt verlor und zu einer formlosen Masse zusammenlief. »Ich möchte zurückkommen«, kam es aus seinem Inneren hervor, »aber ich habe Angst. Du hast ihn nicht gesehen – den Bereich dazwischen. Es ist nichts als Energie, Rick. ER hat sie vor langer Zeit angezapft, aber niemand sonst weiß wie.«

Die Stimme wurde heller, zu einem klaren Sopran. Das Haar nahm ein sattes Braun an. Graue, verängstigte Augen sahen flackernd zu Rick auf. Die Hände erstarrt, beugte er sich über das Lenkrad und zwang sich, stillzuhalten. Langsam verringerte er die Geschwindigkeit und steuerte den Wagen auf die rechte Spur.

»Halten wir an?«, fragte die Gestalt neben ihm. Es war jetzt Silvias Stimme. Wie ein junges Insekt, das in der Sonne trocknet, verhärtete sich die Form und verankerte sich in der festen Realität. Silvia richtete sich im Sitz auf und spähte hinaus. »Wo sind wir? Wir sind auf dem offenen Land.«

Er trat heftig auf die Bremse, griff an ihr vorbei und stieß die Tür auf. »Raus!«

Silvia starrte ihn verständnislos an. »Was meinst du damit?« Sie stockte. »Rick, was ist denn? Was ist los?«

»*Raus*!«

»Rick, ich verstehe nicht.« Sie schob sich ein Stückchen hinaus. Ihre Zehen berührten das Pflaster. »Stimmt was nicht mit dem Wagen? Ich dachte, es wäre alles in Ordnung.«

Er stieß sie sanft hinaus und knallte die Tür zu. Der Wagen machte einen Satz nach vorn, hinaus in den spät morgendlichen Verkehrsstrom. Hinter ihm richtete sich die kleine, benommene Gestalt auf, verwirrt und verletzt. Er zwang seine Augen weg vom Rückspiegel und trat das Gaspedal mit seinem ganzen Gewicht nach unten.

Im Radio rauschte und knisterte es statisch, als er es kurz anstellte. Er drehte am Sucher, und nach einer Weile bekam er einen bekannten Sender herein. Eine schwache, verwirrte Stimme, eine Frauenstimme. Eine Zeitlang konnte er die Worte nicht verstehen. Dann erkannte er sie und schaltete das Ding in einem Anfall von Panik ab.

Ihre Stimme. Wehleidig murmelnd. Wo war der Sender? Chicago. Der Kreis hatte sich bereits so weit ausgedehnt.

Er fuhr langsamer. Es hatte keinen Sinne, sich zu beeilen. Es war schon an ihm vorbei und weitergegangen. Auf Farmen in Kansas – in baufällige Läden in alten Kleinstädten in Mississippi – auf den düsteren Straßen der Industriestädte Neuenglands würden Schwärme von braunhaarigen, grauäugigen Frauen herumirren.

Es würde den Ozean überqueren. Bald würde es die ganze Welt erfasst haben. Afrika würde seltsam aussehen – Krale weißhäutiger junger Frauen, alle genau gleich, die die ursprünglichen Arbeiten wie Jagen und Sammeln, Kornmahlen und Tiereabhäuten erledigten. Die Feuer machten und Stoffe webten und sorgfältig scharfe Messer schliffen.

In China … er grinste albern. Auch dort würde sie seltsam aussehen. In dem strengen hochgeschlossenen Anzug, der nahezu klösterlichen Robe der jungen kommunistischen Kader. Parademarsch über die Hauptstraßen Pekings. Schlankbeinige, vollbrüstige Frauen, mit schweren, in Russland produzierten Gewehren in Reih und Glied. Die Spaten, Hacken, Schaufeln trugen. Kolonnen von schwergestiefelten Soldaten. Schnell voranschreitende Arbeiter mit ihren kostbaren Werkzeugen. Überwacht von einer identischen Figur auf dem kunstvollen Podest, die die Straße überblickt, einen schlanken Arm erhoben, ihr freundliches hübsches Gesicht ausdruckslos und hölzern.

Er bog vom Highway ab auf eine Nebenstraße. Einen Moment später war er auf dem Rückweg, fuhr langsam, emotionslos, den Weg zurück, den er gekommen war.

An einer Kreuzung kämpfte sich ein Verkehrspolizist durch den Verkehr zu seinem Wagen durch. Er saß steif da, die Hände auf dem Lenkrad, wartete wie gelähmt.

»Rick«, flüsterte sie flehentlich, als sie das Fenster erreichte. »Ist denn nicht alles wieder in Ordnung?«

»Doch«, sagte er dumpf.

Sie griff durch das offene Fenster nach ihm und berührte ihn flehentlich am Arm. Vertraute Finger, rote Nägel, die Hand, die er so gut kannte. »Ich möchte so gern bei dir sein. Sind wir nicht wieder zusammen? Bin ich nicht zurück?«

»Doch.«

Sie schüttelte unglücklich den Kopf. »Ich verstehe das nicht«, wiederholte sie. »Ich dachte, es wäre alles wieder gut.«

Er setzte den Wagen brutal in Bewegung und raste vorwärts. Die Kreuzung blieb hinter ihm zurück.

Es war Nachmittag. Er war müde und ausgelaugt. Er steuerte den Wagen willenlos in Richtung seiner Heimatstadt. Überall, auf allen Seiten, eilte sie die Straßen entlang. Sie war allgegenwärtig. Er erreichte sein Apartmenthaus und parkte.

Der Hausmeister begrüßte ihn in der leeren Eingangshalle. Rick erkannte ihn an dem schmierigen Lappen, den er in der einen Hand hielt, dem großen Besen, dem Eimer mit Holzspänen. »Bitte«, flehte sie, »sag mir, was los ist, Rick. Bitte sag's mir.«

Er drängte sich an ihr vorbei, aber sie hielt ihn verzweifelt fest. »Rick, *ich bin wieder da.* Verstehst du nicht? Sie haben mich zu früh geholt, und dann haben sie mich wieder zurückgeschickt. Es war ein Fehler. Ich werde sie nie wieder rufen – das ist für immer vorbei.« Sie kam hinter ihm her, den Flur entlang bis zur Treppe. »Ich rufe sie nie wieder.«

Er stieg die Treppe hinauf. Silvia zögerte, setzte sich dann auf die unterste Stufe, ein einziges Häufchen Elend in derber Arbeiterkleidung, mit riesigen Nagelstiefeln.

Er schloss seine Wohnungstür auf und trat ein.

Der spätnachmittägliche Himmel war tiefblau draußen vor den Fenstern. Die Dächer der nahe gelegenen Apartmenthäuser glitzerten weiß in der Sonne.

Sein Körper schmerzte. Er trottete schwerfällig ins Badezimmer – es schien fremd und unbekannt, er fand es kaum. Er füllte das Becken mit heißem Wasser, rollte die Ärmel hoch und wusch sich Gesicht und Hände in dem wirbelnden heißen Strahl. Er blickte kurz auf.

Ein verschrecktes Bild zeigte sich im Spiegel über dem Becken, ein Gesicht, verweint und verzweifelt. Das Gesicht war schwer auszumachen – es schien zu wabern und zu zerfließen. Graue Augen, die vor Entsetzen leuchteten. Ein bebender roter Mund, ein flatternd pulsierender Hals, weiches braunes Haar. Das Gesicht starrte mitleiderregend aus dem Spiegel – und dann beugte sich die junge Frau am Becken nach vorn, um sich abzutrocknen.

Sie wandte sich um und ging müde aus dem Badezimmer ins Wohnzimmer.

Verwirrt zögerte sie, dann warf sie sich in einen der Sessel und schloss die Augen; ihr war schlecht vor Elend und Erschöpfung.

»Rick«, murmelte sie flehend. »Versuch, mir zu helfen. Ich bin doch zurück, oder?« Sie schüttelte bestürzt den Kopf. »Bitte, Rick, ich dachte, alles wäre in Ordnung.«

Zur Zeit der Perky Pat

Morgens um zehn wurde Sam Regan von dem furchtbaren Heulen einer ihm nur allzu vertrauten Sirene aus dem Schlaf gerissen, und er verfluchte den Careboy an der Oberfläche; Sam wusste, dass er absichtlich so viel Lärm machte. Der Careboy kreiste, um sicherzustellen, dass die Launis – und nicht irgendwelche wilden Tiere – die Carepakete bekamen, die er abwerfen wollte.

Die kriegen wir schon, die kriegen wir schon, sagte sich Sam Regan, zog den Reißverschluss seines staubdichten Overalls hoch, steckte die Füße in Stiefel und schlich dann mürrisch so langsam wie möglich zur Rampe. Ein paar andere Launis schlossen sich ihm an, allesamt ebenso verärgert wie er.

»Der ist aber früh dran heute«, klagte Tod Morrison. »Und ich könnte wetten, es sind wieder nur Grundnahrungsmittel, Zucker, Mehl und Schweineschmalz – nichts Interessantes wie zum Beispiel Süßigkeiten.«

»Wir sollten dankbar sein«, meinte Norman Schein.

»Dankbar!« Tod blieb stehen und starrte ihn an. »DANKBAR?«

»Ja«, sagte Schein. »Was meinst du, wovon wir uns ohne sie ernähren würden? Wenn sie vor zehn Jahren die Wolken nicht gesehen hätten.«

»Na ja«, meinte Tod verdrossen, »ich kann's eben einfach nicht haben, wenn sie so *früh* kommen; im Prinzip habe ich an sich ja eigentlich nichts dagegen.«

Schein stemmte die Schultern gegen die Verschlussplatte am Kopf der Rampe und sagte freundlich: »Wie überaus tolerant von dir, Toddy-Boy. Ich bin sicher, die Careboys würden sich freuen, wenn sie hören könnten, wie du darüber denkst.«

Sam Regan kam als letzter der drei an die Oberfläche; oben gefiel es ihm ganz und gar nicht, und seinetwegen durfte das ruhig jeder wissen. Und überhaupt, niemand konnte ihn zwingen, die sichere Launengrube von Pinole zu verlassen; das war allein seine Sache, und jetzt fiel ihm auf, dass eine ganze Reihe anderer Launis es vorgezogen hatte, unten in ihrem Quartier zu bleiben, in der Gewissheit, dass diejenigen, die auf die Sirene reagierten, ihnen schon etwas mitbringen würden.

»Ist das hell«, murmelte Tod und blinzelte in die Sonne.

Über ihren Köpfen funkelte das Careschiff; es hob sich gegen den grauen Himmel ab, als hinge es an einem unsicheren Faden. Guter Pilot, befand Tod. Er oder vielmehr *es* ließ die Sache gemächlich angehen, ohne jede Eile. Tod winkte dem Careschiff, und erneut brach der Sirenenlärm los, so dass er sich mit den Händen die Ohren zuhalten musste. He, einmal ist genug, dachte er. Da hörte das Heulen auf; der Careboy hatte ein Einsehen.

»Gib ihm das Zeichen zum Abwurf«, sagte Norm Schein zu Tod. »Du hast den Winker.«

»Ist gut«, erwiderte Tod und begann eifrig die rote Flagge zu schwenken, die sie vor Ewigkeiten von den Marswesen bekommen hatten, hin und her, hin und her.

Ein Projektil glitt aus dem unteren Teil des Schiffes, warf Stabilisatoren aus und trudelte dem Erdboden entgegen.

»Scheibenkleister«, stieß Sam Regan angewidert hervor. »Also doch Grundnahrungsmittel; der Fallschirm fehlt.« Gleichgültig wandte er sich ab.

Wie elend es hier oben heute aussieht, dachte er, als er die Landschaft ringsum betrachtete. Dort, rechts von ihm, das halbfertige Haus, das jemand – nicht weit von der Grube – aus Holz zu bauen begonnen hatte, das er in den Ruinen von Vallejo, zehn Meilen weiter nördlich, zusammengeklaubt hatte. Tiere oder Strahlenstaub hatten den Baumeister erwischt, deshalb war sein Werk unvollendet geblieben; kein Mensch würde je darin wohnen. Außerdem, bemerkte Sam Regan, hatte es ungewöhnlich heftigen Niederschlag gegeben, seit er zuletzt hier gewesen war, Donnerstagmorgen, vielleicht aber auch

Freitag; er hatte den genauen Überblick verloren. Dieser dämliche Staub, dachte er. Nichts als Steine, Schutt und Staub. Die Welt verstaubt immer mehr, und keiner macht mal gründlich sauber. Wie wär's mit dir?, fragte er stumm den Mars-Careboy, der über ihnen langsam seine Kreise zog. Deine Technik kennt doch keine Grenzen. Kannst du nicht eines Morgens mal mit einem Staubtuch anrücken, ein paar Millionen Quadratmeilen groß, und unseren Planeten in neuem Glanz erstrahlen lassen?

Oder vielmehr, dachte er, im *alten* Glanz wie in den »ollen Tagen«, wie das bei den Kindern hieß. Das wär doch was. Wenn du schon so darauf versessen bist, uns weiterzuhelfen, versuch's doch mal damit.

Der Careboy kreiste ein letztes Mal auf der Suche nach Schriftzeichen im Staub: nach einer Mitteilung der Launis am Boden. Genau, das schreib ich, dachte Sam. BRINGT UNS EIN STAUBTUCH, STELLT UNSERE ZIVILISATION WIEDER HER. Alles klar, Careboy?

Urplötzlich schoss das Schiff davon, ohne Frage zurück zu seiner Heimatbasis auf Luna oder vielleicht sogar zum Mars.

Aus dem offenen Loch der Launengrube, durch das die drei gekommen waren, ragte noch ein Kopf hervor; es war Jean Regan, Sams Frau. Unter ihrer Kappe zum Schutz gegen die graue, blendende Sonne runzelte sie die Stirn und sagte: »Gibt's was Besonderes? Was *Neues*?«

»Ich fürchte nein«, meinte Sam. Das Careprojektil war gelandet, und er ging darauf zu, schlurfte mit den Stiefeln durch den Staub. Die Hülle des Projektils war beim Aufprall geplatzt, und er konnte die Kanister schon erkennen. Es sah ganz danach aus, als wären es zweieinhalb Tonnen Salz – die können wir ebenso gut hier oben liegen lassen, damit die Tiere nicht verhungern, befand er. Allmählich verließ ihn der Mut.

Merkwürdig, wie viel Mühe sich die Careboys machten. Sie waren ununterbrochen damit beschäftigt, alles zum Leben Notwendige von ihrem Planeten zur Erde zu fliegen. Die denken wohl, wir tun den ganzen Tag nichts als essen, dachte Sam. Mein Gott … die Grube war bis zum Gehtnichtmehr vollgestopft mit Nahrungsmittelvorräten. Sie war allerdings auch einer der kleinsten öffentlichen Bunker in Nordkalifornien gewesen.

»He«, rief Schein, ging neben dem Projektil in die Hocke und spähte durch den Riss an der Seite. »Ich glaub, ich sehe was, das wir gebrauchen können.« Er suchte sich eine verrostete Metallstange – in den ollen Tagen hatte sie dazu gedient, die Betonmauer eines öffentlichen Gebäudes zu verstärken – und machte sich damit an dem Projektil zu schaffen, um den Öffnungsmechanismus in Gang zu setzen. Als er den Mechanismus ausgelöst hatte, sprang die hintere Hälfte des Projektils auf … und der Inhalt lag vor ihnen.

»Sieht ganz so aus, als ob Radios in der Kiste wären«, sagte Tod. »Transistorradios.« Nachdenklich strich er sich den kurzen schwarzen Bart. »Vielleicht können wir daraus was Neues für unsere Anlagen machen.«

»Meine hat schon ein Radio«, meinte Schein.

»Na ja, dann baust du dir aus den Teilen eben einen Elektrorasenmäher mit Automatiksteuerung«, sagte Tod. »So einen hast du doch noch nicht, oder?« Er kannte die Perky-Pat-Anlage der Scheins recht gut; die beiden Paare, er und seine Frau sowie Schein und dessen Frau, hatten ziemlich oft miteinander gespielt und jeweils etwa gleich viele Partien gewonnen.

»Die Radios gehören mir«, meinte Sam Regan, »die kann ich gut gebrauchen.« Seiner Anlage fehlte der automatische Garagentoröffner, den sowohl Schein als auch Tod hatten; sie waren ihm ein ganzes Stück voraus.

»Machen wir uns an die Arbeit«, willigte Schein ein. »Wir lassen die Lebensmittel hier und karren bloß die Radios nach unten. Wenn jemand die Lebensmittel will, soll er sie sich holen kommen. Bevor die Hutzen sie kriegen.«

Mit einem Nicken gingen die beiden anderen Männer daran, alles Brauchbare aus dem Projektil zum Eingang der Grubenrampe zu karren. Um es in ihren kostbaren, kunstvollen Perky-Pat-Anlagen zu verarbeiten.

Timothy Schein, zehn Jahre alt und sich seiner vielen Verpflichtungen durchaus bewusst, saß mit gekreuzten Beinen vor seinem Schleifstein und wetzte langsam und gekonnt sein Messer. Unterdessen stritten sich seine Eltern auf der anderen Seite der Trennwand lautstark mit Mr. und Mrs. Morrison; es ging ihm auf die Nerven. Sie spielten schon wieder Perky Pat. Wie üblich.

Wie oft müssen die dieses blöde Spiel heute eigentlich noch spielen?, fragte sich Timothy. Bis in alle Ewigkeit wahrscheinlich. Er konnte nichts daran finden, seine Eltern jedoch spielten es unentwegt. Und sie waren nicht die Einzigen; von anderen Kindern – sogar aus anderen Launengruben – wusste er, dass auch deren Eltern den Großteil des Tages und manchmal sogar bis in die Nacht hinein Perky Pat spielten.

»Perky Pat geht in den Lebensmittelladen«, sagte seine Mutter laut, »und der hat so ein elektronisches Auge, das die Tür aufmacht. Schaut.« Pause. »Seht ihr, sie ist aufgegangen, und jetzt ist sie drin.«

»Sie schiebt einen Einkaufswagen vor sich her«, kam Timothys Vater ihr zu Hilfe.

»Nein«, widersprach Mrs. Morrison. »Stimmt ja gar nicht. Sie gibt dem Kaufmann ihre Liste, und der sucht alles zusammen, was sie braucht.«

»So was gibt's doch bloß im Kramladen an der Ecke«, erklärte seine Mutter. »Und das hier ist ein Supermarkt, das sieht man doch an der Tür mit dem elektronischen Auge.«

»Türen mit elektronischen Augen hat es in allen Lebensmittelläden gegeben, da bin ich sicher«, beharrte Mrs. Morrison, und ihr Mann schlug sich sofort auf ihre Seite. Jetzt wurden die Stimmen wütend lauter; wieder zankten sie sich. Wie üblich.

Ach, ihr seid doch zum Schrotzen, sagte sich Timothy; das war das schlimmste Wort, das er und seine Freunde kannten. Was ist schon ein Supermarkt? Er prüfte die Schneide seines Messers – er hatte sie selbst gemacht, ganz allein, aus einem schweren Metalltiegel – und sprang dann auf die Beine. Einen Augenblick später war er leise den Gang hinunter zum Quartier der Chamberlains gerannt und klopfte sein Geheimklopfzeichen an die Tür.

Fred, ebenfalls zehn Jahre alt, machte ihm auf. »Hallo. Kann's losgehen? Haste dein blödes Messer geschärft? Hab ich schon gesehen; was wollen wir fangen?«

»Jedenfalls keine Hutze«, meinte Timothy. »Was viel besseres; ich hab's satt, immer nur Hutzen zu essen. Die sind mir zu scharf.«

»Spielen deine Eltern Perky Pat?«

»Ja.«

»Mom und Dad sind schon ewig bei den Benteleys und spielen.« Er sah Timothy von der Seite an, und einen Augenblick lang teilten sie die stumme Enttäuschung über ihre Eltern. Mensch, und vielleicht war dieses doofe Spiel inzwischen um die ganze Welt; das hätte die beiden nicht gewundert.

»Wieso spielen deine Eltern eigentlich dauernd?«, fragte Timothy.

»Weswegen deine auch spielen«, meinte Fred.

»Aber wieso?«, sagte Timothy zögernd. »Ich hab keine Ahnung, wieso; deshalb frag ich dich doch, weißt du's denn nicht?«

»Weil –« Fred brach ab. »Frag sie doch selber. Jetzt komm; gehen wir nach oben und jagen.« Seine Augen leuchteten. »Mal gucken, was uns heute unters Messer kommt.«

Wenig später waren sie die Rampe hinaufgestiegen, hatten die Verschlussplatte aufgestoßen, hockten inmitten von Staub und Steinen und suchten den Horizont ab. Timothys Herz klopfte; dieser Augenblick überwältigte ihn jedes Mal, der Moment, wenn er oben ankam. Wenn er die endlose Weite zum ersten Mal sah. Denn es war immer wieder anders. Heute lag mehr Staub als sonst, von einem noch dunkleren Grau; er wirkte dichter, geheimnisvoller.

Hier und da, unter vielen Staubschichten verborgen, lagen Pakete, die frühere Hilfsschiffe abgeworfen hatten – und die jetzt verrotteten. Verrotteten, weil sie nie abgeholt worden waren. Und, sah Timothy, ein neues Projektil, das morgens gekommen war. Ein Großteil der Ladung war von außen zu sehen; die Erwachsenen hatten das meiste darin heute nicht gebrauchen können.

»Guck mal«, sagte Fred leise.

Zwei Hutzen – mutierte Hunde oder Katzen; das wusste niemand so genau – waren aufgetaucht und beschnupperten zögernd das Projektil, angezogen von dem zurückgelassenen Inhalt.

»Die nicht«, sagte Timothy.

»Die eine ist aber ganz schön fett«, meinte Fred gierig. Doch das Messer hatte Timothy; er selbst hatte bloß eine Schnur mit einem Metallbolzen am Ende, eine Rassel, mit der man aus einiger Entfernung zwar einen Vogel oder ein kleines Tier erlegen konnte – die gegen eine Hutze jedoch nutzlos war, die im Allgemeinen zwischen fünf und zehn Kilo wog, manchmal sogar mehr.

Hoch oben am Himmel zog mit rasender Geschwindigkeit ein Punkt vorbei, und Timothy wusste, dass es ein Careschiff war, das Vorräte zu einer anderen Launengrube brachte. Immer am Ball, dachte er. Diese Careboys kommen und gehen; legen nie ’ne Pause ein, wenn sie nämlich eine machen, dann würden die Erwachsenen sterben. Und das wär doch wirklich schade, oder?, dachte er spöttisch. Wär echt traurig.

»Wink mal, vielleicht wirft es dann was ab«, sagte Fred. Er grinste Timothy an, und dann brachen beide in Gelächter aus.

»Logo«, meinte Timothy. »Mal sehen; was will ich denn?« Bei der Vorstellung, etwas zu wollen, mussten die zwei erneut lachen. Die beiden Jungen hatten die ganze Oberfläche für sich, so weit das Auge reichte … sie hatten sogar noch mehr als die Careboys, und das war reichlich, mehr als reichlich.

»Meinst du, die wissen«, fragte Fred, »dass unsere Eltern sich aus dem, was die abwerfen, Möbel für ihre Perky-Pat-Anlagen basteln? Ich wette, die haben keinen blassen Schimmer von Perky Pat; die haben noch nie ’ne Perky-Pat-Puppe gesehen, und wenn doch, dann wären sie bestimmt echt sauer.«

»Genau«, sagte Timothy. »Die wären so stinkig, dass sie wahrscheinlich gar nichts mehr abwerfen würden.« Er starrte Fred an.

»Ach nee«, meinte Fred. »Das erzählen wir denen lieber nicht; sonst verprügelt dich dein Dad bloß wieder, und mich wahrscheinlich gleich mit.«

Trotzdem, ein faszinierender Gedanke. Er malte sich erst die Verwunderung und dann den Zorn der Careboys aus; es wäre sicher lustig, das zu sehen, die Reaktion der achtbeinigen Marswesen, unter deren warziger Schale sich so viel Gutmütigkeit verbarg, der einklappigen, molluskenartigen Kephalopoden, die es freiwillig auf sich genommen hatten, den schwindenden Überresten der Menschheit zu Hilfe zu kommen … und das hatten sie nun von ihrer Gutmütigkeit, ihre Waren wurden zu einem völlig verschwenderischen, idiotischen Zweck missbraucht. Für dieses idiotische Perky-Pat-Spiel, das alle Erwachsenen spielten.

Trotzdem wäre es ziemlich schwer, ihnen das mitzuteilen; es gab fast keine Kommunikation zwischen Menschen und Careboys. Sie waren einfach zu verschieden. Aktionen, Taten, um etwas zu übermitteln, ja … aber Worte, nein, nicht einmal *Zeichen*. Trotzdem –

Ein brauner Hase hoppelte vorüber, an dem halbfertigen Haus vorbei. Timothy zückte sein Messer. »Mensch!«, rief er aufgeregt. »Los, komm!« Er rannte über den Schotter, Fred dicht hinter ihm. Allmählich kamen sie dem Hasen näher; es fiel den beiden Jungen nicht schwer, so schnell zu laufen. Sie hatten viel trainiert.

»Wirf das Messer!«, keuchte Fred, und Timothy kam schlitternd zum Stehen, hob den rechten Arm, hielt inne, um sein Ziel anzuvisieren, und schleuderte dann das scharfe, ausbalancierte Messer. Das Wertvollste, was er besaß; er hatte es selbst gemacht.

Es ging glatt durch den Hasen hindurch. Der Hase taumelte, rutschte aus und wirbelte eine Staubwolke auf.

»Wetten, für den kriegen wir 'nen ganzen Dollar!«, schrie Fred und hüpfte auf und ab. »Schon das Fell – wetten, allein für das verdammte Fell kriegen wir mindestens fünfzig Cents!«

Gemeinsam hasteten sie auf den toten Hasen zu, um ihn sich zu holen, bevor ein Rotschwanzbussard oder eine Tageule aus dem grauen Himmel auf ihn herabstieß.

Norman Schein beugte sich vor und schnappte sich seine Perky-Pat-Puppe. »Ich hör auf«, meinte er mürrisch. »Ich habe keine Lust mehr zum Spielen.«

Weinerlich widersprach seine Frau: »Aber unsere Perky Pat ist mit ihrem Ford-Cabrio doch schon bis in die Innenstadt, hat den Wagen abgestellt, einen Zehner in die Parkuhr gesteckt, und sie war einkaufen, und jetzt sitzt sie in der Praxis vom Psychiater und liest *Fortune* – wir sind viel weiter als die Morrisons! Warum willst du denn aufhören, Norm?«

»Wir kommen einfach nicht zusammen«, grummelte Norman. »Du sagst, eine Stunde beim Psychiater hätte zwanzig Dollar gekostet, dabei weiß ich hundertprozentig, dass es nur zehn waren; kein Mensch hätte zwanzig dafür genommen. So schneiden wir uns doch ins eigene Fleisch, und wozu das Ganze? Die Morrisons meinen auch, dass es nur zehn waren. Stimmt's nicht?«, fragte er Mr. und Mrs. Morrison, die auf der anderen Seite der Anlage hockten, in der die Perky-Pat-Sets der beiden Paare kombiniert waren.

»Du bist doch öfter beim Psychiater gewesen als ich«, sagte Helen Morrison zu ihrem Mann, »bist du sicher, dass er bloß zehn genommen hat?«

»Na ja, ich war hauptsächlich bei der Gruppentherapie«, meinte Tod. »In der Landesklinik für Psychohygiene in Berkeley, und da wurde das Honorar je nach Einkommen berechnet. Perky Pat ist aber bei einem *privaten* Analytiker.«

»Dann müssen wir jemand anders fragen«, sagte Helen zu Norman Schein. »Also bleibt uns im Augenblick wohl nichts anderes übrig, als das Spiel zu unterbrechen.« Er merkte, dass auch sie ihn jetzt feindselig anstarrte, weil er das Spiel durch seine Beharrlichkeit in diesem Punkt für einen ganzen Nachmittag lahmgelegt hatte.

»Sollen wir's aufgebaut lassen?«, fragte Fran Schein. »Wieso eigentlich nicht; vielleicht können wir ja nach dem Abendessen zu Ende spielen.«

Norman Schein starrte auf ihre Kombi-Anlage, die todschicken Läden, die hellerleuchteten Straßen mit den funkelnagelneuen Autos links und rechts und das Haus mit Zwischengeschossen, in dem Perky Pat wohnte und wo ihr Freund Leonard sie regelmäßig besuchte. Es ging ihm seit eh und je vor allem um das *Haus*; das Haus war der eigentliche Mittelpunkt der Anlage – aller Perky-Pat-Anlagen, egal wie sehr sie sich sonst auch voneinander unterschieden.

Perky Pats Garderobe beispielsweise, dort im Schrank, dem großen Schrank im Schlafzimmer. Ihre Capri-Hosen, ihre weißen Baumwoll-Hotpants, ihr gepunkteter Bikini, ihre flauschigen Pullover … und da, im Schlafzimmer, ihr Hi-Fi-Plattenspieler, ihre Langspielplattensammlung …

So war es einmal gewesen, so war es wirklich gewesen, damals in den ollen Tagen. Norm Schein konnte sich noch gut an seine eigene LP-Sammlung erinnern, und er hatte früher fast genauso piekfeine Kleider gehabt wie Perky Pats Freund Leonard: Kaschmirjacketts, Tweedanzüge, italienische Sporthemden und handgearbeitete Schuhe aus England. Er hatte zwar keinen Sportwagen vom Kaliber eines Jaguar XKE gehabt wie Leonard, dafür aber einen schönen alten Mercedes-Benz, Baujahr 1963, mit dem er immer zur Arbeit gefahren war.

Damals haben wir gelebt, sagte sich Norm Schein, *wie Perky Pat und Leonard heute.* Genau so war das früher.

Er deutete auf den Radiowecker, den Perky Pat neben dem Bett stehen hatte. »Weißt du noch, unser Radiowecker von G. E.?«, fragte er seine Frau. »Wie wir jeden Morgen mit klassischer Musik von KSFR auf UKW geweckt worden sind? Die Sendung hieß ›Die Wolfgänger‹. Jeden Morgen von sechs bis neun.«

»Ja«, erwiderte Fran mit einem traurigen Nicken. »Und du warst immer vor mir auf; ich weiß, ich hätte aufstehen und dir Schinken und frischen Kaffee machen sollen, aber es war so schön, einfach noch eine halbe Stunde gemütlich im Bett zu liegen und keinen Finger zu rühren, bis die Kinder wach wurden.«

»Von wegen wach wurden; die waren lange vor uns wach«, sagte Norm. »Weißt du das etwa nicht mehr? Sie waren hinten und haben sich im Fernsehen bis um acht die ›Three Stooges‹ angeschaut. Dann bin ich aufgestanden, hab die Milch für ihre Cornflakes heiß gemacht, und dann bin ich zur Arbeit gegangen, bei Ampex drüben in Redwood City.«

»Ach ja«, seufzte Fran. »Der Fernseher.« Ihre Perky Pat hatte keinen Fernseher; den hatten sie bei einer Partie vor einer Woche an die Regans verloren, und Norm hatte es noch nicht geschafft, einen neuen zu bauen, der so echt aussah, dass er den alten hätte ersetzen können. Deshalb taten sie beim Spielen jetzt, als ob »der Fernseher in Reparatur« sei. Das war ihre Ausrede dafür, weshalb ihrer Perky Pat etwas fehlte, das sie eigentlich hätte haben müssen.

Wir spielen dieses Spiel … und es ist, als ob wir wieder da wären, dachte Norm, in der Welt vor dem Krieg. Deswegen spielen wir es wohl auch. Er schämte sich, doch dieses Gefühl war nur von kurzer Dauer; die Scham wurde fast augenblicklich von dem Wunsch verdrängt, noch ein wenig zu spielen.

»Hören wir noch nicht auf«, sagte er plötzlich. »Dann nimmt der Psychoanalytiker eben zwanzig Dollar von Perky Pat, mir soll's recht sein. Einverstanden?«

»Einverstanden«, erwiderten die beiden Morrisons im Chor, und dann setzten sie sich wieder, um weiterzuspielen.

Tod Morrison hatte seine Perky Pat in die Hand genommen; er hielt sie fest, strich über ihr blondes Haar – ihre Perky Pat war blond, die der Scheins hingegen war brünett – und fummelte an den Druckknöpfen ihres Rocks herum.

»Was machst du denn da?«, wollte seine Frau wissen.

»Ihr Rock ist hübsch geworden«, antwortete Tod. »Du kannst wirklich gut nähen.«

»In den ollen Tagen«, fragte Norm, »hast du da mal ein Mädchen kennengelernt, das aussah wie Perky Pat?«

»Nein«, sagte Tod Morrison trübsinnig. »Wär aber nicht schlecht gewesen. *Gesehen* hab ich Mädchen wie Perky Pat, vor allem in Los Angeles, während des Koreakrieges. Aber ich hab's einfach nie fertiggebracht, mal eins anzusprechen. Und dann gab's natürlich diese Wahnsinnssängerinnen, Peggy Lee zum Beispiel oder Julie London … die sahen Perky Pat schon ziemlich ähnlich.«

»Jetzt spielt«, sagte Fran energisch. Norm war an der Reihe, und er nahm den Kreisel und drehte ihn.

»Elf«, meinte er. »Damit wäre mein Leonard aus der Autowerkstatt und auf dem Weg zur Rennstrecke.« Er ging mit der Leonard-Puppe weiter.

»Also«, sagte Tod Morrison nachdenklich, »vor kurzem war ich draußen und habe frische Lebensmittel reingeholt, die die Careboys abgeworfen hatten … Bill Ferner war auch dabei, und er hat mir was Interessantes erzählt. Er hat einen Launi kennengelernt, aus der Grube dort, wo früher Oakland war. Und wisst ihr, was sie in der Launengrube spielen? Sie spielen nicht Perky Pat. Sie haben noch nie etwas von Perky Pat gehört.«

»Na, was spielen sie denn dann?«, fragte Helen.

»Sie haben eine völlig andere Puppe.« Mit einem Stirnrunzeln fuhr Tod fort: »Bill hat gesagt, der Oakland-Launi hätte sie Connie-Companion-Puppe genannt. Schon mal davon gehört?«

»Eine ›Connie-Companion‹-Puppe«, sagte Fran nachdenklich. »Komisch. Was das wohl für eine ist? Hat sie einen Freund?«

»Aber sicher«, meinte Tod. »Er heißt Paul. Connie und Paul. Wisst ihr was, wir sollten in den nächsten Tagen mal zur Launengrube in Oakland rüberwandern und schauen, wie Connie und Paul aussehen und wie sie so leben. Vielleicht schnappen wir ja ein paar Sachen auf, mit denen wir unsere Anlagen ein bisschen aufmöbeln können.«

»Vielleicht können wir sogar gegen sie spielen«, sagte Norm.

»Kann eine Perky Pat denn gegen eine Connie Companion spielen?«, fragte Fran verwirrt. »Geht so etwas überhaupt? Mich würde interessieren, was dann passiert.«

Die anderen sagten nichts. Denn keiner von ihnen wusste eine Antwort.

Als sie dem Hasen das Fell abzogen, sagte Fred zu Timothy: »Wo kommt eigentlich der Name ›Launi‹ her? Ist echt ’n ekliges Wort; wieso sagen die das?«

»Ein Launi ist jemand, der den Wasserstoffkrieg überlebt hat«, erklärte Timothy. »Durch ’ne Laune, verstehste? ’ne Laune des Schicksals. Kapiert? Es sind nämlich fast alle dabei draufgegangen; früher hat’s Tausende von Menschen gegeben.«

»Aber was soll’n das heißen, ›Laune‹? Unter ›Laune des Schicksals‹ kann ich –«

»Eine Laune heißt, wenn das Schicksal beschlossen hat, dich zu verschonen«, erwiderte Timothy; mehr hatte er zu diesem Thema nicht zu sagen. Mehr wusste er nicht.

»Aber du und ich«, meinte Fred nachdenklich, »wir sind doch keine Launis, weil wir noch gar nicht auf der Welt waren, als der Krieg ausgebrochen ist. Wir sind erst danach geboren worden.«

»Stimmt«, sagte Timothy.

»Also kriegt jeder, der Launi zu mir sagt«, meinte Fred, »mit meiner Rassel eins aufs Auge.«

»Und ›Careboy‹«, sagte Timothy, »das Wort ist auch erfunden. Das kommt daher, weil nämlich früher haben sie den Leuten in Katastrophengebieten mit Düsenflugzeugen und Schiffen kistenweise Zeugs gebracht. Und die Dinger hießen dann ›Carepakete‹.«

»Das weiß ich«, sagte Fred. »Das hab ich nicht gefragt.«

»Tja, aber gesagt hab ich's dir trotzdem«, meinte Timothy.

Die beiden Jungen machten sich wieder daran, dem Hasen das Fell abzuziehen.

»Hast du schon von der Connie-Companion-Puppe gehört?«, fragte Jean Regan ihren Mann. Sie blickte den langen Tisch aus rohen Brettern entlang, um sich zu vergewissern, dass keine der anderen Familien zuhörte. »Sam«, sagte sie, »Helen Morrison hat's mir erzählt; die hat es von Tod, und der hat's von Bill Ferner, glaube ich. Also stimmt es wahrscheinlich.«

»Was stimmt?«, fragte Sam.

»Dass sie in der Launengrube von Oakland nicht Perky Pat spielen; sie spielen Connie Companion … und da hab ich mir gedacht, vielleicht könnten wir diese – du weißt schon, diese Leere, diese Langeweile, die uns von Zeit zu Zeit überfällt, wenn wir uns die Connie-Companion-Puppe mal anschauen könnten und sehen, wie sie so lebt, vielleicht können wir dann unsere Anlagen aufmöbeln und –« Sie hielt inne und dachte nach. »Und sie ein bisschen perfektionieren.«

»Ich mag den Namen nicht«, meinte Sam Regan. »Connie Companion; hört sich irgendwie billig an.« Er löffelte sich etwas von dem faden, aber nahrhaften Getreidebrei, den die Careboys in letzter Zeit abwarfen, in den Mund. Und während er darauf herumkaute, dachte er: Ich wette, Connie Companion isst nicht so einen Drecksfraß; ich wette, sie isst Cheeseburger mit allem Drum und Dran in einem noblen Drive-in.

»Könnten wir bis zu ihrer Grube wandern?«, fragte Jean.

»Nach Oakland?« Sam starrte sie an. »Das sind *fünfzehn Meilen*, ein ganzes Stück weiter als zur Berkeleygrube!«

»Es ist aber wichtig«, beharrte Jean. »Und Bill hat gesagt, ein Launi aus Oakland wäre den ganzen Weg hierher gelaufen, weil er Elektroteile gesucht hat oder so … und wenn der es schafft, schaffen wir's auch. Wir haben doch die Staubanzüge, die die Careboys abgeworfen haben. Das schaffen wir bestimmt.«

Der kleine Timothy Schein saß bei seiner Familie; er hatte mitgehört und meldete sich nun zu Wort. »Mrs. Regan, Fred Chamberlain und ich, wir kommen so weit, wenn Sie uns Geld geben. Was meinst du?« Er stieß Fred an, der neben ihm saß. »Oder? Sagen wir mal, für fünf Dollar.«

Fred wandte sich mit ernster Miene an Mrs. Regan. »Wir können Ihnen eine Connie-Companion-Puppe besorgen«, meinte er. »Für fünf Dollar *pro Nase*.«

»Du lieber Himmel«, sagte Jean Regan empört. Und ließ das Thema fallen.

Später, nach dem Abendessen, als sie und Sam allein in ihrem Quartier waren, kamen sie noch einmal darauf zu sprechen.

»Sam, ich muss sie sehen«, platzte sie heraus. Sam saß in einer verzinkten Wanne und nahm sein wöchentliches Bad, deshalb blieb ihm nichts anderes übrig, als ihr zuzuhören. »Wo wir nun einmal wissen, dass es sie gibt, müssen wir auch gegen jemand aus der Launengrube in Oakland spielen. Oder? Bitte.« Mit krampfhaft verschlungenen Fingern lief sie in dem kleinen Zimmer auf und ab. »Vielleicht hat Connie Companion ja eine Standard-Tankstelle und einen Flughafen mit einer Landebahn für Düsenflugzeuge und Farbfernsehen und ein französisches Restaurant, wo es Weinbergschnecken gibt, wie das, wo wir waren, als wir geheiratet haben … ich muss ihre Anlage einfach sehen.«

»Ich weiß nicht«, meinte Sam zögernd. »Irgendwas an dieser Connie-Companion-Puppe – macht mich nervös.«

»Was denn?«

»Ich weiß nicht.«

»Der springende Punkt ist doch wohl der«, sagte Jean verbittert, »dass du genau weißt, dass ihre Anlage viel besser ist als unsere und dass Perky Pat da nicht mithalten kann.«

»Kann schon sein«, murmelte Sam.

»Wenn du nicht gehst, wenn du nicht versuchst, mit den Launis aus der Oaklandgrube Kontakt aufzunehmen, dann tut es eben jemand anders – dann kommt dir jemand zuvor, der ehrgeiziger ist als du. Jemand wie Norman Schein. Der ist nämlich nicht so ängstlich wie du.«

Sam sagte nichts; er badete weiter. Seine Hände zitterten.

Vor kurzem hatte ein Careboy komplizierte Maschinenteile abgeworfen, bei denen es sich offenbar um so etwas wie mechanische Computer handelte. Wochenlang hatten die in Kartons verpackten Computer – wenn es denn welche waren – unbenutzt in der Grube herumgelegen, bis Norman Schein endlich Verwendung für einen von ihnen gefunden hatte. Im Augenblick war er dabei, ein paar Zahnräder, die kleinsten des Computers, zu einem Müllschlucker für seine Perky-Pat-Küche umzufunktionieren.

Er arbeitete mit den winzigen Spezialwerkzeugen – entworfen und hergestellt von den Bewohnern der Launengrube –, ohne die es unmöglich gewesen wäre, neues Perky-Pat-Zubehör anzufertigen. Völlig in seine Arbeit an der Werkbank vertieft, bemerkte er mit einem Mal, dass Fran direkt hinter ihm stand und zuschaute.

»Ich werde ganz nervös, wenn mir jemand dabei zuschaut«, meinte Norm, der mit einer Pinzette ein Zahnrad festhielt.

»Hör mal«, sagte Fran, »mir ist da was eingefallen. Erinnert dich das an was?« Sie stellte eines der Transistorradios, die gestern abgeworfen worden waren, vor ihn auf den Tisch.

»Das erinnert mich an den Garagentoröffner, den ich bauen wollte«, erwiderte Norm gereizt. Er machte weiter, setzte die Miniaturteile gekonnt im Abfluss von Perky Pats Spüle zusammen; eine so heikle Aufgabe erforderte ein Höchstmaß an Konzentration.

»Mich erinnert das daran«, sagte Fran, »dass es irgendwo auf der Erde *Sendegeräte* geben muss, sonst hätten die Careboys die Dinger nicht abgeworfen.«

»Na und?«, meinte Norman gleichgültig.

»Vielleicht hat unser Bürgermeister eins«, sagte Fran. »Vielleicht gibt es in unserer Grube eins, mit dem wir die Launengrube in Oakland erreichen können. Dann könnten wir uns mit ihren Vertretern auf halber Strecke treffen … sagen wir, an der Berkeleygrube. Und dort könnten wir auch spielen. Dann brauchen wir nicht die ganzen fünfzehn Meilen zu laufen.«

Norman hielt in seiner Arbeit inne; er legte die Pinzette beiseite und sagte langsam: »Da hast du vielleicht gar nicht so unrecht.« Aber wenn Hooker Glebe, ihr Bürgermeister, tatsächlich ein Funkgerät hatte, würde er es sie dann auch benutzen lassen? Und wenn ja –

»Lassen wir's auf einen Versuch ankommen«, drängte Fran. »Ein Versuch kann doch nichts schaden.«

»Na schön«, meinte Norman und stand von seiner Werkbank auf.

Der Bürgermeister der Launengrube von Pinole, ein kleiner Mann in Armeeuniform und mit verschmitztem Gesicht, hörte sich schweigend an, was Norm Schein zu sagen hatte. Dann lächelte er ein kluges, verschlagenes Lächeln. »Aber natürlich habe ich ein Funkgerät. Habe ich immer schon gehabt. Fünfzig Watt Ausgangsleistung. Aber weshalb wollen Sie sich denn mit der Launengrube von Oakland in Verbindung setzen?«

»Das ist meine Sache«, meinte Norm vorsichtig.

»Für fünfzehn Dollar können Sie's benutzen«, sagte Hooker Glebe nachdenklich.

Das war ein böser Schock, und Norm wich zurück. Du lieber Himmel; das war alles, was er und seine Frau besaßen – und sie brauchten doch jeden Dollar, um Perky Pat spielen zu können. Geld war das einzige Zahlungsmittel bei dem Spiel; es gab keine andere Möglichkeit, festzustellen, wer gewonnen oder verloren hatte. »Das ist zu viel«, sagte er laut.

»Na gut, sagen wir zehn«, entgegnete der Bürgermeister achselzuckend.

Schließlich einigten sie sich auf sechs Dollar und ein Fünfzigcentstück.

»Ich stelle den Funkkontakt für Sie her«, sagte Hooker Glebe. »Sie wissen ja doch nicht, wie das geht. Das dauert seine Zeit.« Er drehte eine Kurbel, die seitlich am Generator des Senders befestigt war. »Ich verständige Sie dann sofort, wenn ich Kontakt mit ihnen aufgenommen habe. Aber jetzt geben Sie mir erst einmal das Geld.« Er streckte die Hand danach aus, und schweren Herzens bezahlte Norman.

Erst am späten Abend gelang es Hooker, den Kontakt mit Oakland herzustellen. Stolz und strahlend vor Selbstzufriedenheit erschien er zur Essenszeit im Quartier der Scheins. »Es kann losgehen«, verkündete er. »Sagen Sie mal, wussten Sie eigentlich, dass es in Oakland gleich *neun* Launengruben gibt? Mir war das neu. Welche wollen Sie denn? Die ich an der Strippe habe, hat den Codenamen Rote Vanille.« Er kicherte. »Ziemlich eklig und misstrauisch, die Burschen da unten. War gar nicht so einfach, einen zum Sprechen zu bringen.«

Norman ließ sein Abendessen stehen und rannte zum Quartier des Bürgermeisters, Hooker schnaufte hinter ihm her.

Der Sender lief tatsächlich, und aus dem Lautsprecher der Monitoreinheit kamen pfeifende Störgeräusche. Beklommen setzte sich Norm ans Mikrophon. »Kann ich einfach anfangen?«, fragte er Hooker Glebe.

»Sagen Sie bloß: hier Launengrube Pinole. Wiederholen Sie das ein paarmal, und wenn sie bestätigen, können Sie sagen, was Sie sagen wollen.« Mit viel wichtigtuerischem Tamtam fummelte der Bürgermeister an den Reglern des Funkgeräts herum.

»Hier Launengrube Pinole«, sprach Norm laut in sein Mikrophon. Gleich darauf erwiderte eine Stimme klar und deutlich aus dem Monitor: »Hier Rote Vanille drei.« Die Stimme klang kalt und schroff; sie machte einen ausgesprochen unsympathischen Eindruck. Hooker hatte recht. »Habt ihr bei euch da drüben Connie-Companion-Puppen?«

»Haben wir«, antwortete der Oakland-Launi.

»Also, ich fordere euch heraus«, sagte Norman und spürte, wie seine Halsschlagader bei dem, was er sagte, vor Nervosität pochte. »Wir hier spielen Perky Pat; wir treten mit unserer Perky Pat gegen eure Connie Companion an. Wo können wir uns treffen?«

»Perky Pat«, wiederholte der Oakland-Launi. »Ja, hab ich von gehört. Was hattet ihr euch denn so als Einsatz vorgestellt?«

»Wir spielen hier hauptsächlich um Papiergeld«, meinte Norman; er fand seine Antwort irgendwie lahm.

»Papiergeld haben wir jede Menge«, sagte der Oakland-Launi höhnisch. »Kein Interesse. Was noch?«

»Keine Ahnung.« Es hemmte ihn, mit jemandem zu sprechen, den er nicht auch sehen konnte; das war er nicht gewohnt. Menschen sollten sich Auge in Auge gegenüberstehen, dachte er, damit man das Gesicht des anderen sehen kann. Das hier war unnatürlich. »Treffen wir uns auf halbem Weg«, meinte er, »und reden darüber. Wir könnten uns ja in der Launengrube von Berkeley treffen; wie wär's damit?«

»Das ist zu weit«, sagte der Oakland-Launi. »Ihr glaubt doch nicht etwa, dass wir unsere Connie-Companion-Anlage bis dahin schleppen? Dafür ist sie zu schwer, außerdem könnte unterwegs etwas kaputtgehen.«

»Nein, bloß um die Spielregeln und den Einsatz festzulegen«, erwiderte Norman.

»Na ja, das lässt sich unter Umständen machen«, sagte der Oakland-Launi unschlüssig. »Aber dass ihr euch über eins im Klaren seid – wir nehmen unsere Connie Companion verdammt ernst; halbe Sachen gibt's bei uns nicht, also macht euch auf was gefasst.«

»Machen wir«, versicherte Norman.

Die ganze Zeit über hatte Bügermeister Hooker Glebe die Kurbel des Generators gedreht; schwitzend, das Gesicht ganz aufgedunsen vor lauter Anstrengung, gab er Norm wütend Zeichen, der Sache ein Ende zu machen.

»In der Berkeleygrube«, schloss Norm. »In drei Tagen. Und schickt euren besten Spieler, den mit der größten und naturgetreuesten Anlage. Unsere Anlagen sind nämlich Kunstwerke, dass wir uns recht verstehen.«

»Das glauben wir erst, wenn wir sie gesehen haben«, sagte der Oakland-Launi. »Unsere Anlagen werden immerhin von Tischlern, Elektrikern und Stuckateuren gebaut; ihr habt doch alle nichts drauf, wetten?«

»Mehr als ihr denkt«, gab Norm erbost zurück und legte das Mikrophon beiseite. Er wandte sich an Hooker Glebe, der sofort mit kurbeln aufgehört hatte. »Die werden wir uns kaufen. Warten Sie nur, bis Sie den Müllschlucker zu sehen kriegen, den ich meiner Perky Pat gerade baue; haben Sie gewusst, dass es in den ollen Tagen Leute gab, und zwar richtige lebendige Menschen, die keine Müllschlucker hatten?«

»Ich erinnere mich«, meinte Hooker gereizt. »Hören Sie, ich finde, für das bisschen Geld habe ich ein bisschen viel gekurbelt, so lange haben Sie geredet; Sie haben mich übers Ohr gehauen.« Er starrte Norm derart feindselig an, dass ihm langsam mulmig zumute wurde. Schließlich hatte der Bürgermeister der Grube das Recht, jeden beliebigen Launi auszuweisen; das war bei ihnen so Gesetz.

»Sie kriegen meinen Feuermelder, der ist vorgestern erst fertig geworden«, sagte Norm. »In meiner Anlage hängt er an der Ecke des Hauses, in dem Perky Pats Freund Leonard wohnt.«

»Na schön«, willigte Hooker ein, und seine Feindseligkeit verschwand. Sofort trat Gier an ihre Stelle. »Lassen Sie mal sehen, Norm. Ich wette, er passt perfekt in meine Anlage. Ein Feuermelder ist genau das, was ich brauche, dann ist mein erster Block komplett, da hängt nämlich auch der Briefkasten. Vielen Dank.«

»Nichts zu danken«, seufzte Norm erleichtert.

Als er von der zweitägigen Reise zur Launengrube von Berkeley zurückkehrte, machte er ein derart finsteres Gesicht, dass seine Frau sofort wusste, dass die Unterredung mit den Leuten aus Oakland nicht gut verlaufen war.

Am Morgen hatte ein Careboy Kartons mit einem teeähnlichen Synthetikgetränk abgeworfen; sie machte Norman eine Tasse davon und wartete darauf, dass er ihr erzählte, was acht Meilen weiter südlich geschehen war.

»Wir haben herumgefeilscht«, sagte Norm; er saß müde auf dem Bett, das er sich mit seiner Frau und dem Kind teilte. »Sie wollen kein Geld; sie wollen auch keine Waren – logisch, sie werden nämlich genauso regelmäßig von den verdammten Careboys beliefert.«

»Was nehmen sie dann?«

»Perky Pat«, meinte Norm und schwieg.

»Also wirklich«, sagte sie angewidert.

»Aber wenn wir gewinnen«, erklärte Norm, »dann gewinnen wir Connie Companion.«

»Und die Anlagen? Was ist damit?«

»Die können wir behalten. Sie wollen nur Perky Pat, weder Leonard noch sonst was.«

»Aber«, widersprach sie, »was sollen wir denn *machen*, wenn wir Perky Pat verlieren?«

»Ich kann uns eine neue bauen«, meinte Norm. »Vorausgesetzt, ich habe genügend Zeit. Hier in der Grube gibt es einen großen Vorrat an Thermoplastik und Kunsthaar. Und ich habe noch jede Menge verschiedene Farben; es würde mindestens einen Monat dauern, aber ich könnte es schaffen. Ich bin zwar nicht gerade scharf darauf, das gebe ich zu. Aber –« Seine Augen glänzten. »Sieh das doch mal positiv; *stell dir vor, wie es wäre, wenn wir die Connie-Companion-Puppe gewinnen würden.* Ich denke, unsere Chancen stehen nicht schlecht; ihr Sprecher schien mir zwar ziemlich clever zu sein, und eklig, wie Hooker sich ausgedrückt hat … aber der, mit dem ich gesprochen habe, kam mir nicht besonders launig vor. Du weißt schon, mit dem Glück auf Du und Du.«

Und der Glücksfaktor, das Risiko, war dank des Kreisels schließlich in jeder Spielphase von entscheidender Bedeutung.

»Irgendwie ist es nicht richtig, um Perky Pat zu spielen«, sagte Fran. »Aber wenn du meinst –« Sie brachte ein kleines Lächeln zustande. »Dann bin ich dabei. Und wenn du Connie Companion gewinnst – wer weiß? Vielleicht wirst du sogar zum Bürgermeister gewählt, wenn Hooker tot ist. Stell dir vor, jemand anderen zu schlagen und seine *Puppe* zu gewinnen – nicht bloß das Spiel oder das Geld, sondern die *Puppe.*«

»Ich kann gewinnen«, meinte Norm nüchtern. »Ich bin nämlich ziemlich launig.« Er spürte sie in sich, dieselbe Launigkeit, die ihn den Wasserstoffkrieg hatte überleben lassen und ihn seitdem am Leben erhalten hatte. Entweder man hat's oder man hat's nicht, dachte er. Und ich hab's.

»Sollen wir Hooker nicht bitten, eine Grubenvollversammlung einzuberufen und den besten Spieler von allen zu schicken?«, fragte seine Frau. »Dann gewinnen wir vielleicht eher.«

»Hör mal«, meinte Norm nachdrücklich. »Ich bin der beste Spieler. Ich gehe. Und zwar mit dir; wir sind immer ein gutes Team gewesen, und so soll es auch bleiben. Wir brauchen sowieso mindestens zwei, um die Perky-Pat-Anlage zu tragen.« Alles in allem, schätzte er, wog ihre Anlage bestimmt fünfzig Pfund.

Er war mit seinem Plan zufrieden. Doch als er mit den anderen Bewohnern der Launengrube von Pinole darüber sprach, erntete er heftigen Widerspruch. Der ganze nächste Tag war von Streitigkeiten bestimmt.

»Ihr könnt eure Anlage nicht so weit tragen«, meinte Sam Regan. »Entweder ihr nehmt mehr Leute mit, oder ihr transportiert die Anlage mit einem Wagen. Zum Beispiel mit einem Karren.« Er blickte Norm finster an.

»Wo soll ich denn einen Karren hernehmen?«, wollte er wissen.

»Vielleicht können wir irgendetwas umbauen«, sagte Sam. »Ich helfe dir, so gut ich kann. Ich würde ja mitkommen, aber die ganze Geschichte macht mir Sorgen, das habe ich meiner Frau auch gesagt.« Er klopfte Norman auf den Rücken. »Ich bewundere euren Mut, dass ihr einfach so loszieht, du und Fran. Ich wollte, ich hätte soviel Mumm.« Er wirkte unglücklich.

Schließlich entschied Norm sich für eine Schubkarre. Er und Fran wollten abwechselnd schieben. So brauchte keiner von ihnen mehr zu tragen als Proviant und Wasser und natürlich Messer, um die Hutzen zu verscheuchen.

Als sie die Einzelteile der Anlage vorsichtig in der Schubkarre verstauten, kam ihr Sohn Timothy angeschlichen. »Nehmt mich doch mit, Dad«, bat er flehentlich. »Für fünfzig Cents komm ich mit, als Führer und Kundschafter, außerdem fang ich euch unterwegs was zu essen.«

»Wir kommen schon allein zurecht«, sagte Norm. »Du bleibst hier in der Grube; da bist du sicher.« Die Vorstellung, dass ihnen sein Sohn bei einem solch wichtigen Unterfangen hinterherlief, verärgerte ihn. Es war beinahe – ein Sakrileg.

»Gib uns einen Abschiedskuss«, sagte Fran zu Timothy und schenkte ihm ein kurzes Lächeln; dann wandte sie ihre Aufmerksamkeit wieder der Anlage auf der Schubkarre zu. »Hoffentlich kippt sie nicht um«, sagte sie ängstlich zu Norm.

»Nie im Leben«, meinte Norm. »Wir müssen bloß aufpassen.« Er war sich seiner Sache vollkommen sicher.

Kurz darauf karrten sie die Schubkarre langsam die Rampe hinauf zur Verschlussplatte, nach oben. Ihre Reise zur Launengrube von Berkeley hatte begonnen.

Die Berkeleygrube war noch eine Meile entfernt, da stießen er und Fran zum ersten Mal auf teils halb volle, teils leere Abwurfkanister: die Überbleibsel alter Carepakete, mit denen auch bei ihrer Grube die ganze Oberfläche übersät war. Norm Schein seufzte erleichtert auf; die Reise war doch nicht so schlimm gewesen, abgesehen davon, dass er von den Metallgriffen der Schubkarre Blasen an den Händen und Fran sich den Knöchel verstaucht hatte, so dass sie jetzt unter Schmerzen litt und hinkte. Aber es war schneller gegangen, als er angenommen hatte, und er war bester Laune.

Vor ihnen tauchte eine Gestalt auf, die geduckt in der Asche kauerte. Ein Junge. Norm winkte ihm und rief: »He, Söhnchen – wir sind aus der Pinolegrube; wir sollen uns hier mit einer Gruppe aus Oakland treffen … bist du das Begrüßungskomitee?«

Wortlos machte der Junge kehrt und rannte davon.

»Kein Grund zur Besorgnis«, meinte Norm zu seiner Frau. »Der sagt ihrem Bürgermeister Bescheid. Ein netter alter Knabe, er heißt Ben Fennimore.«

Bald darauf erschienen einige Erwachsene und kamen vorsichtig näher.

Erleichtert ließ Norm die Schubkarre in die Asche sinken und wischte sich mit dem Taschentuch übers Gesicht. »Ist das Team aus Oakland schon da?«, rief er.

»Bis jetzt nicht«, antwortete ein hochgewachsener, älterer Mann mit reichverzierter Mütze. »Sie sind die Scheins, stimmt's?«, sagte er und starrte sie an. Das war Ben Fennimore. »Sie waren aber schnell mit Ihrer Anlage.« Unterdessen drängten sich die Launis aus Berkeley um die Schubkarre und inspizierten die Anlage der Scheins. In ihren Gesichtern spiegelte sich Bewunderung.

»Hier spielen sie Perky Pat«, erklärte Norm seiner Frau. »Aber –« Er senkte die Stimme. »Ihre Anlagen sind ziemlich primitiv. Bloß ein Haus, Kleider und ein Auto … sie haben so gut wie nichts dazugebaut. Keine Phantasie.«

»Und Sie haben die ganzen Möbel selbst gemacht?«, fragte ein Berkeley-Launi – eine Frau – Fran verwundert. Staunend wandte sie sich an den Mann neben ihr. »Siehst du, was die alles hingekriegt haben?«

»Ja«, antwortete der Mann und nickte. »Sagen Sie mal«, fragte er Fran und Norm, »können wir sie aufgebaut sehen? Sie wollen sie doch in unserer Grube aufbauen, oder?«

»Allerdings«, sagte Norm.

Die Berkeley-Launis halfen ihnen, die Schubkarre die letzte Meile zu schieben. Und es dauerte nicht lange, da stiegen sie die Rampe hinab in die Grube unter der Oberfläche.

»Die Grube ist riesig«, erklärte Norman seiner Frau. »Bestimmt zweitausend Menschen. Hier war früher die University of California.«

»Verstehe«, sagte Fran; ihr war nicht ganz wohl dabei, eine fremde Grube zu betreten. Es war seit Jahren – seit dem Krieg, genau genommen – das erste Mal, dass sie Fremde sah. Und gleich so viele auf einmal. Das war fast zu viel für sie; Norman spürte, wie sie zurückschreckte und sich ängstlich an ihn drückte.

Als sie in der ersten Ebene angekommen waren und gerade angefangen hatten, die Schubkarre zu entladen, kam Ben Fennimore zu ihnen. »Ich glaube, sie haben die Leute aus Oakland geortet«, sagte er leise, »gerade ist uns Aktivität an der Oberfläche gemeldet worden. Also machen Sie sich darauf gefasst.« Er setzte hinzu: »Wir stehen selbstverständlich hinter Ihnen, Sie spielen schließlich Perky Pat, genau wie wir.«

»Haben Sie Connie Companion schon mal gesehen?«, fragte Fran.

»Nein, Ma'am«, antwortete Fennimore höflich. »Aber wir haben natürlich von ihr gehört, Oakland ist ja nicht allzu weit von hier. Ich kann Ihnen nur eins sagen ... wir haben gehört, dass die Connie-Companion-Puppe ein bisschen älter ist als Perky Pat. Sie verstehen – ein bisschen, ähm, *reifer.*« Er erklärte: »Nur damit Sie Bescheid wissen.«

Norm und Fran wechselten einen kurzen Blick. »Danke«, sagte Norman langsam. »Ja, je mehr wir wissen, desto besser. Wie ist es mit Paul?«

»Ach, der ist nicht der Rede wert«, meinte Fennimore. »Connie hat die Hosen an; ich glaube, Paul hat nicht mal eine eigene Wohnung. Aber warten Sie lieber, bis die Oakland-Launis hier sind; ich möchte Ihnen keine Märchen erzählen – ich weiß das alles auch bloß vom Hörensagen, verstehen Sie.«

Ein anderer Berkeley-Launi hatte die ganze Zeit neben ihnen gestanden und meldete sich jetzt zu Wort. »Einmal habe ich Connie Companion gesehen, sie ist schon viel erwachsener als Perky Pat.«

»Wie alt würden Sie Perky Pat denn schätzen?«, wollte Norm von ihm wissen.

»Och, so siebzehn, achtzehn, würde ich sagen«, bekam Norm zu hören.

»Und Connie?« Er wartete gespannt.

»Och, die könnte gut und gerne fünfundzwanzig sein.«

Von der Rampe hinter ihnen drangen Geräusche herüber. Weitere Berkeley-Launis tauchten auf, gefolgt von zwei Männern mit einer Platte, auf die, sah Norm, eine riesige, imposante Anlage montiert war.

Das war das Team aus Oakland, und es war kein Paar – Mann und Frau; es waren beides Männer mit starren Gesichtszügen und finsteren, toten Augen. Mit einem kurzen Nicken bedeuteten sie Norm und Fran, dass sie ihre Anwesenheit registriert hatten. Und dann, ganz vorsichtig, setzten sie die Platte mit ihrer Anlage ab.

Hinter ihnen erschien ein dritter Oakland-Launi mit einer Metallbox, die einem Henkelmann ähnelte. Als er das sah, wusste Norm instinktiv, dass in der Box die Connie-Companion-Puppe lag. Der Oakland-Launi holte einen Schlüssel hervor und schloss die Box auf.

»Wenn's nach uns geht, können wir jederzeit anfangen«, sagte der größere der beiden Männer aus Oakland. »Bei unserer Unterredung hatten wir ja vereinbart, dass wir statt mit Würfeln mit einem nummerierten Kreisel spielen. So ist die Wahrscheinlichkeit geringer, dass einer von uns betrügt.«

»Einverstanden«, erwiderte Norm. Zögernd streckte er die Hand aus. »Ich bin Norman Schein, und das ist meine Frau und Spielpartnerin Fran.«

Der Mann aus Oakland, eindeutig ihr Anführer, meinte: »Ich bin Walter R. Wynn. Das hier ist mein Partner Charlie Dowd, und der Mann mit der Box, das ist Peter Foster. Er spielt nicht mit; er bewacht bloß unsere Anlage.« Wynn blickte von einem Berkeley-Launi zum anderen, als ob er sagen wollte: Ich weiß, ihr seid hier alle für Perky Pat. Aber was interessiert uns das; wir haben keine Angst.

»Wir sind soweit, Mr. Wynn«, sagte Fran. Sie sprach leise, aber beherrscht.

»Was ist mit dem Geld?«, fragte Fennimore.

»Ich glaube, Geld haben beide Teams genug«, sagte Wynn. Er breitete mehrere tausend Dollar in Scheinen aus, und Norm tat es ihm nach. »Geld spielt dabei natürlich keine Rolle, es ist lediglich Mittel zum Zweck.«

Norm nickte; er war sich völlig darüber im Klaren. Nur die Puppen zählten. Und jetzt sah er die Connie-Companion-Puppe zum ersten Mal.

Mr. Foster, der offenbar für sie zuständig war, stellte sie in ihrem Schlafzimmer auf. Ihr Anblick raubte Norm den Atem. Ja, sie war älter, eine erwachsene Frau, beileibe kein Mädchen mehr … der Unterschied zwischen ihr und Perky Pat war nicht zu übersehen. Und so lebensecht. Geschnitzt, nicht gegossen; sie war offenbar aus bemaltem Holz – nicht aus Thermoplastik. Und ihr Haar. Es war allem Anschein nach Naturhaar.

Er war tief beeindruckt.

»Was halten Sie von ihr?«, fragte Walter Wynn mit leichtem Grinsen.

»Sehr – eindrucksvoll«, räumte Norm ein.

Jetzt nahmen die Leute aus Oakland Perky Pat in Augenschein. »Gegossenes Thermoplastik«, meinte einer von ihnen. »Kunsthaar. Aber hübsche Kleider; alles handgenäht, das sieht man. Interessant; was wir gehört haben, stimmt. Perky Pat ist keine Erwachsene, sondern ein Teenager.«

Nun erschien Connies männlicher Begleiter; er wurde neben Connie im Schlafzimmer postiert.

»Moment mal«, meinte Norm. »Sie stellen Paul, oder wie er heißt, zu ihr ins Schlafzimmer? Hat er denn keine eigene Wohnung?«

»Sie sind verheiratet«, sagte Wynn.

»*Verheiratet*!« Norman und Fran starrten ihn fassungslos an.

»Na klar«, meinte Wynn. »Also leben sie natürlich auch zusammen. Ihre Puppen sind nicht verheiratet, oder?«

»N-nein«, erwiderte Fran. »Leonard ist der Freund von Perky Pat …« Ihre Stimme erstarb. »Norm«, sagte sie und umklammerte seinen Arm, »ich nehme ihm das nicht ab; ich glaube, das sagt er bloß, um einen Vorteil herauszuschinden. Wenn sie nämlich beide vom selben Zimmer aus anfangen –«

»Also, Leute, hört mal«, meinte Norm laut. »Das ist unfair, zu behaupten, dass sie verheiratet sind.«

»Wir ›behaupten‹ nicht, dass sie verheiratet sind; sie sind tatsächlich verheiratet. Sie heißen Connie und Paul Lathrope und wohnen 24 Arden Place, Piedmont. Sie sind seit einem Jahr verheiratet, die meisten Spieler werden Ihnen das bestätigen.« Seine Stimme klang ruhig.

Vielleicht sagt er die Wahrheit, dachte Norm. Er war wirklich erschüttert.

»Schau sie dir bloß an«, sagte Fran und ging auf die Knie, um die Anlage aus Oakland genauer zu untersuchen. »Zusammen im selben Schlafzimmer, im selben Haus. Da, Norm; siehst du? Sie haben nur ein Bett. Ein großes Doppelbett.« Mit wildem Blick drehte sie sich zu ihm um. »Wie sollen Perky Pat und Leonard gegen sie spielen?« Ihre Stimme bebte. »Das ist *unmoralisch.*«

»Auf eine Anlage wie diese waren wir nicht vorbereitet«, meinte Norm zu Walter Wynn. »Wir sind etwas ganz anderes gewohnt, das sehen Sie ja.« Er deutete auf seine Anlage. »Ich bestehe darauf, dass Connie und Paul bei diesem Spiel *nicht* zusammenleben und als *nicht* verheiratet gelten.«

»Aber das sind sie nun mal«, warf Foster ein. »Daran gibt es nichts zu rütteln. Schauen Sie – ihre Kleider hängen im selben Schrank.« Er zeigte ihnen den Schrank. »Und in denselben Schubladen.« Auch das zeigte er ihnen. »Und werfen Sie doch mal einen Blick ins Bad. Zwei Zahnbürsten. Seine und ihre, im selben Ständer. Sie sehen also, wir haben uns das nicht bloß ausgedacht.«

Niemand sagte etwas.

Schließlich fragte Fran mit erstickter Stimme: »Und wenn sie verheiratet sind – soll das heißen, sie sind miteinander – intim gewesen?«

Wynn zog die Augenbrauen hoch und nickte dann. »Sicher, sie sind doch verheiratet. Ist daran vielleicht etwas verkehrt?«

»Perky Pat und Leonard haben noch nie – «, begann Fran und verstummte dann.

»Natürlich nicht«, pflichtete Wynn bei. »Sie gehen ja auch bloß miteinander. Das ist uns schon klar.«

»Wir können einfach nicht spielen«, meinte Fran, »wir können nicht.« Sie ergriff den Arm ihres Mannes. »Gehen wir nach Pinole zurück – bitte, Norman.«

»Warten Sie«, sagte Wynn sofort. »Wenn Sie nicht spielen, geben Sie sich geschlagen; dann gehört Perky Pat uns.«

Die drei Männer aus Oakland nickten. Norman sah, dass auch viele Berkeley-Launis nickten, sogar Ben Fennimore.

»Sie haben recht«, meinte Norm schwerfällig zu seiner Frau. »Dann wären wir Perky Pat los. Es ist besser, wir spielen, Liebes.«

»Ja«, sagte Fran mit dumpfer, matter Stimme. »Wir spielen.« Sie bückte sich und drehte teilnahmslos an der Nadel des Kreisels. Sie blieb bei sechs stehen.

Lächelnd ging Walter Wynn auf die Knie und drehte. Er bekam eine Vier.

Das Spiel hatte begonnen.

Timothy Schein kauerte hinter dem verstreuten, verfaulenden Inhalt eines Carepakets, das vor langer Zeit abgeworfen worden war, als er seine Eltern erblickte, die, eine Schubkarre vor sich herschiebend, aus der Aschewüste kamen. Sie sahen müde und abgekämpft aus.

»Hallo«, schrie Timothy und stürzte voller Freude über das Wiedersehen auf sie zu; er hatte sie schrecklich vermisst.

»Hallo, mein Sohn«, murmelte sein Vater und nickte. Er blieb stehen, ließ die Griffe der Schubkarre los und wischte sich mit dem Taschentuch übers Gesicht.

Nun kam auch Fred Chamberlain angerannt; er keuchte. »Hallo, Mr. Schein; hallo Mrs. Schein. He, haben Sie gewonnen? Haben Sie die Oakland-Launis geschlagen? Wetten, dass? Oder?« Er sah von einem zum anderen und wieder zurück.

»Ja, Freddy«, sagte Fran leise. »Wir haben gewonnen.«

»Schaut mal in die Schubkarre«, meinte Norm.

Die beiden Jungen schauten. Und da, zwischen Perky Pats Habseligkeiten, lag eine zweite Puppe. Größer, kurvenreicher, viel älter als Pat … sie starrten sie an, und sie starrte blind in den grauen Himmel. Das ist also eine Connie-Companion-Puppe, dachte Timothy. Mensch.

»Wir haben Glück gehabt«, sagte Norm. Inzwischen waren mehrere Leute aus der Grube gekommen, drängten sich um sie und lauschten. Jean und Sam Regan, Tod Morrison und seine Frau Helen, und jetzt kam auch ihr Bürgermeister, Hooker Glebe höchstpersönlich, aufgeregt und nervös angewatschelt und schnappte nach Luft, das Gesicht gerötet von der – für ihn ungewohnten – Anstrengung, die Rampe hinaufzusteigen.

»Wir haben in dem Moment eine Schuldtilgungskarte gezogen, als wir am weitesten zurücklagen«, sagte Fran. »Wir standen mit fünfzigtausend in der Kreide, und dank der Karte konnten wir mit den Leuten aus Oakland gleichziehen. Und mit der nächsten Karte durften wir dann zehn Felder weitergehen, direkt auf das Jackpot-Feld, zumindest in unserer Anlage. Wir haben uns fürchterlich gestritten, auf dem gleichen Feld in der Anlage aus Oakland durfte man nämlich Grundsteuer auf alle Immobilien erheben, aber wir hatten eine ungerade Zahl gedreht, und damit waren wir dann wieder auf unserem Brett.« Sie seufzte. »Bin ich froh, dass ich wieder da bin. Es war anstrengend, Hooker; es war eine schwere Partie.«

»Werfen wir doch alle mal einen Blick auf Connie Companion, Leute«, stieß Hooker Glebe keuchend hervor. Er fragte Fran und Norm: »Darf ich sie hochheben und herumzeigen?«

»Natürlich«, sagte Norm und nickte.

Hooker nahm die Connie-Companion-Puppe und betrachtete sie eingehend. »Wirklich realistisch«, meinte er. »Die Kleider sind nicht so schön wie unsere; sieht aus, als wären sie maschinell hergestellt.«

»Sind sie auch«, räumte Norm ein. »Aber sie ist geschnitzt und nicht gegossen.«

»Ja, das sehe ich.« Hooker drehte die Puppe, inspizierte sie von allen Seiten. »Gute Arbeit. Sie ist ein bisschen – ähm, fülliger als Perky Pat. Was hat sie denn da an? So eine Art Tweedkostüm.«

»Berufskleidung«, meinte Fran. »Die haben wir dazugekriegt; darauf hatten wir uns vorher geeinigt.«

»Sie hat nämlich einen Beruf, müssen Sie wissen«, erklärte Norm. »Sie arbeitet als psychologische Beraterin in einem Marktforschungsunternehmen, das sich mit dem Konsumverhalten beschäftigt. Eine hochbezahlte Stellung ... sie verdient zwanzigtausend im Jahr, hat Wynn gesagt, wenn mich nicht alles täuscht.«

»Donnerwetter«, stieß Hooker hervor. »Und Pat ist erst auf dem College; sie geht noch zur Schule.« Er wirkte beunruhigt. »Na ja, das eine oder andere mussten sie uns eben voraushaben. Aber ihr habt gewonnen, und nur darauf kommt es an.« Sein joviales Lächeln kehrte zurück. »Perky Pat hat sich als die Bessere erwiesen.« Er hielt die Connie-Companion-Puppe in die Höhe, so dass jeder sie sehen konnte. »Schaut euch an, was Norm und Fran mitgebracht haben, Leute!«

»Seien Sie vorsichtig mit ihr, Hooker«, sagte Norm mit fester Stimme.

»Hä?« Hooker stutzte. »Wieso?«

»Sie bekommt«, sagte Norm, »ein Baby.«

Mit einem Mal herrschte eisiges Schweigen. Die Asche ringsum bewegte sich leicht; das war das einzige Geräusch.

»Woher wissen Sie das?«, fragte Hooker.

»Das haben sie uns gesagt. Die Leute aus Oakland haben es uns gesagt. Und das haben wir auch gewonnen – nach einem heftigen Streit, den Fennimore schlichten musste.« Er griff in die Schubkarre und brachte einen kleinen Lederbeutel zum Vorschein, aus dem er vorsichtig ein aus Holz geschnitztes, rosiges neugeborenes Baby hervorholte. »Das haben wir auch gewonnen, weil Fennimore wie wir der Meinung war, dass es jetzt technisch gesehen buchstäblich ein Teil der Connie-Companion-Puppe ist.«

Hooker starrte eine kleine Ewigkeit vor sich hin.

»Sie ist verheiratet«, erklärte Fran. »Mit Paul. Die beiden gehen nicht bloß zusammen. Sie ist im dritten Monat schwanger, meinte Mr. Wynn. Das hat er uns aber erst gesagt, als wir schon gewonnen hatten; er wollte nicht damit herausrücken, aber dann ist ihnen wohl klargeworden, dass sie nicht drum herumkommen. Ich finde das auch ganz richtig so; es hätte ihnen nichts genützt, uns das zu verheimlichen.«

»Und dann ist sie auch noch mit einem Embryo ausgerüstet –«, meinte Norm.

»Ja«, sagte Fran. »Man müsste Connie natürlich aufmachen, damit man ihn sehen –«

»Nein«, rief Jean Regan. »Bitte nicht.«

»Nein, Mrs. Schein, nicht«, sagte Hooker. Er wich zurück.

»Am Anfang waren wir natürlich schockiert, aber –«, meinte Fran.

»Versteht ihr denn nicht«, warf Norm ein, »das ist einfach logisch; denkt doch mal logisch. Also, irgendwann kriegt auch Perky Pat –«

»Nein«, stieß Hooker hervor. Er bückte sich und klaubte einen Stein aus der Asche unter seinen Füßen. »Nein«, sagte er und hob den Arm. »Hört auf, ihr beiden. Kein Wort mehr.«

Jetzt hatten auch die Regans Steine aufgehoben. Keiner sagte etwas.

Schließlich meinte Fran: »Wir müssen hier verschwinden, Norm.«

»Ganz recht«, pflichtete Tod Morrison bei. Mit heftigem Nicken bekundete seine Frau ihre Zustimmung.

»Geht doch zurück nach Oakland, ihr beiden«, sagte Hooker zu Norman und Fran Schein. »Ihr habt hier nichts mehr verloren. Ihr seid anders als früher. Ihr habt euch – verändert.«

»Ja«, sagte Sam Regan langsam, halb zu sich selbst. »Ich hab's doch gewusst; meine Angst war berechtigt.« Er wandte sich an Norm Schein. »Ist es eigentlich sehr schwierig, nach Oakland zu kommen?«

»Wir waren bloß bis Berkeley«, antwortete Norm. »Bis zur Launengrube in Berkeley.« Er wirkte völlig verblüfft darüber, was jetzt geschah. »Mein Gott«, sagte er, »wir können doch jetzt nicht umdrehen und die Schubkarre noch einmal den ganzen Weg bis Berkeley schieben – wir sind erledigt, wir müssen uns ausruhen!«

»Und wenn jemand anders schiebt?«, fragte Sam Regan. Er ging zu den Scheins und stellte sich neben sie. »Ich schiebe das Mistding. Du gehst voran, Schein.« Er sah seine Frau an, doch Jean rührte sich nicht. Und sie legte auch die Steine nicht aus der Hand.

Timothy zupfte seinen Vater am Ärmel. »Kann ich diesmal mitkommen, Dad? Bitte, nehmt mich mit.«

»Na schön«, meinte Norm, halb zu sich selbst. Er riss sich zusammen. »Wir sind hier also unerwünscht.« Er wandte sich an Fran.

»Gehen wir. Sam schiebt die Karre; ich denke, bis Einbruch der Nacht können wir da sein. Wenn nicht, dann schlafen wir eben im Freien; jetzt, wo Timothy dabei ist, sind wir vor den Hutzen sicher.«

»Es wird uns wohl auch gar nichts anderes übrig bleiben«, meinte Fran. Sie war ganz bleich im Gesicht.

»Vergesst das nicht«, sagte Hooker. Er hielt ihnen das winzige, hölzerne Baby hin. Fran Schein nahm es und steckte es behutsam in seinen Lederbeutel zurück. Norm legte Connie Companion wieder in die Schubkarre. Sie waren bereit zum Aufbruch.

»Irgendwann ist es auch hier soweit«, erklärte Norm der kleinen Gruppe, den Launis von Pinole. »Oakland ist euch einfach ein bisschen voraus; das ist alles.«

»Geht schon«, sagte Hooker. »Macht, dass ihr wegkommt.«

Norm nickte und wollte die Griffe der Schubkarre packen, aber Sam Regan schob ihn beiseite und nahm die Sache in die Hand. »Gehen wir«, sagte er.

Die drei Erwachsenen – Thimothy Schein ging ihnen für den Fall, dass sie von einer Hutze angegriffen wurden, mit gezücktem Messer voran – setzten sich in Bewegung, nach Süden, Richtung Oakland. Niemand sagte etwas. Es gab nichts zu sagen.

»Es ist eine Schande, dass das passieren musste«, sagte Norm schließlich, nachdem sie fast eine Meile gegangen waren und von den Pinole-Launis hinter ihnen nichts mehr zu sehen war.

»Vielleicht aber auch nicht«, erwiderte Sam Regan. »Vielleicht ist es ganz gut so.« Er wirkte keineswegs niedergeschlagen. Und er hatte immerhin seine Frau verloren; er hatte mehr aufgegeben als alle anderen, und doch – er hatte überlebt.

»Schön, dass du so denkst«, meinte Norman trübsinnig.

Sie gingen weiter, jeder in seine Gedanken vertieft.

Nach einer Weile fragte Timothy seinen Vater: »In den ganzen großen Launengruben im Süden … da kann man doch viel mehr machen, oder? Ich mein, ihr sitzt da doch nicht bloß rum und spielt dieses Spiel.« Das wollte er wenigstens nicht hoffen.

»Ich nehm's an«, antwortete sein Vater.

Ein Careschiff pfiff mit enormer Geschwindigkeit über sie hinweg und war im nächsten Augenblick schon wieder verschwunden; Timothy sah ihm nach, obwohl es ihn im Grunde nicht sonderlich interessierte, denn es gab so viel anderes, auf das er sich freuen konnte, an der Oberfläche und darunter, vor ihnen im Süden.

»Diese Leute aus Oakland«, murmelte sein Vater, »ihr Spiel, ihre sonderbare Puppe, die haben was daraus gelernt. Connie musste wachsen, und dadurch waren sie gezwungen, mit ihr zu wachsen. Unsere Launis mit ihrer Perky Pat haben das nie begriffen. Ob sie es je lernen werden? Dazu müssten sie erwachsen werden, genau wie Connie. Connie war früher bestimmt genau wie Perky Pat. Aber das ist lange her.«

Timothy war es gleichgültig, was sein Vater zu sagen hatte – wen interessierten schon Puppen und Spiele mit Puppen? –, also lief er voraus und hielt Ausschau nach dem, was vor ihnen lag, nach den Gelegenheiten und Möglichkeiten, die sich ihm boten, seiner Mutter, seinem Vater und auch Mr. Regan.

»Ich kann's kaum erwarten«, brüllte er seinem Vater zu, der darauf jedoch lediglich ein schwaches, erschöpftes Lächeln zustande brachte.

Ein unbezahlbarer Artefakt

Unter Milt Biskles Helikopter erstreckten sich frisch urbar gemachte Ländereien. Er hatte in seinem Marsabschnitt gute Arbeit geleistet; es grünte und blühte nach seiner Sanierung der antiken Bewässerungskanäle. Der Frühling, zwei Frühlinge pro Jahr, war in diese herbstliche Welt von Sand und Kreuzkröten eingezogen, in ein Land, das vorher ausgedörrte, unter dem Staub früherer Tage rissig gewordene Krume gewesen war, trostloses und unbewässertes Ödland. Ein Opfer des jüngsten Prox-Terra-Konflikts.

Sehr bald würden die ersten terranischen Emigranten eintreffen, ihre Parzellen abstecken und übernehmen. Er konnte sich zur Ruhe setzen. Vielleicht konnte er nach Terra zurückkehren, oder seine eigene Familie herkommen lassen, von seinem Vorzugsrecht auf Grundstückszuweisung Gebrauch machen – als Sanierungsingenieur hatte er Anspruch darauf. Abschnitt Gelb hatte wesentlich schnellere Fortschritte gemacht als die Sektionen der anderen Ingenieure. Und nun erhielt er den verdienten Lohn.

Milt Biskle langte nach vorne und drückte den Knopf seines Langstrecken-Senders. »Hier ist Sanierungsingenieur Gelb«, sagte er. »Ich brauche einen Psychiater. Mir ist jeder recht, solange er schnell verfügbar ist.«

Als Milt Biskle das Büro betrat, erhob Dr. DeWinter sich und bot ihm seine Hand. »Wie ich höre«, sagte Dr. DeWinter, »sind Sie von allen an die vierzig Sanierungsingenieuren der schaffensfreudigste gewesen. Es ist kein Wunder, dass Sie müde sind. Selbst Gott musste nach sechs solchen Arbeitstagen ruhen, und Sie machen das seit Jahren. Während ich auf Ihre Ankunft wartete, habe ich eine Kurznachricht von Terra erhalten, die Sie interessieren wird.« Er nahm die Notiz von seinem Schreibtisch. »Der erste Siedlertransport wird in Kürze auf dem Mars eintreffen … und sie werden direkt in Ihren Abschnitt ziehen. Meinen Glückwunsch, Mr. Biskle.«

Milt Biskle straffte sich und sagte: »Was, wenn ich auf die Erde zurückkehren würde?«

»Aber falls Sie vorhaben, für Ihre Familie hier eine Parzelle abzustecken –«

Milt Biskle sagte: »Ich möchte, dass Sie etwas für mich tun. Ich fühle mich zu müde, zu –« Er machte eine vage Geste. »Vielleicht auch deprimiert. Jedenfalls möchte ich, dass Sie Vorkehrungen dafür treffen, dass meine Ausrüstung, einschließlich meiner Wuk-Staude, an Bord eines Rücktransports nach Terra geschafft wird.«

»Sechs Jahre Arbeit«, sagte Dr. DeWinter. »Und jetzt lassen Sie Ihre Aufwandsentschädigung sausen. Ich war erst kürzlich zu Besuch auf der Erde, und sie ist noch genau so, wie Sie sie in Erinnerung haben –«

»Woher wissen Sie, wie ich sie in Erinnerung habe?«

»Vielleicht«, korrigierte sich Dr. DeWinter geschmeidig, »sollte ich lieber sagen, sie ist, wie sie war. Übervölkert, winzige Eigenwohns, in denen sieben Familien auf eine einzige enge Küche kommen. Autobahnen, so überfüllt, dass man bis elf Uhr morgens nicht vorankommt.«

»Für mich«, sagte Milt Biskle, »wird Überbevölkerung nach sechs Jahren autonomer Robot-Ausrüstung eine Erlösung sein.« Er hatte sich entschieden. Trotz allem, was er hier erreicht hatte, vielleicht gerade deswegen, war er entschlossen, heimzukehren. Trotz der Einwände des Psychiaters.

Dr. DeWinter schnurrte: »Und wenn Ihre Frau und Ihre Kinder unter den Passagieren des ersten Transports wären?« Erneut hob er ein Dokument von seinem penibel geordneten Schreibtisch. Er las das Papier durch und sagte dann: »Biskle, Fay, Mrs., Laura C., June C., Frau und zwei kleine Mädchen. Ihre Familie?«

»Ja«, bestätigte Milt Biskle hölzern; er starrte vor sich hin.

»Sie sehen also, dass Sie nicht zur Erde zurückkehren können. Setzen Sie sich Ihr Haar auf, und warten Sie an Feld drei auf sie. Und wechseln Sie Ihre Zähne. Im Moment haben Sie die aus rostfreiem Stahl drin.«

So zurechtgewiesen nickte Biskle. Wie alle Terraner hatte er sein Haar und seine Zähne durch den Fallout während des Krieges verloren. Für den Arbeitsalltag seines einsamen Jobs, Abschnitt Gelb des Mars zu sanieren, hatte er keinen Gebrauch von der teuren Perücke gemacht, die er von der Erde mitgebracht hatte, und was die Zähne betraf, fand er die stählernen sehr viel praktischer als das Plastikgebiss in Originalfarbe. Daran sah man, wie ihm langsam der Sinn für soziale Umgangsformen abhandenkam. Er empfand dumpfe Schuldgefühle; Dr. DeWinter hatte recht.

Aber er hatte sich seit der Niederlage der Proxmen dauernd schuldig gefühlt. Der Krieg hatte ihn bitter gemacht; es schien ihm nicht fair, dass eine der rivalisierenden Kulturen untergehen sollte, da beider Ansprüche gerechtfertigt waren.

Der Mars selbst war das umkämpfte Gebiet gewesen. Beide Kulturen brauchten ihn als Kolonie, auf der sie ihre überzählige Bevölkerung ansiedeln konnten. Gott sei Dank war es Terra gelungen, in den letzten beiden Kriegsjahren taktische Überlegenheit zu erringen … daher waren es Terraner wie er selbst, nicht Proxmen, die den Mars unter sich aufteilten.

»Ach übrigens«, sagte Dr. DeWinter. »Zufällig weiß ich, was Sie bei Ihren Sanierungskollegen vorhaben.«

Milt Biskle schaute rasch auf.

»Tatsächlich«, sagte Dr. DeWinter, »wissen wir sogar, dass sie in diesem Moment in Abschnitt Rot zusammentreten, um Ihren Bericht zu hören.« Er öffnete seine Schreibtischschublade, holte ein Yo-Yo heraus, stand auf und brachte damit fachmännisch einen *Walk-the-dog* zuwege.

»Ihre hysterische Ansprache, die darauf hinausläuft, es sei irgendetwas faul, obwohl Sie anscheinend nicht sagen können, was das sein könnte.«

Das Yo-Yo betrachtend, sagte Milt Biskle: »Dieses Spielzeug soll im Prox-System sehr beliebt sein. Das habe ich zumindest mal in einem Homöoblatt-Artikel gelesen.«

»Hmm. Ich war der Ansicht, es sei philippinischen Ursprungs.« Ganz vertieft spielte Dr. DeWinter jetzt ein *Around-the-World.* Er machte es gut. »Ich habe mir erlaubt, der Generalversammlung der Sanierungsingenieure eine Einlassung zuzusenden, ein Gutachten über Ihren Geisteszustand. Sie wird laut verlesen werden – so leid es mir tut.«

»Ich bin trotzdem entschlossen, vor der Versammlung zu sprechen«, sagte Biskle.

»Tja, dann fällt mir ein Kompromiss ein. Begrüßen Sie Ihre kleine Familie, wenn sie hier auf dem Mars eintrifft, und wir arrangieren für Sie eine Reise nach Terra. Auf unsere Kosten. Und als Gegenleistung willigen Sie ein, nicht vor der Generalversammlung der Sanierungsingenieure zu sprechen und sie in keiner Weise mit Ihren nebulösen Ahnungen zu behelligen.« DeWinter musterte ihn gespannt. »Immerhin ist jetzt ein kritischer Moment. Die ersten Emigranten treffen ein. Wir wollen keinen Ärger; wir wollen niemanden beunruhigen.«

»Würden Sie mir einen Gefallen tun?«, fragte Biskle. »Zeigen Sie mir, dass Sie eine Perücke tragen. Und dass Ihre Zähne falsch sind. Nur damit ich Gewissheit habe, dass Sie Terraner sind.«

Dr. DeWinter lüpfte seine Perücke und nahm sein Gebiss heraus.

»Ich nehme das Angebot an«, sagte Milt Biskle. »Wenn Sie sich bereit erklären, dafür zu sorgen, dass meine Frau die Parzelle Land bezieht, die ich für sie reserviert habe.«

Nickend warf DeWinter ihm einen kleinen weißen Briefumschlag zu. »Hier ist Ihre Fahrkarte. Hin und zurück natürlich, da Sie zurückkommen werden.«

Das hoffe ich, dachte Biskle, als er die Fahrkarte aufhob. Aber es hängt davon ab, was ich auf Terra sehe. Oder eher, was sie mich sehen lassen werden.

Er hatte das Gefühl, sie würden ihn sehr wenig sehen lassen. So wenig wie proxianermöglich, genau gesagt.

Als sein Schiff auf Terra landete, erwartete ihn eine schick uniformierte Führerin. »Mr. Biskle?« Schmuck und attraktiv und außerordentlich jung, trat sie beflissen vor. »Ich bin Mary Ableseth, Ihre Tourplan-Begleiterin. Ich führe Sie während Ihres kurzen Aufenthalts hier auf dem Planeten herum.« Sie lächelte strahlend und sehr professionell. Er war überrumpelt. »Ich werde ständig bei Ihnen sein, Tag und Nacht.«

»Auch nachts?«, gelang es ihm zu sagen.

»Ja, Mr. Biskle. Das ist mein Job. Wir gehen davon aus, dass Sie sich nicht gleich zurechtfinden, nach Ihren langen Arbeitsjahren auf dem Mars … eine Arbeit, die wir auf Terra gebührend zu würdigen und zu schätzen wissen.« Sie fasste neben ihm Tritt und lotste ihn zu einem geparkten Helikopter. »Wo möchten Sie zuerst hin? New York City? Broadway? In die Nachtclubs und Theater und Restaurants …?«

»Nein, zum Central Park. Um mich auf eine Bank zu setzen.«

»Aber es gibt keinen Central Park mehr, Mr. Biskle. Er wurde zu einem Parkplatz für Regierungsangestellte umgebaut, während Sie auf dem Mars waren.«

»Ich verstehe«, sagte Milt Biskle. »Na, Portsmouth Square in San Francisco wird's auch tun.« Er öffnete die Tür des Helikopters.

»Aus dem ist auch ein Parkplatz geworden«, sagte Miss Ableseth mit einem traurigen Schütteln ihres langen, leuchtenden, roten Haars. »Wir sind so verflixt übervölkert. Nächster Versuch, Mr. Biskle; es gibt noch einige Parks, einen in Kansas, glaube ich, und zwei im Süden von Utah, bei St. George.«

»Das sind böse Neuigkeiten«, sagte Milt. »Dürfte ich an dem Amphetaminspender halten und einen Dime einwerfen? Ich brauche ein Stimulans, um mich aufzumuntern.«

»Gewiss«, sagte Miss Ableseth mit gnädigem Nicken.

Milt Biskle ging zum nahen Stimulansspender des Raumhafens, griff in seine Tasche, fand einen Dime und warf den Dime in den Schlitz.

Der Dime fiel glatt durch den Spender und plumpste aufs Pflaster.

»Seltsam«, sagte Biskle verblüfft.

»Ich glaube, das kann ich erklären«, sagte Miss Ableseth. »Ihr

Dime da ist ein marsianischer Dime, für geringere Schwerkraft geschaffen.«

»Hmmm«, sagte Milt Biskle, als er den Dime wieder einsteckte. Wie Miss Ableseth prophezeit hatte, fand er sich nicht zurecht. Er stand daneben, während sie einen eigenen Dime einwarf und das Röhrchen Amphetaminstimulans für ihn erwarb. Ihre Erklärung schien einleuchtend, gewiss. Aber –

»Es ist jetzt 20 Uhr Ortszeit«, sagte Miss Ableseth. »Und ich habe noch kein Dinner gehabt, obwohl Sie natürlich an Bord des Schiffs gegessen haben. Warum führen Sie mich nicht zum Dinner aus? Wir können uns bei einer Flasche Pinot Noir unterhalten, und Sie können mir von diesen vagen Ahnungen erzählen, die Sie nach Terra geführt haben – dass etwas ganz und gar nicht in Ordnung und Ihre ganze vortreffliche Sanierungsarbeit sinnlos ist. Ich würde zu gerne alles darüber hören.« Sie dirigierte ihn zum Helikopter zurück, und sie stiegen beide ein und zwängten sich gemeinsam auf den Rücksitz. Milt Biskle erschien sie als warm und anschmiegsam, ausgesprochen terranisch; er genierte sich und spürte, wie sein Herz nervös flatterte. Es war ziemlich lange her, seit er einer Frau so nahe gewesen war.

»Hören Sie«, sagte er, als der Autopilot den Helikopter vom Parkplatz des Raumhafens aufsteigen ließ, »ich bin verheiratet. Ich habe zwei Kinder, und ich bin geschäftlich hier. Ich bin auf Terra, um zu beweisen, dass eigentlich die Proxmen gewonnen haben, und die wenigen überlebenden Terraner Sklaven der Prox-Regierung sind, die sich abrackern, um –« Er gab auf; es war hoffnungslos. Miss Ableseth hielt sich an ihn geschmiegt.

»Glauben Sie wirklich«, sagte Miss Ableseth darauf, »dass ich eine Prox-Agentin bin?«

»N-nein«, sagte Milt Biskle. »Wohl nicht.« Es schien unter diesen Umständen wenig wahrscheinlich.

»Warum in einem überfüllten, lauten Hotel absteigen, solange Sie auf Terra sind?«, sagte Miss Ableseth. »Warum wohnen Sie nicht bei mir, in meinem Beiwohn in New Jersey? Dort ist Platz genug, und Sie sind mehr als willkommen.«

»Okay«, willigte Biskle ein, der spürte, dass Diskussionen zwecklos waren.

»Gut.« Miss Ableseth gab dem Helikopter eine Anweisung; er schwenkte nordwärts. »Wir werden dort zu Abend essen. Das spart Geld, und in allen anständigen Restaurants muss man abends um diese Zeit zwei Stunden Schlange stehen, es ist also fast unmöglich einen Tisch zu bekommen. Das haben Sie sicher vergessen. Wie herrlich wird es sein, wenn die Hälfte unserer Bevölkerung auswandern kann!«

»Ja«, sagte Biskle gepresst. »Und der Mars wird ihnen gefallen; wir haben unsere Arbeit gut gemacht.« Es gelang ihm wieder, ein gewisses Maß an Begeisterung aufzubringen, ein Gefühl des Stolzes auf die Sanierungsarbeit, die er und seine Mitstreiter geleistet hatten. »Warten Sie ab, bis Sie es sehen, Miss Ableseth.«

»Nennen Sie mich Mary«, sagte Miss Ableseth, während sie ihre schwere, scharlachrote Perücke zurechtsetzte; während der letzten paar Momente in der engen Kabine des Helikopters war sie verrutscht.

»Okay«, sagte Biskle, und fühlte sich, von einem nagenden Gefühl der Untreue gegen Fay abgesehen, ganz behaglich.

»Auf Terra überstürzen sich die Ereignisse«, sagte Mary Ableseth. »Durch das erdrückende Problem der Überbevölkerung.« Sie presste ihre Zähne fest; auch die waren verrutscht.

»Das sehe ich«, bestätigte Milt Biskle und richtete ebenfalls seine Perücke und seine Zähne. Könnte ich mich geirrt haben?, fragte er sich. Schließlich konnte er unter sich die Lichter New Yorks sehen; Terra war definitiv keine entvölkerte Ruine, und ihre Zivilisation war intakt.

Oder war all das eine Illusion, die durch ihm unbekannte proxianische Psychiatriemethoden seinem Sinneszentrum aufgezwungen wurde? Es war unstreitig, dass sein Dime glatt durch den Amphetaminspender gefallen war. Zeigte das nicht, dass etwas unmerklich, beängstigend falsch lief?

Vielleicht war der Spender gar nicht wirklich dagewesen.

Am nächsten Tag besuchten er und Mary Ableseth einen der wenigen verbliebenen Parks. Der Park im Süden von Utah, in der Nähe der Berge, war zwar klein, aber satt grün und ansprechend. Milt Biskle rekelte sich auf dem Gras und beobachtete ein Eichhörnchen, das mit bogenförmigen Sprüngen einem Baum zustrebte, sein Schwanz flatterte in grauen Wellen hinten nach.

»Eichhörnchen gibt's nicht auf dem Mars«, sagte Milt Biskle schläfrig.

Mary Ableseth, in einem leichten Sonnenanzug, streckte sich mit geschlossenen Augen auf dem Rücken aus. »Es ist hübsch hier, Milt. So stelle ich mir den Mars vor.« Jenseits des Parks schob sich dichter Verkehr über den Freeway; der Lärm erinnerte Milt an die Brandung des Pazifiks. Er schläferte ihn ein. Es schien alles in Ordnung zu ein, und er warf dem Eichhörnchen eine Erdnuss zu. Das Eichhörnchen wechselte die Richtung, sprang mit Arkadenhüpfern auf die Erdnuss zu, sein intelligentes Gesichtchen zuckte verständig.

Während es aufrecht dasaß und die Nuss hielt, warf Milt Biskle eine zweite Nuss nach rechts. Das Eichhörnchen hörte sie zwischen den Ahornblättern landen; seine Ohren stellten sich auf, und das erinnerte Milt an ein Spiel, das er einst mit einer Katze gespielt hatte, einem alten, verschlafenen Kater, den er und sein Bruder in den Zeiten besessen hatten, als Terra noch nicht so übervölkert gewesen war, als Haustiere noch legal gewesen waren. Er hatte gewartet, bis Pumpkin – der Kater – fast eingeschlafen war, und dann hatte er einen kleinen Gegenstand in die Zimmerecke geworfen. Davon war Pumpkin aufgewacht. Er hatte die Augen aufgerissen und die Ohren aufgestellt und spielen lassen, und dann für fünfzehn Minuten lauschend und spähend dagesessen und gegrübelt, was das Geräusch verursacht hatte. Es war eine harmlose Neckerei an dem alten Kater gewesen, und Milt wurde traurig, als er daran dachte, seit wie vielen Jahren Pumpkin, sein letztes legales Haustier, nun bereits tot war. Auf dem Mars, dachte er, würden wieder Haustiere erlaubt sein. Das munterte ihn auf.

Er hatte auf dem Mars, während seiner jahrelangen Sanierungsarbeit, sogar einen kleinen Liebling gehabt. Eine marsianische

Pflanze. Er hatte sie mit nach Terra gebracht, und jetzt stand sie auf dem Wohnzimmertisch in Mary Ableseths Wohneinheit und ließ ziemlich traurig den Kopf hängen. Im ungewohnten terranischen Klima war sie nicht gediehen.

»Seltsam«, murmelte Milt, »dass meine Wuk-Staude nicht anschlägt. Ich hätte gedacht, in einer so feuchten Atmosphäre …«

»Es liegt an der Schwerkraft«, sagte Mary noch mit geschlossenen Augen; ihr Brustkorb hob und senkte sich gleichmäßig. Sie war fast eingeschlafen. »Zu stark für sie.«

Milt betrachtete die träge Gestalt der Frau, sich an Pumpkin bei ähnlichen Gelegenheiten erinnernd. Der hypnagoge Moment, zwischen Wachen und Schlafen, in dem Bewusstsein und Unterbewusstsein ineinander liefen … er streckte den Arm aus und griff nach einem Kiesel.

Er warf den Kiesel ins Laub neben Marys Kopf.

Sofort setzte sie sich auf, die Augen klappten erschrocken auf, und der Sonnenanzug rutschte ihr herunter.

Sie stellte beide Ohren auf.

»Aber wir Terraner«, sagte Milt, »haben die Kontrolle über die Ohrmuskulatur verloren, Mary. Sogar den Reflex dazu.«

»Was?«, murmelte sie mit verwirrtem Zwinkern, während sie ihren Sonnenanzug wieder festknotete.

»Unsere Fähigkeit, die Ohren aufzustellen, hat sich zurückgebildet«, erklärte Milt. »Anders als bei Hund und Katze. Wenn man das bei einer morphologischen Untersuchung auch nicht feststellen würde, weil die Muskeln noch da sind. Ihr habt also einen Fehler gemacht.«

»Ich weiß nicht, wovon Sie reden«, sagte Mary eine Spur mürrisch. Sie konzentrierte sich vollends darauf, die Körbchen ihres Sonnenanzugs zurechtzurücken und ignorierte ihn.

»Gehen wir ins Beiwohn zurück«, sagte Milt und kam auf die Beine. Ihm war nicht mehr danach, sich im Park zu rekeln, weil er nicht mehr an den Park glauben konnte. Unwirkliches Eichhörnchen, unwirkliches Gras … gab es das eigentlich? Würden sie ihm je die Substanz hinter der Illusion zeigen? Er bezweifelte es.

Das Eichhörnchen folgte ihnen eine kurze Strecke, als sie zu ihrem geparkten Helikopter gingen, und wandte sein Interesse dann einer Familie von Terranern zu, der auch zwei kleine Jungen angehörten; die Kinder warfen dem Eichhörnchen Nüsse zu, und es flitzte in emsiger Geschäftigkeit hin und her.

»Überzeugend«, sagte Milt. Und das war es wirklich.

Mary sagte: »Zu schade, dass Sie Dr. DeWinter nicht öfter konsultieren konnten, Milt. Er hätte Ihnen helfen können.« Ihre Stimme war seltsam hart.

»Daran zweifle ich nicht«, pflichtete Milt Biskle ihr bei, als sie wieder in den geparkten Helikopter stiegen.

Als sie in Marys Wohnung zurückkamen, fand er seine marsianische Wuk-Staude tot vor. Sie war offensichtlich an Wassermangel eingegangen.

»Versuchen Sie das nicht zu erklären«, sagte er zu Mary, als sie beide vor der einst aktiven Pflanze standen und auf deren verdorrte, tote Stängel herabblickten. »Sie wissen, was das bedeutet. Auf Terra sollte wesentlich höhere Luftfeuchtigkeit herrschen als auf dem Mars, selbst auf einem sanierten Mars in Bestzustand. Dennoch ist diese Pflanze völlig ausgedörrt. Es gibt keine Luftfeuchtigkeit mehr auf Terra, ich vermute, weil Prox-Feuerstöße die Meere entleert haben. Richtig?«

Mary sagte nichts.

»Was ich nicht verstehe«, sagte Milt, »ist, was euch Leuten daran liegt, die Illusion aufrechtzuerhalten. Ich habe meinen Job getan.«

Nach einer Pause sagte Mary: »Vielleicht gibt es noch mehr Planeten, die Sanierung brauchen, Milt.«

»Ist eure Population so groß?«

»Ich dachte an Terra. Hier«, sagte Mary. »Die Sanierung auf Terra wird Generationen dauern; das wird euch Sanierungsingenieuren all euer Können und eure Erfahrung abfordern.« Sie setzte hinzu: »Natürlich folge ich nur Ihrer hypothetischen Logik.«

»Dann ist Terra also unser nächster Job. Darum habt ihr mich herkommen lassen. Ich soll nämlich hierbleiben.« Das begriff er in einem Anflug von Einsicht ganz und gar. »Ich werde nicht zum Mars zurückkehren, und ich werde Fay nicht wiedersehen. Sie treten an ihre Stelle.« Es passte alles zusammen.

»Na ja«, sagte Mary mit einem kleinen, trockenen Lächeln, »sagen wir, ich versuch's.« Sie streichelte seinen Arm. Barfüßig, noch immer im Sonnenanzug, rückte sie langsam näher an ihn heran.

Ängstlich wich er vor ihr zurück. Er hob die tote Wuk-Staude auf, trug sie benommen zur Müllschütte des Wohns und warf die brüchigen, trockenen Überreste hinein. Sie verschwanden sofort.

»Und jetzt«, sagte Mary geschäftig, »werden wir das Museum of Modern Art in New York besuchen und dann, wenn wir Zeit haben, das Smithsonian in Washington, D. C. Man hat mich gebeten, Sie zu beschäftigen, damit Sie nicht ins Grübeln kommen.«

»Aber ich grüble«, sagte Milt, der zusah, wie sie aus ihrem Sonnenanzug und in ein graues, wollenes Strickkleid schlüpfte. Nichts konnte das verhindern, sagte er sich. Und das weißt du jetzt. Bei jedem Sanierungsingenieur, der seinen Abschnitt fertigstellt, wird es wieder so sein. Ich bin nur der erste.

Wenigstens bin ich nicht allein, erkannte er. Und fühlte sich etwas besser.

»Wie sehe ich aus?«, fragte Mary, als sie vor dem Schlafzimmerspiegel Lippenstift auftrug.

»Prima«, sagte er lustlos und fragte sich, ob Mary einen Sanierungsingenieur nach dem anderen empfangen, die Geliebte jedes Einzelnen werden würde. Nicht nur, dass sie nicht ist, was sie zu sein scheint, dachte er, nein, ich darf sie noch nicht einmal behalten.

Das schien ein unverdienter Verlust zu sein, den man ihm gut hätte ersparen können.

Ihm wurde klar, dass er anfing, sie zu mögen. Mary lebte; das wenigstens war real. Ob Terranerin oder nicht. Zumindest hatten sie den Krieg nicht gegen Schemen verloren; sie hatten gegen authentische, lebende Organismen verloren. Das hob seine Laune etwas.

»Bereit fürs Museum of Modern Art?«, fragte Mary munter, mit einem Lächeln.

Später im Smithsonian, nachdem er sich die *Spirit of St. Louis* und das ungeheuer alte Flugzeug der Gebrüder Wright angesehen hatte –

es wirkte mindestens eine Million Jahre alt –, entdeckte er ein Ausstellungsstück, auf das er gehofft hatte.

Ohne Mary etwas zu sagen – sie war in die Betrachtung einer Vitrine mit Halbedelsteinen in ungeschliffenem Zustand versunken –, schlüpfte er davon und stand im nächsten Moment vor den gläsernen Trennscheiben einer Abteilung mit dem Titel:

PROX-MILITÄRS VON 2014

Drei Prox-Soldaten in erstarrter Pose, die dunklen Gewehrmündungen verdreckt und rußig, die Seitenwaffen im Anschlag, in einem behelfsmäßigen Unterstand, erbaut aus den Überresten eines ihrer Schiffe. Eine blutige Prox-Flagge hing trostlos herab. Das war eine verlorene Stellung des Feindes; diese drei Kreaturen waren kurz davor, zu kapitulieren oder den Tod zu finden.

Eine Gruppe terranischer Besucher stand gaffend vor dem Schaukasten. Milt Biskle sagte zu dem Mann, der ihm am nächsten stand: »Überzeugend, oder?«

»Allerdings«, bestätigte der Mann, mittelalt, mit Brille und grauem Haar. »Sind Sie im Krieg gewesen?«, fragte er Milt und blickte ihn flüchtig an.

»Ich bin im Sanierungswesen«, sagte Milt. »Gelber Ingenieur.«

»Oh.« Der Mann nickte beeindruckt. »Junge, diese Proxbrüder sehen zum Fürchten aus. Man ist beinahe darauf gefasst, dass sie aus ihrem Kasten steigen und uns einen Kampf bis aufs Blut liefern.« Er grinste. »Sie haben sich tapfer geschlagen, ehe sie sich ergeben haben, die Proxmen; das muss man ihnen lassen.«

Neben ihm sagte die graue, propere Ehefrau des Mannes: »Bei diesen Gewehren da graust es mich. Sie sind zu realistisch.« Missbilligend ging sie weiter.

»Sie haben recht«, sagte Milt Biskle. »Sie sehen beängstigend real aus, weil sie es natürlich sind.« Es gab keinen Grund, ein derartiges Trugbild herzustellen, da das Original gleich bei der Hand und jederzeit verfügbar war. Milt schwang sich unter dem Absperrseil durch, erreichte die transparente Glasscheibe des Schaukastens, hob seinen Fuß und trat das Glas ein; es zersprang und regnete in einem wütenden Prasseln bebender Splitter nieder.

Als Mary angerannt kam, riss Milt einem der erstarrten Proxmen im Schaukasten das Gewehr weg und zielte damit auf sie.

Sie blieb flach atmend stehen, behielt ihn im Auge, sagte jedoch nichts.

»Ich bin bereit, für euch zu arbeiten«, sagte Milt zu ihr, das Gewehr fachmännisch im Anschlag. »Wenn meine eigene Rasse nicht mehr existiert, kann ich schlecht noch eine Koloniewelt für sie sanieren; das kapiere sogar ich. Aber ich will die Wahrheit kennen. Zeigt sie mir, und ich mache mit meinem Job weiter.«

Mary sagte: »Nein, Milt, die Wahrheit zu kennen, würden Sie nicht überstehen. Sie würden diese Waffe gegen sich selbst richten.« Sie klang sanft, ja mitfühlend, aber ihre Augen waren hell und groß, wachsam.

»Dann werde ich Sie töten«, sagte er. Und danach sich selbst.

»Warten Sie.« Sie wägte ab. »Milt – das ist schwierig. Sie wissen absolut nichts, und sehen Sie, wie arm Sie jetzt schon dran sind. Was, glauben Sie, werden Sie empfinden, wenn Sie Ihren Planeten sehen können, wie er ist? Es ist schon für mich fast zu viel, und ich bin –« Sie zögerte.

»Sagen Sie es.«

»Ich bin nur –« sie würgte das Wort heraus, »eine Besucherin.«

»Aber ich habe recht«, sagte er. »Sagen Sie es. Gestehen Sie.«

»Sie haben recht, Milt«, seufzte sie.

Zwei uniformierte Museumswärter erschienen mit Pistolen in den Händen. »Sind Sie okay, Miss Ableseth?«

»Fürs Erste«, sagte Mary. Sie wandte ihre Augen nicht von Milt und dem Gewehr in seinen Händen. »Warten Sie einfach«, instruierte sie die Wärter.

»Ja, Ma'am.« Die Wärter warteten ab. Niemand rührte sich.

Milt sagte: »Haben terranische Frauen überlebt?«

Nach einer Pause sagte Mary: »Nein, Milt. Aber wir Proxianer gehören derselben Gattung an, wie Sie wohl wissen. Wir sind paarungsfähig. Ist das nicht tröstlich für Sie?«

»Klar«, sagte er. »Ein schöner Trost.« Und jetzt war ihm wirklich danach, das Gewehr ohne Zögern gegen sich selbst zu richten. Es kostete ihn alle Kraft, dem Impuls zu widerstehen. Er hatte also recht gehabt; das Ding da an Feld drei auf dem Mars war nicht Fay gewesen. »Passen Sie auf«, sagte er zu Mary Ableseth, »ich will zurück auf den Mars. Ich bin hergekommen, um etwas herauszufinden. Ich habe es herausgefunden, jetzt will ich zurück. Vielleicht kann ich nochmals mit Dr. DeWinter reden, vielleicht kann er mir helfen. Irgendwas dagegen einzuwenden?«

»Nein.« Sie schien zu verstehen, wie er sich fühlte. »Immerhin haben Sie dort Ihre ganze Arbeit geleistet. Sie haben ein Recht zurückzukehren. Aber irgendwann werden Sie hier auf Terra anfangen müssen. Wir können rund ein Jahr warten, vielleicht sogar zwei. Aber schließlich wird der Mars voll sein, und wir werden den Platz brauchen. Und hier wird es so viel schwieriger sein – wie Sie feststellen werden.« Sie versuchte zu lächeln, doch es misslang ihr; er sah die Mühe. »Es tut mir leid, Milt.«

»Mir auch«, sagte Milt Biskle. »Verdammt, mir hat es schon leidgetan, als diese Wuk-Staude starb. Da kannte ich die Wahrheit. Da war es mehr als eine Vermutung.«

»Es interessiert Sie sicher, zu hören, dass Sanierungsingenieur Rot, Ihr Kollege Cleveland Andre, an Ihrer Stelle vor der Versammlung gesprochen hat. Und dort Ihre Vermutungen, zusammen mit seinen eigenen, vorgetragen hat. Sie haben dafür gestimmt, einen offiziellen Delegierten zu einer Untersuchung hier nach Terra zu schicken; er ist jetzt unterwegs.«

»Es interessiert mich«, sagte Milt. »Aber im Grunde ist es bedeutungslos. An den Tatsachen ändert das auch nicht viel.« Er senkte das Gewehr. »Kann ich jetzt zurück auf den Mars?« Er war müde. »Sagen Sie Dr. DeWinter, dass ich komme.« Sagen Sie ihm, er soll alle psychiatrischen Kunstgriffe seines Repertoires für mich mobilisieren, dachte er, denn er wird einige brauchen. »Was ist mit den Tieren der Erde?«, fragte er. »Haben überhaupt Arten überlebt? Was ist mit Hund und Katze?«

Mary warf einen Seitenblick zu den Museumswärtern; ein Blinzeln der Verständigung wechselte zwischen ihnen, und dann sagte Mary: »Vielleicht lässt es sich doch machen.«

»Was lässt sich machen?«, sagte Milt Biskle.

»Dass Sie es sehen. Nur einen Augenblick lang. Sie scheinen sich besser zu halten, als wir erwartet hatten. Unserer Meinung nach haben Sie einen Anspruch darauf.« Sie fügte hinzu: »Ja, Milt, Hund und Katze haben überlebt, sie leben hier inmitten der Ruinen. Kommen Sie mit und sehen Sie selbst.«

Er folgte ihr nach und dachte bei sich: Hatte sie nicht von Anfang an recht? Will ich es wirklich sehen? Kann ich ertragen, was in Wirklichkeit existiert – was sie bis jetzt von mir fernhalten zu müssen glaubten?

Auf dem Treppenabsatz des Museums blieb Mary stehen und sagte: »Gehen Sie hinaus, Milt. Ich bleibe hier. Ich werde auf Sie warten, wenn Sie wieder hereinkommen.«

Unsicher stieg er die Treppe hinab.

Und sah.

Es waren natürlich, wie sie gesagt hatte, Ruinen. Die Stadt war in drei Fuß Höhe über dem Erdboden glatt wegrasiert worden; die Gebäude waren nur noch gähnende Vierecke ohne Inhalt, wie ein gewaltiger Komplex unnützer, antiker Innenhöfe. Er konnte nicht glauben, dass das, was er sah, neu war; ihm schien es, als hätten diese verlassenen Trümmer schon immer genauso dort gestanden wie jetzt. Und – wie lange würden sie noch so dastehen?

Rechts von ihm hatte sich ein hochkompliziertes, wenn auch bescheidenes mechanisches System in eine schuttbedeckte Straße plumpsen lassen. Während er zusah, streckte es ein Büschel Pseudopodien aus, die sich forschend in die nächsten Fundamente gruben. Die Fundamente aus Stahl und Zement wurden augenblicklich pulverisiert; der bloße Boden lag frei, nackt und dunkelbraun, ausgebrannt durch die atomare Hitze, die die autonome Reparatureinheit abstrahlte – ein Gerät, dachte Milt Biskle, das sich nicht sehr von denen unterscheidet, die ich auf dem Mars verwende. Zumindest in bescheidenem Umfang hatte die Vorrichtung die Aufgabe, Altes beiseite zu räumen. Er wusste von seiner eigenen Sanierungsarbeit auf dem Mars, dass ihm, vielleicht schon in Minuten, ein ähnlich ausgeklügelter Mechanismus folgen würde, um die Fundamente für die neuen Gebäude zu legen, die hier entstehen sollten.

Und an einer Seite der ansonsten verlassenen Straße konnte man zwei graue, dünne Gestalten stehen sehen, die diesen schleppenden Aufräumarbeiten zuschauten. Zwei hakennasige Proxmen, das blasse, natürliche Haar zu hohen Spiralen frisiert, die Ohrläppchen von schweren Gewichten langgezogen.

Die Sieger, dachte er sich. Erleben das befriedigende Spektakel, mitanzusehen, wie die letzten Kulturzeugnisse der besiegten Rasse ausgelöscht werden. Eines Tages würde hier eine reine Prox-Stadt entstehen: Prox-Architektur, Straßen nach dem seltsamen, weiten Prox-Muster, die uniformen, schachtelartigen Häuser mit ihren zahllosen unterirdischen Geschossen. Und Bürger wie diese werden die Überwege austreten, die Hochgeschwindigkeits-Tunnel für ihr tägliches Kommen und Gehen in Anspruch nehmen. Und was, dachte er, wird aus den terranischen Hunden und Katzen, die jetzt, wie Mary sagte, diese Ruinen bewohnen? Werden auch die noch verschwinden? Vielleicht nicht völlig. Es wird einen Platz für sie geben, vielleicht in den Museen und Zoos, als Kuriositäten, die man bestaunt. Überbleibsel einer Ökologie, die ihre Vorrangstellung eingebüßt hatte. Belanglos geworden war.

Und doch – Mary hatte recht. Die Proxmen gehörten zum selben Genus. Selbst wenn sie sich nicht mit den verbleibenden Terranern paarten, würde die Spezies, die er gekannt hatte, fortbestehen. Und sie würden sich paaren. Seine eigene Beziehung zu Mary war ein erster Vorbote. Als Individuen waren sie gar nicht so verschieden. Vielleicht wäre das, was dabei herauskam, gar nicht so übel.

Das Ergebnis, dachte er, als er sich umwandte und wieder zurück ins Museum ging, könnte eine nicht ganz proxianische und nicht ganz terranische Rasse sein; etwas wirklich Neues könnte aus dieser Vermischung entstehen. So können wir wenigstens hoffen.

Terra würde neu erbaut werden. Er hatte mit eigenen Augen gesehen, dass unbedeutende, aber ernsthafte Bauarbeiten im Gang waren. Vielleicht fehlte den Proxmen die Erfahrung, die er und seine

Sanierungskollegen besaßen … Aber nachdem der Mars nun tatsächlich fertig war, konnten sie hier beginnen. Es war nicht absolut hoffnungslos. Nicht *ganz.*

Auf Mary zugehend, sagte er heiser: »Tun Sie mir einen Gefallen. Besorgen Sie mir eine Katze, die ich mit zurück auf den Mars nehmen kann. Ich habe Katzen immer gemocht. Besonders diese roten, getigerten.«

Einer der Museumswärter sagte nach einem schnellen Blick zu seinem Begleiter: »Das können wir einrichten, Mr. Biskle. Wir können einen – Welpen? Ist das das Wort? – besorgen.«

»Kätzchen, glaube ich«, korrigierte Mary.

Bei der Rückreise zum Mars saß Milt Biskle da, den Karton, der das Kätzchen enthielt, auf dem Schoß, und schmiedete seinen Plan. In fünfzehn Minuten würde das Schiff auf dem Mars landen, und Dr. DeWinter – oder das Ding, das als Dr. DeWinter auftrat – würde schon auf ihn warten. Und dann würde es zu spät sein. Von seinem Sitz aus konnte er die Notausstiegsluke mit ihrem roten Warnlicht sehen. Seine Pläne hatten sich auf die Luke konzentriert. Sie war nicht ideal, aber sie würde dem Zweck entsprechen.

Das Kätzchen im Karton reckte eine Tatze vor und schlug nach Milts Hand. Er spürte die scharfen, winzigen Krallen über seine Hand harken, befreite geistesabwesend sein Fleisch und entzog sich dem forschenden Zugriff des Tiers. Dir hätte der Mars sowieso nicht gefallen, dachte er und stand auf.

Den Karton unter dem Arm, ging er mit schnellen Schritten zur Notausstiegsluke. Ehe die Stewardess bei ihm sein konnte, hatte er die Luke aufgestoßen. Er trat einen Schritt vor, und die Luke fiel hinter ihm ins Schloss. Einen Moment lang steckte er in der engen Zwischenschleuse, dann begann er die schwere Außentür aufzuschrauben.

»Mr. Biskle!«, drang die Stimme der Stewardess gedämpft durch die Tür hinter ihm. Er hörte sie hantieren, um ihm nachzukommen, die Tür öffnen und nach ihm greifen, um ihn zu fassen zu kriegen.

Als er die Außenluke aufschraubte, fauchte das Kätzchen in dem Karton unter seinem Arm.

Du auch?, dachte Milt Biskle und hielt inne.

Tod, die Leere und vollkommene Wärmelosigkeit zwischen zwei Welten, umfing ihn, sickerte durch die einen Spalt weit geöffnete Außentür herein. Er roch ihn, und etwas in seinem Inneren schrak instinktiv zurück – wie das Kätzchen. Er zögerte, den Karton haltend, und versuchte nicht, die Außentür weiter aufzustoßen; in diesem Moment packte ihn die Stewardess.

»Mr. Biskle«, sagte sie mit einem kleinen Aufschluchzen, »sind Sie von Sinnen? Guter Gott, was tun Sie denn?« Es gelang ihr, die Außentür zuzuziehen und die Notausstiegskabine wieder zuzusperren.

»Sie wissen genau, was ich tue«, sagte Milt Biskle, während er ihr erlaubte, ihn zurück ins Schiff und in seinen Sitz zu verfrachten. Und glaubt nicht, dass ihr mich aufgehalten habt, sagte er sich. Denn ihr wart es nicht. Ich hätte einfach Ernst machen und es tun können. Aber ich habe mich anders entschieden.

Er fragte sich, warum.

Später erwartete Dr. DeWinter ihn an Feld drei auf dem Mars; damit hatte er gerechnet.

Sie gingen beide zu dem geparkten Helikopter, und Dr. DeWinter sagte in besorgtem Tonfall: »Ich wurde gerade informiert, dass Sie während der Reise –«

»Das stimmt. Ich wollte Selbstmord begehen. Aber ich habe mich anders entschieden. Vielleicht wissen Sie, warum. Sie sind der Psychologe, die Autorität für die Vorgänge in unserem Inneren.« Er stieg in den Helikopter, vorsichtig achtgebend, den Karton, der das terranische Kätzchen enthielt, nirgendwo anzustoßen.

»Werden Sie weitermachen und zusammen mit Fay ihre Parzelle Land abstecken?«, fragte Dr. DeWinter kurz darauf, als der Helikopter über grüne, saftige Felder eiweißreichen Weizens flog. »Obwohl – Sie wissen schon?«

»Ja.« Er nickte. Schließlich blieb ihm, soweit er sehen konnte, nichts anderes übrig.

»Ihr Terraner.« Dr. DeWinter schüttelte den Kopf. »Bewundernswert.« Jetzt bemerkte er den Karton auf Milt Biskles Schoß. »Was haben Sie da? Eine terranische Kreatur?« Er beäugte sie misstrauisch, offensichtlich war es für ihn die Manifestation einer fremdartigen Lebensform. »Ein recht ungewöhnlich aussehender Organismus.«

»Es wird mir Gesellschaft leisten«, sagte Milt Biskle. »Während ich mit meiner Arbeit fortfahre, entweder meine private Parzelle bebaue oder –« Oder euch Proxmen auf Terra helfe, dachte er.

»Ist es das, was man ›Klapperschlange‹ nennt? Ich nehme das Geräusch seiner Rasseln wahr.« Dr. DeWinter rückte ab.

»Es schnurrt.« Milt Biskle streichelte das Kätzchen, als die automatische Steuerung den Helikopter über den trüb roten marsianischen Himmel lenkte. Kontakt mit dieser einen vertrauten Lebensform, erkannte er, wird mich bei Verstand halten. Das wird mir helfen durchzuhalten. Er empfand Dankbarkeit. Meine Rasse mag besiegt und zerstört worden sein, aber nicht alles terranische Leben ist untergegangen. Wenn wir Terra wieder aufbauen, können wir vielleicht die Machthaber bewegen, uns zu erlauben, Wildreservate anzulegen. Das werden wir zum Teil unserer Aufgabe machen, sagte er sich und tätschelte wieder das Kätzchen. Diese kleine Hoffnung bleibt uns wenigstens.

Neben ihm war Dr. DeWinter ebenfalls tief in Gedanken versunken. Er bewunderte die handwerkliche Finesse, die von auf dem dritten Planeten stationierten Mechanikern in das Simulakron investiert worden war, das in dem Karton auf Milt Biskles Schoß lag. Es war eine beeindruckende technische Leistung, selbst für ihn, und er war im Bilde – was Milt Biskle natürlich nicht war. Dieses Kunstprodukt, von dem Terraner als authentischer Organismus aus der Vergangenheit angenommen, würde der Dreh- und Angelpunkt sein, von dem die psychische Stabilität des Mannes abhing.

Aber was wurde aus den anderen Sanierungsingenieuren? Was würde jedem Einzelnen von ihnen über den Moment hinweghelfen, in dem er seine Arbeit abschloss und – ob er wollte oder nicht – erwachen musste?

Das würde von Terraner zu Terraner verschieden sein. Für den einen ein Hund, ein raffinierteres Simulakron, möglicherweise das eines willigen Weibchens, für den anderen. Jedenfalls würden alle mit »Ausnahmen« vom tatsächlichen Zustand versorgt werden. Einem unentbehrlichen, überlebenden Wesen, auserkoren aus dem, was in Wirklichkeit vollständig verschwunden war. Nachforschungen in der Vergangenheit jedes Ingenieurs würden, wie in Biskles Fall, die nötigen Hinweise liefern; das Katzen-Simulakron war Wochen vor seiner überstürzten, panischen Abreise nach Terra fertig gewesen. In Andres Fall zum Beispiel war bereits ein Papageien-Simulakron in Arbeit. Es würde fertig sein, sobald er seine Heimreise antrat.

»Ich nenne ihn Donner«, erklärte Milt Biskle.

»Guter Name«, sagte Dr. DeWinter – wie er sich dieser Tage nannte. Er dachte: Eine Schande, dass wir ihm die wahre Lage auf Terra nicht zeigen konnten. Eigentlich ist es recht interessant, dass er akzeptierte, was er sah, denn in irgendeinem Winkel seines Bewusstseins muss ihm klar sein, dass nichts einen Krieg überdauert, wie wir ihn geführt haben. Offensichtlich wollte er glauben, dass sich Bruchstücke, wenn auch kaum mehr als Geröll, erhalten hatten. Das mag ihre Niederlage in diesem Konflikt erklären helfen; sie waren einfach keine Realisten.

»Diese Katze«, sagte Milt Biskle, »wird ein großer Jäger marsianischer Feldmäuse werden.«

»Sicher«, sagte Dr. DeWinter und dachte, solange die Batterien mitmachen. Und tätschelte ebenfalls das Kätzchen.

Ein Schaltkreis schloss sich, und das Schnurren des Kätzchens wurde lauter.

Unglücksspiel

Während er eine Fünfzig-Gallonen-Tonne mit Wasser vom Kanal zu seinem Kartoffelgarten rollte, hörte Bob Turk das Dröhnen, schaute hinauf in den flirrenden Nachmittagshimmel des Mars und sah das große, blaue Interplan-Schiff.

In der Aufregung winkte er. Doch dann las er die auf die Seiten des Schiffs gemalten Worte, und in seine Freude mischte sich Sorge. Denn dieser große, vernarbte Schiffsrumpf, der sich jetzt zu einer Hecklandung niedersenkte, war ein Rummel-Schiff, das in diese Region des vierten Planeten kam, um Geschäfte zu machen.

Auf dem Rumpf stand zu lesen:

STERNSCHNUPPE ENTERTAINMENT GMBH
PRÄSENTIERT
MISSGEBURTEN, MAGIE,
ATEMBERAUBENDE AKROBATIK
UND WEIBER!

Das letzte Wort war besonders groß gemalt.

Das sage ich besser dem Siedlungsrat, ging es Turk durch den Kopf. Er ließ seine Wassertonne stehen und trottete zur Geschäftsstraße, schwer atmend, während seine Lungen mit Mühe die dünne, schwache Luft dieser unnatürlichen, kolonisierten Welt einsogen. Als das letzte Mal ein Jahrmarkt in diese Gegend gekommen war, waren sie fast ihrer gesamten Ernte beraubt worden – die Schausteller hatten sie in Zahlung genommen –, und geblieben war ihnen nur ein Arm voll nutzloser Nippesfiguren. Und doch –

Er spürte das Sehnen in sich, das Bedürfnis nach Zerstreuung.

Und so ging es ihnen allen; die Siedlung lechzte nach Bizarrem. Natürlich wussten das die Schausteller, das schlachteten sie aus. Turk dachte: Wenn wir nur kühlen Kopf bewahren könnten. Ernteüberschüsse und Textilfasern eintauschen, nichts, was wir selbst brauchen … anstatt uns wie Kinder zu benehmen. Aber das Leben in der Kolonienwelt war eintönig. Wasser ankarren, Insekten bekämpfen, endlose Flickarbeiten an den halbautonomen Farmrobotern, von denen sie unterstützt wurden … das war nicht genug; da fehlte – Kultur. Erhabenheit.

»Hey«, rief Turk, als er Vince Guests Land erreichte; Vince saß am Steuer seines einzylindrigen Pflugs, den Engländer in der Hand. »Den Lärm gehört? Gesellschaft! Wieder Amüsierbetrieb, wie letztes Jahr – weißt du noch?«

»Ich weiß es noch«, sagte Vince, ohne hochzusehen. »Bin meine ganze Kürbisernte an sie losgeworden. Zum Teufel mit dem Schaustellerpack.« Sein Gesicht wurde düster.

»Das ist eine andere Truppe«, erklärte Turk zögernd. »Ich hab sie noch nie gesehen; sie haben ein blaues Schiff, sieht aus, als hätte es einiges hinter sich. Du weißt doch, was wir vorhaben? Hast du unseren Plan vergessen?«

»Toller Plan«, sagte Vince und ließ die Klemmbacken des Schraubenschlüssels zuschnappen.

»Begabung ist Begabung«, brabbelte Turk – nicht nur um Vince, auch um sich selbst zu überzeugen; er redete gegen sein eigenes Misstrauen an. »Na schön, und wenn Fred ein bisschen unterbelichtet ist: Seine Begabung ist echt; ich meine, wir haben sie tausendmal getestet, und warum wir sie nicht gegen den Jahrmarkt vom letzten Jahr eingesetzt haben, werde ich nie verstehen. Aber jetzt gehen wir systematisch vor. Wir sind vorbereitet.«

Vince hob den Kopf und sagte: »Weißt du, was der kleine Trottel machen wird? Sich dem Rummel anschließen; er wird mit ihnen abziehen und sein Talent auf ihrer Seite nutzen – wir können ihm nicht trauen.«

»Ich traue ihm«, sagte Turk und eilte auf die Häuser der Siedlung zu, die staubigen, verwitterten, grauen Gebilde geradeaus vor ihm.

Er konnte schon ihren Ratsvorsitzenden, Hoagland Rae, erkennen, der in seinem Laden arbeitete; Hoagland vermietete abgegriffenes Arbeitsgerät an die Siedler, und alle waren auf ihn angewiesen. Ohne Hoaglands Apparate würde kein Schaf geschoren und keinem Lamm der Schwanz kupiert werden. Es war kein Wunder, dass Hoagland ihr politischer – wie ökonomischer – Führer geworden war.

Hoagland Rae trat auf den festgetretenen Sand hinaus, beschattete seine Augen, wischte sich die feuchte Stirn mit einem Taschentuch ab und begrüßte Bob Turk. »Eine neue Truppe diesmal?« Er sprach mit leiser Stimme.

»Genau«, sagte Turk; sein Herz hämmerte. »Und wir können sie rankriegen, Hoag! Wenn wir richtig ausspielen; ich meine, wenn Fred erst mal –«

»Sie werden misstrauisch sein«, sagte Hoagland nachdenklich. »Zweifellos haben auch andere Siedlungen versucht, mit PSI zu gewinnen. Sie haben vielleicht einen von diesen – wie heißen die? – von diesen Anti-PSI-Typen dabei. Fred ist ein PK, und wenn sie einen Anti-PK haben …« Eine Geste verriet seine Resignation.

»Ich gehe Freds Eltern sagen, sie sollen ihn aus der Schule holen«, schnaufte Bob Turk. »Es ist ganz natürlich, wenn sofort Kinder auftauchen; schließen wir die Schule für heute Nachmittag, damit Fred in der Menge untergeht, wissen Sie? Man sieht ihm ja nichts an, ich jedenfalls nicht.« Er wieherte los.

»Stimmt«, sagte Hoagland würdevoll. »Der kleine Costner wirkt recht normal. Ja, wir versuchen es; schließlich haben wir dafür gestimmt, wir sind im Wort. Geh die Glocke zum Sammeln der Ernteüberschüsse läuten, damit diese Typen vom Rummel merken, dass wir gute Ware anzubieten haben. Ich will sämtliche Äpfel und Walnüsse und Kohlköpfe und Sommer- und Winterkürbisse hier aufgestapelt sehen –« Er deutete auf den Boden. »Und eine exakte Inventarliste, mit drei Durchschlägen, zu meinen Händen, in einer Stunde.« Hoagland nahm eine Zigarre heraus und zündete sie mit dem Feuerzeug an. »Na los.«

Bob Turk ging los.

Während sie über ihre Südweide gingen, zwischen den Schwarzkopfschafen, die das harte, trockene Gras kauten, sagte Tony Costner zu seinem Sohn: »Glaubst du, du schaffst das, Fred? Wenn nicht, sag es. Du musst nicht.«

Wenn er sich anstrengte, glaubte Fred Costner verschwommen den Rummel sehen zu können, der weit hinten vor dem aufrechtstehenden Interplan-Schiff aufgebaut war. Buden, schimmernde große Flaggen und metallene Wimpel, die im Wind tanzten … und die Musik vom Band, oder war es eine richtige Kirmesorgel? »Klar«, murmelte er. »Ich werde mit ihnen fertig; ich habe jeden Tag geübt, seit Mr. Rae es mir gesagt hat.« Zum Beweis ließ er einen vor ihnen liegenden Stein hochschnellen, einen Bogen beschreiben, mit hohem Tempo auf sie zurasen und dann abrupt zurück ins Gras fallen. Ein Schaf beäugte ihn blöde, und Fred lachte.

Eine kleine Gruppe aus der Siedlung, mit Kindern, hatte sich bereits zwischen den Buden eingefunden, die jetzt aufgebaut wurden; er sah die Zuckerwatte-Maschine schon kräftig am Werk, roch das brutzelnde Popcorn, sah erfreut eine riesige Traube heliumgefüllter Ballons, die von einem grell geschminkten Zwerg im Tramp-Kostüm gehalten wurde.

Sein Vater sagte leise: »Wonach du Ausschau halten musst, Fred, ist das Spiel, bei dem wirklich wertvolle Preise angeboten werden.«

»Ich weiß«, sagte er und fing an, die Buden zu sondieren. Hula-Hula-Puppen können wir nicht brauchen, sagte er sich. Auch keine Schachteln mit Salzwasser-Konfekt.

Irgendwo im Rummel verbarg sich die wirklich fette Beute. Sie konnte im Brett zum Münzenschnibbeln oder im Glücksrad oder im Bingotisch stecken; auf jeden Fall war sie da. Er witterte sie, roch sie. Und beeilte sich.

Mit schwacher, nervöser Stimme sagte sein Vater: »Ähm, vielleicht lass ich dich jetzt allein, Freddy.« Tony hatte eine der Schaubühnen mit Go-go-Girls gesehen und war darauf zugegangen, außerstande, seine Augen von diesem Anblick loszureißen. Eins der Girls war bereits – aber dann ließ das Rumpeln eines Lieferwagens Fred Costner umkehren, und er vergaß das hochbrüstige, entkleidete

Mädchen auf der Bühne. Der Lieferwagen brachte die Ernteerträge der Siedlung, um sie gegen Billetts einzutauschen.

Der Junge machte ein paar Schritte auf den Laster zu, neugierig, wie viel Hoagland Rae diesmal einzusetzen bereit war, nach der üblen Schlappe, die sie beim letzten Mal erlebt hatten. Es sah nach einer ganzen Menge aus, und Fred empfand Stolz; die Siedlung hatte offensichtlich volles Vertrauen in seine Fähigkeiten.

Da schnappte er die unverwechselbare PSI-Witterung auf.

Sie drang aus einer Bude rechts von ihm, und er wandte sich sofort in diese Richtung. Das war es, was die Leute vom Rummel unter Verschluss hielten, das eine Spiel, das sie nicht verlieren zu dürfen glaubten. Es war, wie er sah, eine Bude, in der eine der Missgeburten als Zielscheibe fungierte; die Missgeburt war ein Keinkopf, der erste, den Fred zu Gesicht bekam, und er blieb fasziniert stehen.

Der Keinkopf hatte überhaupt keinen Kopf, und seine gesamten Sinnesorgane, die Augen, die Nase und die Ohren waren schon in der pränatalen Phase in andere Teile seines Körpers abgewandert. Sein Mund zum Beispiel klaffte in der Mitte seiner Brust, und aus jeder Schulter blitzte ein Auge; der Keinkopf war entstellt, aber nicht verblödet, und Fred empfand Respekt für ihn. Der Keinkopf konnte so gut sehen, riechen und hören wie jeder andere. Aber was genau war seine Aufgabe im Spiel?

Der Keinkopf saß in der Bude in einem Korb, der über einer Wassertonne aufgehängt war. Hinter dem Keinkopf sah Fred Costner eine Zielscheibe, und dann sah er den Stapel Baseballs in Reichweite und begriff, wie das Spiel funktionierte; wenn er das Ziel mit dem Ball traf, würde der Keinkopf ins Wasser plumpsen. Und um das zu verhindern, hatte der Rummel seine PSI-Kräfte konzentriert; hier war die Witterung fast betäubend. Trotzdem konnte er nicht erkennen, von wem die Witterung ausging: vom Keinkopf oder dem Betreiber der Bude oder einer dritten, noch unsichtbaren Person.

Die Schaustellerin, eine dünne junge Frau in langen Hosen, Sweater und Tennisschuhen, hielt Fred einen Baseball hin. »Spielbereit, Captain?«, fragte sie und lächelte ihn verächtlich an, als läge es ganz außerhalb jeder Wahrscheinlichkeit, dass er sein Spiel gewinnen könnte.

»Ich denke nach«, sagte Fred. Er begutachtete die Preise.

Der Keinkopf kicherte, und der im Brustkorb klaffende Mund sagte: »Denken tut er – das bezweifle ich!« Er kicherte wieder, und Fred wurde rot.

Sein Vater trat neben ihn. »Hast du dir das Spiel ausgesucht?«, fragte er. Jetzt tauchte Hoagland Rae auf; die beiden Männer flankierten den Jungen, und sie musterten zu dritt die Preise. Was waren sie? Puppen, dachte Fred. Zumindest wirkten sie so; die vage männlich aussehenden kleinen Gestalten lagen in Reihen auf den Borden zur Linken der Schaustellerin. Er konnte ums Leben nicht ergründen, warum der Jahrmarkt die sollte schützen wollen; offensichtlich waren sie wertlos. Er ging näher heran, um genauer sehen zu können …

Hoagland Rae nahm ihn beiseite und sagte besorgt: »Aber selbst wenn wir gewinnen, Fred, was haben wir davon? Nichts, was wir brauchen können, nur diese Plastikfigürchen. Die können wir nicht mal bei anderen Siedlungen eintauschen.« Er sah enttäuscht aus; seine Mundwinkel zogen sich missmutig nach unten.

»Ich glaube nicht, dass sie das sind, wonach sie aussehen«, sagte Fred. »Aber was sie sind, weiß ich auch nicht genau. Lassen Sie es mich trotzdem versuchen, Mr. Rae; ich weiß, das ist der Richtige.« Und die Leute vom Rummel waren offensichtlich davon überzeugt.

»Ich überlasse es dir«, sagte Hoagland Rae pessimistisch; er wechselte Blicke mit Freds Vater, dann gab er dem Jungen einen aufmunternden Klaps auf die Schulter.

»Los geht's«, verkündete er. »Tu dein Bestes, Kleiner.« Ihre kleine Gruppe – der sich jetzt Bob Turk angeschlossen hatte – kehrte zur Bude zurück, in der mit blitzenden Schulteraugen der Keinkopf saß.

»Endlich einig geworden, Leute?«, fragte das dünne Mädchen mit dem Pokergesicht, das die Bude leitete, warf einen Baseball hoch und fing ihn wieder auf.

»Hier.« Hoagland Rae reichte Fred einen Umschlag; es war die Ausbeute aus der Ernte der Siedlung in Form von Kirmesbilletts – das hatten sie im Tausch erhalten. Das war nun alles, was ihnen blieb.

»Ich versuch's«, sagte Fred zu dem dünnen Mädchen und gab ihr eine Karte.

Das dünne Mädchen lächelte und zeigte scharfe kleine Zähne.

»Kipp mich in den Teich!«, brabbelte der Keinkopf. »Lass mich Wasser saufen, und gewinn einen wertvollen Preis!« Wieder kicherte er fröhlich.

Am selben Abend saß Hoagland Rae mit einer Juwelierslupe im Auge in der Werkstatt hinter seinem Laden und untersuchte eins der Figürchen, die Tony Costners Junge früher am Tag beim Rummel der Sternschnuppe Entertainment Enterprises gewonnen hatte.

Fünfzehn dieser Figürchen lagen an der hinteren Wand von Hoaglands Werkstatt aufgereiht.

Mit einer winzigen Zange brach Hoagland Rae die Rückseite des puppenartigen Gebildes auf und sah im Inneren komplizierte Schaltungen. »Der Junge hat recht gehabt«, sagte er zu Bob Turk, der hinter ihm stand und zappelig vor Aufregung eine Zigarette aus Synthetik-Tabak rauchte. »Es ist keine Puppe; es ist voll funktionstüchtig. Vielleicht UN-Eigentum, das sie gestohlen haben; vielleicht sogar ein Mikrorob. Einer von diesen automatischen Spezialmechanismen, die von der Regierung für eine Million Aufgaben eingesetzt werden, von Spionage bis zu plastischer Chirurgie bei Kriegsversehrten.« Jetzt öffnete er, ganz zaghaft, die Vorderseite des Figürchens.

Noch mehr Drähte und Miniaturteile, die selbst unter der Lupe außerordentlich schwer zu erkennen waren. Er gab auf; schließlich beschränkten sich seine Fähigkeiten auf die Reparatur von schweren Erntemaschinen und ähnlichem. Das hier war zu viel. Wieder fragte er sich, wie genau sich die Siedlung diese Mikrorobs zunutze machen konnte. An die UN zurückverkaufen? Und in der Zwischenzeit hatte der Rummel abgebaut und war weitergezogen. Keine Chance, von ihnen zu erfahren, was das war.

»Vielleicht gibt es ja Lebenszeichen«, regte Turk an.

Hoagland suchte nach einem Schalter an dem Figürchen, fand keinen. Ob es auf Zuruf reagierte? fragte er sich. »Geh«, befahl er ihm. Das Figürchen rührte sich nicht. »Ich glaube, wir haben hier was«, sagte er zu Turk. »Aber –« Er machte eine Geste. »Es kann dauern; wir müssen Geduld haben.« Vielleicht, wenn sie eins der Figürchen nach M-City brachten, wo die echten Profi-Ingenieure, Elektronikexperten und alle Arten von Reparaturdiensten zu finden waren … aber er wollte es selbst schaffen; er misstraute den Bewohnern des einzigen großen städtischen Ballungszentrums auf dem kolonisierten Planeten.

»Die Kirmesleute waren echt sauer, als wir immer wieder gewonnen haben«, kicherte Bob Turk. »Fred, der hat gesagt, sie hätten die ganze Zeit ihr eigenes PSI ausgespielt, und es hat sie total überrascht, dass –«

»Sei still«, sagte Hoagland. Er hatte die Energieversorgung des Figürchens gefunden; jetzt musste er nur noch dem Stromkreis folgen, bis er an einen Unterbrecher kam. Wenn er den Stromkreis schloss, konnte er den Mechanismus in Gang setzen; so einfach war das – oder schien es zu sein.

Er fand schnell den Unterbrecher im Stromkreis. Ein mikroskopischer Schalter, als Gürtelschnalle des Figürchens getarnt … triumphierend legte Hoagland mit seiner feinen Zange den Schalter um, stellte das Figürchen auf seine Werkbank und wartete.

Das Figürchen rührte sich. Es langte in eine beutelartige Konstruktion, die an seiner Hüfte hing, eine Art Börse; aus diesem Beutel zog es eine winzige Röhre und zielte damit auf Hoagland.

»Moment mal«, sagte Hoagland kleinlaut. Hinter ihm blökte Turk und tauchte in Deckung ab. Etwas zischte ihm ins Gesicht, ein Licht, das ihn hintenüber schleuderte; er schloss die Augen und kreischte vor Angst auf. Wir werden angegriffen!, schrie er, aber sein Schrei blieb stumm, er hörte nichts. Er schrie fruchtlos in unermesslicher Dunkelheit. Blind tappend streckte er flehend die Arme aus …

Die staatlich geprüfte Krankenschwester der Siedlung stand über ihn gebeugt und hielt eine Flasche mit Ammoniak an seine Nasenlöcher. Ächzend gelang es ihm, den Kopf zu heben, die Augen zu öffnen. Er lag in seiner Werkstatt; um ihn herum stand ein Kreis erwachsener Siedler, allen voran Bob Turk, alle mit düster besorgten Mienen.

»Diese Puppen oder sonst was«, gelang es Hoagland zu flüstern. »Haben uns angegriffen; seid vorsichtig.« Er reckte sich und versuchte, nach der Reihe Puppen zu sehen, die er so sorgfältig an die gegenüberliegende Wand gelehnt hatte. »Eine habe ich versehentlich eingeschaltet«, murmelte er. »Indem ich den Schaltkreis geschlossen habe; ich hab sie ausgelöst, jetzt wissen wir Bescheid.« Und dann blinzelte er.

Die Puppen waren fort.

»Ich war Miss Beason holen«, erklärte Bob Turk, »und als ich wiederkam, waren sie verschwunden. Sorry.« Er schaute reumütig, als sei es seine persönliche Schuld. »Aber Sie waren verletzt; ich fürchtete, Sie seien vielleicht tot.«

»Okay«, sagte Hoagland, während er sich aufrappelte; sein Kopf schmerzte und ihm war übel. »Du hast es richtig gemacht. Schaffen wir lieber den kleinen Costner her und hören uns seine Meinung an.« Dann sagte er: »Tja, wir sind abgeschmiert worden. Das zweite Mal in zwei Jahren. Nur ist es diesmal schlimmer.« Diesmal, dachte er, haben wir gewonnen. Letztes Jahr, als wir nur verloren haben, sind wir besser weggekommen.

Er hatte ein äußerst ungutes Vorgefühl.

Als Tony Costner vier Tage später Unkraut in seinem Kürbisbeet jätete, ließ ein Rumoren im Erdreich ihn innehalten; er griff lautlos nach seiner Mistforke und dachte: ein M-Ziesel, der da unten die Wurzeln annagt. Den schnappe ich mir. Er hob die Harke, und als es im Erdreich wieder rumorte, ließ er die Zacken der Gabel so heftig niedersausen, dass sie die lockere, sandige Krume durchstießen.

Etwas unter der Oberfläche quiekte vor Schmerz und Angst. Tony Costner nahm einen Spaten, schaufelte das Erdreich beiseite. Ein Tunnel lag frei, und darin lag – wie er aus langer Erfahrung vermutet hatte – ein Marsziesel, als Knäuel von bebendem, pulsierendem Fell verendend, die Augen glasig im Todeskampf, die langen Fänge gebleckt.

Er gab ihm den Gnadenstoß. Und beugte sich dann vor, um ihn zu untersuchen. Denn ihm war etwas aufgefallen: ein Blitzen von Metall.

Der M-Ziesel trug ein Geschirr; das Geschirr lag eng um den dicken Hals des Tieres. Fast unsichtbare, haarfeine Drähte führten vom Geschirr zur Vorderseite des Schädels, wo sie in der Kopfhaut des Ziesels verschwanden.

»Himmel«, sagte Tony Costner, hob den Ziesel mitsamt dem kleinen Zaumzeug auf und blieb in quälender Unentschlossenheit stehen, während er sich fragte, was zu tun sei. Er brachte das sofort mit den Puppen vom Rummelplatz in Verbindung; sie waren durchgegangen und hatten das gemacht, das gebaut. Wie Hoagland gesagt hatte, die Siedlung wurde angegriffen.

Er überlegte, was der Ziesel getan hätte, hätte er ihn nicht getötet.

Der Ziesel hatte etwas vorgehabt. Der Tunnel führte – zu seinem Haus!

Kurz darauf saß er neben Hoagland Rae in der Werkstatt; Rae hatte vorsichtig das Geschirr geöffnet und dessen Inneres inspiziert.

»Ein Sender«, sagte Hoagland und atmete geräuschvoll aus, als sei sein Kindheitsasthma wieder ausgebrochen. »Kurze Reichweite, vielleicht eine halbe Meile. Der Ziesel ist dadurch gesteuert worden, gab vielleicht Rückmeldung, wo er war und was er tat. Die Elektroden im Gehirn sind wahrscheinlich an Lust- und Schmerzzentren angeschlossen … auf die Art ließ sich der Ziesel steuern.« Er warf Tony Costner einen schnellen Blick zu. »Wie würde es dir gefallen, so ein Geschirr zu tragen?«

»Nicht besonders«, sagte Tony schaudernd. Er wünschte sich plötzlich heim nach Terra, so übervölkert sie war; er sehnte sich nach dem Geschiebe der Menge, dem Mief und dem Lärmen großer Scharen von Männern und Frauen, die sich unter den Lichtern auf den harten Gehwegen drängten. In dem Moment ging ihm blitzartig auf, dass es ihm hier auf dem Mars nie recht gefallen hatte. Viel zu einsam, begriff er. Ich habe einen Fehler gemacht. Meine Frau, sie hat mich hergelockt.

Aber dieser Gedanke kam jetzt ein wenig spät.

»Ich denke«, sagte Hoagland stumpf, »wir benachrichtigen besser die Militärpolizei der UN.« Er ging mit schleppenden Schritten zum Wandtelefon, kurbelte und wählte dann die Notrufnummer. Zu

Tony sagte er halb entschuldigend, halb zornig: »Ich kann es nicht verantworten, das selbst zu regeln, Costner; es ist zu heikel.«

»Es ist auch meine Schuld«, sagte Tony. »Als ich das Mädchen sah, hatte sie ihr Oberteil ausgezogen und –«

»UN-Sicherheitsbüro«, meldete das Telefon laut genug, dass Tony Costner mithören konnte.

»Wir haben Probleme«, sagte Hoagland. Und berichtete dann vom Schiff der Sternschnuppe Entertainment Enterprises und was vorgefallen war. Beim Sprechen wischte er sich die schweißtropfende Stirn mit dem Taschentuch ab; er sah alt und müde und ausgesprochen urlaubsreif aus.

Eine Stunde später landete die Militärpolizei mitten auf der einzigen Straße der Siedlung. Ein uniformierter UN-Offizier mittleren Alters mit einem Aktenkoffer stieg aus, sah sich im gelben Licht des Spätnachmittags um und erblickte die Gruppe, allen voran hochoffiziell Hoagland Rae. »Sind Sie General Mozart?«, sagte Hoagland fragend und bot ihm seine Hand.

»So ist es«, sagte der bullige UN-Offizier bei einem knappen Händedruck. »Könnte ich das Gebilde bitte sehen?« Er schien die recht schäbigen Siedler mit leichter Geringschätzung zu betrachten; das traf Hoagland empfindlich, und sein Gefühl des Versagens und der Niedergeschlagenheit wuchs ins Uferlose.

»Klar, General.« Hoagland ging voraus zu seinem Laden und der angeschlossenen Werkstatt.

Nachdem er den toten M-Ziesel und dessen Elektroden und Geschirr untersucht hatte, sagte General Mozart: »Vielleicht haben Sie wirklich Mechanismen gewonnen, die sie nicht hergeben wollten, Mr. Rae. Ihr finaler – mit anderen Worten, ihr eigentlicher – Bestimmungsort war wahrscheinlich nicht diese Siedlung.« Wieder ließ er seinen kaum verhohlenen Widerwillen durchblicken; wer würde schon diese Gegend heimsuchen wollen? »Sondern, hier vermute ich nur, letztendlich die Erde und dichter bevölkerte Regionen. Durch ihre parapsychologische Einflussnahme auf das Wurfspiel jedoch –« Er unterbrach sich und schaute kurz auf seine Armbanduhr. »Ich denke, wir werden die Felder in der Umgebung mit Arsenwasserstoff vergasen; Sie und Ihre Leute müssen die ganze Region evakuieren, noch heute Nacht übrigens; wir treffen Maßnahmen für den Abtransport. Darf ich mal telefonieren? Ich ordere den Transporter – Sie sammeln Ihre Leute.« Er lächelte Hoagland mechanisch zu und ging dann ans Telefon, um den Anruf für sein Büro in M-City anzumelden.

»Auch den Viehbestand?«, sagte Rae. »Wir können ihn nicht zurücklassen.« Er fragte sich, wie er wohl ihre Schafe, Hunde und Rinder mitten in der Nacht in den UN-Transporter bugsieren sollte. Was für ein Reinfall, dachte er matt.

»Natürlich den Viehbestand«, sagte General Mozart ungerührt, als hätte er in Rae einen Idioten vor sich.

Der dritte Jungbulle, der an Bord des Transporters getrieben wurde, trug ein Geschirr um den Hals; der UN-Militärpolizist an der Ladeluke entdeckte es, erschoss kurzerhand den Jungbullen und kommandierte Hoagland ab, den Kadaver zu entsorgen.

Neben dem toten Jungbullen kniend, sah Hoagland Rae sich das Geschirr und dessen Verdrahtung an. Wie bei dem M-Ziesel verband das Geschirr durch seine hauchfeinen Drähte das Gehirn des Tiers mit dem sensiblen Organismus – welcher Natur auch immer –, der die Apparatur installiert hatte und sich, wie er annahm, weniger als eine Meile entfernt von der Siedlung aufhielt. Was hatte das Tier tun sollen?, überlegte er, während er das Geschirr abnahm. Einen von uns auf die Hörner nehmen? Oder – abhören? Eher das; der Sender im Inneren des Geschirrs summte hörbar; er stand auf Dauerempfang und registrierte jeden Laut in der Umgebung. Also wissen sie, dass wir das Militär zugezogen haben, begriff Hoagland. Und dass wir jetzt zwei dieser Mechanismen aufgespürt haben.

Er hatte die dunkle Ahnung, dass damit das Aus für die Siedlung gekommen war. Diese Gegend würde bald Kriegsschauplatz zwischen UN-Truppen und – und denen da sein. Den Sternschnuppe Entertainment Enterprises. Er fragte sich, wo sie herkommen mochten. Offensichtlich von außerhalb des Sol-Systems.

Ein Totenkopf-Offizier – einer der schwarz uniformierten Offiziere der UN-Geheimpolizei – kniete für einen Moment neben ihm nieder und sagte: »Kopf hoch. Damit haben sie sich entlarvt; wir haben vorher nie beweisen können, dass diese Jahrmärkte feindliche Absichten verfolgen. Dank euch haben sie es nicht nach Terra geschafft. Ihr bekommt Verstärkung; haltet durch.« Er grinste Hoagland an und eilte davon, in der Dunkelheit verschwindend, in der ein wartender UN-Panzer stand.

Ja, dachte Hoagland Rae. Wir haben der Obrigkeit einen Dienst erwiesen. Und sie werden es uns mit massiven Truppenbewegungen in dieser Region danken.

Er hatte das Gefühl, dass es in der Siedlung nie wieder wie früher werden würde, ganz gleich, was die Obrigkeit tat. Denn selbst wenn nichts Schlimmeres geschah, hatte die Siedlung versäumt, ihre Probleme selbst zu lösen; sie war gezwungen gewesen, Hilfe von außen zu rufen. Die großen Brüder.

Tony Costner half ihm mit dem toten Jungbullen; gemeinsam schleiften sie ihn beiseite, mühten sich japsend mit dem immer noch warmen Kadaver ab. »Ich fühle mich schuldig«, sagte Tony, als sie ihn abgelegt hatten.

»Lass es.« Hoagland schüttelte den Kopf. »Und sag deinem Jungen, er soll sich deshalb nicht quälen.«

»Seit diese Sache rausgekommen ist, habe ich ihn nicht mehr gesehen«, sagte Tony unglücklich. »Er hat sich verzogen, war schrecklich verstört. Ich denke, die UN-MPs werden ihn finden; sie treiben im Umland alle zusammen.« Er klang wie betäubt, als könne er nicht ganz begreifen, was vor sich ging. »Ein MP hat mir heute gesagt, wir könnten morgen zurück. Bis dahin hätte das Arsenwasserstoffgas alles erledigt. Glaubst du, so was ist ihnen vorher schon untergekommen? Sie sagen nichts, aber sie wirken so tüchtig. Sie scheinen genau zu wissen, was sie tun.«

»Weiß der Himmel«, sagte Hoagland. Er zündete sich eine echte erdgerollte Optimo-Zigarre an und rauchte in der bedrückten Stille, wobei er zusah, wie eine Herde Schwarzkopfschafe in den Transporter getrieben wurde. Wer hätte gedacht, dass die legendäre, viel beschworene Invasion der Erde so aussehen würde?, dachte er im Stillen. Hier von unserer kargen Siedlung ausgehend, in Gestalt kleiner, elektronischer Figürchen, alles in allem kaum mehr als ein Dutzend, die wir mit Mühe von den Sternschnuppe Entertainment Enterprises gewonnen haben; wie General Mozart sagte, hatten die Invasoren sie im Grunde gar nicht hergeben wollen. Welche Ironie.

Bob Turk war neben ihn getreten und sagte leise: »Ihnen ist klar, dass sie uns opfern werden. Das liegt auf der Hand. Der Arsenwasserstoff wird sämtliche Ziesel und Ratten töten, aber nicht die Microrobs, weil die nicht atmen. Die UN wird die Totenkopfbrigaden in dieser Gegend wochenlang einsatzbereit halten, monatelang vielleicht. Dieser Gasangriff ist erst der Anfang.« Er wandte sich anklagend an Tony Costner. »Wenn dein Junge –«

»Schon gut«, sagte Hoagland mit scharfer Stimme. »Das reicht. Wenn ich das eine nicht auseinandergenommen hätte, den Schaltkreis nicht geschlossen hätte – du kannst es auf mich schieben, Turk; ich trete gerne zurück. Ihr könnt die Siedlung ohne mich leiten.«

Über einen batteriebetriebenen Lautsprecher dröhnte eine donnernde UN-Stimme: »Alle Personen in Hörweite bereitmachen, an Bord zu gehen! Dieses Areal wird um 14.00 Uhr mit Giftgas geflutet! Ich wiederhole –« Sie wiederholte, während die Lautsprecher sich erst in die eine, dann in die andere Richtung drehten; das Lärmen hallte durch die nächtliche Dunkelheit.

Fred Costner irrte stolpernd über das ungewohnte, raue Terrain, vor Elend und Müdigkeit ging sein Atem pfeifend; er achtete nicht auf die Umgebung und kümmerte sich nicht darum, zu sehen, wohin er ging. Er wollte nur fort. Er hatte die Siedlung vernichtet, und alle, von Hoagland Rae angefangen, wussten es. Seinetwegen –

In weiter Ferne, hinter ihm, dröhnte eine elektrisch verstärkte Stimme: »Alle Personen in Hörweite meiner Stimme bereitmachen, an Bord zu gehen! Dieses Areal wird um 14.00 Uhr mit Giftgas geflutet. Ich wiederhole, alle Personen in Hörweite meiner Stimme –« Sie plärrte unablässig weiter. Fred stolperte voran, versuchte das Lärmen der Stimme auszublenden, lief vor ihm davon.

Die Nacht roch nach Spinnen und dürrem Gras; er empfand die Öde der Landschaft um sich her. Er war bereits über die letzten Ausläufer des Nutzlands hinaus; er hatte die Felder der Siedlung verlassen und stolperte nun über ungepflügten Boden, wo keine Zäune oder auch nur Vermessungspfähle existierten. Aber trotzdem würden sie vielleicht auch diese Region vergasen; die UN-Schiffe würden hin- und herpendelnd Arsenwasserstoff versprühen, und danach würden dann Spezialeinheiten zum Einsatz kommen, mit Gasmasken und Flammenwerfern bewehrt und Metalldetektoren auf dem Rücken, um die fünfzehn Mikrorobs aufzustöbern, die sich unter die Erde in die Löcher von Ratten und Nagern verkrochen hatten. Wo sie hingehörten, sagte sich Fred Costner. Zu denken, dass ich sie für die Siedlung haben wollte; nur weil der Rummel sie behalten wollte, dachte ich, sie müssten wertvoll sein.

Er fragte sich matt, ob es irgendeinen Weg gab, wieder gutzumachen, was er getan hatte. Die fünfzehn Mikrorobs finden – und dazu den in Gang gesetzten, der fast Hoagland Rae getötet hätte? Und – er musste lachen; es war absurd. Selbst wenn er ihr Versteck fand – vorausgesetzt, dass sie alle zusammen am gleichen Ort untergeschlüpft waren –, wie konnte er sie zerstören? Und sie waren bewaffnet. Hoagland Rae hatte es um ein Haar erwischt, und das war nur das Werk eines Einzelnen gewesen.

Vor ihm schimmerte ein Licht.

In der Dunkelheit konnte er die Gestalten nicht erkennen, die sich am Rand des Lichtscheins bewegten; er blieb stehen, wartete und versuchte sich zurechtzufinden. Personen kamen und gingen, und er hörte gedämpft ihre Stimmen, von Männern und Frauen. Und das Geräusch laufender Maschinen. Die UN würden keine Frauen einsetzen, wurde ihm klar. Das war nicht das Militär.

Ein Teilstück des Himmels, der Sterne und der feinen nächtlichen Nebelschwaden war ausgespart, und er begriff plötzlich, dass er die Silhouette eines großen, feststehenden Objekts sah.

Es konnte ein Schiff sein, das abflugbereit auf den Heckflossen stand; die Form schien in etwa hinzukommen.

Er setzte sich, zitterte in der Kälte der Marsnacht und runzelte angestrengt die Stirn, als er versuchte, das Kommen und Gehen der undeutlichen Gestalten bei ihrem emsigen Treiben zu verfolgen. War der Jahrmarkt zurückgekommen? War das schon wieder das Frachtschiff der Sternschnuppe Entertainment Enterprises? Unheimlich kroch der Gedanke in ihm hoch: Die Buden und Wimpel und Zelte und Bühnen, die Zaubertricks und Go-go-Tänzerinnen und Missgeburten und Glücksspiele wurden hier mitten in der Nacht errichtet, auf diesem verlorenen Flecken Ödland fernab aller Siedlungen. Eine hohle Parodie des fröhlichen Jahrmarkttreibens, bei der niemand zuschauen und teilhaben durfte. Außer – durch Zufall – ihm selbst. Und ihm war es widerlich; er hatte vom Jahrmarkt genug gesehen, von dessen Menschen und – Dingen.

Etwas lief ihm über den Fuß.

Mit seinen psychokinetischen Kräften stellte er es und zog es zu sich her; er streckte beide Hände aus und tastete herum, bis er eine kantige, strampelnde Gestalt aus der Dunkelheit gefischt hatte. Er hielt sie fest und sah zu seinem Schrecken einen der Mikrorobs; der Rob versuchte sich freizumachen, aber er hielt ihn instinktiv fest. Der Mikrorob war auf das parkende Schiff zugetrippelt, und er dachte: Das Schiff sammelt sie ein. Damit sie nicht von UN-Truppen gefunden werden. Sie hauen ab, dann kann der Jahrmarkt seine Pläne verwirklichen. Eine ruhige Stimme, die einer Frau, sagte ganz aus der Nähe: »Bitte stell es ab. Es will gehen.«

Als er vor Schreck zusammenzuckte, ließ er den Mikrorob los, und der flitzte davon, ein Rascheln im hohen Gras, und er war verschwunden. Das dünne Mädchen, immer noch in Jogginghose und Sweatshirt, hatte sich vor Fred aufgebaut und musterte ihn gelassen, in der Hand eine Taschenlampe; in deren Lichtkreis konnte er ihre scharf umrissene Gestalt erkennen, ihren farblosen Unterkiefer und die stechenden, hellen Augen. »Hi«, stammelte Fred; er stand abwehrbereit auf und sah das Mädchen an. Sie war ein wenig größer als er, und sie machte ihm Angst. Aber er bemerkte keinen PSI-Geruch an ihr und begriff, dass es bestimmt nicht sie gewesen war, die an der Bude während des Spiels ihre Kräfte gegen seine ausgespielt hatte. Also hatte er ihr etwas voraus, vielleicht ohne dass sie es wusste.

»Ihr solltet hier lieber verschwinden«, sagte er. »Hast du die Durchsage gehört? Sie werden dieses Gebiet vergasen.«

»Ich hab's gehört.« Das Mädchen sah ihn prüfend an. »Du bist der große Gewinner, stimmt's, Kleiner? Das Spielerass; siebenmal nacheinander hast du unseren Anti-Ceph versenkt.« Sie lachte fröhlich. »Simon war wütend; er hat sich dabei erkältet und gibt dir die Schuld. Ich hoffe, du läufst ihm nicht über den Weg.«

»Sag nicht Kleiner zu mir«, sagte er. Seine Furcht schwand.

»Douglas, unser PK, sagt, du bist stark. Du hast ihn jedes Mal geschlagen; gratuliere. Und, wie bist du mit deiner Beute zufrieden?« Lautlos lachte sie wieder; ihre kleinen, scharfen Zähne strahlten in dem schwachen Licht. »Was meinst du, war's eure Ernte wert?«

»Euer PK taugt nicht viel«, sagte Fred. »Ich hatte gar keine Mühe, und ich bin nicht sehr erfahren. Ihr könntet es besser treffen.«

»Mit dir etwa? Willst du bei uns einsteigen? Machst du mir einen Antrag, Söhnchen?«

»Nein!«, sagte er bestürzt und angewidert.

»Hinter einer Wand der Werkstatt eures Mr. Rae war eine Ratte«, sagte das Mädchen; »sie hatte einen Sender um, darum wussten wir über euren Anruf bei der UN sofort Bescheid. Also hätten wir reichlich Zeit gehabt, uns unsere –« Sie stockte einen Moment. »Unsere Ware zurückzuholen. Falls uns daran gelegen hätte. Niemand wollte euch Schaden zufügen; es ist nicht unsere Schuld, dass Naseweis Rae mit der Spitze seiner Zange im Schaltkreis von dem bewussten Mikrorob gestochert hat. Oder?«

»Er hat den Mechanismus vorzeitig eingeschaltet. Irgendwann wäre das sowieso passiert.« Er weigerte sich, etwas anderes zu glauben; die Siedlung war im Recht. »Und es wird euch nichts nützen, die ganzen Mikrorobs einzusammeln, weil die UN davon weiß und –«

»Einsammeln?« Das Mädchen schüttelte sich vor Vergnügen. »Wir sammeln die sechzehn Mikrorobs nicht ein, die ihr armen kleinen Leute gewonnen habt. Wir ziehen weiter – ihr habt uns dazu gezwungen. Das Schiff entlädt die restlichen.« Sie wies mit ihrer Taschenlampe … und in diesem kurzen Moment sah er die Horde der Mikrorobs hervorströmen, ausschwärmen und Deckung suchen wie lichtscheue Insekten.

Er schloss die Augen und stöhnte.

»Bist du immer noch sicher«, sagte das Mädchen schnurrend, »dass du uns nicht begleiten willst? Bei uns hast du eine Zukunft, Kleiner. Und anderenfalls –« Sie machte eine Geste. »Wer weiß? Wer wagt zu sagen, was aus eurer kleinen Siedlung und eurem armen kleinen Völkchen wird?«

»Nein«, sagte er. »Ich komme trotzdem nicht mit.«

Als er die Augen wieder aufschlug, war das Mädchen gegangen. Sie stand neben dem Keinkopf, Simon, und schaute auf ein Clipboard, das der Keinkopf hielt.

Fred Costner drehte sich um und rannte den Weg zurück, den er gekommen war, auf die UN-Militärpolizei zu.

Der ranke, große, schwarz uniformierte General der UN-Geheimpolizei sagte: »Ich bin die Ablösung für General Mozart, der unglücklicherweise wenig beschlagen im Umgang mit innerer Subversion ist; er ist reiner Militarist.« Er reichte Hoagland Rae nicht die Hand. Statt dessen begann er mit gerunzelter Stirn in der Werkstatt auf und ab zu gehen. »Ich wünschte, man hätte mich schon letzte Nacht hinzugezogen. Zum Beispiel hätte ich Ihnen eins sofort sagen können … was General Mozart nicht begriffen hat.« Er blieb stehen und warf Hoagland einen kurzen, fragenden Blick zu. »Sie sind sich natürlich bewusst, dass Sie die Schausteller nicht geschlagen haben. Sie wollten diese sechzehn Mikrorobs verlieren.«

Hoagland Rae nickte stumm; es gab nichts zu sagen. So, wie es der Totenkopf-General dargelegt hatte, schien das jetzt ganz offensichtlich.

»Die bisherigen Auftritte des Jahrmarkts«, sagte General Wolff, »in den letzten Jahren sollten Sie nur aufstacheln, eine Siedlung nach der anderen aufstacheln. Die wussten, dass Sie diesmal einen Sieg eingeplant haben mussten. Darum brachten sie diesmal ihre Mikrorobs mit. Und hielten ihr schwaches PSI bereit, um sich eine vorgetäuschte ›Schlacht‹ um den Endsieg zu liefern.«

»Alles, was ich wissen will«, sagte Hoagland, »ist, ob unsere Sicherheit gewährleistet ist.« Die Hügel und Ebenen in der Umgebung der Siedlung wimmelten nun, wie Fred berichtet hatte, von Mikrorobs; es war gefährlich, die Häuser der Innenstadt zu verlassen.

»Wir werden tun, was wir können.« General Wolff nahm seine Wanderung wieder auf. »Aber natürlich gilt unsere erste Sorge nicht Ihnen – oder irgendeiner anderen einzelnen Siedlung oder Ortschaft, die befallen wurde. Wir müssen uns mit der Gesamtsituation befassen. Das Schiff ist in den letzten vierundzwanzig Stunden an vierzig verschiedenen Orten gewesen; wie sie so schnell vorangekommen sind –« Er unterbrach sich. »Sie hatten jeden Schritt geplant. Und Sie dachten, Sie hätten sie übers Ohr gehauen.« Er bedachte Hoagland Rae mit einem finsteren Blick. »Das hat bisher jede Siedlung geglaubt, als sie ihre Schiffsladung Mikrorobs gewann.«

»Ich vermute«, sagte Hoagland darauf, »das haben wir davon, dass wir geschummelt haben.« Er konnte dem Totenkopf-General nicht in die Augen sehen.

»Das haben Sie davon, dass Sie Ihren Verstand gegen Gegner aus einer anderen Galaxie ausgespielt haben«, sagte General Wolff schneidend. »Betrachten Sie es besser so. Und wenn das nächste Mal ein Schiff von außerhalb Terras aufkreuzt – versuchen Sie keine raffinierten Kriegslisten auszuhecken, um sie zu besiegen: Rufen Sie uns!«

Hoagland Rae nickte. »Okay. Ich verstehe.« Er spürte nur dumpfen Schmerz, keinen Unwillen; er verdiente – sie alle verdienten – diese Standpauke. Wenn sie Glück hatten, kamen sie mit diesem Verweis davon. Es war kaum die größte Sorge der Siedlung. »Was wollen die?«, fragte er General Wolff. »Wollen sie das Gebiet hier kolonisieren? Oder ist das ein ökonomischer –«

»Lassen Sie's lieber«, sagte General Wolff.

»B-bitte?«

»Es ist nichts, was Sie verstehen können, weder jetzt noch später. Wir wissen, wonach wir suchen – und die wissen, wonach sie suchen. Ist es so wichtig, dass Sie es auch wissen? Ihr Job ist, wenn möglich

Ihre Farmarbeit wieder aufzunehmen, wie vorher. Oder, wenn das nicht geht, das Feld zu räumen und zur Erde zurückzukehren.«

»Ach so«, sagte Hoagland und fühlte sich unbedeutend.

»Eure Kinder können es in den Geschichtsbüchern nachlesen«, sagte General Wolff. »Das sollte Ihnen genügen.«

»Das ist wunderbar«, sagte Hoagland Rae niedergeschlagen. Er setzte sich lustlos an seine Werkbank, nahm sich einen Schraubenzieher und begann den defekten Revolverkopf einer autonomen Traktorsteuerung zu flicken.

»Sehen Sie«, sagte General Wolff und deutete mit dem Finger.

In einer Ecke der Werkstatt drückte sich, fast unsichtbar vor der staubigen Wand, ein Mikrorob herum, der sie beobachtete.

»Jesus!«, kreischte Hoagland und kramte auf der Werkbank nach dem alten 32er-Revolver, den er geladen und bereitgelegt hatte.

Ehe seine Finger den Revolver ertastet hatten, war der Mikrorob längst verschwunden. General Wolff hatte sich gar nicht gerührt; er wirkte eher etwas amüsiert: Er stand mit verschränkten Armen da und sah zu, wie Hoagland mit der antiquierten Feuerwaffe fuchtelte.

»Wir arbeiten an einer zentralen Vorrichtung, mit der wir sie alle gleichzeitig lahmlegen. Indem wir sie von der Stromversorgung aus ihren tragbaren Batterien abschneiden. Sie einen nach dem anderen zu zerstören ist offensichtlich absurd; das haben wir niemals in Betracht gezogen. Allerdings –« Er verstummte nachdenklich, die Stirn in Falten gelegt. »Es besteht Grund zu der Annahme, dass sie – die Außergalaktischen – uns zuvorgekommen sind und ihre Energiequellen so variiert haben, dass sie –« Er zuckte philosophisch die Schultern. »Tja, vielleicht fällt uns was anderes ein. Beizeiten.«

»Ich hoffe es«, sagte Hoagland. Und versuchte mit der Reparatur der defekten Traktorsteuerung fortzufahren.

»Die Hoffnung, den Mars zu halten, haben wir praktisch aufgegeben«, sagte General Wolff halb zu sich selbst.

Hoagland legte langsam den Schraubenzieher nieder, starrte den Geheimpolizisten an.

»Jetzt werden wir uns auf Terra konzentrieren«, sagte General Wolff und kratzte sich versonnen an der Nase.

»Dann …«, sagte Hoagland nach einem Moment, »gibt es für uns hier eigentlich keine Hoffnung; das wollen Sie sagen.«

Der Totenkopf-General antwortete nicht. Das musste er nicht.

Als er sich über den zart grünlichen, morastigen Wasserspiegel des Kanals beugte, wo Bremsen und schwarzglänzende Käfer brummten, sah Bob Turk aus dem Augenwinkel eine kleine Gestalt herumwieseln. Er fuhr rasch herum, griff nach seinem Laserstab; er riss ihn hoch, feuerte und zerstörte – Waidmannsheil! – einen Haufen rostiger, ausgedienter Benzinfässer, sonst nichts. Der Mikrorob war bereits fort.

Zittrig schob er den Laserstab in seinen Gürtel und beugte sich wieder über das fliegenverseuchte Wasser. Wie üblich waren die Robs über Nacht hier aktiv gewesen; seine Frau hatte sie gesehen, ihr rattenhaftes Scharren gehört. Was zum Teufel hatten sie gemacht?, überlegte Bob Turk bedrückt und schnupperte lange und kräftig am Wasser.

Es schien ihm, als sei der gewohnte Mief des stehenden Wassers unmerklich verändert.

»Verdammt«, sagte er und stand auf; er war mit seinem Latein am Ende. Die Robs hatten irgendeinen Schadstoff ins Wasser geleitet; das lag auf der Hand. Jetzt würde man es einer gründlichen chemischen Analyse unterziehen müssen, und das konnte Tage dauern. Womit sollte er in der Zwischenzeit seine Kartoffelpflanzen am Leben halten? Gute Frage.

Rasend vor ohnmächtiger Wut betastete er den Laserstab, sehnte sich nach einem Ziel – und wusste, dass er niemals, nicht in einer Million Jahren, eines finden konnte. Wie immer taten die Robs ihr Werk bei Nacht; stetig, unaufhaltsam drängten sie die Siedlung zurück.

Schon jetzt hatten zehn Familien eingepackt und sich auf den Rückweg nach Terra gemacht. Um – wenn sie konnten – ihr früheres Leben weiterzuführen, das sie dort aufgegeben hatten.

Und bald würde er an der Reihe sein.

Wenn er nur irgendetwas tun könnte. Einen Weg fände zurückzuschlagen. Er dachte: Ich würde alles tun, alles geben für eine Chance, mir diese Robs zu schnappen. Das schwöre ich. Ich würde mich in

Schulden, Ketten, Knechtschaft und sonst was begeben, nur für eine Chance, die Gegend von ihnen zu befreien.

Er schlurfte missmutig vom Kanal weg, die Hände tief in die Taschen seiner Jacke vergraben, als er das dumpfe Grollen des intergalaktischen Schiffs über sich hörte.

Er stand wie angewurzelt da und spähte hinauf, sein Herz stockte. Sie kommen zurück?, fragte er sich. Das Schiff der Sternschnuppe Entertainment Enterprises … werden sie wieder über uns herfallen, uns endlich den Rest geben? Die Augen überschattend, spähte er verbissen, unfähig, auch nur zu laufen; selbst der Weg zu instinktiver, animalischer Panik war seinem Körper verwehrt.

Das Schiff senkte sich nieder wie eine monströse Orange. Die Form einer Orange, die Farbe einer Orange … es war nicht das blaue, zylinderförmige Schiff der Sternschnuppen-Leute; das konnte er sehen. Aber es war auch nicht von Terra; kein UN-Schiff. Er hatte nie vorher ein solches Schiff gesehen und wusste, dass er eindeutig ein weiteres Gefährt von jenseits des Sol-Systems vor sich hatte; das war noch augenfälliger als bei dem blauen Schiff der Sternschnuppe-Kreaturen. Man hatte noch nicht einmal anstandshalber versucht, es terranisch wirken zu lassen.

Und doch trug es auf den Seiten große Lettern, die sich zu englischen Wörtern zusammenfügten.

Die Lippen bewegend, las er die Wörter, während das Schiff nordöstlich von seinem Standort zur Landung ansetzte.

SECHS-SONNEN-FREIZEITPÄDAGOGIK-GENOSSENSCHAFT BRINGT JUBEL, TRUBEL, HEITERKEIT FÜR JEDERMANN!

Es war – lieber Himmel! – noch eine fahrende Jahrmarktstruppe.

Er wollte wegschauen, sich abwenden und davonlaufen. Und doch konnte er es nicht; der altbekannte innere Trieb, das Verlangen, die gebannte Neugier, waren übermächtig. Also schaute er weiter; er konnte mehrere Luken aufgehen sehen, und autonome Mechanismen, die sich wie plattgedrückte Donuts hinaus in den Sand zu schieben begannen.

Sie schlugen ihr Lager auf.

Neben seinen Nachbarn tretend, sagte Vince Guest mit rauer Stimme: »Was denn nun?«

»Das siehst du doch.« Turk gestikulierte wild. »Mach die Augen auf.« Die Automechs errichteten bereits das Hauptzelt; farbige Wimpel entrollten sich hoch in die Luft hinauf und regneten auf die noch zweidimensionalen Buden herab. Und die ersten Menschen – oder Humanoiden – kamen zum Vorschein. Vince und Bob sahen Männer in bunter Kleidung und dann Frauen in Trikots. Etwas deutlich Winzigerem als Trikots, eigentlich.

»Wow«, gelang es Vince schluckend zu sagen. »Siehst du die Ladies? Schon mal Frauen mit solchen –«

»Ich sehe sie«, sagte Turk. »Aber ich gehe nie wieder auf einen von diesen unirdischen Rummeln aus fremden Galaxien, und Hoagland auch nicht; das weiß ich so sicher wie meinen eigenen Namen.«

Wie schnell sie an die Arbeit gingen. Keine Zeit wurde verloren; schon tröpfelte leise, blecherne Musik mit dem eigentümlichen Kirmesflair zu Bob Turk herüber. Und die Düfte. Zuckerwatte, röstende Erdnüsse, und mit ihnen der subtile Duft von Abenteuer und spannenden Attraktionen, des Verbotenen. Eine Frau mit langem, geflochtenem rotem Haar war leichtfüßig auf eine Bühne gesprungen; sie trug einen knappen BH und einen Hauch von Seide um die Hüften, und während er fasziniert zuschaute, begann sie ihren Tanz. Schneller und schneller wirbelte sie, bis sie schließlich, vom Rhythmus mitgerissen, das bisschen, das sie trug, ganz abwarf. Und das Seltsame daran war, dass es ihm wie wirkliche Kunst vorkam; das war nicht das übliche Kirmes-Hüftgewackel. Es lag etwas Wunderschönes und Lebendiges in ihren Bewegungen; er war wie verzaubert.

»Ich – hole lieber Hoagland«, brachte Vince endlich heraus. Einige Siedler, darunter etliche Kinder, strebten bereits wie hypnotisiert auf die Reihen der Buden und fröhlichen Wimpel zu, die in der sonst so trüben Marsatmosphäre flatterten und glänzten.

»Ich gehe rüber und sehe es mir näher an«, sagte Bob Turk, »während du ihn suchen gehst.« Er spurtete in stetig anziehendem Laufschritt auf den Rummel zu.

Tony Costner sagte zu Hoagland: »Sehen wir uns wenigstens an, was sie zu bieten haben. Sie wissen, dass es nicht dieselben Leute sind; es waren nicht sie, die diese verdammten grässlichen Mikrorobs hier abgeladen haben – das sehen Sie doch selbst.«

»Vielleicht ist etwas noch Schlimmeres«, sagte Hoagland, aber er wandte sich an den Jungen, Fred. »Was sagst du?«, fragte er herrisch.

»Ich will's mir ansehen«, sagte Fred Costner. Er hatte sich entschieden.

»Okay«, sagte Hoagland nickend. »Das genügt mir. Schauen kostet nichts. Solange wir beherzigen, was der General der UN-Geheimpolizei uns gesagt hat. Sitzen wir nicht wieder der Illusion auf, wir könnten sie austricksen.« Er legte seinen Schraubenschlüssel weg, stand von seiner Werkbank auf und ging zum Schrank, um seinen pelzbesetzten Straßenmantel zu holen.

Als sie auf dem Rummel ankamen, sahen sie, dass die Glücksspiele – einladend – noch vor den Go-go-Bühnen und Monstrositätenkabinetts postiert worden waren. Fred Costner lief der Gruppe der Erwachsenen voraus; er schnupperte die Luft, nahm die Wohlgerüche in sich auf, hörte die Musik, sah hinter den Glücksspielen die erste Missgeburt ausgestellt: Es war seine Lieblingsmonstrosität, eine, an die er sich noch von früheren Jahrmärkten erinnerte, aber die hier war überragend. Es war ein Nurkopf. Er ruhte still in der mittäglichen Marssonne: Ein körperloser Kopf, komplett mit Haar, Ohren, intelligenten Augen; der Himmel allein wusste, was ihn am Leben hielt … was es auch war, er wusste instinktiv, dass es kein Trick war.

»Kommt und seht Orpheus, den Kopf ohne sichtbaren Körper!«, rief der Schausteller durch sein Megaphon, und eine Gruppe, meist Kinder, hatte sich scheu versammelt, um zu gaffen. »Wie bleibt er am Leben? Wie bewegt er sich fort? Zeig's ihnen, Orpheus.« Der Schausteller warf dem Kopf einige Futterbröckchen zu – Fred Costner konnte nicht genau erkennen, was; der Kopf weitete seinen Mund zu enormem, beängstigendem Umfang, es gelang ihm, fast alles, was in seiner Nähe landete, aufzuschnappen. Der Schausteller lachte und setzte seine Nummer fort. Der Nurkopf rollte nun anstellig den Futterstücken nach, die ihm entgangen waren. Wow, dachte Fred.

»Na?«, sagte Hoagland, der neben ihn trat. »Siehst du irgendwelche Spiele, von denen wir profitieren könnten?« Seine Stimme quoll über vor Bitterkeit. »Lust, nach irgendwas einen Baseball zu werfen?« Er wandte sich dann zum Gehen, ohne abzuwarten, ein müder, kleiner, fetter Mann, der zu oft geschlagen worden war, der schon zu oft verloren hatte. »Gehen wir«, sagte er zu den anderen Erwachsenen der Siedlung. »Verschwinden wir hier, ehe wir uns in einen neuen –«

»Wartet«, sagte Fred. Er hatte sie erschnuppert, die vertraute, wohltuende Witterung. Sie kam aus einer Bude rechts von ihm, und er ging sofort in diese Richtung.

Eine feiste, graugesichtige Frau mittleren Alters stand in einer Ringwurf-Bude, die Hände voller leichter Weidenringe.

Hinter Fred sagte sein Vater zu Hoagland Rae: »Man bringt die Ringe über die ausgestellten Preise; das, wonach es dir den Ring so zu werfen gelingt, dass er darauf hängen bleibt, gewinnst du.« Er ging mit Fred langsam in diese Richtung. »Für einen Psychokinetiker«, murmelte er, »müsste das ein Kinderspiel sein. Würde ich denken.«

»Ich schlage vor«, sagte Hoagland zu Fred, »dass du dir diesmal die Preise genauer ansiehst. Die Ware.« Aber immerhin kam er auch mit.

Zuerst konnte Fred nicht erkennen, was diese ordentlichen Stapel darstellten, alle identisch, kompliziert und metallen; er ging vor bis an die Theke der Bude, und die mittelalte Frau stimmte ihre beschwörende Leier an, mit der sie ihm eine Handvoll Weidenringe anbot. Für einen Dollar, oder welche gleichwertige Währung die Siedlung auch immer anzubieten hatte.

»Was ist das?«, sagte Hoagland mit neugierigem Blick. »Ich – ich glaube, das sind so 'ne Art Maschinen.«

Fred sagte: »Ich weiß, was das ist.« Und wir müssen spielen, erkannte er. Wir müssen das letzte Stück aufbieten, was die Siedlung bei diesen Leuten in Tausch geben kann, jeden Kohlkopf und Hahn, jedes Schaf, jede Wolldecke.

Denn das, begriff er, ist unsere Chance. Egal ob General Wolff es weiß oder billigt.

»Mein Gott«, sagte Hoagland leise. »Das sind Fallen.«

»Das stimmt, Mister«, sagte die mittelalte Frau. »Homöostatische Fallen; sie tun die ganze Arbeit, denken selbständig, ihr lasst sie nur los, dann wandern und wandern sie und geben nicht eher auf, bis sie –« Sie zwinkerte. »Ihr wisst schon was. Ja, Sie wissen, was sie fangen, Mister, diese verflixten kleinen Dinger, die ihr unmöglich je selber fangen könnt, die euer Wasser vergiften und eure Ochsen töten und eure Siedlung zugrunde richten – gewinnt eine Falle, eine wertvolle, nützliche Falle, und ihr werdet sehen, ja, ihr werdet sehen!« Sie schleuderte einen Weidenring, und er blieb beinahe über einer der komplexen Fallen aus blankem Metall hängen; hätte sie nur ein wenig aufmerksamer gezielt, hätte er gesessen. Zumindest hatte er diesen Eindruck. Das Gefühl hatten sie alle.

Hoagland sagte zu Tony Costner und Bob Turk: »Wir brauchen mindestens ein paar hundert von ihnen.«

»Und dafür«, sagte Tony, »müssen wir alles verpfänden, was wir besitzen. Aber das ist es wert; wenigstens werden wir nicht völlig überrannt werden.« Seine Augen funkelten. »Legen wir los.« Zu Fred sagte er: »Kannst du dieses Spiel spielen? Kannst du gewinnen?«

»Ich – glaube schon«, sagte Fred. Obwohl sich irgendwo in der Nähe jemand mit gegnerischer psychokinetischer Kraft bereithielt. Aber sie reicht nicht, entschied er. Sie reicht nicht ganz.

Es war fast, als würden sie es darauf anlegen.

Die kleine Black Box

I

Bogart Crofts vom Außenministerium sagte: »Miss Hiashi, wir möchten Sie nach Kuba schicken, um der chinesischen Bevölkerung dort Religionsunterricht zu erteilen. Sie sind ja orientalisch geprägt. Das wird nützlich sein.«

Mit einem leisen Seufzer überlegte sich Joan Hiashi, dass ihre orientalische Prägung darin bestand, in Los Angeles geboren zu sein und an der UCSB, der University of Santa Barbara, studiert zu haben. Aber technisch war sie, was die fachliche Qualifikation betraf, Asiatikkundlerin, und das hatte sie gewissenhaft in ihrem Bewerbungsbogen angegeben.

»Betrachten wir das Wort *Caritas*«, sagte Crofts gerade. »Was ist Ihrer Ansicht nach seine eigentliche Bedeutung, so wie Jerome es verstand? Barmherzigkeit? Kaum. Aber was dann? Menschenfreundlichkeit? Tätige Liebe?«

Joan sagte: »Mein Fachgebiet ist Zen-Buddhismus.«

»Aber es weiß doch jeder«, protestierte Crofts bestürzt, »was Caritas im spätrömischen Sprachgebrauch bedeutet. Das Einstehen guter Menschen füreinander; das bedeutet es.« Seine grauen, würdevollen Augenbrauen hoben sich. »Wollen Sie diesen Job, Miss Hiashi? Und wenn, warum?«

»Ich möchte die kommunistischen Chinesen Kubas für den Zen-Buddhismus gewinnen«, sagte Joan, »weil –« Sie zögerte. Die schlichte Wahrheit war, dass es gutes Gehalt für sie bedeutete, den ersten wirklich hochbezahlten Job ihres Lebens. Unter Karrieregesichtspunkten war es das große Los. »O Mann«, sagte sie. »Was ist das Wesen des Großen Wegs? Ich weiß keine Antwort darauf.«

»Ich sehe, Ihr Studium hat Sie die Kunst gelehrt, ehrliche Antworten zu vermeiden«, sagte Crofts säuerlich. »Und sich nicht festzulegen.« Er zuckte die Achseln. »Möglicherweise ist damit nur bewiesen, dass Sie gut geschult und die Richtige für den Job sind. In Kuba werden Sie gegen recht weltliche und gewiefte Individuen antreten müssen, die außerdem, selbst an US-Standards gemessen, relativ wohlhabend sind. Ich hoffe, mit denen werden Sie auch so gut fertig wie mit mir.«

Joan sagte: »Vielen Dank, Mr. Crofts.« Sie stand auf. »Ich höre dann also von Ihnen.«

»Sie beeindrucken mich«, sagte Crofts halb zu sich selbst. »Immerhin sind Sie die junge Dame, die als Erste auf den Einfall kam, Zen-Rätsel in die Großrechner der UCSB einzugeben.«

»Ich war die Erste, die es *gemacht* hat«, korrigierte ihn Joan. »Aber die Idee stammt von einem meiner Freunde, Ray Meritan. Der graugrüne Jazz-Harfinist.«

»Jazz und Zen-Buddhismus«, sagte Crofts. »Vielleicht hat das Außenministerium in Kuba Verwendung für Sie.«

Zu Ray Meritan sagte sie: »Ich muss raus aus Los Angeles, Ray. Ich finde unsere Lebensweise hier wirklich unerträglich.« Sie ging ans Fenster seiner Wohnung und schaute auf die in der Ferne glänzende Einschienenbahn hinaus. Der silberne Zug raste mit enormem Tempo in seiner Spur, und Joan schaute rasch weg.

Wenn wir doch wenigstens leiden könnten, dachte sie. Daran fehlt es uns, an jeder echten Leidenserfahrung, weil wir allem entfliehen können. Selbst dem.

»Aber du kommst ja raus«, sagte Ray. »Du gehst nach Kuba und bekehrst reiche Kaufleute und Bankiers dazu, Asketen zu werden. Und ein waschechtes Zen-Paradox ist es auch: Du wirst dafür bezahlt.« Er kicherte. »In den Computer eingegeben, könnte so ein Gedanke einigen Schaden anrichten. Immerhin wirst du nicht jeden Abend in der Crystal Hall sitzen und mich spielen hören müssen – falls es das ist, was dich vertreibt.«

»Nein«, sagte Joan. »Wahrscheinlich werde ich dir weiter im Fernsehen zuhören. Vielleicht kann ich deine Musik sogar für meinen Unterricht einsetzen.« Aus einer Rosenholzkommode in der anderen Ecke des Zimmers nahm sie eine .32er-Pistole. Sie hatte Ray Meritans zweiter Frau Edna gehört, die sich an einem verregneten Spätnachmittag im letzten Februar damit umgebracht hatte. »Kann ich die mitnehmen?«, fragte sie.

»Aus Sentimentalität?«, sagte Ray. »Weil sie es deinetwegen getan hat?«

»Edna hat gar nichts meinetwegen getan. Edna mochte mich. Ich lasse mir nicht die Schuld am Selbstmord deiner Frau geben, auch wenn sie dahintergekommen ist, dass wir beide – was miteinander hatten, wie man so sagt.«

Ray sagte nachdenklich: »Und du bist das Mädchen, das anderen immer rät, zu ihrer Schuld zu stehen, anstatt sie der Welt anzulasten. Wie heißt dein Prinzip noch, Schatz? Ah.« Er grinste. »Das Anti-Paranoia-Prinzip. Dr. Joan Hiashis Mittel gegen Gemütskrankheiten; verinnerliche jede Schuld, nimm alles auf dich selbst.« Er schaute zu ihr auf und sagte spitz: »Ich bin erstaunt, dass du keine Anhängerin von Wilbur Mercer bist.«

»Dieser Clown«, sagte Joan.

»Das macht einen Teil seiner Ausstrahlung aus. Hier, ich zeige es dir.« Ray schaltete den Fernseher auf der anderen Seite des Zimmers, das schwarze, orientalisch aufgemachte Kompaktmodell mit seinen Drachenverzierungen im Stil der Sung-Dynastie, ein.

»Komisch, dass gerade du weißt, wann Mercer auf Sendung ist«, sagte Joan.

Ray murmelte achselzuckend: »Es interessiert mich. Eine neue Religion, die den Zen-Buddhismus ablöst, fegt aus dem Mittelwesten heran, um Kalifornien zu verschlingen. Du solltest dich auch damit befassen, Religion ist doch angeblich dein Geschäft. Sie hat dir einen Job eingebracht. Religion ist dein tägliches Brot, mein Mädchen, also mach sie nicht mies.«

Das Fernsehbild war erschienen, und da war Wilbur Mercer.

»Warum sagt er denn nichts?«, sagte Joan.

»Tja, Mercer hat diese Woche ein Gelübde getan. Völliges Schweigen.« Ray zündete sich eine Zigarette an. »Das Außenministerium sollte mich schicken, nicht dich. Du bist eine Blenderin.«

»Wenigstens bin ich kein Clown«, sagte Joan. »Oder die Jüngerin eines Clowns.«

Ray erinnerte sie vorsichtig: »Es gibt da ein Zen-Sprichwort: ›Der Buddha ist ein Stück Klopapier.‹ Und noch eins. ›Oft ist der Buddha – ‹«

»Sei still«, sagte sie scharf. »Ich will Mercer zusehen.«

»Zusehen willst du.« Rays Stimme triefte vor Ironie. »*Das* willst du, um Gottes willen? Mercer ist nichts für *Zuschauer*; das ist das ganze Geheimnis.« Er warf seine Kippe in den Kamin und schritt zum Fernseher; davor sah Joan einen Metallkasten mit zwei Griffen stehen, der mit einer Überbrückung aus Zwillingskabel an den Fernseher angeschlossen war. Ray umklammerte die beiden Griffe, und sofort zuckte eine schmerzverzerrte Grimasse über sein Gesicht.

»Was ist los?«, fragte sie besorgt.

»N-nichts.« Ray hielt die Griffe weiter umklammert. Auf dem Bildschirm schritt Wilbur Mercer langsam über den öden, zerklüfteten Boden einer einsamen Hügellandschaft, das Gesicht himmelwärts gerichtet, einen Ausdruck des Friedens – oder geistiger Leere – auf seinen schmalen, mittelalten Zügen. Schnaufend ließ Ray die Griffe los. »Nur fünfundvierzig Sekunden lang konnte ich sie diesmal halten.« Er erklärte Joan: »Das ist die Einswerdungsbox, Schatz. Ich kann dir nicht sagen, wie ich drangekommen bin – ich weiß es, ehrlich gesagt, selbst nicht genau. Sie haben sie abgegeben, die Organisation, die sie vertreibt – die Wilcer GmbH. Aber ich kann dir sagen, dass du Wilbur Mercer nicht mehr nur zusiehst, wenn du diese Griffe berührst. Du hast wirklich teil an seiner Passion. Na, du fühlst eben, was er fühlt.«

Joan sagte: »Sieht aus, als täte es weh.«

Leise sagte Ray Meritan: »Ja. Denn Wilbur Mercer ist todgeweiht. Er geht zu dem Ort, an dem er sterben wird.«

Entsetzt rückte Joan von dem Kasten ab.

»Du hast gesagt, das würden wir brauchen«, sagte Ray. »Denk dran, ich bin ein ganz brauchbarer Telepath; ich muss mich nicht besonders anstrengen, um deine Gedanken zu lesen. ›Wenn wir nur leiden könnten.‹ Das hast du gedacht, noch gar nicht lange her. Also, das ist die Gelegenheit, Joan.«

»Es ist – morbid!«

»War dein Gedanke morbid?«

»Ja!«, sagte sie.

Ray Meritan sagte: »Zwanzig Millionen Menschen sind heute Anhänger von Wilbur Mercer. In aller Welt. Und sie leiden mit ihm, während er nach Pueblo, Colorado, wandert. Zumindest wird ihnen gesagt, dort würde er hingehen. Ich persönlich habe meine Zweifel. Auf jeden Fall ist Mercerismus heute das, was früher der Zen-Buddhismus war; du gehst nach Kuba, um reichen chinesischen Bankiers eine Form der Askese beizubringen, die längst obsolet ist, sich schon überlebt hat.«

Schweigend wandte sich Joan von ihm ab und sah zu, wie Mercer weiterging.

»Du weißt, dass ich recht habe«, sagte Ray. »Deine Gefühle übertragen sich mir. Vielleicht bemerkst du sie nicht, aber sie sind da.«

Auf dem Bildschirm wurde ein Stein nach Mercer geworfen. Er traf ihn an der Schulter.

Jeder, der seine Einswerdungsbox festhielt, begriff Joan, hatte es wie Mercer gespürt.

Ray nickte. »Ganz recht.«

»Und – was ist, wenn er tatsächlich stirbt?« Sie schauderte.

»Was dann geschieht, werden wir sehen«, sagte Ray ruhig. »Wir wissen es nicht.«

II

Außenminister Douglas Herrick sagte zu Bogart Crofts: »Ich glaube, Sie irren sich, Boge. Das Mädchen mag ja Meritans Freundin sein, aber das heißt nicht, dass sie Bescheid weiß.«

»Wir warten ab, bis Mr. Lee es uns sagt«, sagte Crofts gereizt. »Wenn sie in Havanna ankommt, wird er sie abholen.«

»Mr. Lee kann Meritan nicht direkt abtasten?«

»Ein Telepath einen anderen abtasten?« Bogart Crofts lächelte bei dem Gedanken. Er beschwor eine absurde Situation herauf: Mr. Lee, der Meritans Gedanken las, und Meritan, seinerseits Telepath, würde dann Mr. Lees Gedanken lesen und erkennen, dass Mr. Lee seine Gedanken las, und Lee, der Meritans Gedanken las, würde feststellen, dass Meritan es wusste – und so weiter. Eine Spirale ohne Ende, die auf eine Bewusstseinsfusion hinauslief, in der Meritan sorgfältig seine Gedanken hütete, um nicht an Wilbur Mercer zu denken.

»Diese Namensähnlichkeit hat mich darauf gebracht«, sagte Herrick. »Meritan, Mercer. Die ersten drei Buchstaben – ?«

Crofts sagte: »Ray Meritan ist nicht Wilbur Mercer. Ich sage Ihnen, woher wir das wissen. Drüben bei der CIA haben wir ein Ampex-Videoband von Mercers Fernsehübertragung mitgeschnitten, vergrößert und analysieren lassen. Mercer wurde vor dem üblichen tristen Hintergrund aus Kakteen und Sand und Geröll gezeigt … Sie kennen's ja.«

»Ja«, nickte Herrick. »Die Wüste, wie sie es nennen.«

»In der Vergrößerung tauchte am Himmel etwas auf. Es wurde untersucht. Es ist nicht Luna. Es ist ein Mond, aber zu klein, um Luna zu sein. Mercer ist nicht auf der Erde. Ich schätze, dass er gar kein Terrestrier ist.«

Crofts bückte sich und hob ein Metallkästchen hoch, wobei er peinlich darauf achtgab, die beiden Griffe nicht zu berühren. »Und die sind nicht auf der Erde konstruiert und gebaut worden. Die ganze Mercer-Bewegung ist von vorne bis hinten Un-T, und das ist die Tatsache, mit der wir uns abfinden müssen.«

Herrick sagte: »Wenn Mercer kein Terraner ist, könnte er schon vorher, auf anderen Planeten, gelitten haben und sogar gestorben sein.«

»O ja«, sagte Crofts. »Mercer – oder wie immer er oder es wirklich heißt – hat vielleicht lange Erfahrung darin. Aber wir wissen noch immer nicht, was wir wissen wollen.« Und das war natürlich: Was geschieht mit diesen Menschen, wenn sie die Griffe ihrer Einswerdungsbox berühren?

Crofts nahm an seinem Schreibtisch Platz und betrachtete prüfend den direkt vor ihm stehenden Kasten und die beiden einladenden Griffe. Er hatte sie nie berührt und hatte es auch nicht vor. Aber –

»Wie bald wird Mercer sterben?«, fragte Herrick.

»Sie rechnen irgendwann Ende nächster Woche damit«.

»Und Sie glauben, bis dahin wird Mr. Lee etwas aus dem Bewusstsein des Mädchens herausbekommen haben? Einen Hinweis darauf, wo Mercer wirklich steckt?«

»Ich hoffe es«, sagte Crofts; er saß noch vor der Einswerdungsbox, aber immer noch, ohne sie anzufassen. Es muss eine seltsame Erfahrung sein, dachte er, die Hände um zwei harmlos aussehende Metallgriffe zu legen und urplötzlich festzustellen, dass man nicht mehr man selbst ist; sich als völlig anderer Mensch, an einem fernen Ort, eine endlose, monoton ansteigende Steppe hinaufzuquälen, dem sicheren Untergang entgegen. So sagen sie wenigstens. Aber davon zu hören – was bedeutete das schon? Und wenn ich es selbst versuche?

Ultimatives Schmerzempfinden … das stieß ihn ab, ließ ihn zögern.

Es war unvorstellbar, dass Menschen es bewusst suchen konnten, anstatt davor zurückzuschrecken. Die Griffe der Einswerdungsbox zu packen, war sicher nicht die Tat eines Menschen, der sich zu betäuben suchte. Es war keine Flucht vor etwas, sondern die Suche nach etwas. Und nicht nach dem Schmerz an sich; Crofts war nicht so dumm, anzunehmen, die Merceriten seien simple Masochisten, die Qualen genießen. Er wusste, es war der tiefere Sinn dieser Schmerzen, der Mercers Jünger lockte.

An irgendetwas litten diese Jünger.

Laut sagte er zu seinem Vorgesetzten: »Sie betrachten Leiden als Weg, ihr privates, persönliches Dasein hinter sich zu lassen. Es ist eine Kommunion, bei der sie alle gemeinsam Mercers Passion durchleiden und erleben.« Wie das letzte Abendmahl, dachte er. Das ist der wahre Schlüssel: Die Kommunion, das Gemeinschaftserlebnis, das hinter aller Religion steht. Oder stehen sollte. Religion schweißt Menschen zu einem selbstlosen, geeinten Körper zusammen und schließt alle anderen aus.

Herrick sagte: »Aber in erster Linie ist es eine politische Bewegung, oder muss zumindest als solche behandelt werden.«

»Aus unserer Sicht«, gab Crofts zu. »Nicht aus ihrer.«

Die Sprechanlage auf dem Schreibtisch summte, und seine Sekretärin sagte: »Sir, Mr. John Lee ist hier.«

»Schicken Sie ihn herein.«

Der große, schlanke junge Chinese trat lächelnd ein, ihnen die Hand entgegenstreckend. Er trug einen altmodischen alten Einreiher und spitze schwarze Schuhe. Während sie sich die Hände schüttelten, sagte Mr. Lee: »Sie ist noch nicht nach Havanna abgereist, oder?«

»Nein«, sagte Crofts.

»Ist sie hübsch?«, sagte Mr. Lee.

»Ja«, sagte Crofts mit einem Lächeln zu Herrick: »Aber – schwierig. Schnippisches Frauenzimmer. Emanzipiert, wenn Sie mir folgen können.«

»Oh, Typ Suffragette«, sagte Mr. Lee lächelnd. »Ich verabscheue diesen Frauentyp. Es wird mich sauer ankommen, Mr. Crofts.«

»Denken Sie dran«, sagte Crofts, »Ihr Job ist einfach, sich bekehren zu lassen. Sie müssen nichts weiter tun, als sich ihre Werbung für Zen-Buddhismus anhören, einige Fragen wie ›Ist dieser Stock der Buddha?‹ stellen lernen und auf ein paar unverdiente Schläge auf den Hinterkopf gefasst sein – eine Zen-Übung, die anscheinend Vernunft einbläuen soll.«

Mit breitem Grinsen sagte Mr. Lee: »Oder Unvernunft. Sie sehen, ich bin gewappnet. Sinn, Unsinn; im Zen alles eins.« Dann wurde er nüchtern. »Ich selbst bin natürlich Kommunist«, sagte er. »Ich tue das nur aus dem einen Grund, dass die Partei in Havanna offiziell den Standpunkt vertritt, Mercerismus sei eine Gefahr und müsse ausgemerzt werden.« Er blickte düster. »Ich muss sagen, diese Merceriten sind Eiferer.«

»Wohl wahr«, stimmte Crofts zu. »Und wir müssen auf ihre Vernichtung hinarbeiten.« Er deutete auf die Einswerdungsbox. »Haben Sie schon mal – ?«

»Ja«, sagte Mr. Lee. »Es ist eine Form der Kasteiung. Selbst gewählt, zweifellos aufgrund von Schuldgefühlen. Richtig genutzt, treibt Freizeit den Menschen solche Gefühlsregungen aus; andernfalls nicht.«

Crofts dachte: Der Mann begreift überhaupt nicht, worum es hier geht. Er ist ein sturer Materialist. Typisch für jemanden, der in eine kommunistische Familie geboren und in einer kommunistischen Gesellschaft aufgewachsen ist. Alles ist entweder schwarz oder weiß.

»Sie irren sich«, sagte Mr. Lee; er hatte Crofts Gedanken aufgeschnappt.

Errötend sagte Crofts: »Tut mir leid, hab ich vergessen. War nicht so gemeint.«

»In Ihren Gedanken sehe ich«, sagte Mr. Lee, »dass Sie glauben, Wilbur Mercer, wie er sich nennt, könnte Un-T sein. Kennen Sie die Haltung der Partei zu dieser Frage? Die Debatte fand erst vor wenigen Tagen statt. Die Partei vertritt den Standpunkt, es gebe keine nichtterrestrischen Rassen im Sonnensystem und der Glaube an Zeugnisse früherer, überlegener Rassen sei ein Ausdruck morbiden Mystizismus.«

Crofts seufzte. »Empirische Phänomene durch Abstimmung zu entscheiden – nach rein politischen Gesichtspunkten zu entscheiden. Das kann ich nicht begreifen.«

An diesem Punkt schaltete Außenminister Herrick sich ein und beschwichtigte beide Männer. »Bitte, lassen wir uns nicht von theoretischen Fragen ablenken, über die wir geteilter Meinung sind. Bleiben wir beim Wesentlichen – der Merceritischen Partei und ihrem rapiden Zulauf auf dem ganzen Planeten.«

Mr. Lee sagte: »Sie haben natürlich recht.«

III

Auf dem Flugplatz von Havanna sah Joan Hiashi sich um, während die anderen Passagiere rasch vom Schiff dem Eingang zur Vorhalle Nummer zwanzig zustrebten.

Verwandte und Freunde hatten sich zaghaft aufs Flugfeld geschoben, wie sie es immer taten, den Flugplatz-Richtlinien zum Trotz. Unter ihnen sah sie einen großen, schlanken Chinesen, auf dessen Gesicht ein Willkommenslächeln lag.

Sie ging auf ihn zu und rief: »Mr. Lee?«

»Ja.« Er eilte auf sie zu. »Es ist Zeit fürs Dinner. Möchten Sie essen? Ich bringe Sie ins Hang Far Lo. Dort gibt es gepresste Ente und Schwalbennestersuppe, ganz kantonesisch … sehr süß, aber gut, wenn man's nicht übertreibt.«

Kurz darauf saßen sie im Restaurant, in einer Sitzecke aus rotem Leder und Teakholzimitation. Kubaner und Chinesen schwatzten rings um sie herum; die Luft roch nach brutzelndem Schweinefleisch und Zigarrenrauch.

»Sie sind Präsident des Instituts für Asiatikkunde?«, fragte sie, um jedes Missverständnis auszuschließen.

»Korrekt. Wegen des religiösen Aspekts wird es von der Kommunistischen Partei Kubas missbilligt. Aber viele der Chinesen hier auf der Insel besuchen die Vorlesungen oder werden in unserer Adressenkartei geführt. Und wie Sie wissen, waren viele nahmhafte Wissenschaftler aus Europa und Südasien zu Gastvorträgen bei uns … Ach übrigens, es gibt da eine Zen-Parabel, die ich nicht verstehe. Der Mönch, der das Kätzchen entzweihackte – ich habe sie eingehend studiert und überdacht, aber ich begreife nicht, wie Buddha gegenwärtig sein konnte, als Grausamkeit an einem Tier verübt wurde.« Er fügte hastig hinzu: »Ich will nicht mit Ihnen streiten. Ich suche lediglich Aufklärung.«

Joan sagte: »Keine Zen-Parabel wirft so viele Schwierigkeiten auf wie diese. Die Frage, die man stellen muss, heißt: Wo ist das Kätzchen jetzt?«

»Das erinnert an die Eröffnungsverse des *Bhagavad-Gita*«, sagte

Mr. Lee mit einem kurzen Nicken. »Ich entsinne mich der Worte Ardschunas:

Der Bogen sinkt
mir aus der Hand zum Boden hin
Unsel'ge Wunderzeichen schau ich ahnend dort
Kein Heil gewahr ich fürderhin
Wenn ich verübt Verwandtenmord.«

»Korrekt«, sagte Joan, »und natürlich erinnern Sie sich an Krischnas Antwort. Es ist die profundeste Aussage zur Frage von Tod und Kampf in der gesamten vorbuddhistischen Religion.«

Der Kellner kam, um ihre Bestellung aufzunehmen. Er war Kubaner, trug Khaki und ein Barett.

»Versuchen Sie die gebratenen Wan Tans«, riet Mr. Lee. »Und das Chow Yuk und natürlich eine Frühlingsrolle. Haben Sie heute Frühlingsrollen?«, fragte er den Kellner.

»Sí, Señor Lee.« Der Kellner bohrte mit einem Zahnstocher in seinen Zähnen.

Mr. Lee bestellte für sie beide, und der Kellner ging.

»Wissen Sie«, sagte Joan, »wenn man so oft mit einem Telepathen zusammen war wie ich, wird man sensibel für intensives Sondieren … ich habe immer gemerkt, wenn Ray versucht hat, etwas aus mir herauszukitzeln. Sie sind ein Telepath. Und Sie sondieren mich im Moment sehr energisch.«

Lächelnd sagte Mr. Lee: »Ich wünschte, das könnte ich, Miss Hiashi.«

»Ich habe nichts zu verbergen«, sagte Joan. »Aber ich frage mich, warum Sie so interessiert, was ich denke. Sie wissen, dass ich fürs amerikanische Außenministerium arbeite; das ist kein Geheimnis. Haben Sie Angst, ich wäre als Spionin nach Kuba gekommen? Um militärische Anlagen auszuforschen? Etwas in der Art?« Sie war deprimiert. »Das ist kein guter Anfang«, sagte sie. »Sie sind nicht ehrlich zu mir gewesen.«

»Sie sind eine sehr attraktive Frau, Miss Hiashi«, sagte Mr. Lee, ohne sich aus der Ruhe bringen zu lassen. »Ich war nur neugierig auf – soll ich offen sein? – Ihre Einstellung zum Sex.«

»Sie lügen«, sagte Joan leise.

Jetzt verschwand das verbindliche Lächeln, er fixierte sie.

»Schwalbennestersuppe, Señor.« Der Kellner war wiedergekommen; er stellte eine heiße, dampfende Schale in die Mitte des Tisches. »Tee.« Er deckte den Tisch mit einer Teekanne und zwei kleinen, weißen, henkellosen Tassen. »Señorita, möchten Sie Stäbchen?«

»Nein«, sagte sie zerstreut.

Von draußen vor der Nische kam ein gequälter Aufschrei. Joan und Mr. Lee sprangen auf. Mr. Lee zog den Vorhang zur Seite; der Kellner glotzte auch und lachte.

An einem Tisch in der gegenüberliegenden Ecke des Restaurants saß ein älterer kubanischer Herr, dessen Hände die Griffe einer Einswerdungsbox gepackt hielten.

»Hier auch«, sagte Joan.

»Sie sind eine Plage«, sagte Mr. Lee. »Uns beim Essen zu stören.«

Der Kellner sagte: »Loco.« Er schüttelte, immer noch kichernd, den Kopf.

»Ja«, sagte Joan. »Mr. Lee, ich werde bleiben und versuchen, meinen Job zu tun, trotz dem, was zwischen uns vorgefallen ist. Ich weiß nicht, warum man unbedingt einen Telepathen zu meiner Begrüßung schicken musste – möglicherweise liegt es am überzogenen kommunistischen Misstrauen gegenüber Außenstehenden – ich habe jedenfalls hier einen Job zu erledigen, und genau das habe ich vor. Sollen wir also das zerfleischte Kätzchen diskutieren?«

»Beim Essen?«, sagte Mr. Lee gedämpft.

»Sie haben davon angefangen«, sagte Joan und fuhr fort, trotz der Miene akuten Jammers, mit der Mr. Lee dasaß und seine Schwalbennestersuppe löffelte.

Im Los Angeleser Studio des Fernsehsenders KKHT saß Ray Meritan an seiner Harfe und wartete auf seinen Einsatz. »How High the Moon« hatte er als erstes Stück ausgesucht. Er gähnte, behielt die Regiekabine im Auge.

Neben ihm an der Tafel polierte der Jazz-Moderator Glen Goldstream mit einem feinen Leinentaschentuch seine Brille und sagte: »Ich glaube, ich werde heute mit Gustav Mahler aufmachen.«

»Wer zum Teufel ist das?«

»Ein großer Komponist des neunzehnten Jahrhunderts. Sehr romantisch. Hat lange, wunderliche Symphonien und folkloristische Lieder geschrieben. Ich denke allerdings an die rhythmischen Muster im ›Der Trunkne im Frühling‹ aus ›Das Lied von der Erde‹. Nie gehört?«

»Nee«, sagte Meritan unruhig.

»Sehr graugrün.«

Ray Meritan fühlte sich heute Abend nicht sehr graugrün. Sein Kopf schmerzte immer noch von dem Stein, der nach Wilbur Mercer geworfen worden war. Meritan hatte versucht, die Einswerdungsbox loszulassen, als er den Stein kommen sah, aber er war nicht schnell genug gewesen. Der Stein hatte Mercer an der rechten Schläfe getroffen und blutig geschlagen.

»Drei Merceriten habe ich heute Abend getroffen«, sagte Glen. »Und alle sahen furchtbar aus. Was ist Mercer heute zugestoßen?«

»Woher soll ich das wissen?«

»Du läufst genauso rum wie die. Es ist dein Kopf, oder? Ich kenne dich gut genug, Ray. Du lässt dich auf alles ein, was neu und verrückt ist – was interessiert mich, ob du Mercerit bist? Ich dachte nur, du hättest vielleicht gerne eine Schmerztablette.«

Ray Meritan sagte schroff: »Damit wäre der ganze Sinn hinfällig, oder? Eine Schmerztablette. Hier, Mr. Mercer, wie wär's mit einem Schuss Morphium auf dem Weg bergan? Sie spüren nichts mehr.« Er ließ einige Kadenzen über seine Harfe rieseln, um sich einzustimmen.

»Sie sind dran«, sagte der Produzent aus der Regiekabine.

Die Erkennungsmelodie, »That's a Plenty«, erscholl vom Tonband im Regieraum, und an der auf Goldstream gerichteten Kamera zwei leuchtete das rote Licht auf. Mit verschränkten Armen sagte Goldstream: »Guten Abend, Ladies und Gentlemen. Was ist Jazz?«

Das sage ich ja, dachte Meritan. Was ist Jazz? Was ist das Leben? Er rieb sich die aufgesprungene, schmerzgepeinigte Stirn und fragte sich, wie er die nächste Woche durchstehen sollte. Wilbur Mercer war jetzt dicht dran. Mit jedem Tag würde es schlimmer werden …

»Und nach einer kurzen Unterbrechung für eine wichtige Durchsage«, sagte Goldstream gerade, »kommen wir wieder, um Ihnen mehr aus der Welt jener seltsamen Menschen, der graugrünen Männer und Frauen, zu berichten, und aus der künstlerischen Welt des einzigartigen Ray Meritan.«

Die Aufzeichnung des Werbeblocks erschien auf dem Fernsehmonitor vor Meritan.

Meritan sagte zu Goldstream: »Ich nehme die Schmerztablette.«

Eine gelbe, flache, eingekerbte Tablette wurde ihm gereicht. »Paracodein«, sagte Goldstream. »Höchst illegal, aber wirksam. Eine Suchtdroge … Es überrascht mich, dass ausgerechnet du keine vorrätig hast.«

»Hatte ich früher«, sagte Ray, als er sich einen Pappbecher voll Wasser nahm und die Pille schluckte.

»Und jetzt bist du auf Mercerismus.«

»Jetzt bin ich –« Er blickte Goldstream kurz an; auf beruflicher Ebene kannten sie einander seit Jahren. »Ich bin kein Mercerit«, sagte er, »also vergiss es, Glen. Es ist nur ein Zufall, dass ich an dem Abend Kopfschmerzen habe, an dem Mercer ein scharfkantiger Stein an der Schläfe getroffen hat, geworfen von irgendeinem verblödeten Sadisten, der es eher verdient hätte, sich diesen Berghang hoch zu schleppen.« Er funkelte Goldstream wütend an.

»Soweit ich weiß«, sagte Goldstream, »fehlt nicht mehr viel, bis das Ministerium für geistige Gesundheit den Justizminister auffordert, die Merceriten hochzunehmen.«

Plötzlich drehte er sich zu Kamera zwei. Ein dünnes Lächeln belebte sein Gesicht, und er sagte geschmeidig: »Graugrün kam vor etwa vier Jahren in Pinole, Kalifornien, auf, wo Ray Meritan damals, zwischen 1993 und ’94, im heute zu Recht legendären Double Shot Club spielte. Heute Abend werden wir von Ray eine seiner bekanntesten und beliebtesten Nummern hören, ›Once in Love with Amy‹.« Er schwenkte zu Meritan herum. »Ray … Meritan!«

Pling-pling machte die Harfe, als Ray Meritans Finger über die Saiten tanzten.

Ein warnendes Beispiel für Teenager, dachte er während des Spielens. Das würde das FBI aus mir machen, um ihnen zu zeigen, zu was sie nicht heranwachsen sollten. Erst auf Paracodein und jetzt auf Mercer. Hütet euch, Kinder!

Hinter der Kamera hielt Glen Goldstream ein handgekritzeltes Schild hoch.

IST MERCER EIN AUSSERIRDISCHER?

Darunter schrieb Goldstream mit einem Marker:

DAS WOLLEN SIE WISSEN.

Invasion von irgendwo da draußen, dachte sich Meritan, während er spielte. Davor fürchten sie sich. Angst vor dem Unbekannten wie kleine Kinder. Das ist unsere Führungselite: kleine, verängstigte Kinder, die rituelle Spiele mit Superwaffen-Spielzeug treiben.

Ein Gedanke von einem der Fernsehfunktionäre im Regieraum erreichte ihn. *Mercer ist verletzt.*

Sofort konzentrierte Ray Meritan seine Aufmerksamkeit dorthin, versuchte so scharf wie möglich zu sondieren. Seine Finger schlugen mechanisch die Harfe an.

Regierung verbietet sogenannte Einswerdungsboxen.

Er dachte sofort an seine eigene Einswerdungsbox, die vor dem Fernseher im Wohnzimmer seines Apartments stand.

Organisation, die Einswerdungsboxen vertreibt und verkauft, für illegal erklärt, und FBI nimmt Verhaftungen in mehreren Großstädten vor. Ähnliche Maßnahmen in anderen Staaten zu erwarten.

Wie schwer verletzt?, fragte er sich. Tödlich?

Und – was war mit den Merceriten, die in diesem Moment die Griffe ihrer Einswerdungsboxen festgehalten hatten? Wie ging es ihnen jetzt? Wurden sie ärztlich betreut?

Sollen wir die Nachricht gleich senden?, dachte der Fernsehfunktionär. *Oder bis zum Werbeblock warten?*

Ray Meritan brach sein Harfenspiel ab und sprach deutlich in das Mikrophon am Galgen: »Wilbur Mercer ist verletzt. Wir haben damit gerechnet, aber es bleibt trotzdem eine schwere Tragödie. Mercer ist ein Heiliger.«

Goldstream glotzte ihn mit großen Augen an.

»Ich glaube an Mercer«, sagte Ray Meritan, und überall in den Vereinigten Staaten hörte sein Fernsehpublikum dieses Glaubensbekenntnis. »Ich glaube, dass seine Leiden, seine Wunden und sein Tod für jeden von uns von Bedeutung sind.«

Das war's; jetzt war es aktenkundig. Und es hatte gar nicht mal so viel Mut erfordert.

»Betet für Wilbur Mercer«, sagte er und setzte sein graugrünes Harfenspiel fort.

Du Idiot, dachte Glen Goldstream. Dich selbst zu verraten! Binnen einer Woche wirst du im Gefängnis sein. Deine Karriere ist im Eimer!

Pling-pling spielte Ray auf seiner Harfe und lächelte Glen humorlos zu.

IV

Mr. Lee sagte: »Kennen Sie die Geschichte vom Zen-Mönch, der mit den Kindern Verstecken spielte? War es Bashō, der sie erzählte? Der Mönch versteckte sich auf dem Abort, und die Kinder kamen nicht darauf, dort nachzusehen, also vergaßen sie ihn. Er hatte ein schlichtes Gemüt. Am nächsten Tag –«

»Ich gebe zu, dass Zen eine Form von Dummheit ist«, sagte Joan Hiashi. »Einfalt und Leichtgläubigkeit sind ihm heilige Tugenden. Bedenken Sie, dass ›leichtgläubig‹, wörtlich genommen, auch einen leichten Zugang zum Glauben bedeuten kann.« Sie nahm einen Schluck von ihrem Tee und merkte, dass er kalt geworden war.

»Dann sind Sie eine wahre Zen-Meisterin«, sagte Mr. Lee. »Denn jetzt sind Sie reingefallen.« Er griff unter seinen Mantel und zog eine Waffe, die er auf Joan richtete. »Sie sind festgenommen.«

»Von der kubanischen Regierung?«

»Von der Regierung der Vereinigten Staaten«, sagte Mr. Lee. »Ich habe Ihre Gedanken gelesen und erfahren, dass Sie wissen, dass Ray Meritan ein prominenter Mercerit ist, und sich selbst zum Mercerismus hingezogen fühlen.«

»Aber das tue ich nicht!«

»Unbewusst reizt es Sie. Sie stehen kurz davor, überzulaufen. Ich kann solche Gedanken aufschnappen, selbst wenn Sie selbst sie sich nicht gestatten. Wir kehren in die Vereinigten Staaten zurück, Sie und ich, und dort werden wir Mr. Ray Meritan finden, und er wird uns zu Wilbur Mercer führen; so einfach ist das.«

»Und darum bin ich nach Kuba geschickt worden?«

»Ich bin Mitglied des Zentralkomitees der Kommunistischen Partei Kubas«, sagte Mr. Lee. »Und der einzige Telepath in diesem Komitee. Wir haben uns für die Dauer der Mercer-Krise zur Zusammenarbeit mit dem Außenministerium der Vereinigten Staaten entschieden. Miss Hiashi, in einer halben Stunde startet unser Flugzeug nach Washington, D. C.; brechen wir sofort zum Flughafen auf.«

Joan Hiashi sah sich hilflos im Restaurant um. Andere Leute beim Essen, die Kellner … niemanden kümmerte es. Sie erhob sich, als ein Kellner mit einem schwerbeladenen Tablett vorbeiging. »Dieser Mann«, sagte sie und deutete auf Mr. Lee, »will mich entführen. Bitte helfen Sie mir.«

Der Kellner warf einen Blick auf Mr. Lee, sah, wen er vor sich hatte, lächelte Joan an und zuckte die Achseln. »Ein wichtiger Mann, Mr. Lee«, sagte der Kellner und ging mit seinem Tablett weiter.

»Er sagt die Wahrheit«, sagte Mr. Lee zu ihr.

Joan stürzte aus der Sitzecke und durchs Restaurant. »Helfen Sie mir!«, sagte sie zu dem älteren kubanischen Merceriten, der hinter seiner Einswerdungsbox saß. »Ich bin Merceritin. Sie verhaften mich.«

Das faltige alte Gesicht hob sich; der Mann betrachtete sie prüfend.

»Helfen Sie mir«, sagte sie.

»Preist Mercer«, sagte der alte Mann.

Du kannst mir nicht helfen, erkannte sie. Sie wandte sich wieder zu Mr. Lee um, der ihr gefolgt war und immer noch die Pistole auf sie gerichtet hielt. »Dieser alte Mann wird gar nichts tun«, sagte Mr. Lee. »Noch nicht mal seinen Hintern heben.«

Sie ließ die Schultern hängen. »Schon gut. Ich weiß.«

Im Fernseher in der Ecke verstummte plötzlich das Plärren der nachmittäglichen Berieselung; das Bild eines Frauengesichts und einer Flasche Gesichtswasser verschwand abrupt, und alles war schwarz. Dann hörte man, auf Spanisch, die Stimme eines Nachrichtensprechers.

Mr. Lee hörte hin und sagte: »Verletzt. Aber Mercer ist nicht tot. Was empfinden Sie als Merceritin, Miss Hiashi? Berührt es Sie? Oh, stimmt ja. Man muss zuerst die Griffe anfassen, um es zu empfangen. Es muss ein freiwilliger Akt sein.«

Joan nahm die Einswerdungsbox des ältlichen Kubaners, hielt sie einen Moment in der Hand und packte dann die Griffe. Mr. Lee starrte sie verwundert an; er machte eine Bewegung auf sie zu und griff nach der Box …

Es war nicht Schmerz, was sie fühlte. So ist das also?, wunderte sie sich, als sie sich umsah; das Restaurant war jetzt dunkel und verschwommen. Vielleicht ist Wilbur Mercer bewusstlos; das muss es sein. Ich entfliehe dir, sandte sie in Gedanken an Mr. Lee. Wohin ich gegangen bin, kannst – oder willst – du mir nicht folgen: in die tote Welt des Wilbur Mercer, der irgendwo auf baumloser Steppe stirbt, umstellt von seinen Feinden. Ich bin jetzt bei ihm. Und das ist die Erlösung von etwas Schlimmerem. Von dir. Und es wird dir nie gelingen, mich zurückzuholen.

Um sie her erstreckte sich eine öde Weite. Die Luft duftete nach herben Blüten; das war die Wüste, und es gab keinen Regen.

Ein Mann stand vor ihr, einen traurigen Schimmer in seinen grauen, schmerzgetränkten Augen. »Ich bin dein Freund«, sagte er, »aber du musst weitermachen, als würde ich nicht existieren. Kannst du das verstehen?« Er breitete leere Hände aus.

»Nein«, sagte sie. »Das kann ich nicht verstehen.«

»Wie kann ich dich erlösen«, sagte der Mann, »wenn ich mich

selbst nicht erlösen kann?« Er lächelte: »Begreifst du nicht? Es gibt keine Erlösung.«

»Wozu dann das alles?«, fragte sie.

»Um dir zu zeigen, dass du nicht allein bist«, sagte Wilbur Mercer. »Ich bin hier bei dir und werde es immer sein. Kehr um und tritt ihnen entgegen. Und sag ihnen das.«

Sie ließ die Griffe los.

Mr. Lee, der ihr die Waffe vorhielt, sagte: »Und?«

»Gehen wir«, sagte sie. »Zurück in die Staaten. Liefern Sie mich dem FBI aus. Es ist belanglos.«

»Was haben Sie gesehen?«, fragte Mr. Lee neugierig.

»Das sage ich Ihnen nicht.«

»Ich erfahre es sowieso. Aus Ihren Gedanken.« Er sondierte jetzt, lauschte mit schräg gelegtem Kopf. Seine Mundwinkel zogen sich nach unten, als würde er schmollen.

»Das ist ja nicht eben viel«, sagte er. »Mercer sagt Ihnen ins Gesicht, dass er nichts für Sie tun kann – ist das der Mann, für den Sie Ihr Leben geben würden, Sie und die anderen? Sie sind krank.«

»In einer Gesellschaft von Wahnsinnigen«, sagte Joan, »sind die Kranken gesund.«

»So ein Blödsinn!«, sagte Mr. Lee.

Mr. Lee sagte zu Bogart Crofts: »Es war interessant. Sie wurde direkt vor meinen Augen zur Merceritin. Die Verwandlung der verborgenen Anlage in die Tatsache … es hat bewiesen, dass es stimmte, was ich vorher in ihrem Bewusstsein gelesen hatte.«

»Wir werden Meritan jeden Moment aufgreifen«, sagte Crofts zu seinem Vorgesetzten, Minister Herrick. »Er hat das Fernsehstudio in Los Angeles verlassen, wo ihn die Nachricht von Mercers schwerer Verletzung erreicht hat. Was er danach getan hat, scheint niemand zu wissen. Er ist nicht in seine Wohnung zurückgekehrt. Die zuständige Polizei hat seine Einswerdungsbox beschlagnahmt, und er war ohne jeden Zweifel nicht im Hause.«

»Wo ist Joan Hiashi?«, fragte Crofts.

»Wird jetzt in New York festgehalten«, sagte Mr. Lee.

»Unter welcher Anklage?«, fragte Crofts Minister Herrick.

»Politische Agitation, die Sicherheitsinteressen der Vereinigten Staaten bedroht.«

Mr. Lee sagte lächelnd: »Und in Kuba von einem kommunistischen Beamten verhaftet. Das ist ein Zen-Paradox, das zweifellos nicht Miss Hiashis Gefallen finden wird.«

Und in der Zwischenzeit, überlegte Bogart Crofts, wurden Einswerdungsboxen in Mengen eingesammelt. Bald würde ihre Vernichtung beginnen. Binnen achtundvierzig Stunden würden die meisten Einswerdungsboxen in den Vereinigten Staaten nicht mehr existieren, einschließlich der hier in seinem Büro.

Sie stand noch immer unberührt auf seinem Schreibtisch. Er selbst hatte ursprünglich darum gebeten, dass sie hereingebracht wurde, und in dieser ganzen Zeit hatte er die Finger davon gelassen, war keinen Moment schwach geworden. Jetzt ging er zu ihr hin.

»Was würde geschehen«, fragte er Mr. Lee, »wenn ich die beiden Griffe anfasste? Hier ist kein Fernseher. Ich habe keine Ahnung, was Wilbur Mercer gerade tut; nach allem, was ich weiß, ist er mittlerweile tot.«

Mr. Lee sagte: »Wenn Sie die Griffe berühren, Sir, werden Sie eine – ich verwende das Wort nicht gerne, aber es scheint angemessen – eine mystische Vereinigung mit Mr. Mercer eingehen, wo immer er gerade ist. Sie werden sein Leid mit ihm tragen, das wissen Sie ja, aber das ist nicht alles. Teilen werden Sie auch seine –« Mr. Lee überlegte. »Weltanschauung ist nicht die richtige Bezeichnung. Ideologie? Nein.«

Minister Herrick schlug vor: »Wie wäre es mit *Trancezustand*?«

»Vielleicht ist es das«, sagte Mr. Lee stirnrunzelnd. »Nein, das ist es auch nicht. Es gibt kein passendes Wort, das ist der springende Punkt. Man kann es sich nicht beschreiben lassen – man muss es erleben.« »Ich werd's ausprobieren«, beschloss Crofts. »Nein«, sagte Mr. Lee. »Nicht, wenn Sie meinen Rat befolgen. Ich möchte Sie warnen. Ich sah es Miss Hiashi tun, und ich habe gesehen, wie es sie veränderte. Hätten Sie auch Paracodein ausprobiert, als es bei den entfremdeten Massen der Wohlstandsgesellschaft in Mode war?« Er klang zornig.

»Ich habe Paracodein probiert«, sagte Crofts. »Es hat mir rein gar nichts gebracht.«

»Was hätte es denn bringen sollen, Boge?«, fragte Minister Herrick ihn.

Achselzuckend sagte Bogart Crofts: »Ich meine nur, dass ich keinen Grund sehen konnte, warum das jemand mögen sollte, das Bedürfnis hat, süchtig danach zu werden.« Und endlich packte er die beiden Griffe der Einswerdungsbox.

V

Ray Meritan ging langsam durch den Regen und sagte sich: Sie haben meine Einswerdungsbox, und wenn ich zurück in die Wohnung gehe, schnappen sie mich.

Seine telepathische Begabung hatte ihn gerettet. Als er das Haus betrat, hatte er die Gedanken des Trupps von Stadtpolizisten aufgeschnappt.

Es war jetzt nach Mitternacht. Mein Problem ist, dass ich aus meiner verdammten Fernsehshow zu bekannt bin, machte er sich klar. Wo immer ich hingehe, man wird mich erkennen.

Zumindest überall auf der Erde.

Wo ist Wilbur Mercer?, fragte er sich. In diesem Sonnensystem oder irgendwo jenseits davon, unter einer völlig anderen Sonne? Vielleicht werden wir es nie erfahren. Oder wenigstens ich werde es nie erfahren.

Aber kam es darauf an? Wilbur Mercer war irgendwo; das war das einzig Wichtige. Und es gab immer einen Weg, ihn zu erreichen. Die Einswerdungsbox war immer da – oder sie war es gewesen bis zu den Polizeirazzien. Und Meritan hatte das Gefühl, die Vertriebsfirma, die diese Einswerdungsboxen geliefert hatte und ohnehin ein zwielichtiges Dasein führte, würde einen Weg finden, die Polizei auszutricksen. Wenn er sie richtig einschätzte –

Vor sich in der verregneten Dunkelheit sah er die roten Lichter einer Bar. Er drehte um und trat ein.

Zum Barmann sagte er: »Sagen Sie, haben Sie eine Einswerdungsbox? Ich zahle Ihnen hundert Dollar, wenn ich sie benutzen darf.«

Der Barkeeper, ein großer, stämmiger Mann mit behaarten Armen, sagte: »Nee, so was gibt's hier nicht. Schieb ab.«

Die Leute an der Bar schauten, und einer von ihnen sagte: »Die sind jetzt verboten.«

»Hey, das ist Ray Meritan«, sagte ein anderer. »Der Jazzmann.«

Ein anderer Mann sagte faul: »Spiel uns ein paar Takte graugrünen Jazz, Jazzmann.« Er nahm einen Schluck aus seinem Bierkrug.

Meritan wollte aus der Bar stürzen.

»Warte«, sagte der Barkeeper. »Nicht so eilig, Freundchen. Geh zu der Adresse.« Er schrieb auf ein Streichholzbriefchen, das er dann Meritan hinhielt.

»Was schulde ich Ihnen?«, sagte Meritan.

»Ach, mit fünf Dollar sind Sie dabei.«

Meritan zahlte und verließ die Bar, das Streichholzbriefchen in der Tasche. Ist vielleicht die Adresse des nächsten Polizeireviers, sagte er sich. Aber ich lasse es trotzdem drauf ankommen.

Wenn ich noch einmal an eine Einswerdungsbox kommen könnte –

Die Adresse, die der Barkeeper ihm gegeben hatte, war ein altes, verfallendes Holzhaus im Zentrum von Los Angeles. Er klopfte an die Tür und blieb wartend stehen.

Die Tür ging auf. Eine fette Frau mittleren Alters in Bademantel und Plüschpantoffeln spähte zu ihm hinaus. »Ich bin kein Polizist«, sagte er. »Ich bin Mercerit. Darf ich Ihre Einswerdungsbox benutzen?«

Die Tür öffnete sich zögernd; die Frau musterte ihn prüfend und schien ihm zu glauben, obwohl sie nichts sagte.

»Tut mir leid, Sie so spät zu stören«, entschuldigte er sich.

»Was ist Ihnen passiert, Mister?«, sagte die Frau. »Sie sehen mies aus.«

»Wilbur Mercer«, sagte Ray. »Er ist verletzt.«

»Machen Sie's an«, sagte die Frau und schlurfte voraus in einen dunklen, kalten Salon, wo ein Papagei in einem riesigen Käfig aus verbogenem Messingdraht schlief. Dort sah er die Einswerdungsbox auf einem alten Radioschrank stehen. Er spürte, wie ihn bei diesem Anblick Erleichterung überkam.

»Bedienen Sie sich«, sagte die Frau.

»Danke«, sagte er und fasste an die Griffe.

Eine Stimme in seinem Ohr sagte: »Wir halten uns an das Mädchen, sie wird uns zu Meritan führen. Ich hatte von vornherein ganz recht, sie einzustellen.«

Ray Meritan erkannte die Stimme nicht. Es war nicht die von Wilbur Mercer.

Aber trotz seiner Verwirrung hielt er die Griffe umklammert und lauschte; er blieb stehen wie erstarrt, mit ausgestreckten, festgekrallten Händen.

»Die nonterrestrische Macht hat die gutgläubigsten Schichten unserer Bevölkerung angesprochen, aber diese Schichten werden – da bin ich ganz sicher – von einer kleinen Gruppe zynischer Opportunisten wie Meritan von oben manipuliert. Sie wirtschaften sich mit dieser Wilbur-Mercer-Manie in die eigene Tasche.« Die selbstbewusste Stimme dröhnte weiter.

Ray Meritan bekam Angst, als er sie hörte. Denn ihm wurde klar, dass das jemand von der Gegenseite war. Irgendwie hatte er empathischen Kontakt mit ihm aufgenommen, und nicht mit Wilbur Mercer.

Oder hatte Mercer das absichtlich getan, es arrangiert? Er lauschte weiter, und jetzt hörte er:

»… müssen dieses Hiashi-Mädel aus New York rüberholen und hierher bringen, wo wir sie weiter ausfragen können.« Die Stimme setzte hinzu: »Wie ich zu Herrick sagte …«

Herrick, der Außenminister. Jemand im Außenministerium dachte das; er dachte an Joan, erkannte Meritan. Vielleicht war das der Beamte im Außenministerium, der sie eingestellt hatte.

Also war sie nicht in Kuba. Sie war in New York. Was war schiefgegangen? Die einzig mögliche Erklärung war, dass das Außenministerium Joan nur benutzt hatte, um an ihn heranzukommen.

Er ließ die Griffe los, und die Stimme in seinem Bewusstsein erlosch.

»Haben Sie ihn gefunden?«, fragte die Frau in mittleren Jahren.

»J-ja«, sagte Meritan verstört, während er versuchte, sich in dem unvertrauten Raum zu orientieren.

»Wie geht es ihm? Geht es ihm gut?«

»Ich – ich weiß noch nicht«, antwortete Meritan aufrichtig. Er dachte: Ich muss nach New York. Und versuchen, Joan zu helfen. Ich hab sie da reingeritten; ich habe keine Wahl. Selbst wenn sie mich dadurch schnappen … wie kann ich sie im Stich lassen?

Bogart Crofts sagte: »Ich habe Mercer nicht erreicht.«

Er entfernte sich ein paar Schritte von der Einswerdungsbox, drehte sich dann um und warf ihr einen giftigen Blick zu. »Ich habe Meritan erreicht. Aber ich weiß nicht, wo er ist. Im selben Moment, als ich die Griffe der Box hier anfasste, griff Meritan irgendwo anders zu. Wir waren verbunden, und jetzt weiß er alles, was ich weiß. Und wir wissen, was er weiß, was nicht viel ist.« Benommen wandte er sich an Minister Herrick. »Er weiß nicht mehr über Wilbur Mercer als wir; er hat versucht, ihn zu erreichen. Er ist definitiv nicht Mercer.« Dann schwieg Crofts.

»Da ist noch was«, sagte Herrick zu Mr. Lee. »Was hat er sonst noch von Meritan erfahren, Mr. Lee?«

»Meritan kommt nach New York und versucht, Joan Hiashi zu finden«, sagte Mr. Lee, folgsam in Crofts' Gedanken lesend. »Das hat er von Meritan erfahren, während ihre Gedanken gleichgeschaltet waren.«

»Wir werden Mr. Meritan gebührend empfangen«, sagte Minister Herrick mit einer Grimasse.

»Habe ich das erlebt, worauf ihr Telepathen euch dauernd einlasst?«, fragte Crofts Mr. Lee.

»Nur wenn einer von uns einem anderen Telepathen zu nahe kommt«, sagte Mr. Lee. »Das kann unangenehm sein. Wir weichen dem möglichst aus, denn wenn die beiden Bewusstseinsstrukturen völlig unvereinbar sind und kollidieren, kommt es zu psychischen Schäden. Ich vermute, Sie und Mr. Meritan sind kollidiert.«

Crofts sagte: »Hören Sie, wie können wir damit weitermachen?

Ich weiß jetzt, dass Meritan unschuldig ist. Er weiß nicht das Geringste über Mercer oder die Organisation, die diese Boxen vertreibt, außer ihrem Namen.«

Einen Moment lang herrschte Schweigen.

»Aber er ist einer der wenigen Prominenten, die den Merceriten beigetreten sind«, machte Minister Herrick geltend. Er reichte Crofts eine Telebrief-Depesche. »Und er hat sich offen dazu bekannt. Wenn Sie sich bequemen würden, das zu lesen –«

»Ich weiß, dass er seine Loyalität zu Mercer heute Abend im Fernsehen bekräftigt hat«, sagte Crofts zitternd.

»Wenn man es mit einer außerterrestrischen Macht zu tun hat, die samt und sonders aus einem fremden Sonnensystem stammt«, sagte Minister Herrick, »muss man besonnen vorgehen. Wir werden trotzdem versuchen, Meritan zu schnappen, und zwar durch Miss Hiashi. Wir werden sie aus dem Gefängnis entlassen und beschatten. Wenn Meritan Kontakt mit ihr aufnimmt –«

An Mr. Crofts gewandt, sagte Mr. Lee: »Sprechen Sie nicht aus, was Sie sagen wollten, Mr. Crofts. Es wird Ihrer Karriere nachhaltigen Schaden zufügen.«

Crofts sagte: »Herrick, das ist falsch. Meritan ist unschuldig und Joan Hiashi ebenfalls. Wenn Sie versuchen, Meritan eine Falle zu stellen, quittiere ich den Staatsdienst.«

»Schreiben Sie Ihr Rücktrittsgesuch, und geben Sie es mir«, sagte Minister Herrick. Sein Gesicht war finster.

»Das ist bedauerlich«, sagte Mr. Lee. »Ich würde meinen, Ihr Kontakt mit Mr. Meritan hat Ihre Urteilskraft beeinträchtigt, Mr. Crofts. Er hat einen unheilvollen Einfluss auf Sie; schütteln Sie ihn ab, um Ihrer langen Karriere und Ihres Landes willen, von Ihrer Familie ganz zu schweigen.«

»Was wir tun, ist falsch«, wiederholte Crofts.

Minister Herrick funkelte ihn ärgerlich an. »Kein Wunder, dass diese Einswerdungsboxen Schaden angerichtet haben! Jetzt habe ich es mit eigenen Augen gesehen. Es gibt jetzt keinesfalls mehr ein Zurück für mich.«

Er nahm die Einswerdungsbox, die Crofts benutzt hatte. Er hob sie hoch und schmetterte sie auf den Boden. Die Box zersprang und blieb als Häuflein unförmiger Einzelteile liegen. »Missverstehen Sie das nicht als kindische Tat«, sagte er. »Ich will jede Verbindung zwischen uns und Meritan abbrechen. Er kann nur schädlich sein.«

»Wenn wir ihn schnappen«, sagte Crofts, »wird er vielleicht weiter Einfluss auf uns ausüben.« Er ergänzte seinen Kommentar: »Oder vielmehr, auf mich.«

»Wie dem auch sei, ich habe die Absicht fortzufahren«, sagte Minister Herrick. »Und Sie reichen bitte Ihr Rücktrittsgesuch ein. Mr. Crofts, mit dem Fall gedenke ich mich auch noch zu befassen.« Er blickte grimmig und entschlossen.

Mr. Lee sagte: »Minister, ich kann Mr. Crofts' Gedanken lesen und sehe, dass er momentan konsterniert ist. Er ist das unschuldige Opfer einer Situation, die möglicherweise von Wilbur Mercer herbeigeführt wurde, um uns zu entzweien. Und wenn Sie Mr. Crofts' Rücktritt annehmen, wird Mercer sein Ziel erreicht haben.«

»Es spielt keine Rolle, ob er ihn annimmt oder nicht«, sagte Crofts. »Weil ich auf jeden Fall zurücktrete.«

Seufzend sagte Mr. Lee: »Die Einswerdungsbox hat Sie überraschend zum Telepathen wider Willen gemacht, und das war einfach zu viel.« Er tätschelte Mr. Crofts die Schulter. »Telepathische Begabung und Einswerdung sind zwei Spielarten ein und derselben Sache. Man sollte sie ›Telepathieboxen‹ nennen. Erstaunlich, diese außerterrestrischen Existenzen; sie können bauen, was wir nur durch Evolution erringen können.«

»Da Sie meine Gedanken lesen können«, sagte Mr. Crofts zu ihm, »wissen Sie, was ich vorhabe. Ich zweifle nicht daran, dass Sie Minister Herrick aufklären werden.«

Mit leerem Grinsen sagte Mr. Lee: »Der Minister und ich kooperieren im Interesse des Weltfriedens. Wir haben beide unsere Instruktionen.« Zu Herrick sagte er: »Dieser Mann ist derart verstört, dass er jetzt tatsächlich überlaufen will. Den Merceriten beitreten, ehe alle Boxen zerstört sind. Seine unfreiwillige telepathische Erfahrung hat ihm *gefallen*.«

»Wenn Sie überlaufen«, sagte Herrick, »werden Sie festgenommen. Das verspreche ich Ihnen.«

Crofts sagte nichts.

»Das hat ihn nicht umgestimmt«, sagte Mr. Lee nonchalant und nickte beiden Männern zu; die Situation amüsierte ihn offensichtlich.

Aber insgeheim dachte Mr. Lee: ein brillanter, kühner Schachzug von diesem Ding, das sich Wilbur Mercer nennt, Crofts direkt mit Meritan kurzzuschließen. Es hat zweifellos vorausgesehen, dass Crofts die starken Emanationen aus dem Herzen der Bewegung empfangen würde. Der nächste Schritt wird sein, dass Crofts wieder eine Einswerdungsbox benutzt – wenn er eine finden kann –, und diesmal wird sich ihm Mercer höchstpersönlich widmen. Seinen neuen Jünger willkommen heißen.

Sie haben einen Mann gewonnen, erkannte Mr. Lee. Sie sind uns voraus.

Aber letztendlich werden wir gewinnen. Denn letztendlich wird es uns gelingen, alle Einswerdungsboxen zu zerstören, und ohne sie ist Wilbur Mercer handlungsunfähig. Das ist der einzige Weg, über den er – oder es – Menschen wie den unglücklichen Mr. Crofts erreichen und lenken kann. *Ohne Einswerdungsboxen ist die Bewegung hilflos.*

VI

Am UWA-Schalter in Rocky Field in New York City sagte Joan Hiashi zu dem uniformierten Schalterbeamten: »Ich möchte einen Hinflug nach Los Angeles für die nächste Maschine buchen. Jet oder Rakete, das ist egal. Ich will nur hinkommen.«

»Erste oder Touristenklasse?«, fragte der Schalterbeamte.

»O Mann«, sagte Joan müde, »verkaufen Sie mir einfach ein Ticket. Irgendein Ticket.« Sie öffnete ihre Börse.

Als sie das Ticket bezahlen wollte, hielt eine fremde Hand ihre zurück. Sie drehte sich um – und da stand Ray Meritan und machte ein erleichtertes Gesicht.

»Was für eine Umgebung, um deine Gedanken orten zu müssen«, sagte er. »Komm mit, gehen wir irgendwohin, wo es stiller ist. Dein Flug geht erst in zehn Minuten.«

Sie hasteten zusammen durch das Gebäude, bis sie zu einem verlassenen Aufgang kamen. Dort blieben sie stehen, und Joan sagte: »Hör zu, Ray, ich weiß, dass es eine Falle für dich ist. Darum haben sie mich rausgelassen. Aber zu wem außer dir kann ich sonst?«

Ray sagte: »Mach dir darum keine Sorgen. Sie mussten mich früher oder später doch erwischen. Ich bin sicher, sie wissen, dass ich Kalifornien verlassen habe und hergekommen bin.« Er sah sich um. »Bis jetzt noch keine FBI-Agenten in der Nähe. Zumindest orte ich nichts, was darauf schließen lässt.« Er zündete sich eine Zigarette an.

»Jetzt, wo du hier bist«, sagte Joan, »habe ich keinen Grund mehr, zurück nach Los Angeles zu fliegen. Ich kann meinen Flug genauso gut absagen.«

»Du weißt, dass sie alle Einswerdungsboxen beschlagnahmen und vernichten, die sie auftreiben können«, sagte Ray.

»Nein«, sagte sie. »Das wusste ich nicht, ich bin erst vor einer halben Stunde entlassen worden. Das ist schrecklich. Sie machen wirklich Ernst.«

Ray lachte. »Sagen wir, sie haben wirklich Angst.« Er nahm sie in den Arm und küsste sie. »Ich sage dir, was wir machen. Wir versuchen, uns hier zu verdrücken, fahren zur Lower East Side und mieten uns in einem kleinen, ungeheizten Wohnklo ein. Wir halten uns versteckt und finden eine Einswerdungsbox, die sie übersehen haben.« Obwohl die Chancen schlecht stehen, dachte er; wahrscheinlich haben sie mittlerweile alle. Allein schon, weil es nicht viele gab.

»Ganz wie du willst«, sagte Joan traurig.

»Liebst du mich?«, fragte er sie. »Ich kann deine Gedanken lesen; du liebst mich.« Und dann sagte er leise: »Außerdem kann ich noch die Gedanken eines gewissen Mr. Lewis Scanlan lesen – eines FBI-Mannes, der gerade am UWA-Schalter steht. Welchen Namen hast du angegeben?«

»Mrs. George McIsaacs«, sagte Joan. »Glaube ich.« Sie kontrollierte ihr Ticket und den Umschlag. »Ja, das stimmt.«

»Aber Scanlan fragt, ob in den letzten fünfzehn Minuten eine japanische Frau am Schalter gewesen ist, und der Beamte erkennt dich. Also –« Er packte Joans Arm. »Machen wir, dass wir wegkommen.«

Sie hasteten den verlassenen Aufgang hoch, passierten eine Tür, die sich durch Bewegungsmelder öffnete, und landeten in einer Gepäckausgabe. Alle waren viel zu beschäftigt, um auf Ray Meritan und Joan zu achten, die sich zur straßenseitigen Tür schlängelten und im nächsten Augenblick auf den kühl-grauen Gehweg traten, vor dem in einer langen Doppelreihe Taxis parkten. Joan wollte ein Taxi heranwinken …

»Warte«, sagte Ray und zog sie zurück. »Ich empfange einen Wust von Gedanken. Einer der Taxifahrer ist FBI-Mann, aber ich kann nicht sagen, welcher.« Er blieb unschlüssig stehen und wusste nicht weiter.

»Wir können nicht durchkommen, oder?«, sagte Joan.

»Es wird schwierig werden.« Im Stillen dachte er: aussichtslos trifft es eher; da hast du recht. Er nahm die wirren, verängstigten Gedanken des Mädchens wahr, ihre Sorge um ihn, dass sie ihnen den Weg gezeigt haben könnte, ihn aufzuspüren und festzunehmen, ihre wilde Entschlossenheit, nicht wieder ins Gefängnis zu gehen, ihre grenzenlose Bitterkeit über den Verrat des chinesischen kommunistischen Funktionärs Mr. Lee, der sie in Kuba empfangen hatte.

»Das ist ein Leben«, sagte Joan und hielt sich dicht neben ihm.

Und welches Taxi sie nehmen sollten, wusste er immer noch nicht. »Hör mal«, sagte er zu Joan, »vielleicht sollten wir uns trennen.«

»Nein«, sagte sie und klammerte sich an ihn. »Ich stehe es alleine nicht mehr durch. Bitte.«

Ein schnauzbärtiger Straßenhändler mit einem Bauchladen, den er sich mit einer Kordel um den Hals gehängt hatte, trat auf sie zu. »Hallo, Leute«, murmelte er.

»Nicht jetzt«, sagte Joan zu ihm.

»Probepackung Frühstücksflocken«, sagte der Händler. »Kostet nichts. Nehmen Sie ruhig eine Schachtel, Miss. Sie auch Mister, nehmen Sie eine.« Er hielt Ray die Auslage mit den kleinen Kartons in fröhlichen Farben hin.

Seltsam, dachte Ray. Ich empfange nicht das Mindeste aus dem Bewusstsein dieses Mannes. Er starrte den Händler an und bemerkte an dem Mann – ganz sicher war er sich nicht – eine eigentümliche Körperlosigkeit. Eine gewisse Verschwommenheit.

Ray nahm eine der Frühstücksflocken-Proben.

»Muntermahlzeit heißt das«, sagte der Händler. »Eine neue Marke, die sie beim Käuferpublikum einführen. Drinnen steckt ein Gutschein. Er berechtigt Sie –«

»Okay«, sagte Ray und steckte die Schachtel in seine Tasche. Er nahm Joan und führte sie an der Reihe der Taxis entlang. Er wählte aufs Geratewohl eins aus und öffnete die hintere Tür. »Steig ein«, drängte er sie.

»Ich habe auch eine Probe Muntermahlzeit genommen«, sagte sie mit dem Schatten eines Lächelns, als er sich neben sie setzte. Das Taxi fuhr an, scherte aus der Reihe aus und fuhr am Eingang zum Flugplatzterminal vorbei. »Ray, irgendwas war seltsam an diesem Vertreter. Es war, als wäre er nicht richtig da, als wäre er nur ein – ein Bild.«

Als das Taxi über die Autoauffahrt das Terminal verließ, scherte ein anderes Taxi aus der Reihe aus und folgte ihnen.

Ray blickte über seine Schulter und sah auf dem Rücksitz des Taxis zwei wohlgenährte Männer in gepflegten, dunklen Straßenanzügen. FBI-Leute, sagte er sich.

Joan sagte: »Hat dieser Cornflakes-Händler dich nicht an jemanden erinnert?«

»An wen?«

»Ein bisschen an Wilbur Mercer. Aber ich habe ihn mir nicht genau genug angesehen, um –«

Ray grapschte ihr die Cornflakes-Packung aus der Hand, riss den Pappdeckel auf. Aus den trockenen Flocken sah er die Ecke des Coupons hervorschauen, von dem der Händler gesprochen hatte; er zog den Gutschein heraus, hielt ihn hoch und las ihn durch. Auf dem Gutschein stand in großer, deutlicher Schrift:

»Sie waren es«, sagte er zu Joan.

Er steckte den Gutschein vorsichtig in seine Tasche, dann überlegte er es sich anders. Er faltete ihn zusammen und steckte ihn in den Aufschlag seiner Hose. Wo das FBI ihn möglicherweise übersehen würde.

Hinter ihnen kam das andere Taxi näher, und jetzt empfing er die Gedanken der beiden Männer. Sie waren FBI-Agenten; er hatte recht gehabt. Er lehnte sich in seinem Sitz zurück.

Jetzt konnte man nur noch abwarten.

Joan sagte: »Könnte ich den anderen Gutschein haben?«

»Entschuldige.« Er holte die zweite Packung heraus. Sie öffnete sie, fand den Gutschein darin, und nach kurzer Überlegung faltete sie ihn und versteckte ihn im Saum ihres Rocks.

»Ich frage mich, wie viele von diesen sogenannten Händlern es gibt«, sagte Ray sinnend. »Es würde mich interessieren, wie viele Proben Muntermahlzeit sie verteilen können werden, ehe man sie erwischt.«

Der erste gebräuchliche Haushaltsgegenstand, den man brauchte, war ein normales Radio; das war ihm aufgefallen. Der zweite der Glühfaden einer Fünfjahres-Glühbirne. Und dann – er musste noch einmal nachsehen, aber jetzt war der Moment ungünstig. Das andere Taxi hatte mit ihrem gleichgezogen.

Später. Und wenn die Staatsdiener den Gutschein in seinem Hosenaufschlag fanden, würde es ihnen, das wusste er, gelingen, ihm einen neuen zu bringen.

Er legte seinen Arm um Joan. »Ich glaube, wir schaffen es.«

Das andere Taxi drängte ihres jetzt an den Bordstein, und die beiden FBI-Männer winkten dem Fahrer in drohender, amtlicher Geste zu, anzuhalten.

»Soll ich anhalten?«, sagte der Fahrer nervös zu Ray.

»Sicher«, sagte er. Und wappnete sich mit einem tiefen Atemzug.

Glaube unserer Väter

Auf den Straßen von Hanoi sah er sich einem beinamputierten Straßenhändler gegenüber, der einen kleinen Holzkarren fuhr und schrill jeden Passanten anrief. Chien ging langsamer, hörte zu, blieb aber nicht stehen; seine Gedanken waren vollständig absorbiert von den Angelegenheiten des Ministeriums für Kulturelle Artefakte: Es war, als sei er völlig allein, und keiner der Leute auf ihren Fahrrädern, Motorrollern und Motorrädern mit Düsenantrieb schien zu existieren. Auch der Straßenhändler schien nicht zu existieren.

»Genosse«, rief der Straßenhändler trotzdem und verfolgte ihn auf seinem Karren; eine Heliumbatterie trieb den Motor an und ließ den Karren gekonnt hinter Chien herflitzen. »Ich besitze ein umfangreiches Sortiment altbewährter Kräuterarzneien, dazu Empfehlungsschreiben tausender treuer Kunden; nennen Sie mir Ihr Leiden, und ich helfe Ihnen.«

Innehaltend, sagte Chien: »Ja, ich habe aber kein Leiden.« Außer, dachte er, dem chronischen Leiden aller beim Zentralkomitee Angestellten, dem Leiden der Karrieristen, die jedem Funktionär unentwegt am Stuhl sägten. Meinem eingeschlossen.

»Ich kann zum Beispiel Strahlenkrankheit heilen«, betete der Straßenhändler, der ihn immer noch verfolgte, herunter. »Oder, falls nötig, das Element sexueller Potenz steigern. Ich kann karzinogene Veränderungen rückgängig machen, selbst das gefürchtete Melanom, das, was Sie als Schwarzen Krebs bezeichnen.« Ein Tablett mit Flaschen, kleinen Aluminiumdosen und verschiedenen Pülverchen in Plastiktiegeln hochhebend, sang der Straßenhändler: »Wenn ein Rivale beharrlich versucht, Sie von Ihrem einträglichen Bürokratenposten zu verdrängen, hätte ich da eine Salbe, die auf den ersten

Blick wie Hautcreme aussieht, in Wirklichkeit aber ein mörderisch effektives Toxin ist. Und meine Preise, Genosse, sind moderat. Und als besonderes Entgegenkommen für eine vornehme Erscheinung wie Sie werde ich Nachkriegsinflationsdollars akzeptieren, dieses angeblich internationale Zahlungsmittel, das in Wirklichkeit nicht viel mehr als verdammtes Klopapier wert ist.«

»Gehen Sie zum Teufel«, sagte Chien und winkte ein vorbeifahrendes Schwebetaxi heran; er kam jetzt schon dreieinhalb Minuten zu spät zu seinem ersten Termin des Tages, und seine diversen fettärschigen Vorgesetzten im Ministerium würden sich beeilen, das im Geiste zu vermerken – wie auch, in noch höherem Maße, seine Untergebenen.

Der Straßenhändler sagte leise: »Aber Genosse; Sie *müssen* bei mir kaufen.«

»Warum?«, fragte Chien. Wider Willen.

»Weil ich, Genosse, Kriegsheimkehrer bin. Ich habe im Kolossalen Endkampf der Nationalen Befreiung mit der Volksdemokratischen Einheitsfront gegen die Imperialisten gekämpft; ich habe meine Beinglieder in der Schlacht um San Francisco verloren.« Seine Stimme klang jetzt auftrumpfend und verschlagen. »*Das ist Gesetz.* Wenn Sie sich weigern, von einem Kriegsheimkehrer angebotene Waren zu kaufen, riskieren Sie ein Bußgeld und möglicherweise Gefängnis – und noch dazu die Schande.«

Mit einem müden Nicken schickte Chien das Schwebetaxi weiter. »Schon recht«, sagte er. »Okay, ich muss bei dir kaufen.« Er ließ einen flüchtigen Blick über das spärliche Angebot von Kräuterarzneien gleiten und suchte aufs Geratewohl eine aus. »Das da«, entschied er und deutete auf ein in Papier eingeschlagenes Päckchen in der hintersten Reihe.

Der Straßenhändler lachte. »Das, Genosse, ist ein Spermatozid, das von Frauen gekauft wird, die aus politischen Gründen nicht für die Pille in Frage kommen. Es wäre für Sie als Gentleman von geringem, ja sogar von keinerlei Nutzen.«

»Das Gesetz«, sagte Chien beißend, »schreibt mir nicht vor, dir etwas Sinnvolles abzukaufen; nur, dir irgendwas abzukaufen. Ich nehme das da.« Er langte in seinen gefütterten Mantel nach seiner Brieftasche, die prall gefüllt mit den Nachkriegsinflationsscheinen war, die ihm als Regierungsbeamten viermal wöchentlich ausgezahlt wurden.

»Schildern Sie mir Ihre Probleme«, sagte der fliegende Händler.

Chien starrte ihn an, entrüstet von diesem Eingriff in seine Privatsphäre – und das von jemandem, der nicht der Regierung angehörte.

»Schon gut, Genosse«, sagte der Straßenhändler, als er Chiens Miene sah. »Ich will Sie nicht löchern; entschuldigen Sie. Aber ich als Arzt – als Kräuterheilkundiger – sollte so viel wie möglich wissen.« Er dachte nach, und seine hageren Züge zeigten einen tiefernsten Ausdruck. »Sehen Sie außergewöhnlich viel fern?«, fragte er abrupt.

Überrascht sagte Chien: »Jeden Abend. Außer freitags, wenn ich in meinen Club gehe, um mich in der esoterischen, aus dem im Krieg unterlegenen Westen eingeführten Kunst des Lassowerfens zu üben.« Das war sein einziges Laster; davon abgesehen hatte er sich ganz und gar der Parteiarbeit verschrieben.

Der Straßenhändler griff ein graues Packpapierpäckchen heraus. »Sechzig Handelsdollars«, verkündete er. »Mit voller Garantie; wenn es nicht wirkt wie versprochen, geben Sie die nicht verbrauchte Portion zurück, und der volle Preis wird Ihnen mit Freuden erstattet.«

»Und was«, sagte Chien schneidend, »soll es garantiert bewirken?«

»Es beruhigt die von höflicher Aufmerksamkeit bei bedeutungslosen offiziellen Ansprachen müde gewordenen Augen«, sagte der Straßenhändler. »Ein linderndes Präparat; nehmen Sie es ein, sobald Sie den üblichen trockenen und weitschweifigen Predigten ausgesetzt sind, die –«

Chien bezahlte das Geld, nahm das Päckchen entgegen und machte sich davon. Humbug, sagte er sich. Halsabschneiderei, überlegte er, dieser Erlass, der Kriegsveteranen zur privilegierten Klasse ernannte. Sie fallen uns an – uns Jüngere – wie Raubtiere.

Das graue Päckchen steckte, längst vergessen, in seiner Manteltasche, als er den imposanten Bau des Nachkriegsministeriums für

Kulturelle Artefakte und sein eigenes auch nicht gerade schäbiges Büro betrat, um seinen Arbeitstag zu beginnen.

Ein beleibter Weißer mittleren Alters in einem braunen Anzug aus Hongkongseide, zweireihig mit Weste, wartete in seinem Büro. Neben dem unbekannten Weißen stand sein eigener direkter Vorgesetzter, Ssu-Ma Tso-pin. Tso-pin stellte sie einander in Kantonesisch vor, einem Dialekt, den er nur gebrochen sprach.

»Mr. Tung Chien, das ist Mr. Darius Pethel. Mr. Pethel wird Direktor an der neuen ideologischen und kulturellen Institution didaktischen Typs, die demnächst in San Francisco, Kalifornien, eröffnet wird.« Er fügte hinzu: »Mr. Pethel hat sein erfülltes und langes Leben dem Kampf des Volkes gewidmet, Staaten des Imperialistischen Blocks mit pädagogischen Mitteln zu stürzen, daher seine hohe Stellung.«

Sie gaben sich die Hände.

»Tee?«, fragte Chien sie beide; er drückte den Schalter seines Infrarot-Hibachi, und augenblicklich begann das Wasser in dem reich verzierten Keramiktopf – japanischen Fabrikats – zu blubbern. Als er sich an seinen Schreibtisch setzte, sah er, dass die verlässliche Miss Hsi ihm einen Spickzettel (streng vertraulich) zu Genosse Pethel bereitgelegt hatte; er überflog ihn und tat dabei, als sei er mit nichts Bestimmtem beschäftigt.

»Der Unumschränkte Wohltäter des Volkes«, sagte Tso-pin, »hat Mr. Pethel persönlich empfangen und vertraut ihm. Das ist selten. Die Schule in San Francisco wird nach außen hin absolut normale taoistische Philosophie lehren, uns aber in Wirklichkeit natürlich einen Kommunikationskanal zum liberalen und intellektuellen Jugendsegment der westlichen Vereinigten Staaten offen halten. Viele von ihnen leben noch, von San Diego bis Sacramento; wir schätzen sie auf mindestens zehntausend. Die Schule wird zweitausend aufnehmen. Die von uns Ausgewählten werden zwangsimmatrikuliert werden. Ihre Verbindung mit Mr. Pethels Unterrichtsplan ist von entscheidender Bedeutung. Ähm, Ihr Teewasser kocht.«

»Danke schön«, murmelte Chien und tat den Beutel Lipton-Tee hinein.

Tso-pin fuhr fort: »Obwohl Mr. Pethel den Unterrichtsbetrieb in den Studiengängen, welche die Schule der Studentenschaft anbietet, beaufsichtigen wird, werden alle Prüfungsarbeiten zur fachmännischen, sorgfältigen ideologischen Überprüfung durch Sie persönlich Ihrem Büro zugeleitet. Mit anderen Worten, Mr. Chien, Sie haben zu ermitteln, wer unter den zweitausend Studenten verlässlich ist, welche von ihnen wirklich auf die Schulung ansprechen und welche nicht.«

»Ich werde mir jetzt Tee eingießen«, sagte Chien und tat es dem Zeremoniell entsprechend.

»Was wir uns klarmachen müssen«, polterte Pethel in noch schlimmerem Kantonesisch als dem von Tso-pin, »ist, dass die amerikanische Jugend, nachdem sie nun mal den globalen Krieg gegen uns verloren hat, ein Talent zu arglistiger Täuschung entwickelt hat.« »Arglistige Täuschung«, sagte er auf Englisch; da er es nicht verstand, drehte Chien sich fragend zu seinem Vorgesetzten um.

»Zu lügen«, erklärte Tso-pin.

Pethel sagte: »Nach außen hin die korrekten Parolen im Mund führen, sie aber insgeheim für falsch halten. Die Prüfungsarbeiten dieser Gruppe werden ganz ähnlich aussehen wie die aufrechter –«

»Soll das heißen, die Prüfungsarbeiten von zweitausend Studenten werden durch mein Büro gehen?«, wollte Chien wissen. Er konnte es nicht glauben. »Das allein ist ein Fulltime-Job; ich habe nicht mal ansatzweise die Zeit für so etwas.« Er war entsetzt. »Kritische, offizielle Billigung oder Ablehnung von der ausgefuchsten Sorte, die ihnen vorschwebt, zu erteilen –« Er warf die Hände hoch. »Vergiss es«, sagte er auf Englisch.

Über diese derbe westliche Vulgarität höflich hinweggehend, sagte Tso-pin: »Sie haben einen Stab von Mitarbeitern. Überdies können Sie einige weitere aus dem Pool anfordern; das dieses Jahr verabschiedete Budget des Ministeriums wird es erlauben. Und bedenken Sie: Der Unumschränkte Wohltäter des Volkes hat Mr. Pethel persönlich auserwählt.« In seinem Tonfall klang jetzt eine unterschwellige Drohung mit. Deutlich genug, um Chiens Hysterie zu durchdringen und zu unterwürfigem Gehorsam verkümmern zu lassen. Fürs Erste wenigstens. Um seine Position zu verdeutlichen, ging Tso-pin zur anderen Seite des Büros; er blieb vor dem mannshohen 3-D-Porträt des Unumschränkten Wohltäters stehen, und nach kurzer Verzögerung löste seine Nähe das hinter dem Porträt angebrachte Tonband aus; Bewegung kam in das Gesicht des Wohltäters, und aus ihm heraus ertönte eine nur allzu vertraute Stimme. »Kämpft für den Frieden, meine Söhne«, hob sie mit sanfter Strenge an.

»Ha«, sagte Chien, noch immer beunruhigt, aber ohne es sich anmerken zu lassen. Möglicherweise konnte ein Computer des Ministeriums die Prüfungsarbeiten auswerten; man könnte ein Ja-Nein-Vielleicht-Schema zugrunde legen, verbunden mit einer Vorabanalyse der Form der ideologischen Korrektheit – oder Inkorrektheit. Die Angelegenheit ließ sich zur Routinesache machen. Wahrscheinlich.

Darius Pethel sagte: »Ich habe gewisse Unterlagen bei mir, die ich von Ihnen begutachten lassen möchte, Mr. Chien.« Er zog den Reißverschluss einer unansehnlichen, altmodischen Kunststoffaktentasche auf. »Zwei Prüfungsaufsätze«, sagte er und übergab Chien die Dokumente. »Das wird uns zeigen, ob Sie qualifiziert sind.« Dann sah er schnell zu Tso-pin hinüber; ihre Blicke trafen sich. »Soweit ich weiß«, sagte Pethel, »werden Sie, falls Sie das Unternehmen erfolgreich abschließen, zum Vize-Berater des Ministeriums ernannt werden, und Seine Hoheit, der Unumschränkte Wohltäter des Volkes, wird Ihnen persönlich die Kisterigian-Medaille verleihen.« Er und Tso-pin lächelten voller Skepsis.

»Die Kisterigian-Medaille«, wiederholte Chien; er nahm die Aufsätze entgegen und überflog sie mit dem Anschein lässigen Desinteresses. Aber sein Herz pochte. »Warum diese beiden? Also, ich meine – wonach suche ich, Sir?«

»Einer davon«, sagte Pethel, »ist das Werk eines entschlossenen Progressiven, eines loyalen Parteimitglieds von hinlänglich erwiesener aufrechter Gesinnung. Der andere stammt von einem jungen *stilyagi*, den wir im Verdacht haben, insgeheim kleinbürgerlichen, imperialistischen degenerierten Ideen anzuhängen. Sie, Sir, haben zu bestimmen, welcher welcher ist.«

Na, besten Dank, dachte Chien. Aber er las nickend den Titel der zuoberst liegenden Arbeit.

DOKTRINEN DES UNUMSCHRÄNKTEN WOHLTÄTERS
VORWEGGENOMMEN IN DER DICHTUNG
DES BAHAD'DIN ZUHAYR
AUS DEM ARABIEN DES 13. JAHRHUNDERTS

Als er die Augen über die ersten Seiten des Textes wandern ließ, sah Chien einen ihm wohlvertrauten Vierzeiler; er hieß »Tod«, und er kannte ihn beinahe solange er denken konnte.

Die eine oder andere pflückt er nicht,
In vielen Stunden bückt er sich ein einziges Mal,
er sieht auf Erden weder Berg noch Tal,
nur eine weite Ebene, auf der er Blumen bricht.

»Kraftvoll«, sagte Chien, »dieses Gedicht.«

»Er benutzt das Gedicht«, sagte Pethel, der beobachtete, wie Chiens Lippen sich bewegten, während er das Gedicht erneut las, »um die uralte, in unserem heutigen Leben vom Unumschränkten Wohltäter demonstrierte Weisheit aufzuzeigen, dass kein Individuum unverwundbar ist; jeder ist sterblich, und nur die suprapersonale, historisch notwendige Sache überdauert. Ganz wie es sein sollte. Würden Sie ihm zustimmen? Diesem Studenten, meine ich? Oder –« Pethel machte eine Pause. »Verballhornt er in Wahrheit womöglich die Darlegungen des Unumschränkten Wohltäters?«

Chien sagte ausweichend: »Geben Sie mir Gelegenheit, die andere Arbeit durchzusehen.«

»Sie brauchen keine weitere Information; entscheiden Sie.«

Stockend sagte Chien: »Ich – ich hatte das Gedicht nie so betrachtet.« Er war etwas gereizt. »Übrigens ist es nicht von Bahad'Din Zuhayr; es ist aus der Geschichtensammlung Tausend und eine Nacht. Aus dem dreizehnten Jahrhundert ist es allerdings; das gebe ich zu.« Er las rasch den Text der Arbeit durch, der das Gedicht begleitete. Er wirkte wie ein routinierter, einfallsloser Aufguss von Parteiklischees, die ihm allesamt von Geburt an vertraut waren. Das blinde, imperialistische Monster, das menschliches Streben niederwalzte und abwürgte (gemischte Metapher), die Ränke der immer noch bestehenden Gruppe von Parteigegnern in den Vereinigten Oststaaten … Er fühlte sich dumpf gelangweilt und ebenso uninspiriert wie der Aufsatz des Studenten. Wir müssen standhaft bleiben, erklärte der Text. Die Überbleibsel des Pentagon in den Catskills ausräuchern, Tennessee und ganz besonders das Widerstandsnest unbeugsamer Reaktion in den roten Bergen Oklahomas ausheben. Er seufzte.

»Ich denke«, sagte Tso-pin, »wir sollten Mr. Chien Gelegenheit geben, dieser schwierigen Angelegenheit in aller Ruhe nachzugehen.« Zu Chien sagte er: »Es steht Ihnen frei, das heute Abend mit nach Hause in Ihre Wohnung zu nehmen und zu bewerten, sobald Sie dazu kommen.« Er verbeugte sich, halb spöttisch, halb beflissen. Ob beleidigend oder nicht, auf jeden Fall hatte er Chiens Kopf aus der Schlinge geholt, und dafür war Chien ihm dankbar.

»Zu freundlich von Ihnen«, murmelte er, »mir zu erlauben, diese neue und höchst anregende Arbeit nach Feierabend zu erledigen. Mikoyan, weilte er noch unter den Lebenden, würde es billigen.« Du Hundesohn, sagte er zu sich. Und meinte damit ebenso seinen Vorgesetzten wie Pethel. Mir auf die Art den Schwarzen Peter zuzuschieben; und das in meiner Freizeit. Offensichtlich hat die KPUSA Probleme; ihre Indoktrinationsakademien werden mit den notorisch störrischen, exzentrischen jungen Yanks nicht fertig. Und diesen Schwarzen Peter habt ihr herumgereicht, bis er bei mir gelandet ist.

Nichts zu danken, dachte er verbittert.

An diesem Abend las er sich in seiner kleinen, aber sehr wohnlichen Eigentumswohnung die andere der beiden Arbeiten durch, von einer Marion Culper, und stellte fest, dass auch sie sich mit Dichtung befasste. Offensichtlich sollte das einen Lyrikkurs darstellen; ihm wurde übel. Das war ihm immer gegen den Strich gegangen, dieser Missbrauch von Dichtung – überhaupt jeder Kunst – für gesellschaftliche Ziele. Trotzdem machte er es sich in seinem besonders

rückenstreckenden Kunstledersessel gemütlich, zündete sich eine immense *Cuesta Rey Number One English Market*-Corona-Zigarre an und begann zu lesen.
Die Verfasserin der Arbeit, Miss Culper, hatte sich als Text die Passage eines Gedichts von John Dryden, dem englischen Poeten des siebzehnten Jahrhunderts, ausgesucht, die letzten Zeilen aus dem bekannten »Song for St. Cecilias Day«.

… Wenn dann dereinst am letzten Tag
Die Schöpfung stehet zu Gericht
Es schallt die Posaune von der Höh
Was tot ist lebt, was lebet stirbt
Und Musik tönt die Welt zu Grab.

Na, wenn das nicht die Höhe ist, dachte Chien bissig. Dryden, will man uns weismachen, hat den Untergang des Kapitalismus vorausgesagt? Das also hat er mit »die Schöpfung stehet zu Gericht« gemeint? Jesus. Er beugte sich vor, um nach seiner Zigarre zu greifen, und stellte fest, dass sie ausgegangen war. Er kramte in seinen Taschen nach seinem Feuerzeug, einem japanischen Fabrikat, und stand halb auf.

Fiiiiiep! machte der Fernseher am anderen Ende des Wohnzimmers.

Aha, dachte Chien. Der Führer will zu uns sprechen. Der Unumschränkte Wohltäter des Volkes, da oben in Peking, wo er seit neunzig Jahren lebt; oder sind es hundert? Oder, wie wir ihn manchmal unter uns nennen, der Beschränkte Unwohl –

»Mögen die zehntausend Knospen bitterster, selbstgewählter Armut in den Gärten eures Geistes aufblühen«, sagte der Fernsehansager. Mit einem Ächzen erhob sich Chien, machte die vorgeschriebene Verbeugung; jeder Fernseher war mit einer Monitorvorrichtung ausgerüstet, die der Sipo, der Sicherheitspolizei, übermittelte, ob sein Besitzer sich verneigte und/oder zusah.

Auf dem Bildschirm manifestierte sich ein klar geschnittenes Gesicht, die breiten, faltenlosen, gesunden Züge des einhundertzwanzig

Jahre alten Führers der KP Ost, Herrscher über viele. Viel zu viele, überlegte Chien. Selber blah, dachte er und setzte sich wieder in seinen Kunstledersessel, nun dem Bildschirm zugewandt.

»Meine Gedanken«, sagte der Unumschränkte Wohltäter in seinem tragenden und gemessenen Tonfall, »sind bei euch, meine Kinder. Und besonders bei Mr. Tung Chien in Hanoi, auf den eine schwierige Aufgabe wartet, eine Aufgabe zum Wohle des Volkes des demokratischen Ostens sowie der amerikanischen Westküste. Wir müssen einhellig dieses noblen, entschlossenen Mannes und der vor ihm liegenden Mühen gedenken, und ich habe beschlossen, einige Augenblicke meiner Zeit zu opfern, um ihn zu würdigen und ihm Mut zuzusprechen. Hören Sie zu, Mr. Chien?«

»Ja, Euer Hoheit«, sagte Chien und erwog im Stillen die Wahrscheinlichkeit, dass der Parteivorsitzende sich an diesem Abend gerade *ihn* herauspickte. Seine Erwägungen stimmten ihn abweichlerisch sarkastisch; nicht sehr wahrscheinlich. Sicherlich wurde diese Übertragung einzig und allein in sein Apartmenthaus ausgestrahlt – oder allenfalls in diese Stadt. Es konnte auch eine Playbackgeschichte sein, die sie bei Hanoi TV Incorporated fabriziert hatten. Auf jeden Fall wurde von ihm verlangt, zuzuhören und zuzusehen – und alles zu schlucken. Das tat er, aus lebenslanger Gewohnheit. Äußerlich war er ganz gespannte Aufmerksamkeit. Innerlich zerbrach er sich noch immer den Kopf über die beiden Prüfungsarbeiten und fragte sich, welche welche war; wo hörte devoter Parteienthusiasmus auf und wo fing sardonische Spottlust an? Schwer zu sagen … was natürlich erklärte, wieso sie ihm diese Aufgabe untergejubelt hatten.

Wieder stöberte er in seinen Taschen nach seinem Feuerzeug – und fand den kleinen grauen Umschlag, den der kriegsversehrte Straßenhändler ihm verkauft hatte. Mannomann, dachte er, als ihm einfiel, was er gekostet hatte. Geld zum Fenster rausgeschmissen, und was bewirkte diese Kräuterarznei nun? Nichts. Er drehte das Päckchen um und sah auf der Rückseite Kleingedrucktes. Oho, dachte er und begann das Päckchen vorsichtig aufzufalten. Die Worte hatten ihn geködert – was natürlich ihr Sinn und Zweck gewesen war.

Gescheitert als Parteimitglied und Mensch?
Fürchten Sie, ausrangiert zu werden und auf der
Müllhalde der Geschichte zu landen, weil Sie …

Er überflog hastig den Text, ohne die wilden Anpreisungen zu beachten, um festzustellen, was er gekauft hatte.

Der Unumschränkte Wohltäter fuhr derweil mit seinem Sermon fort.

Schnupftabak. Das Päckchen enthielt Schnupftabak. Zahllose winzige, schwarze Körnchen, wie Schießpulver, von denen ein interessantes Aroma aufstieg und seine Nase kitzelte. Der Name dieser besonderen Mischung war *Princes Special*, entdeckte er. Und sehr ansprechend, wie er feststellte. Er hatte mal für eine Weile Schnupftabak genommen – da Tabakrauchen eine Zeitlang aus Gesundheitsgründen illegal war –, damals in seinen Studententagen an der Uni Peking; es war der letzte Schrei gewesen, besonders die in Chungking zubereiteten Erotikmischungen, die aus Gott weiß was bestanden. War es das? Schnupftabak konnte fast jeder Aromastoff zugesetzt werden, von Organextrakten bis zu zerstoßenen Babykrebsen … so schmeckten einige wenigstens; besonders eine *High Dry Toast* genannte englische Mischung war es gewesen, die ihm mehr oder minder die Lust auf durch die Nase geschnupften Tabak ausgetrieben hatte.

Auf dem Bildschirm knarzte der Unumschränkte Wohltäter monoton vor sich hin, während Chien vorsichtig an dem Pulver schnupperte und den Beipackzettel las – es heilte alles, von Zu-spät-zur-Arbeit-Kommen bis zur Liebe zu einer Frau mit dubiosem politischem Hintergrund. Interessant. Aber typisch für solche Beipackzettel –

An seiner Tür klingelte es.

Er stand auf, ging zur Tür und öffnete; er wusste genau, was ihn erwartete. Dort stand, wer sonst, Mou Kuei, der Hauswart, klein, streng blickend und pflichteifrig; er hatte seine Armbinde um und den Metallhelm auf, um zu zeigen, dass er keinen Spaß verstand. »Mr. Chien, Genosse Parteiarbeiter. Ich erhielt einen Anruf der

Fernsehbehörde. Sie haben es unterlassen, auf Ihren Fernsehschirm zu achten, und hantieren stattdessen mit einem Päckchen zweifelhaften Inhalts herum.« Er zückte ein Clipboard und einen Kugelschreiber. »Zwei rote Kreuzchen, und bis auf weiteres sind Sie summarisch angewiesen, wieder eine bequeme, stressfreie Haltung vor dem Fernseher einzunehmen und dem Führer Ihre ungeteilte Aufmerksamkeit zu schenken. Seine Worte heute Abend richten sich direkt an Sie, Sir, an Sie.«

»Das bezweifle ich«, hörte Chien sich sagen.

Blinzelnd sagte Kuei: »Wie meinen?«

»Der Führer regiert acht Millionen Genossen. Er wird sich nicht gerade mich heraussuchen.« Ihn hatte die Wut gepackt; die prompte Maßregelung durch den Hauswart wurmte ihn.

Kuei sagte: »Aber ich habe es mit eigenen Ohren deutlich gehört. Sie wurden erwähnt.«

Chien ging zum Fernseher und stellte ihn lauter. »Aber jetzt spricht er über Pannen in der Volksrepublik Indien; das betrifft mich nicht.«

»Was immer der Führer zur Sprache bringt, betrifft auch Sie.« Mou Kuei hieb ein Kreuzchen auf das Blatt auf seinem Clipboard, verbeugte sich förmlich und wandte sich zum Gehen. »Meine Order, hier heraufzukommen und Sie wegen Ihrer Schlamperei zur Rede zu stellen, kam direkt von Central. Offensichtlich erachtet man Ihre Aufmerksamkeit für wichtig; ich muss Sie anweisen, Ihre automatische Übertragungsaufzeichnung in Betrieb zu nehmen und die früheren Abschnitte der Rede des Führers erneut abzuspielen.«

Chien furzte. Und schloss die Tür.

Zurück vor den Fernseher, sagte er sich. Vor dem unser Feierabend draufgeht. Und da lagen die beiden Prüfungsarbeiten der Studenten; das hatte er auch noch am Hals. Und alles in meiner Freizeit. Zur Hölle mit ihnen. Sie konnten ihn mal. Er trabte zum Fernseher und wollte ihn abschalten; sofort blinkte ein rotes Warnlicht auf und wies ihn darauf hin, dass er nicht befugt war, den Fernseher abzuschalten – ja, es nicht einmal konnte, selbst wenn er den Stecker zog. Diese obligatorischen Ansprachen, dachte er, werden uns noch alle umbringen; wenn ich nur vom Leiern der Reden verschont bliebe, verschont vom Gekläff der Partei, mit dem sie die Menschheit heimsucht …

Immerhin wusste er von keiner Verordnung, die ihm untersagte, Schnupftabak zu nehmen, während er sich den Führer ansah. Also öffnete er das kleine graue Päckchen und schüttelte ein Häuflein der schwarzen Körnchen auf den Rücken seiner linken Hand. Dann führte er professionell seine Hand zur Nase und inhalierte kräftig, den Schnupftabak schön in die Stirnhöhle hochziehend. Man stelle sich den alten Aberglauben vor, dachte er. Dass die Stirnhöhle mit dem Gehirn verbunden ist und die Inhalation von Schnupftabak daher direkt die Großhirnrinde stimuliert. Er lächelte, setzte sich wieder, konzentrierte den Blick auf den Fernseher und die ihnen allen nur allzu bekannte, gestikulierende Gestalt.

Das Gesicht verblasste und verschwand. Der Ton verstummte. Er blickte in eine Leere, ein Vakuum. Der Bildschirm starrte ihn weiß und leer an, und aus den Lautsprechern klang ein leises Zischen.

Der verflixte Schnupftabak, sagte er sich. Und schnupfte gierig den Pulverrest auf seiner Hand, zog ihn eifrig durch die Nase, hoch in die Stirnhöhle und, so fühlte es sich an, direkt ins Hirn; er machte sich über das Zeug her, absorbierte es mit Begeisterung.

Der Bildschirm blieb leer, und dann entstand langsam ein neues Bild und gewann Kontur. Es war nicht der Führer. Nicht der Unumschränkte Wohltäter des Volkes, überhaupt keine menschliche Gestalt, um genau zu sein.

Er erblickte ein totes, mechanisches Konstrukt aus Festkörperschaltungen, schwenkbaren Pseudopodien, Objektiven und einer Schnatterbox. Und die Box begann ihn mit monotonem Plärren zu nerven.

Er starrte hin und fragte sich: *Was ist das?* Realität? Eine Halluzination, dachte er. Der fliegende Händler hat irgendwelche von diesen psychedelischen Drogen aufgetrieben, die im Befreiungskrieg eingesetzt wurden – er verkauft das Zeug, und ich hab was davon genommen, sogar eine ganze Menge!

Er ging etwas wacklig zum Videofon und wählte die Nummer des nächstgelegenen Sipo-Reviers. »Ich möchte jemand anzeigen, der mit halluzinogenen Drogen handelt«, sagte er in den Hörer.

»Ihren Namen und Eigenwohnstandort, Sir?« Ein pflichtbewusster kurz angebundener Polizeibeamter.

Er gab ihm die Information, schleppte sich dann zu seinem Kunstledersessel zurück, um erneut die Erscheinung auf dem Bildschirm mitansehen zu müssen. Das ist ja tödlich, sagte er sich. Muss ein in Washington, D. C., oder London entwickeltes Präparat sein – stärker und seltsamer als das LSD-25, das sie mit so durchschlagendem Erfolg in unsere Trinkwasserspeicher gekippt hatten. Und ich dachte, es würde mich von der Last der Führer-Reden befreien … das ist viel schlimmer, diese elektronische, blubbernde, schwankende Monstrosität aus Metall und Plastik, die einen da anquengelt – das ist grausig.

Dem für den Rest meines Lebens ausgesetzt zu sein –

Es dauerte zehn Minuten, bis das Zweimannteam der Sipo an seine Tür pochte. Und bis dahin war auf dem Bildschirm in mehreren degenerierenden Schritten der vertraute Anblick des Führers ins Blickfeld zurückgesickert, hatte das abscheuliche, künstliche Konstrukt verdrängt, das seine Podien schwenkte und unaufhörlich plärrte. Er ließ zittrig die beiden Cops ein, führte sie an den Tisch, auf dem er den Rest des Schnupftabaks in seinem Päckchen liegen gelassen hatte.

»Psychedelisches Toxin«, sagte er mit belegter Stimme. »Von kurzer Wirkungsdauer. Über die Nasenschleimhaut direkt in den Blutkreislauf aufgenommen. Ich gebe Ihnen die Einzelheiten, wo ich es bekommen habe, von wem und alles.« Er nahm einen tiefen, zittrigen Atemzug; die Anwesenheit der Polizei war beruhigend.

Die beiden Polizeibeamten warteten mit gezückten Kugelschreibern. Und die ganze Zeit rasselte im Hintergrund der Führer seine endlose Rede herunter. Wie er es an tausenden Abenden zuvor in Tung Chiens Leben getan hatte. Aber es wird nie wieder wie früher sein, dachte er, zumindest nicht für mich. Nicht nachdem ich diesen Wahnsinns-Schnupftabak inhaliert habe.

Er fragte sich: Ob das deren Absicht war?

Es kam ihm sonderbar vor, an irgendwelche »anderen« zu denken. Absonderlich – aber irgendwie zutreffend. Einen Augenblick lang zögerte er, die Details preiszugeben, der Polizei nicht genug zu sagen, um den Mann zu finden. Ein Straßenhändler, wollte er sagen. Ich weiß nicht wo; kann mich nicht erinnern. Aber er erinnerte sich, erinnerte sich an die genaue Straßenkreuzung. Also sagte er es ihnen mit unerklärlichem Widerwillen.

»Danke sehr, Genosse Chien.« Der Chef des Polizistengespanns sammelte sorgfältig den Schnupftabaksrest ein – das meiste war noch übrig – und steckte ihn in die Tasche seiner – schicken, schneidigen – Uniform. »Wir lassen es bei nächster Gelegenheit analysieren«, sagte der Cop, »und teilen Ihnen sofort mit, falls medizinische Gegenmaßnahmen zu ergreifen für Sie ratsam sein sollte. Einige der alten Kriegspsychedelika waren letztlich tödlich, wie Sie zweifellos gelesen haben werden.«

»Hab ich gelesen«, bestätigte er. Das war exakt das, woran er gedacht hatte.

»Viel Glück, und danke, dass Sie uns benachrichtigt haben«, sagten die beiden Cops und gingen. Die Affäre schien sie bei allem Pflichtbewusstsein nicht groß aus der Ruhe zu bringen; so eine Beschwerde war offenbar Routine für sie.

Der Laborbericht kam rasch – erstaunlich rasch für einen derart gigantischen staatlichen Verwaltungsapparat. Er wurde ihm per Videofon übermittelt, noch ehe der Führer seine Fernsehansprache beendet hatte.

»Es ist kein Halluzinogen«, teilte ihm der Sipo-Labortechniker mit.

»Nein?«, sagte er verwirrt und seltsamerweise alles andere als erleichtert.

»Im Gegenteil. Es ist ein Phenothiazin, das, wie Sie zweifellos wissen, anti-halluzinogen wirkt. Eine starke Dosis auf ein Gramm; aber harmlos. Könnte Ihren Blutdruck senken oder Sie schläfrig machen. Wahrscheinlich aus einem geheimen Medikamentenlager aus Kriegszeiten gestohlen. Von den abziehenden Barbaren zurückgelassen. Ich würde mir keine Sorgen machen.«

Grübelnd legte Chien das Videofon auf. Und trat ans Fenster seiner Eigenwohn – das Fenster mit der schönen Aussicht auf Hanois Eigenwohnsilos –, um nachzudenken.

Es klingelte an der Tür. Wie in Trance schritt er über den Teppichboden des Wohnzimmers, um zu öffnen.

Das Mädchen, das dort stand, im dunklen Regenmantel, mit einem großen Kopftuch um das dunkle, glänzende und sehr lange Haar, sagte mit schüchternem Stimmchen: »Ähm, Genosse Chien? Tung Chien? Vom Ministerium für –«

Ganz automatisch ließ er sie ein und schloss die Tür hinter ihr. »Sie haben mein Videofon abgehört«, sagte er zu ihr; es war auf gut Glück geraten, aber etwas in ihm, eine unausgesprochene Gewissheit, sagte ihm, dass sie es getan hatte.

»Haben – die den Rest vom Schnupftabak mitgenommen?« Sie sah sich kurz um. »Oh, ich hoffe nicht; er ist heutzutage so schwer zu beschaffen.«

»Schnupftabak«, sagte er, »ist leicht zu beschaffen; Phenothiazin nicht. Ist es das, was Sie meinen?«

Das Mädchen hob den Kopf, musterte ihn mit großen, monddunklen Augen. »Ja, Mr. Chien –« Sie zögerte so unsicher, wie die Sipo-Cops forsch gewesen waren. »Sagen Sie mir, was Sie gesehen haben; es ist von großer Wichtigkeit für uns, sicher zu sein.«

»Ich hatte eine Wahl?«, sagte er scharf.

»J-ja, sehr sogar. Das verwirrt uns ja so; das ist eben das, was wir nicht geplant hatten. Wir verstehen es nicht; es passt in keine unserer Theorien.« Ihre Augen verdunkelten sich noch mehr: »War es das aquatische Scheusal? Das Ding aus Schleim und Zähnen, die extraterrestrische Lebensform? Bitte sagen Sie es mir; wir müssen es wissen.« Sie atmete ungleichmäßig, schwer, der dunkle Regenmantel hob und senkte sich; er ertappte sich dabei, wie er den Rhythmus beobachtete.

»Eine Maschine«, sagte er.

»Oh!« Sie zog den Kopf ein und nickte heftig. »Ich verstehe; ein mechanischer Organismus ohne jede Ähnlichkeit mit einem menschlichen Wesen. Kein Simulakrum, oder irgendetwas, das einem Menschen nachgebildet wäre.«

Er sagte: »Das hier hat nicht wie ein Mensch ausgesehen.« Er fügte bei sich hinzu: Und gesprochen hat es auch nicht wie einer – nicht andeutungsweise.

»Sie sehen doch ein, dass es keine Halluzination war?«

»Man hat mich offiziell unterrichtet, dass das, was ich genommen habe, ein Phenothiazin gewesen sei. Das ist alles, was ich weiß.« Er sagte so wenig wie möglich; er wollte nicht reden, sondern zuhören. Zuhören, was das Mädchen zu sagen hatte.

»Nun, Mr. Chien –« Sie atmete tief und unsicher durch. »Wenn es keine Halluzination war, was war es dann? Was bleibt dann noch? Das, was man ›erweiterten Bewusstseinszustand‹ nennt – könnte es das sein?«

Er antwortete nicht, er kehrte ihr den Rücken, hob beiläufig die beiden Prüfungsarbeiten der Studenten auf, die er überflog, ohne das Mädchen zu beachten. Er wartete auf ihren nächsten Anlauf.

Sie erschien an seiner Schulter; der Duft von Frühlingsregen, von Süße und Erregung ging von ihr aus, wunderbar, wie sie roch und aussah und, dachte er, wie sie spricht. So ganz anders als das lieblose, platte Gerede, das wir im Fernsehen zu hören bekommen.

»Ein paar von denen«, sagte sie heiser, »die das Stelazin nehmen – was Sie bekommen haben, war Stelazin, Mr. Chien –, sehen die eine Erscheinung, manche eine andere. Aber es haben sich feste Klassen herausgebildet; es gibt nicht unbegrenzt viele. Einige sehen, was Sie gesehen haben; wir nennen das die Rassel. Einige das aquatische Scheusal; das ist der Schlund. Und dann gibt es noch den Vogel, die Kletternde Röhre, und –« Sie brach ab. »Nun ja, andere Reaktionen werden Ihnen nicht viel sagen. Sagen selbst *uns* sehr wenig.« Sie zögerte und redete dann hastig weiter: »Nachdem Ihnen das widerfahren ist, Mr. Chien, möchten wir, dass Sie an unserem Treffen teilnehmen. Schließen Sie sich Ihrer speziellen Gruppe an, denen, die sehen, was Sie sehen. Gruppe Rot. Wir wollen wissen, was es wirklich ist, und –« Sie gestikulierte mit schlanken, geschmeidigen Fingern. »Das Wesen kann nicht *alle* diese Manifestationen sein.« Ihr Tonfall war ergreifend in seiner Naivität. Sein Misstrauen legte sich – ein klein wenig.

Er sagte: »Was sehen Sie? Sie speziell?«

»Ich gehöre zu Gruppe Gelb. Ich sehe – einen Sturm. Einen heulenden, wütenden Wirbelsturm. Der alles entwurzelt, Wohnblöcke in Schutt legt, die ein Jahrhundert halten sollten.« Sie lächelte schwach. »Der Brecher. Alles in allem zwölf Gruppen, Mr. Chien. Zwölf absolut unterschiedliche Erfahrungen, alle nach demselben Phenothiazin, alle vom Führer, während er im Fernsehen spricht. Während es spricht, vielmehr.« Sie lächelte zu ihm auf mit ihren – wahrscheinlich künstlich verlängerten – Wimpern, ihr Blick war einnehmend, ja, vertrauensvoll. Als dächte sie, er wisse etwas oder könne etwas tun.

»Ich sollte Sie der Polizei übergeben«, sagte er sofort.

»Es gibt kein Gesetz, was diese Angelegenheit betrifft. Wir haben sowjetische Gesetzestexte studiert, ehe wir – Leute angeworben haben, die das Stelazin vertreiben. Unsere Vorräte sind begrenzt; wir müssen uns sehr vorsehen, wem wir es geben. Sie sind uns als aussichtsreicher Kandidat erschienen … ein allseits bekannter, treuergebener, junger Nachkriegskarrierist auf dem Weg nach oben.« Sie nahm ihm die Prüfungsarbeiten aus den Fingern. »Die lassen Sie pol-lesen?«, fragte sie.

»›Pol-lesen‹?« Er kannte den Ausdruck nicht.

»Gesagtes oder Geschriebenes daraufhin überprüfen, ob es mit der gegenwärtigen Weltsicht der Partei übereinstimmt. Sie in der Hierarchie sagen einfach ›lesen‹ dazu, oder?« Sie lächelte wieder. »Wenn Sie eine Stufe höhersteigen und zu Mr. Tso-pin aufrücken, werden Sie den Ausdruck kennenlernen.« Sie fügte düster hinzu: »Und Mr. Pethel. Er ist ein ganz hohes Tier. Mr. Chien, es gibt in San Francisco kein Ideologieseminar; das sind gefälschte Arbeiten, dazu vorgesehen, aus Ihrer Analyse *Ihre* politische Ideologie ermitteln zu können. Und, haben Sie auseinanderhalten können, welche Arbeit orthodox und welche häretisch ist?« Sie klang wie ein kleiner Kobold, neckte ihn mit boshaftem Vergnügen. »Wählen Sie die falsche, und Ihre vielversprechende Karriere ist – zack, bums – gestorben. Wählen Sie die richtige –«

»Wissen Sie, welche welche ist?«, wollte er wissen.

»Ja.« Sie nickte sachlich. »Wir haben Abhörgeräte in Mr. Tso-pins Privatbüros; wir haben seine Unterhaltung mit Mr. Pethel abgehört – der nicht Mr. Pethel ist, sondern Judd Craine, Inspektor der Höheren Sipo. Sie haben wahrscheinlich schon von ihm gehört; er trat als Erster Beisitzer von Richter Vorlawsky bei den Kriegsverbrecherprozessen von '98 in Zürich auf.«

Mit einiger Mühe sagte er: »Ich – verstehe.« Tja, das erklärte einiges.

Das Mädchen sagte: »Mein Name ist Tanya Lee.«

Er sagte nichts; er nickte bloß, zu perplex, um einen klaren Gedanken zu fassen.

»Genau genommen«, sagte Miss Lee, »bin ich eine kleine Angestellte in Ihrem Ministerium. Sie sind mir trotzdem nie über den Weg gelaufen, soweit kann ich mich immerhin erinnern. Wir versuchen, Posten zu besetzen, wo immer wir können. So weit oben wie möglich. Mein Boss –«

»Wollen Sie mir das wirklich erzählen?«, sagte er mit einem Wink zum Fernseher, der immer noch lief. »Hören die nicht mit?«

Tanya Lee sagte: »Wir haben ein Störsignal in den Empfang des Video- und Audiomaterials aus diesem Apartmenthaus eingespeist; sie werden beinahe eine Stunde brauchen, um die Abschirmung zu lokalisieren. Also haben wir« – sie schaute auf die winzige Armbanduhr an ihrem schmalen Handgelenk – »noch fünfzehn Minuten. Und sind noch sicher.«

»Sagen Sie mir«, sagte er, »welche Arbeit othodox ist.«

»Daran liegt Ihnen was? Wirklich?«

»Sollte mir das nicht?«

»Begreifen Sie nicht, Mr. Chien? Sie haben etwas dazugelernt. Der Führer ist nicht der Führer; er ist etwas anderes, nur wissen wir nicht, was. Noch nicht. Mr. Chien, mit allem schuldigen Respekt, haben Sie je Ihr Trinkwasser analysieren lassen? Ich weiß, es klingt paranoid, aber haben Sie das?«

»Nein«, sagte er. »Natürlich nicht.« Und wusste, was sie sagen würde.

Miss Lee sagte lebhaft: »Unsere Tests zeigen, dass es mit Halluzinogenen durchtränkt ist. Das ist so, war so und wird so bleiben. Nicht die, die im Krieg eingesetzt wurden; nicht die desorientierenden, sondern ein synthetisches Pseudo-Mutterkornderivat namens Datrox-3. Sie trinken es hier im Haus, sobald Sie morgens aufstehen; Sie trinken es in Restaurants und anderen Wohnungen, in denen Sie zu Gast sind. Sie trinken es im Ministerium; es wird alles aus einer einzigen zentralen Quelle gespeist.« Ihre Stimme war herb geworden. »Wir haben das Problem gelöst; als wir es entdeckten, war uns klar, dass jedes bessere Phenothiazin es neutralisieren würde. Was wir natürlich nicht wissen konnten, war eben – diese Vielzahl authentischer Erfahrungen; das ist rational nicht zu erklären. Es ist die Halluzination, die von Person zu Person anders ausfallen müsste; die Realitätserfahrungen müssten übereinstimmen – es ist alles auf den Kopf gestellt. Wir können noch nicht mal eine vorläufige Theorie aufstellen, die das erklärt, und wir haben es weiß Gott versucht. Zwölf einander ausschließende Halluzinationen – das würde sich von selbst verstehen. Aber nicht eine Halluzination und zwölf Realitäten.« Sie sprach nicht weiter und betrachtete die beiden Aufsätze mit gerunzelter Stirn. »Die mit dem arabischen Gedicht ist orthodox«, stellte sie fest. »Wenn Sie denen das sagen, werden sie Ihnen vertrauen und Sie auf einen höheren Posten versetzen. Sie haben dann eine weitere Sprosse in der Hierarchie der Parteibürokratie erklommen.« Lächelnd – ihre Zähne waren ebenmäßig und wunderschön – schloss sie: »Da sehen Sie, was Ihnen Ihre Investition von heute Morgen eingebracht hat. Ihre Karriere ist fürs Erste gesichert. Und das durch uns.«

Er sagte: »Ich glaube Ihnen nicht.« Instinktiv schaltete sich seine innere Wachsamkeit ein, die Wachsamkeit dessen, der sein ganzes Leben unter den Schergen der Hanoier Abteilung der KP Ost zugebracht hat. Sie hatte viele Mittel, einem Rivalen ein Bein zu stellen – einige hatte er selbst angewandt, andere erlitten oder bei anderen beobachtet. Das konnte eine neue Masche sein, die er noch nicht kannte. Man konnte nie wissen.

»Heute Abend«, sagte Miss Lee, »hat der Führer Sie in seiner Rede persönlich angesprochen. Kam Ihnen das nicht seltsam vor? Ausgerechnet Sie? Einen kleinen Bürohengst aus einem Schmalspurministerium –«

»Zugegeben«, sagte er. »So kam es mir vor, ja.«

»Und das mit gutem Grund. Seine Hoheit züchtet sich einen Elitekader junger Männer, Nachkriegsmänner, heran, von denen er hofft, dass sie neuen Wind in die engstirnige, moribunde Hierarchie der alten Käuze und Parteischlachtrösser bringen. Seine Hoheit hat Sie aus dem gleichen Grund ausgesucht, aus dem auch wir Sie ausgesucht haben; mit dem richtigen Einsatz könnte Ihre Karriere Sie bis ganz an die Spitze bringen. Zumindest eine Zeitlang … wie wir wissen. So läuft das.«

Er dachte: Es baut also praktisch jeder auf mich. Außer mir selbst; und erst recht nicht nach dieser Geschichte, dieser Sache mit dem anti-halluzinogenen Zeug. Sie hatte eine jahrelange Gewissheit erschüttert, und zweifellos zu Recht. Trotzdem gewann er seine Gelassenheit zurück; er fühlte, wie sie ihn durchströmte, erst zaghaft, dann mit aller Macht.

Er ging ans Videofon, hob den Hörer ab und wählte zum zweiten Mal an diesem Abend die Nummer der Sicherheitspolizei von Hanoi.

»Mich anzuschwärzen«, sagte Miss Lee, »wäre die zweitnachteiligste Entscheidung, die Sie treffen können. Ich werde denen sagen, dass Sie mich haben herkommen lassen, um mich zu bestechen; Sie dachten, wegen meines Jobs beim Ministerium würde ich die Wahl der richtigen Prüfungsarbeit kennen.«

Er sagte: »Und was wäre meine allernachteiligste Entscheidung?«

»Ihr Phenothiazin nicht weiter zu nehmen«, sagte Miss Lee ruhig.

Tung Chien legte das Fon auf und dachte bei sich: Ich verstehe nicht, was mit mir vorgeht. Zwei Mächte: die Partei und seine Hoheit auf der einen Seite – dieses Mädchen und ihre vermeintliche Gruppe auf der anderen. Eine will mich so weit wie möglich in der Parteihierarchie aufsteigen lassen, die andere – *Was wollte Tanya Lee?* Unter ihren Worten, unter dem dünnen Deckmantel einer beinahe läppischen Geringschätzung der Partei, des Führers, der ethischen Maßstäbe der Volksdemokratischen Einheitsfront – was hatte sie mit ihm vor?

Er sagte neugierig: »Sind Sie Anti-Partei?«

»Nein.«

»Aber –« Er fuchtelte mit den Händen. »Was anderes gibt es nicht: Partei und Anti-Partei. Dann müssen Sie Partei sein.« Er starrte sie verstört an; sie erwiderte seinen Blick mit Gleichmut. »Ihr habt eine Organisation«, sagte er, »und ihr trefft euch. Was habt ihr vor zu zerstören? Den geregelten Ablauf der Regierungsgeschäfte? Seid ihr wie die abtrünnigen Collegestudenten der Vereinigten Staaten während des Vietnamkriegs, die Truppentransporte aufhielten, demonstrierten –«

Müde sagte Miss Lee: »So war es nicht. Aber vergessen Sie's; das ist ein anderes Thema. Wir wollen nur wissen: Wer oder was regiert uns? Wir müssen weit genug vorstoßen, um irgendwen anzuwerben, einen aufstrebenden jungen Parteitheoretiker, der aller Voraussicht nach zu einem Gespräch unter vier Augen mit dem Führer gebeten werden könnte – verstehen Sie?« Ihre Stimme hob sich; sie sah auf ihre Uhr, offensichtlich wollte sie fort: Die fünfzehn Minuten waren nahezu um. »Sehr wenige Menschen sehen den Führer tatsächlich, wie Sie wissen. Ich meine, sehen ihn wirklich.«

»Die Abgeschiedenheit«, sagte er. »Aufgrund seines hohen Alters.«

»Wir haben die Hoffnung«, sagte Miss Lee. »dass Sie, wenn Sie den fingierten Test bestehen, den man für Sie arrangiert hat – und das haben Sie mit meiner Hilfe, zu einem der Herrenabende eingeladen werden, die der Führer von Zeit zu Zeit gibt, worüber die Zeitungen natürlich nicht berichten. Verstehen Sie jetzt?« Ihre Stimme wurde schrill in einem Anflug von Verzweiflung. »Dann wüssten wir Bescheid; wenn Sie unter dem Einfluss der anti-halluzinogenen Droge da reinkönnten – Sie würden ihn von Angesicht zu Angesicht sehen, sehen, wie er wirklich ist –«

Laut nachdenkend, sagte er: »Und meiner Karriere im öffentlichen Dienst ein Ende setzen. Wenn nicht meinem Leben.«

»Sie schulden uns was«, schnappte Tanya Lee, ihre Wangen waren bleich. »Hätte ich Ihnen nicht gesagt, für welchen Aufsatz Sie sich entscheiden sollen, hätten Sie den falschen gewählt, und mit Ihrer ehrgeizigen Karriere im öffentlichen Dienst wäre es ohnehin aus gewesen; Sie wären durchgefallen – durchgefallen bei einem Test, von dem Sie noch nicht einmal wussten, dass Sie ihm unterzogen wurden!«

Er sagte mit ruhiger Stimme: »Meine Chancen standen fifty-fifty.«

»Nein.« Sie schüttelte wütend den Kopf. »Der häretische ist mit jeder Menge Parteijargon frisiert; sie haben die beiden Texte bewusst so abgefasst, um Sie reinzulegen. Die wollten, dass Sie durchfallen!«

Er sah sich die beiden Arbeiten noch einmal gründlich an, mit gemischten Gefühlen. Hatte sie recht? Möglicherweise. Wahrscheinlich sogar. Es klang plausibel, so wie er die Parteibonzen kannte, ganz besonders Tso-pin, seinen Vorgesetzten. Er fühlte sich auf einmal sehr müde. Geschlagen. Nach einer Weile sagte er zu dem Mädchen: »Was Sie von mir erwarten, ist ein Geschäft auf Gegenseitigkeit. Sie haben mir einen Dienst erwiesen – Sie haben die Antwort auf diese Parteianfrage gefunden, so behaupten Sie wenigstens. Aber Sie haben Ihren Teil schon geleistet. Was soll mich daran hindern, Sie hochkant rauszuschmeißen? Ich muss nicht einmal einen Finger rühren.« Er bemerkte seine tonlose Stimme; sie war mitleidlos, so wie es in Parteikreisen nur allzu gängig war.

Miss Lee sagte: »Es wird weitere Tests geben, je höher Sie aufsteigen. Und auch die werden wir für Sie überwachen.« Sie war ruhig, entspannt; offensichtlich hatte sie seine Reaktion vorausgesehen.

»Wie lange habe ich Zeit, es mir zu überlegen?«, sagte er.

»Ich gehe jetzt. Wir haben es nicht eilig; Sie haben weder diese Woche noch diesen Monat eine Einladung in die Führervilla am Jangtse zu erwarten.« Sie ging zur Tür, öffnete sie und blieb noch einen Moment stehen. »Sobald Sie verdeckte Eignungstests erhalten, werden wir uns melden und die Antworten liefern – Sie werden also noch den einen oder anderen von uns bei diesen Anlässen kennenlernen. Ich werde es wohl nicht sein; es wird der Kriegsversehrte sein, der Ihnen die Bögen mit den korrekten Antworten verkaufen wird, wenn Sie das Ministerium verlassen.« Sie lächelte kurz, wie eine erlöschende Kerzenflamme. »Aber eines Tages werden Sie, zweifellos unerwartet, eine protzige, offizielle, sehr formelle Einladung in die

Villa erhalten, und wenn Sie hingehen, werden Sie schwerstens mit Stelazin ruhiggestellt sein … möglicherweise der letzten Dosis unseres schwindenden Vorrats. Gute Nacht.« Die Tür schloss sich hinter ihr; sie war fort.

Mein Gott, dachte er. Sie können mich erpressen. Mit dem, was ich getan habe. Und sie hatte es gar nicht erst erwähnt; in Anbetracht dessen, worin sie verwickelt waren, war das nicht der Rede wert.

Aber um was zu erpressen? Er hatte dem Sipo-Kommando bereits mitgeteilt, dass er eine Droge verabreicht bekommen hatte, die sich als Phenothiazin herausgestellt hatte. *Dann wissen sie es,* begriff er. Sie werden mich beobachten; sie sind gewarnt. Rein rechtlich habe ich zwar kein Gesetz übertreten, aber – sie werden ein Auge auf mich haben, und fertig.

Na egal, sie beboachteten einen ja immer. Bei dem Gedanken entspannte er sich etwas. Er hatte sich mit den Jahren mehr oder weniger daran gewöhnt, wie jedermann.

Ich werde den Unumschränkten Wohltäter des Volkes so sehen, wie er ist, sagte er sich. Was womöglich niemandem sonst gelungen war. Was wird es sein? Welche der Unterklassen von Nicht-Halluzinationen? Klassen, von denen ich nicht einmal weiß … ein Anblick, der mich vollkommen umschmeißen könnte. Wie wird es mir gelingen, den Abend zu überstehen, Haltung zu bewahren, wenn es wie die Gestalt ist, die ich im Fernsehen gesehen habe? Der Brecher, die Rassel, der Vogel, die Kletternde Röhre, der Schlund – oder Schlimmeres.

Er fragte sich, wie wohl die anderen Erscheinungen aussehen mochten … und gab dann alle derartigen Spekulationen auf; sie waren fruchtlos. Und zu beängstigend.

Am nächsten Morgen suchten Mr. Tso-pin und Mr. Darius Pethel ihn in seinem Büro auf, beide ruhig, aber ernst. Wortlos reichte er ihnen einen der beiden »Prüfungsaufsätze«. Den orthodoxen mit seinem kurzen, beklemmenden arabischen Gedicht.

»Der hier«, sagte Chien kurz angebunden, »ist das Produkt eines treuergebenen Parteimitglieds oder Anwärters auf die Mitgliedschaft. Der andere –« Er schlug mit der flachen Hand auf die verbleibenden Blätter. »Reaktionärer Müll.« Er empfand Wut. »Trotz einer gewissen oberflächlichen –«

»Schon gut, Mr. Chien«, sagte Pethel nickend. »Wir müssen nicht in die Einzelheiten gehen; Ihre Analyse ist korrekt. Sie haben die Bemerkung über sich in der Fernsehansprache des Führers gestern Abend gehört?«

»Aber gewiss doch«, sagte Chien.

»Dann haben Sie zweifellos daraus geschlossen, dass einiges von dem abhängt, was wir hier vorhaben. Der Führer hat ein Auge auf Sie geworfen, so viel ist klar. Übrigens hat er mir Sie betreffend etwas mitgeteilt.« Er öffnete seine ausgebeulte Aktentasche und kramte darin herum. »Hab das verdammte Ding verloren. Na, wie auch immer –« Er sah rasch zu Tso-pin, der flüchtig nickte. »Seine Hoheit sähe es gern, wenn Sie nächsten Donnerstagabend zum Dinner auf der Jangtse-Ranch erschienen. Besonders Mrs. Fletcher fände es nett, wenn –«

Chien sagte: »Mrs. Fletcher? Wer ist Mrs. Fletcher?«

Nach kurzem Zögern sagte Tso-pin trocken: »Die Gattin des Unumschränkten Wohltäters. Sein Name – den Sie natürlich nie gehört haben – ist Thomas Fletcher.«

»Er ist Weißer«, erklärte Pethel. »Ursprünglich aus der Kommunistischen Partei Neuseelands; er hat bei der schwierigen Übernahme drüben mitgewirkt. Diese Information ist nicht geheim im engeren Sinne, man hat sie allerdings auch nicht an die große Glocke gehängt.« Er zögerte und spielte an seiner Uhrkette. »Es wäre wohl besser, Sie vergessen das wieder. Sie werden es natürlich sehen, wenn Sie ihm persönlich gegenüberstehen – dass er ein Weißer ist. Wie ich. Wie viele von uns.«

»Rasse«, gab Mr. Tso-pin zu bedenken, »hat nichts mit der Loyalität gegenüber Partei und Führer zu tun. Wovon Mr. Pethel hier zeugt.«

Aber Seine Hoheit – dachte Chien aufgeschreckt. Auf dem Fernsehschirm wirkte er keineswegs westlich. »Im Fernsehen –«, fing er an.

»Die äußere Erscheinung«, unterbrach Tso-pin, »wird einer großen Zahl ausgeklügeltster Korrekturen unterzogen. Aus ideologischen Erwägungen. Die meisten Personen in leitender Position wissen davon.« Er musterte Chien kritisch.

Dann sind sich ja alle einig, dachte Chien. Das, was wir jeden Abend sehen, ist nicht real. Die Frage ist: wie irreal? Nur teilweise? Oder vollständig?

»Ich werde darauf vorbereitet sein«, sagte er angespannt. Und er dachte: Da ist was schief gegangen. Die anderen – die Leute, die Tanya Lee vertritt – waren nicht darauf vorbereitet, dass ich so schnell Zutritt bekommen würde. Wo ist das Anti-Halluzinogen? Können sie es mir zuspielen oder nicht? So kurzfristig wahrscheinlich nicht.

Er empfand seltsamerweise Erleichterung. Er würde, wenn er zur Audienz zu Seiner Hoheit ging, imstande sein, ihn als menschliches Wesen zu sehen, ihn so zu sehen, wie er – und jeder andere – ihn im Fernsehen sah. Es würde eine anregende und unbeschwerte Dinnerparty mit einigen der einflussreichsten Parteimitglieder Asiens werden. Ich glaube, wir können ohne das Phenothiazin auskommen, sagte er sich. Und sein Gefühl der Erleichterung wuchs.

»Da ist sie ja endlich«, sagte Pethel plötzlich und zauberte einen weißen Briefumschlag aus seiner Aktentasche. »Ihre Einladungskarte. Sie werden Donnerstagmorgen per Sino-Rakete zur Residenz des Führers eingeflogen; dort wird der Protokollbeamte Sie über das von Ihnen erwartete Verhalten unterrichten. Abendgarderobe – Frack und Fliege –, aber die Atmosphäre wird familiär sein. Es werden immer jede Menge Toasts ausgebracht.« Er fügte hinzu: »Ich habe zweien dieser Herrenabende beigewohnt. Mr. Tso-pin« – er lächelte gequält – »hatte noch nicht diese Ehre. Aber wie es so schön heißt: Gut Ding will Weile haben. Ben Franklins Motto.«

Tso-pin sagte: »Für Mr. Chien kommt es etwas verfrüht, würde ich sagen.« Er zuckte gelassen die Achseln. »Aber meine Meinung ist ja zu keiner Zeit gefragt gewesen.«

»Noch eins«, sagte Pethel zu Chien. »Es ist möglich, dass Sie, wenn Sie Seiner Hoheit in Person begegnen, in der einen oder anderen Beziehung enttäuscht sein werden. Achten Sie darauf, dass Sie, sollten Sie so empfinden, das nicht durchblicken lassen. Wir haben uns angewöhnt – wurden dazu erzogen –, ihn als Übermenschen zu betrachten. Aber bei Tisch ist er ein« – er gestikulierte – »ein komischer Kauz. In gewisser Hinsicht jemand wie Sie und ich. Es kann zum Beispiel durchaus sein, dass er sich allzu menschlichen Verbalaggressivitäten hingibt; es wäre auch möglich, dass er einen schlüpfrigen Witz reißt oder zu viel trinkt … Frei heraus gesagt, es weiß niemand im Voraus, wie diese Sachen ausgehen, aber sie ziehen sich im Allgemeinen bis spät in die Nacht hin. Sie täten also gut daran, die Dosis Amphetamine anzunehmen, die der Protokollbeamte Ihnen anbieten wird.«

»Ach?«, sagte Mr. Chien. Das war ihm neu; klang interessant.

»Damit Sie besser durchhalten. Und als Ausgleich zum Alkohol. Seine Hoheit besitzt eine enorme Trinkfestigkeit; er ist oft noch auf den Beinen und groß in Fahrt, nachdem alle anderen schlappgemacht haben.«

»Ein bemerkenswerter Mann«, stimmte Tso-pin ein. »Ich glaube, seine – Schwächen zeigen nur, was für ein großartiger Kerl er ist. Und das in jeder Hinsicht; er entspricht ganz dem Ideal des Renaissancemenschen – Lorenzo de Medici etwa.«

»Das kommt einem in den Sinn, ja«, sagte Pethel; er musterte Chien mit solcher Intensität, dass etwas von der Ernüchterung des gestrigen Abends zurückkehrte. Tappe ich bereits in die nächste Falle?, fragte sich Chien. Dieses Mädchen – war sie in Wirklichkeit eine Agentin der Sipo, hat mich ausspioniert, einen illoyalen, parteifeindlichen Zug an mir aufzuspüren versucht?

Ich glaube, beschloss er, ich sehe zu, dass der beinamputierte Händler mit den Kräuterarzneien mich nicht zu fassen kriegt, wenn ich von der Arbeit komme; ich werde einen anderen Heimweg zu meiner Eigenwohn nehmen.

Er hatte Erfolg. An diesem Tag ging er dem Straßenhändler aus dem Weg, am nächsten Tag ebenso, und so weiter bis Donnerstag.

Am Donnerstagmorgen preschte der Händler unter einem geparkten LKW hervor, schnitt ihm den Weg ab und blieb vor ihm stehen.

»Mein Medikament –«, wollte der Händler wissen, »es hat gewirkt? Wusste ich's doch; das Rezept geht auf die Sung-Dynastie zurück – ich sehe, dass es gewirkt hat. Stimmt's?«

Chien sagte: »Lassen Sie mich zufrieden.«

»Wären Sie wohl so freundlich, zu antworten?« Der Tonfall war nicht das erwartete, gewohnte Winseln eines Straßenhändlers; und Chien vernahm den Tonfall nur zu gut; er vernahm ihn hell und klar … wie es im Jargon der längstvergessenen imperialistischen Marionettentruppen geheißen hatte.

»Ich weiß, was Sie mir gegeben haben«, sagte Chien. »Und ich will nichts mehr. Wenn ich es mir anders überlege, kann ich es mir aus der Apotheke holen. Danke.« Er wollte weitergehen, aber der Karren mit seinem beinlosen Insassen verfolgte ihn.

»Miss Lee hat mit mir geredet«, sagte der Straßenhändler laut.

»Hmmm«, sagte Chien und beschleunigte automatisch seine Schritte; er entdeckte ein Schwebetaxi und winkte es heran.

»Heute ist der Abend, an dem Sie zum Treffen in der Residenz am Jangtse gehen«, sagte der Händler, beim Versuch, mit ihm Schritt zu halten, schwer nach Luft ringend. »Nehmen Sie das Mittel – sofort!« Er hielt ihm gebieterisch ein flaches Päckchen hin. »Bitte, Parteimitglied Chien; zu Ihrem eigenen Besten, für uns alle. Damit wir wissen, wogegen wir antreten. Guter Gott, es könnte non-terrestrisch sein; das ist unsere größte Befürchtung. Verstehen Sie nicht, Chien? Was bedeutet dagegen Ihre gottverdammte Karriere? Wenn wir nicht herausfinden –«

Das Taxi kam holpernd auf dem Gehsteig zum Stehen; seine Türen glitten auf. Chien wollte einsteigen.

Das Päckchen segelte an ihm vorbei, landete auf dem Trittbrett des Taxis und rutschte dann auf den noch regenfeuchten Boden.

»Bitte«, sagte der Händler. »Und es kostet Sie auch nichts; heute ist es umsonst. Nur nehmen Sie es, nehmen Sie es vor dem Dinner ein. Und nehmen Sie nicht die Amphetamine; sie stimulieren den Thalamus und sind kontraindiziert, wenn ein Adrenalinblocker wie Phenothiazin –«

Die Taxitür schloss sich hinter Chien. Er setzte sich.

»Wohin, Genosse?«, erkundigte sich der Robot-Fahrmechanismus.

Er gab ihm die Identschild-Nummer seiner Eigenwohn.

Dieser Schwachkopf von Händler hat es geschafft, seine unappetitlichen Waren in mein sauberes Interieur einzuschleusen«, sagte das Taxi. »Obacht, es ruht neben Ihrem Fuß.«

Er sah das Päckchen – nichts weiter als ein ganz gewöhnlich aussehender Umschlag. Ich nehme an, dachte er, so kommt man an Drogen; ganz plötzlich sind sie da. Für einen Moment saß er da, dann hob er das Päckchen auf.

Wie zuvor stand über und unter den Gebrauchsinformationen ein schriftlicher Zusatz, aber diesmal war er, wie er sah, handgeschrieben. Eine feminine Schrift – von Miss Lee:

> Diese Plötzlichkeit hat uns überrascht. Aber Gott sei Dank waren wir vorbereitet. Wo haben Sie Dienstag und Mittwoch gesteckt? Hier ist es jedenfalls, und viel Glück. Ich werde im Lauf der Woche an Sie herantreten; ich möchte nicht, dass Sie versuchen mich zu finden.

Er zündete den Zettel an, verbrannte ihn im Aschenbecher des Taxis.

Und behielt die dunklen Körnchen.

Die ganze Zeit, dachte er. Halluzinogene in unserer Wasserversorgung. All die Jahre. Jahrzehntelang. Und nicht in Kriegs-, sondern in Friedenszeiten. Und nicht im feindlichen Lager, sondern hier in unserem eigenen. Diese Schweinehunde, sagte er sich. Vielleicht sollte ich das hier nehmen; vielleicht sollte ich rausfinden, wer oder was er ist, und es Tanyas Gruppe berichten.

Das werde ich, beschloss er. Und – er war neugierig.

Eine böse Regung, das wusste er. Neugier war, besonders was Parteiaktivitäten anging, ein karrieretechnisch fataler Zustand.

Ein Zustand, der ihn im Moment gehörig gepackt hatte. Er fragte sich, ob dieser Zustand den Abend überdauern würde, ob er, wenn es soweit war, wirklich die Prise nehmen würde.

Abwarten. Alles würde sich ergeben. Wir sind blühende Blumen auf der Wiese, dachte er, die von ihm gepflückt werden. Wie es in dem arabischen Gedicht geheißen hatte. Er versuchte sich an den Rest des Gedichts zu erinnern, konnte es aber nicht.

Das war wahrscheinlich auch besser so.

Der Protokollbeamte der Villa, ein Japaner namens Kimo Okubara, hochgewachsen und stämmig, offensichtlich Quondam-Ringer, maß ihn mit unverhohlener Missgunst, selbst nachdem er seine geprägte Einladung vorgezeigt hatte und es ihm gelungen war, seine Identität nachzuweisen.

»Warum Sie hierher kommen«, murmelte Okubara. »Warum Sie nicht zu Haus bleiben und im Fernsehen gucken? Sie keiner vermisst. Sind gut ohne Sie ausgekommen bis jetzt.«

Chien sagte knapp: »Im Fernsehen hab ich's schon gesehen.« Allerdings wurden die Herrenabende selten im Fernsehen übertragen; sie waren zu derb.

Okubaras Mannschaft durchsuchte ihn nach Waffen, einschließlich eines möglichen Suppositoriums, und gab ihm dann seine Kleider zurück. Das Phenothiazin fanden sie allerdings nicht. Weil er es bereits eingenommen hatte. Die Wirkung einer solchen Droge hielt, wie er wusste, schätzungsweise vier Stunden an; das würde allemal reichen. Und es war, wie Tanya gesagt hatte, eine kräftige Dosis gewesen; er fühlte sich schwerfällig, unbeholfen und benommen, und seine Zunge hatte plötzlich Anfälle von pseudo-parkinsonschem Zucken – eine unangenehme Nebenwirkung, mit der er nicht gerechnet hatte.

Ein Mädchen, nackt von den Hüften aufwärts, mit langem, kupferfarbenem Haar, das ihr über Schultern und Rücken fiel, ging vorbei. Interessant.

Aus der anderen Richtung kommend, erschien ein von Kopf bis Fuß nacktes Mädchen. Auch interessant. Beide Mädchen wirkten leer und gelangweilt, und völlig selbstbeherrscht.

»Sie auch so reingehen«, befahl Okubara Chien.

Schockiert sagte Chien: »Ich hatte Frack und Fliege verstanden.«

»Scherz«, sagte Okubara. »Auf Ihre Kosten. Nur Mädchen gehen nackt; Sie auch so Freude haben, außer Sie homosexuell.«

Nun denn, dachte Chien, wenn es weiter nichts ist. Er schlenderte ziellos zwischen den anderen Gästen herum – die, wie er, Frack und Fliege trugen, oder, falls Frauen, bodenlange Abendkleider – und fühlte sich unwohl, trotz der beruhigenden Wirkung des Stelazins. Warum bin ich hier?, fragte er sich. Die Zwiespältigkeit der Situation entging ihm nicht. Er war hier, um seine Karriere im Parteiapparat zu fördern, von Seiner Hoheit das intime und persönliche Nicken der Zustimmung zu erhalten … und darüber hinaus war er hier, um Seine Hoheit als faulen Zauber zu entlarven; er wusste nicht, welche Sorte von faulem Zauber, aber fauler Zauber auf jeden Fall: gegen die Partei, gegen alle friedliebenden, demokratischen Völker auf Terra. Welche Ironie, dachte er. Und mischte sich weiter unter die Leute.

Ein Mädchen mit kleinen, hell leuchtenden Brüsten fragte ihn nach einem Streichholz; er holte geistesabwesend sein Feuerzeug heraus. »Was lässt Ihre Brüste leuchten?«, fragte er sie. »Radioaktive Injektionen?«

Sie zuckte die Achseln, sagte nichts und ließ ihn stehen. Offenbar hatte er unangemessen reagiert.

Vielleicht ist es eine Kriegsmutation, überlegte er.

»Drink, Sir.« Ein Diener hielt ihm graziös ein Tablett hin; er ließ sich einen Martini geben – der letzte Schrei unter den höheren Parteiklassen in Volks-China – und nippte an dem eiskalten, trockenen Getränk. Guter englischer Gin, sagte er sich. Oder möglicherweise die holländische Originalmischung; Wacholder oder was immer sie reintaten. Nicht schlecht. Er schlenderte weiter und fühlte sich besser; eigentlich fand er die Atmosphäre ganz angenehm. Die Leute waren selbstsicher; sie hatten Erfolg, und hier konnten sie sich nun entspannen. Es war offenkundig ein Mythos, dass die Nähe zu Seiner Hoheit neurotische Beklemmungen auslöste: Zumindest sah er nichts, was darauf hindeutete, und spürte selbst nichts dergleichen.

Ein untersetzter älterer kahler Mann bremste ihn, indem er einfach sein Cocktailglas vor Chiens Brust hielt. »Die fippichte Kleine, die Sie nach einem Streichholz gefragt hat«, sagte der Mann mit hämischem Grinsen, »der Queck mit den Weihnachtsbaum-Brüsten –

das war ein Junge, im Fummel.« Er kicherte. »Hier müssen Sie sich vorsehen.«

»Wo, wenn überhaupt«, fragte Chien, »stecken die Frauen? In Frack und Fliege?«

»Verflixt nah dran«, sagte der ältere Mann, verschwand mit einem Schwarm hyperaktiver Gäste und ließ Chien mit seinem Martini allein.

Eine attraktive, große Frau, elegant gekleidet, die neben Chien stand, legte plötzlich die Hand auf seinen Arm; er spürte, wie sich ihre Finger verkrampften, und sie sagte: »Da kommt er. Seine Hoheit. Das ist das erste Mal für mich; ich habe ein wenig Angst. Sitzt meine Frisur?«

»Wunderbar«, sagte Chien, ohne zu überlegen, und folgte ihrem Blick, um – zum ersten Mal – den Unumschränkten Wohltäter zu Gesicht zu bekommen.

Was da durch den Raum und auf den Tisch in der Mitte zukam, war kein Mensch.

Und ein mechanisches Konstrukt war es auch nicht, wie Chien feststellte; es war nicht das, was er im Fernsehen gesehen hatte. Das war offenbar eine simple Vorrichtung für Ansprachen, wie der künstliche Arm, den Mussolini einst benutzt hatte, um bei langen, ermüdenden Aufmärschen zu salutieren.

Gott, dachte er, und ihm wurde übel. War das die Form, die Tanya Lee »aquatisches Scheusal« genannt hatte? Es hatte keine Form. Auch keine Pseudopodien, weder aus Fleisch noch Metall. Ja, in gewisser Weise war es überhaupt nicht vorhanden; als ihm ein direkter Blick auf die Gestalt gelang, verschwand sie; er sah durch sie hindurch, sah die Menschen auf der anderen Seite – aber die Gestalt selbst sah er nicht. Wenn er aber den Kopf wandte, sie aus dem Augenwinkel betrachtete, konnte er ihre Umrisse ausmachen.

Es war abscheulich; es versengte ihm die Sinne. Im Vorübergehen sog es der Reihe nach jedem Einzelnen das Leben aus; es fraß die Leute, die sich versammelt hatten, zog weiter, fraß und fraß, mit unstillbarem Appetit. Es hasste; er spürte seinen Hass. Es empfand Ekel; er spürte den Ekel, den es vor allem empfand – ja, er teilte sogar seinen Ekel. Mit einem Mal waren er und alle in der Villa sich windende Schnecken, und über den gefallenen Schneckenkadavern labte sich die Kreatur, verweilte, und hielt doch die ganze Zeit direkt auf ihn zu – oder bildete er sich das alles nur ein? Wenn das eine Halluzination ist, dachte Chien, ist es die schlimmste, die ich je hatte; wenn nicht, dann ist es böse Realität; es ist ein böses Etwas, das tötet und zerstört. Er sah die Spur zermalmter Männer- und Frauenkadaver, die das Wesen hinterließ; sah, wie sie sich wieder zusammenzusetzen, ihre verkrüppelten Körper zu bewegen versuchten; hörte, wie sie sich zu sprechen bemühten.

Ich weiß, wer du bist, dachte Tung Chien bei sich. Du, das Oberhaupt des weltumspannenden Parteiapparats. Du, der du jedes lebende Geschöpf tötest, das du berührst. Ich sehe vor mir das arabische Gedicht, das Suchen nach den Blumen des Lebens, um sie zu fressen – ich sehe dich breitbeinig auf der Ebene, die dir die Erde ist, stehen, Ebene ohne Berg und ohne Tal. Du gehst, wohin du willst, erscheinst, wann immer du willst, verschlingst alles und jedes; du erschaffst Leben, um es dir dann einzuverleiben, und das genießt du.

Er dachte: Du bist Gott.

»Mr. Chien«, sagte die Stimme, aber sie kam aus dem Inneren seines Kopfes, nicht aus dem mundlosen Geist, der direkt vor ihm Gestalt annahm. »Es ist gut, Sie wiederzutreffen. Sie wissen nichts. Gehen Sie. Sie interessieren mich nicht. Was kümmert mich Schleim. Schleim – ich suhle mich darin, ich muss ihn ausscheiden, und das ist, was ich will. Ich könnte Sie zerbrechen; ich kann selbst mich zerbrechen. Schneidendes Gestein ist unter mir; ich schleudere raues Gestein auf den Morast. Ich lasse die Zufluchtsorte, die Höhlen, wie einen Kessel brodeln; für mich ist der Ozean ein Meer von Salbe. Die Splitter meines Fleischs sind eins mit allem. Sie sind ich. Ich bin sie. Es ist ohne Belang, wie es auch ohne Belang ist, ob das Geschöpf mit den glühenden Brüsten Mädchen oder Junge ist; Sie könnten an beiden Gefallen finden lernen.« Es lachte.

Er konnte nicht glauben, dass es zu ihm sprach; er konnte sich nicht vorstellen – es war zu entsetzlich –, dass es ihn auserwählt hatte.

»Ich habe jeden auserwählt«, sagte es. »Niemand ist zu gering, ein jeder fällt und stirbt, und ich bin da, um es mitanzusehen. Ich muss nichts weiter tun, als zuschauen; es läuft automatisch; es ist so vorbestimmt.« Und dann sprach es nicht weiter zu ihm; es zerteilte sich. Doch er sah es immer noch; er spürte seine vielfältige Präsenz. Es war eine Kugel, die im Raum hing, mit fünfzigtausend Augen, einer Million Augen – Milliarden: einem Auge für jedes lebende Wesen, während es darauf wartete, dass jedes lebende Etwas fiel, um auf es zu treten, wenn es zerstört am Boden lag. Darum hatte es die Wesen geschaffen, und er wusste es; er verstand es. Was in dem arabischen Gedicht als Tod erschienen war, war nicht der Tod, sondern Gott; oder vielmehr, Gott war der Tod, es war eine Macht, ein Jäger, ein kannibalisches Etwas, und immer wieder entging ihm jemand, aber bei aller Zeit der Ewigkeit konnte es sich erlauben, ab und an jemanden entschlüpfen zu lassen. Beide Gedichte, begriff er; auch das von Dryden. Die Schöpfung vor Gericht; das ist unsere Welt, und du tust das. Entstellst sie, um sie so erscheinen zu lassen; uns knechtest du damit.

Aber immerhin, dachte er, habe ich noch meine Würde. Mit Würde stellte er sein Cocktailglas ab, wandte sich um, schritt auf die Zimmertüren zu. Er passierte die Türen. Er durchquerte einen langen, mit Teppich ausgelegten Flur. Ein purpurn gekleideter Lakai der Villa öffnete ihm eine Tür; dann stand er draußen im Dunkel der Nacht, auf einer Veranda, allein.

Nicht allein.

Es war ihm gefolgt. Oder es war vor ihm da gewesen; ja, es hatte schon gewartet. Es war noch nicht fertig mit ihm.

»Also denn«, sagte er und schwang sich über das Geländer; sechs Stockwerke lagen unter ihm, und dort unten schimmerten der Fluss und der Tod, nicht das, was das arabische Gedicht gesehen hatte.

Als er vornüberkippte, legte das Wesen ihm eine seiner Extremitäten auf die Schulter.

»Warum?«, sagte Chien. Aber tatsächlich hielt er inne. Staunend. Er begriff nichts, ganz und gar nichts.

»Meinetwegen brauchen Sie nicht zu fallen«, sagte es. Er konnte es nicht sehen, weil es sich hinter ihn geschoben hatte. Aber das Teil von ihm auf seiner Schulter – es begann jetzt wie eine menschliche Hand auszusehen.

Und dann lachte es.

»Was gibt es da zu lachen?«, wollte er wissen, während er, von der Pseudohand zurückgehalten, an dem Geländer baumelte.

»Sie nehmen mir meine Arbeit ab«, sagte es. »Sie können nicht warten; haben Sie keine Zeit zu warten? Ich werde Sie unter allen finden, Sie brauchen den Prozess nicht zu verkürzen.«

»Und was, wenn ich's tue?« sagte er. »Aus Ekel vor dir?«

Es lachte. Und antwortete nicht.

»Da schweigst du«, sagte er.

Wieder keine Antwort. Er stieg zurück auf die Veranda. Und sofort lockerte sich der Druck der Pseudohand.

»Du hast die Partei ins Leben gerufen?«, fragte er.

»Alles habe ich ins Leben gerufen. Ich rief die Anti-Partei ins Leben und die Partei, die keine Partei ist, und die, die dafür, und die, die dagegen sind, die ihr Yankee-Imperialisten nennt, die im reaktionären Lager, und so fort, ohne Ende. Ich habe alles ins Leben gerufen. Als wäre es Gras.«

»Und du bist hier, dir einen Spaß daraus zu machen?«, sagte er.

»Was ich will«, sagte es, »ist, dass du mich siehst, wie ich bin, wie du mich gesehen hast, und dann auf mich vertraust.«

»Dir?«, sagte er bebend. »Zu welchem Zweck?«

Es sagte: »Glaubst du an mich?«

»Ja«, sagte er. »Ich kann dich sehen.«

»Dann geh an deinen Platz im Ministerium zurück. Sag Tanya Lee, dass du einen überarbeiteten, übergewichtigen, älteren Mann gesehen hast, der zu viel trinkt und gerne Mädchen in den Hintern kneift.«

»Mein Gott!«, sagte er.

»Während du weiterlebst, ohne einhalten zu können, werde ich dich peinigen«, sagte es. »Ich werde dich Stück für Stück all dessen berauben, was du besitzt oder ersehnst. Und dann, wenn du tot, zerschmettert daliegst, werde ich dir ein Geheimnis enthüllen.«

»Was für ein Geheimnis?«

»Was tot ist, lebt, was lebt, stirbt. Ich töte, was lebt; ich erlöse, was gestorben ist. Und ich sage dir: *Es gibt Schlimmeres als mich.* Aber du wirst es nie sehen, weil ich dich dann schon getötet haben werde. Jetzt geh zurück ins Speisezimmer und mach dich zum Essen fertig. Stell nicht in Frage, was ich tue; ich habe es lange, ehe es einen Tung Chien gab, getan und werde es lange danach noch tun.«

Er schlug es, so fest er konnte.

Und spürte einen rasenden Schmerz im Kopf.

Und Dunkelheit; dann das Gefühl zu fallen.

Danach wieder Dunkelheit. Er dachte: Ich krieg dich. Ich sorge dafür, dass du auch stirbst. Dass du leidest; du wirst leiden, so wie wir, ganz genau so, wie wir es tun. Ich krieg dich; ich schwöre bei Gott, ich krieg dich dran. Und es wird wehtun. So sehr, wie es mir jetzt wehtut.

Er schloss die Augen.

Er wurde grob geschüttelt. Und hörte Mr. Kimo Okubaras Stimme. »Auf die Beine, Saufbruder! Hopp, hopp!«

Ohne die Augen zu öffnen, sagte er: »Holen Sie mir ein Taxi.«

»Taxi wartet schon. Sie fahren heim. Eine Schande. Machen uns Szene.«

Er rappelte sich mühsam auf, öffnete die Augen und untersuchte sich. Unser Führer, dem wir folgen, dachte er, ist der eine wahre Gott. Und der Feind, den wir bekämpfen und bekämpft haben, ist auch Gott. Sie haben recht; er ist überall. Aber was das bedeutet, ist mir nie klar gewesen. Er stierte den Protokollbeamten an und dachte: Auch du bist Gott. Also gibt es kein Entkommen, wahrscheinlich nicht einmal, wenn man sich in die Tiefe stürzt. Wie ich es instinktiv tun wollte. Ihn schauderte.

»Wenn Alkohol und Drogen mischen«, sagte Okubara vernichtend. »Karriere im Eimer. Hab schon oft gesehen. Zieh Leine.«

Unsicher ging er auf das große Eingangsportal der Jangtse-Villa zu; zwei Lakaien, gekleidet wie mittelalterliche Ritter, mit Helmbusch, öffneten ihm förmlich die Tür, und einer von ihnen sagte: »Gute Nacht, Sir.«

»Leck mich«, sagte Chien und trat hinaus in die Nacht.

Als er am Morgen um Viertel vor drei schlaflos im Wohnzimmer seiner Eigenwohn saß und eine Cuesta Rey Astoria nach der anderen qualmte, hörte er es an der Tür klopfen.

Er öffnete, und vor ihm stand Tanya Lee im Trenchcoat, mit blaugefrorenem Gesicht. Ihre Augen leuchteten erwartungsvoll.

»Sehen Sie mich nicht so an«, sagte er schroff. Seine Zigarre war ausgegangen; er zündete sie wieder an. »Ich hab genug Blicke auf mich gezogen«, sagte er.

»Sie haben es gesehen«, sagte sie.

Er nickte.

Sie setzte sich auf die Armlehne der Couch, und nach einer Weile sagte sie: »Und? Was können Sie mir sagen?«

»Gehen Sie fort von hier«, sagte er. »So weit fort wie möglich.« Und dann fiel es ihm wieder ein: Kein Weg war weit genug. Er erinnerte sich, auch das gelesen zu haben. »Vergessen Sie's«, sagte er; er stand auf und schlurfte in die Küche, um Kaffee aufzusetzen.

Tanya kam ihm nach und sagte: »War es – so schlimm?«

»Wir haben keine Chance«, sagte er. »Ihr habt keine Chance; ich meine nicht mich. Ich mache da nicht mit; ich wollte nur meinen Job im Ministerium machen und es vergessen. Die ganze verdammte Sache vergessen.«

»Ist es non-terrestrisch?«

»Ja.« Er nickte.

»Ist es uns feindlich gesinnt?«

»Ja«, sagte er. »Nein. Beides. Hauptsächlich feindlich.«

»Dann müssen wir –«

»Nach Hause«, sagte er, »und ins Bett gehen.« Er musterte sie eingehend; er hatte lange dagesessen und viel Zeit zum Nachdenken gehabt. Über vieles. »Sind Sie verheiratet?«, sagte er.

»Nein. Nicht mehr. Früher mal.«

Er sagte: »Bleib heute Nacht bei mir. Den Rest der Nacht jedenfalls. Bis die Sonne aufgeht.« Er fügte hinzu: »Nachts ist es ganz schlimm.«

»Ich bleibe«, sagte Tanya und öffnete den Gürtel ihres Regenmantels, »aber ich muss ein paar Antworten bekommen.«

»Was meinte Dryden«, sagte Chien, »mit der Musik, die die Welt zu Grab tönt? Das ist zu hoch für mich. Was richtet die Musik im Himmel an?«

»Die gesamte himmlische Ordnung des Universums endet«, sagte sie, als sie ihren Regenmantel in den Schlafzimmerschrank hängte; darunter trug sie einen orangegestreiften Sweater und eine Stretchhose.

Er sagte: »Und das ist schlimm?«

Sie überlegte ruhig. »Ich weiß nicht. Ich nehme es an.«

Er sagte: »Dass man Musik so große Macht einräumt …«

»Tja, du kennst ja die alte pythagoreische Geschichte von der ›Musik der Sphären‹.« Nüchtern setzte sie sich aufs Bett und zog ihre slipperartigen Schuhe aus.

»Glaubst du daran?«, sagte er. »Oder glaubst du an Gott?«

»*Gott*!« Sie lachte. »Der ist mit der Dampfmaschine aus der Mode gekommen. Wovon sprichst du? Gott, oder Gott?« Sie trat dicht neben ihn und sah ihm direkt ins Gesicht.

»Sieh mich nicht so scharf an«, sagte er und fuhr zurück. »Ich will nie wieder so angesehen werden.« Er wich ihr gereizt aus.

»Ich glaube«, sagte Tanya, »wenn es einen Gott gibt, interessieren ihn menschliche Angelegenheiten herzlich wenig. Das ist zumindest meine Theorie. Ich meine, es scheint ihn nicht zu kümmern, ob das Böse triumphiert und Tiere oder Menschen leiden und sterben. Offen gesagt, entdecke ich hier nichts von ihm. Und die Partei hat stets geleugnet, jedwede Form von –«

»Hast du ihn je gesehen?«, fragte er. »Als du ein Kind warst?«

»Ach, als Kind, natürlich. Aber ich glaubte auch an den –«

»Ist dir je in den Sinn gekommen«, sagte Chien, »dass Gut und Böse Namen für ein und dasselbe sind? Dass Gott zugleich gut und böse sein könnte?«

»Ich mach dir einen Drink«, sagte Tanya und tapste barfuß in die Küche.

Chien sagte: »Der Brecher. Die Rassel. Der Schlund und der Vogel und die Kletternde Röhre – plus andere Namen, Erscheinungsformen, was weiß ich. Ich hatte eine Halluzination. Bei diesem Herrenabend. Eine große. Eine grauenhafte.«

»Aber das Stelazin –«

»Hat noch eine schlimmere verursacht«, sagte er.

»Haben wir irgendeine Möglichkeit, das Ding zu bekämpfen, das du gesehen hast?«, fragte Tanya düster. »Diese Erscheinung, die du Halluzination nennst, die aber ganz offensichtlich keine war?«

Er sagte: »An es glauben.«

»Was wird das ändern?«

»Nichts«, sagte er müde. »Überhaupt nichts. Ich bin müde; ich will keinen Drink – gehen wir einfach ins Bett.«

»Okay.« Sie tapste ins Schlafzimmer zurück, zog sich ihren gestreiften Sweater über den Kopf. »Das besprechen wir morgen ausführlicher.«

»Halluzinationen«, sagte Chien, »sind barmherzig. Ich wünschte, ich hätte welche; ich hätte meine gern zurück. Ich will wieder sein wie vorher, ehe mich der Straßenhändler mit diesem Phenothiazin zu fassen gekriegt hat.«

»Komm einfach ins Bett. Da ist es gemütlich. Ganz warm und kuschlig.«

Er löste seinen Schlips, zog sein Hemd aus – und sah auf seiner rechten Schulter das Mal, das Stigma, das es hinterlassen hatte, als es seinen Sprung in die Tiefe verhinderte. Bläuliche Male, die aussahen, als gingen sie nie wieder weg. Dann zog er sein Schlafanzugoberteil über; es verdeckte die Male.

»Immerhin«, sagte Tanya, als er neben sie ins Bett schlüpfte, »bist du in deiner Karriere einen Riesenschritt weitergekommen. Freut dich das nicht?«

»Doch«, sagte er und nickte mit leerem Blick in der Dunkelheit. »Sehr.«

»Komm, lehn dich an mich«, sagte Tanya und schlang ihre Arme um ihn. »Und vergiss alles andere. Wenigstens für jetzt.«

Da zog er sie an sich, tat, was sie wollte und was auch er wollte. Sie war geschickt und kam rasch zur Sache. Sie machten nicht viele Worte, bis sie schließlich ein wohliges: »Oh!« ausstieß und sich entspannte.

»Ich wünschte«, sagte er, »wir könnten ewig so weitermachen.«

»Das haben wir schon«, sagte Tanya. »Das liegt außerhalb der Zeit; es ist grenzenlos wie ein Ozean. Es ist so, wie wir zu kambrischen Zeiten waren, ehe wir aufs Festland übersiedelten. Es ist das alte Urmeer. Das ist der einzige Moment, in dem wir zurückkehren können, wenn wir das tun. Darum bedeutet es so viel. Und damals waren wir nicht voneinander getrennt; es war wie eine einzige große Gallertmasse, wie diese Wabbeldinger, die am Strand angespült werden.«

»Angespült werden«, sagte er, »um dort zu verenden.«

»Kannst du mir ein Handtuch holen?«, fragte Tanya. »Oder einen Waschlappen? Ich hab's nötig.«

Er stiefelte ins Bad, um ein Handtuch zu holen. Dort – er war jetzt nackt – sah er noch einmal seine Schulter, sah, wo es ihn gepackt und festgehalten, ihn zurückgerissen hatte, vielleicht, um noch ein wenig länger mit ihm zu spielen.

Die Male bluteten ohne erkennbare Ursache.

Er tupfte das Blut ab. Sofort quoll neues nach, und als er das sah, fragte er sich, wie viel Zeit ihm noch blieb. Vielleicht nur Stunden.

Er ging wieder ins Bett und sagte: »Kannst du noch?«

»Klar. Wenn du noch Energie hast; ganz wie du willst.« Sie lag unverwandt zu ihm aufblickend da, kaum zu sehen im Zwielicht der Nacht.

»Habe ich«, sagte er. Und drückte sie an sich.

Rückspiel

Es war kein herkömmliches Spielcasino. Und das stellte die Polizei von Süd-L. A. vor ein spezielles Problem. Die Außergalaktischen, die das Casino betrieben, hatten ihr mächtiges Schiff direkt über den Tischen aufgestellt, damit die Düsentriebwerke im Fall einer Razzia die Tische zerstören würden. Effizient, dachte Officer Joseph Tinbane verdrossen. Mit einer Zündung verließen die Außergalaktischen Terra und vernichteten gleichzeitig alle Zeugnisse ihrer illegalen Aktivitäten.

Und, was noch schlimmer war, töteten jeden menschlichen Spieler, der andernfalls vielleicht überlebt hätte, um auszusagen.

Er saß jetzt in seinem geparkten Luftauto, nahm Prise um Prise feinen importierten hochfeinen Dean Swift Schnupftabak, dann wechselte er zu der gelben Büchse, die Kolibrileckerei enthielt. Die Prise heiterte ihn auf, wenn auch nicht sehr. Zu seiner Linken, im abendlichen Dunkel, konnte er die Form des hochkant stehenden Schiffs der Außergalaktischen erkennen, schwarz und schweigend, und darunter den erweiterten, umbauten Raum, ebenso dunkel und schweigend – aber trügerisch.

»Wir können da reingehen«, sagte er zu seinem weniger erfahrenen Begleiter, »aber das würde nur unseren Tod bedeuten.« Wir werden uns auf die Roboter verlassen müssen, überlegte er. Auch wenn sie unbeholfen sind, fehlbar. Jedenfalls leben sie nicht. Und nicht zu leben brachte bei einem solchen Unternehmen nur Vorteile.

»Der dritte ist reingegangen«, sagte Officer Falkes neben ihm leise.

Die schlanke Gestalt in menschlicher Kleidung blieb vor der Tür des Casinos stehen, pochte, wartete. Kurz darauf öffnete sich die Tür. Der Roboter gab das richtige Codewort an und wurde eingelassen.

»Glaubst du, sie werden die Startzündung überleben?«, fragte Tinbane. Falkes war Experte in Roboterie.

»Einer möglicherweise. Alle wohl nicht. Aber einer würde genügen.« Von Jagdfieber gepackt, beugte Officer Falkes sich vor, um an Tinbane vorbeizuspähen; sein jugendliches Gesicht in gespannter Konzentration. »Setz jetzt den Lautsprecher ein. Sag ihnen, sie sind festgenommen. Ich sehe nicht ein, warum wir warten sollen.«

»Ich sehe nur ein«, sagte Tinbane, »dass wir es bequemer haben, wenn wir das Schiff in Ruhe lassen, und die Aktion untendrunter abläuft. Wir werden warten.«

»Aber es kommen keine Roboter mehr.«

»Warte ab, bis sie ihre Vidbilder übertragen«, sagte Tinbane. Schließlich machte das ihre Augenzeugenberichte aus – so eine Art. Und im Polizeihauptquartier wurden sie jetzt dauerhaft aufgezeichnet. Trotzdem hatte sein diesem Projekt zugeteilter Mitofficer nicht ganz unrecht. Da die letzten drei humanoiden Schnüffler hineingegangen waren, würde jetzt nichts weiter geschehen. Bis die Außergalaktischen erkannten, dass sie unterwandert worden waren und ihr typisches, gut geplantes Rückzugsmanöver begannen. »In Ordnung«, sagte er und drückte auf den Knopf, der den Lautsprecher einschaltete.

Vornübergebeugt sprach Falkes in den Lautsprecher. Der Lautsprecher sagte plötzlich: *»Als Ordnungsmacht von Groß-Los Angeles fordern ich und meine Männer jeden da drinnen auf, geschlossen auf die Straße zu treten; weiterhin fordere ich Sie auf –«*

Seine Stimme aus dem Lautsprecher ging unter, als der erste Zündungsschub durch die Starttriebwerke des außergalaktischen Schiffs donnerte. Falkes zuckte die Achseln, grinste Tinbane störrisch an. *Das ging ja flott,* formte sein Mund lautlos.

Wie erwartet, kam niemand heraus. Niemand im Casino entkam. Selbst als die Substanz, aus der das Gebäude bestand, schmolz. Das Schiff hob ab und ließ eine glitschige, schlammige, wachsartige Masse unter sich zurück. Und immer noch tauchte niemand auf.

Alle tot, begriff Tinbane in stummem Entsetzen.

»Wird Zeit, reinzugehen«, sagte Falkes ungerührt. Er begann in seinen Anzug aus Neoasbest zu klettern, und einen Moment später tat Tinbane es ihm nach.

Zusammen betraten die beiden Officers den heißen, triefenden Schmodder, der das Casino gewesen war. In der Mitte lagen, zu einem Häuflein aufgetürmt, zwei der drei humanoiden Robots; es war ihnen im letzten Moment gelungen, etwas mit ihren Körpern abzudecken. Vom dritten sah Tinbane weit und breit nichts; anscheinend war er zusammen mit allem anderen demoliert worden. Allem Organischen.

Ich frage mich, was sie – in ihrer dumpfen Art – beschützenswert gefunden haben, dachte Tinbane, als er die verrenkten Überreste der beiden Robots untersuchte. Etwas Lebendes? Einen der schneckengleichen Außergalaktischen? Wahrscheinlich nicht. Dann einen Spieltisch.

»Sie haben schnell reagiert«, sagte Falkes beeindruckt. »Für Roboter.«

»Wenigstens haben wir was erwischt«, betonte Tinbane. Zaghaft stocherte er in dem heißen, zusammengelaufenen Metall, aus dem die beiden Roboter bestanden hatten. Ein Teilstück, höchstwahrscheinlich ein Torso, glitt zur Seite, gab frei, was die Robots geschützt hatten.

Einen Flipper.

Tinbane fragte sich, warum. Welchen Wert hatte der? Überhaupt irgendeinen? Er persönlich bezweifelte es.

Im Polizeilabor auf der Sunset Avenue in der Innenstadt von Alt-Los Angeles präsentierte ein Techniker Tinbane eine lange schriftliche Analyse.

»Sagen Sie's mir mündlich«, sagte Tinbane verärgert; er war schon zu viele Jahre bei der Truppe, um sich durch solches Zeug zu quälen. Er reichte das Clipbord und den Bericht dem großgewachsenen, hageren Polizeitechniker zurück.

»Es ist tatsächlich kein gewöhnliches Gerät«, sagte der Techniker und überflog seinen eigenen Report, als hätte er ihn schon vergessen;

sein Tonfall war, wie der Report selbst, trocken, fade. Das war für ihn offensichtlich Routine. Auch er stimmte zu, dass der von den humanoiden Robotern geborgene Flipper wertlos war – so vermutete Tinbane wenigstens. »Damit meine ich, dass es nicht wie eins von den anderen ist, die sie früher nach Terra gebracht haben. Vielleicht können Sie es anhand des Dings selbst besser verstehen; ich schlage vor, Sie werfen einen Vierteldollar ein und spielen eine Runde.« Er fügte hinzu: »Das Labor wird Ihnen aus dem Budget einen Vierteldollar zur Verfügung stellen, den wir uns später aus der Maschine zurückholen.«

»Ich habe meinen eigenen Vierteldollar«, sagte Tinbane gereizt. Er folgte dem Techniker durch das große überlastete Labor, vorbei an dem hochspezialisierten – und in vielen Fällen obsoleten – Sortiment analytischer Apparate und halbzerlegter Konstruktionen zum Arbeitsbereich im hinteren Teil.

Dort stand, gesäubert und die erlittenen Schäden repariert, der Flipper, den die Robots beschützt hatten. Tinbane warf eine Münze ein; fünf Metallkugeln liefen in den Speicher, und die Anzeigetafel am Kopfende der Maschine leuchtete in einer Vielfalt wechselnder Farben auf.

»Ehe Sie den ersten Ball abschießen«, sagte ihm der Techniker, der sich neben ihn stellte, um auch zusehen zu können, »rate ich Ihnen, sich das Terrain der Maschine gut anzusehen, die Elemente, die der Ball passieren wird. Der horizontale Bereich unter dem Schutzglas ist einigermaßen interessant. Ein Miniaturstädtchen, mit Häusern, beleuchteten Straßen, großen öffentlichen Gebäuden, obenliegenden Sprintschiff-Rinnen … natürlich kein terranisches Städtchen. Eine ionische Stadt, wie sie es gewöhnt sind. Die Detailtreue ist bestechend.«

Tinbane bückte sich und schaute genau hin. Der Techniker hatte recht; die Detailarbeiten an den maßstabgetreuen Modellbauten erstaunten ihn.

»Tests, in denen die Abnutzung an den beweglichen Teilen der Maschine gemessen wurde«, informierte der Techniker ihn, »lassen auf häufigen Gebrauch schließen. Sie haben beträchtliches Spiel. Wir schätzen, dass die Maschine in die Werkstatt müsste, noch ehe die nächsten tausend Spiele gelaufen sind. In deren Werkstatt, daheim auf Io. Wo sie unseres Wissens nach Geräte dieser Art herstellen und warten.« Er erklärte: »Damit meine ich Glücksspielautomaten allgemein.«

»Was ist der Sinn des Spiels?«, fragte Tinbane.

»Hier haben wir eins von der Sorte«, sagte der Techniker, »die wir als voll beweglichen Szenenaufbau bezeichnen. Anders ausgedrückt, das Terrain, das die Stahlkugel durchläuft, ist nie dasselbe. Die Anzahl der möglichen Kombinationen beträgt –« er blätterte seinen Report durch, war jedoch außerstande, die genaue Zahl zu finden – »wie auch immer, ziemlich viel jedenfalls. Geht in die Millionen. Nach unserer Ansicht ist es wahnsinnig vertrackt. Egal, wenn Sie den ersten Ball abspielen, werden Sie es sehen.«

Tinbane drückte am Auslöser die erste Kugel ab und ließ sie aus dem Speicher gegen den Abzugsschaft kullern. Dann zog er den mit einer Spiralfeder gespannten Abzugsschaft zurück und ließ ihn schnappen. Der Ball schoss die Rampe hoch und flitschte los, gegen einen Druck-Puffer, der ihm rasch zusätzliches Tempo verlieh.

Der Ball kullerte jetzt abwärts, auf die oberen Ausläufer des Städtchens zu.

»Die vorderste Verteidigungslinie«, sagte der Techniker hinter ihm, »die das eigentliche Dorf abschirmt, ist eine Hügelkette, die in Form, Farbe und Oberfläche einer ionischen Landschaft ähnelt. Offensichtlich ist sie penibel naturgetreu. Wahrscheinlich von Satelliten im Orbit von Io aufgenommen. Man kann sich leicht vorstellen, ein echtes Stück dieses Monds aus einer Entfernung von etwa zehn Meilen Höhe zu sehen.«

Die Stahlkugel erreichte jetzt den äußeren Umkreis des unebenen Geländes. Die Kugel änderte ihre Bahn und schlingerte unsicher, ohne weiter in eine bestimmte Richtung zu laufen.

»Abgefälscht«, sagte Tinbane, und registrierte, wie zweckmäßig die Konturen des Geländes sich bewährten, um die Kugel von ihrem schnurgeraden Abwärtslauf abzulenken. »Sie wird völlig um die Stadt herumgeleitet.«

Der Ball wanderte mit deutlich verlangsamtem Schwung in eine Seitenspur, folgte ihr träge, und prallte dann, als sie schon in den unteren Auslaufschacht abzudriften schien, abrupt von einem Puffer ab und ins Spiel zurück.

Auf dem beleuchteten Hintergrund wurde eine Wertung angezeigt. Ein kurzzeitiger Triumph für den Spieler. Der Ball bedrohte erneut die Stadt. Wieder kullerte er durch das unebene Gelände und folgte dabei praktisch demselben Pfad wie zuvor.

»Jetzt werden Sie etwas einigermaßen Wichtiges bemerken«, sagte der Techniker. »Wenn sie auf genau den Puffer zuhält, den Sie eben erst getroffen haben. Sehen Sie nicht auf den Ball; sehen Sie auf den Puffer.«

Tinbane sah zu. Und sah aus dem Puffer eine winzige Spirale grauen Rauchs aufsteigen. Er drehte sich fragend nach dem Techniker um.

»Sehen Sie jetzt auf die Kugel!«, sagte der Techniker scharf.

Wieder traf die Kugel auf den Puffer, der kurz vor dem Auslaufschacht aufragte. Diesmal aber reagierte der Puffer nicht auf den Druck der Kugel.

Tinbane blinzelte, als der Ball harmlos weiterrollte in den Auslaufschacht und aus dem Spiel.

»Nichts ist passiert«, sagte er sofort.

»Dieser Rauch, den Sie gesehen haben. Der aus der Elektronik des Puffers aufstieg. Ein Kurzschluss. Weil der Rückprall von dieser Stelle aus den Ball in eine bedrohliche Position gebracht hätte – bedrohlich für die Stadt.«

»Mit anderen Worten«, sagte Tinbane, »irgendwo wurde der Effekt des Puffers auf die Kugel registriert. Die Einheit operiert so, dass sie sich vor den Bewegungen der Kugel schützt.« Er hatte das früher schon gesehen, in anderen außergalaktischen Glücksspielanlagen: Raffinierte Elektronik, die die Spielfläche in ständiger Bewegung hielt, als sei sie lebendig – um auf diese Weise die Gewinnchancen des Spielers zu schmälern. Bei dem vorliegenden Gerät erzielte der Spieler die Siegwertung, indem er fünf Stahlkugeln dazu brachte, in die zentrale Anlage vorzustoßen: die Nachbildung des ionischen

Weilers. Daher musste der Weiler beschützt werden. Daher war die Eliminierung dieses bestimmten, strategisch postierten Puffers erforderlich. Zumindest für den Moment. Bis die gesamte Gestaltung der Topographie sich entscheidend änderte.

»Nichts Neues daran«, sagte der Techniker. »Das haben Sie schon ein dutzendmal gesehen; ich hab's schon hundertmal gesehen. Nehmen wir an, dieser Flipper hat an die zehntausend unterschiedliche Spiele hinter sich, und jedes Mal hat eine sorgfältige Neujustierung der Elektronik stattgefunden, die darauf abzielte, die Stahlkugeln zu neutralisieren. Nehmen wir an, die Änderungen werden angesammelt. Dann ist mittlerweile jede Wertung eines angenommenen Spielers wahrscheinlich nicht mehr als ein Bruchteil früherer Wertungen, ehe die Elektronik Zeit zu reagieren gehabt hatte. Das Ziel der Umbildung ist – wie bei allen außergalaktischen Glücksspielmechanismen – ein Gewinnfaktor null als Untergrenze, auf die sie hinarbeitet. *Versuchen* Sie nur mal, die Stadt zu treffen, Tinbane. Wir haben einen periodischen mechanischen Kugelauswurf eingerichtet und einhundertvierzig Spiele gespielt. Und kein einziges Mal kam ein Ball dem Dorf je nahe genug, um Schaden anzurichten. Wir haben die erzielten Wertungen aufgezeichnet. Jedes Mal war ein kleiner, aber deutlicher Abfall festzustellen.« Er grinste.

»Und?«, sagte Tinbane.

»Und nichts. Wie ich bereits sagte und wie mein Bericht besagt.« Dann zögerte der Techniker. »Außer einem. Sehen Sie sich das an.«

Er beugte sich vor und fuhr mit seinem dünnen Finger die Schutzscheibe über der Anlage entlang, auf eine Konstruktion nahe dem Zentrum der Dorfnachbildung zu. »Eine fotografische Aufzeichnung hat ergeben, dass dieses spezielle Element mit jedem Spiel ausgeprägter wird. Es wird durch darunterliegende Elektronik errichtet – offensichtlich. Wie alle anderen Änderungen. Aber diese Konfiguration – erinnert die Sie nicht an etwas?«

»Sieht aus wie ein römisches Katapult«, sagte Tinbane. »Aber mit einer eher vertikalen als horizontalen Achse.«

»Das war auch unser erster Eindruck. Und sehen Sie sich die

Schleuder an. Gemessen an der Größe des Dorfs ist sie unverhältnismäßig groß. Immens sogar; genauer: Sie ist *nicht maßstabgerecht.*«

»Es sieht beinahe aus, als sei es groß genug um –«

»Nicht nur beinahe«, sagte der Techniker. »Wir haben es ausgemessen. Die Größe der Schleuder stimmt exakt; eine dieser Stahlkugeln würde perfekt hineinpassen.«

»Und dann?«, sagte Tinbane, den es fröstelte.

»Und dann würde es die Kugel auf den Spieler zurückschleudern«, sagte der Labortechniker gelassen. »Sie zielt genau vor das Gerät, nach vorne oben.« Er fügte hinzu: »Und sie war beinahe soweit.«

Die beste Verteidigung, dachte Tinbane bei sich, als er den illegalen Flipper der Außergalaktischen musterte, ist Angriff. Aber wer hatte davon jemals in diesem Zusammenhang gehört?

Null, ging ihm auf, ist als Wertung nicht niedrig genug, um der Verteidigungselektronik dieses Dings zu entsprechen. Null genügt nicht. Es muss auf unter null hinarbeiten. Warum? Weil es, überlegte er, eigentlich gar nicht auf null als Untergrenze zustrebt; stattdessen bewegt es sich auf das beste Verteidigungsmuster hin. Es ist zu gut geplant.

Oder etwa nicht?

»Glauben Sie«, fragte er den hageren, großen Labortechniker, »dass die Außergalaktischen das beabsichtigten?«

»Darauf kommt es nicht an. Wenigstens nicht vom unmittelbaren Standpunkt. Wesentlich sind zwei Faktoren: Die Maschine wurde – terranischen Gesetzen zum Trotz – nach Terra exportiert, und sie wurde von Terranern bespielt. Ob absichtlich oder nicht, das könnte beziehungsweise wird bald eine tödliche Waffe werden.« Er fügte hinzu: »Innerhalb der nächsten zwanzig Spiele, schätzen wir. Jedes Mal, wenn eine Münze eingeworfen wird, geht der Aufbau weiter. Ob eine Kugel dem Dorf nahe kommt oder nicht. Dazu ist nur Energiezufuhr aus der zentralen Heliumbatterie des Geräts erforderlich. Und die kommt automatisch, sobald das Spiel beginnt.« Er fügte hinzu: »Es arbeitet gerade am Bau des Katapults, während wir hier stehen. Spielen Sie lieber die übrigen vier Bälle ab, damit es sich ausschaltet. Oder geben Sie uns die Erlaubnis, ihn auseinander zu nehmen – oder wenigstens die Energieversorgung auszubauen.«

»Die Außergalaktischen schätzen menschliches Leben nicht besonders hoch ein«, sinnierte Tinbane. Er dachte an das Blutbad, das das abhebende Schiff verursacht hatte. Und das war für sie alltäglich. Aber verglichen mit dieser massenhaften Vernichtung von Menschenleben wirkte das hier unnötig. Was erreichten sie damit noch?

Grübelnd sagte er: »Das hier ist selektiv. Es würde nur den Spieler eliminieren.«

Der Techniker sagte: »Es würde *jeden* Spieler eliminieren. Einen nach dem anderen.«

»Aber wer würde das Ding noch spielen«, sagte Tinbane, »nach dem ersten Todesfall?«

»Leute gehen in dem Wissen dahin, dass die Außergalaktischen bei einer Razzia alles und jeden verbrennen«, machte der Techniker geltend. »Die Lust zu spielen ist eine unbezähmbare Sucht; ein bestimmter Menschentyp spielt, ganz gleich mit welchem Risiko. Haben Sie nie von russischem Roulette gehört?«

Tinbane spielte die zweite Stahlkugel ab, sah sie einen Satz machen und dann auf das Modelldorf zuwandern. Dieser Kugel gelang es, das unebene Terrain zu passieren; sie näherte sich dem ersten Haus, das zum eigentlichen Dorf gehörte. Vielleicht erwische ich es, dachte er grimmig. Ehe es mich erwischt. Eine fremde, neue Erregung erfüllte ihn, als er die Kugel gegen das winzige Haus stoßen, das Bauwerk flachwalzen und weiterrollen sah. Die für ihn so kleine Kugel überragte jedes der Gebäude, jedes der Bauwerke, die das Dorf bildeten.

– Jedes Bauwerk außer dem zentralen Katapult. Er beobachtete gierig, wie der Ball sich gefährlich nahe an das Katapult heranbewegte, dann, von einem großen öffentlichen Gebäude abgelenkt, weiterrollte und in den Auffangschacht verschwand. Unverzüglich ließ er die dritte Kugel in ihre Spur schnellen.

»Der Einsatz«, sagte der Techniker sanft, »ist hoch, oder nicht? Ihr Leben gegen seins. Muss für jemanden mit dem entsprechenden Temperament außergewöhnlich reizvoll sein.«

»Ich glaube«, sagte Tinbane, »ich kann das Katapult erwischen, ehe es zum Einsatz kommt.«

»Vielleicht. Vielleicht auch nicht.«

»Ich bringe die Kugel jedes Mal näher heran.«

Der Techniker sagte: »Um das Katapult in Gang zu setzen, braucht es eine der Stahlkugeln; das ist seine Munition. Sie machen es zunehmend wahrscheinlicher, dass es eine der Kugeln an sich bringen und einsetzen kann. Im Grunde helfen Sie ihm.« Er fügte düster hinzu: »Es kann sogar ohne Sie gar nicht funktionieren; der Spieler ist nicht nur der Feind, er ist auch unentbehrlich. Geben Sie besser Ruhe, Tinbane. Das Ding benutzt Sie.«

»Ich gebe Ruhe«, sagte Tinbane, »wenn ich das Katapult erwischt habe.«

»Da haben Sie verdammt recht, das werden Sie. Sie werden nämlich tot sein.« Er sah Tinbane aus schmalen Augen an. »Möglicherweise haben die Außergalaktischen es dazu gebaut. Um uns unsere Razzien heimzuzahlen. Dafür ist es sehr wahrscheinlich gedacht.«

»Haben Sie noch einen Vierteldollar?«, sagte Tinbane.

Mitten in seinem zehnten Spiel zeigte sich eine unerwartete Änderung in der Strategie der Maschine. Ganz plötzlich gab sie es auf, die Stahlkugeln ganz zur Seite und von dem Dorfmodell wegzulenken.

Tinbane beobachtete, wie die Stahlkugel – zum ersten Mal – direkt durchs Zentrum rollte. Geradewegs auf das im Verhältnis mächtige Katapult zu.

Offensichtlich war das Katapult fertiggestellt.

»Ich bin der Ranghöhere, Tinbane«, sagte der Labortechniker zackig. »Und ich befehle Ihnen, das Spiel abzubrechen.«

»Jeder Ihrer Befehle an mich«, sagte Tinbane, »muss schriftlich erfolgen und von jemandem aus der Abteilung im Rang eines Inspektors beglaubigt werden.« Aber er unterbrach widerwillig das Spiel. »Ich kann es kriegen«, sagte er sinnend. »Aber nicht, solange ich hier stehe. Ich muss ein Stück weiter weg sein, weit genug hinten, dass es mich nicht abschießen kann.« Damit es mich nicht erkennen und anvisieren kann, überlegte er.

Er hatte es schon kaum merklich abschwenken sehen. Es hatte ihn durch irgendein Linsensystem entdeckt. Möglicherweise war es auch thermotropisch, hatte ihn anhand seiner Körperwärme erspürt. Falls es Letzteres war, wäre seine Verteidigungsmaßnahme relativ unkompliziert: eine irgendwo anders angebrachte Heizspirale. Andererseits könnte es irgendeine Art zephalen Index verwenden, der alle Gehirnströme in der Umgebung aufzeichnete. Das würde das Polizeilabor bereits wissen.

»Was bestimmt seinen Tropismus?«, fragte er.

Der Techniker sagte: »Diese Einheit war noch nicht aufgebaut, als wir ihn inspizierten. Sie entsteht zweifellos gerade, parallel zur Fertigstellung der Waffe.«

Tinbane sagte nachdenklich: »Ich hoffe, es besitzt nicht die Ausstattung, um zephale Messwerte aufzuzeichnen.« Denn wenn, dachte er, wäre es überhaupt kein Problem, das Verhaltensmuster zu speichern. Es könnte sich eine Erinnerung an seinen Widersacher einprägen, um sie sich im Fall zukünftiger Begegnungen zunutze zu machen.

Etwas an diesem Gedanken machte ihm Angst – noch zusätzlich zu der unmittelbaren Bedrohung des Augenblicks.

»Ich schlage Ihnen ein Geschäft vor«, sagte der Techniker. »Sie spielen weiter daran, bis es seinen ersten Schuss auf Sie abfeuert. Dann treten Sie beiseite und lassen es uns auseinandernehmen. Wir müssen hinter seinen Tropismus kommen; das hier könnte in einer komplexeren Form erneut auftreten. Sind Sie einverstanden? Sie gehen ein kalkuliertes Risiko ein, aber ich bin sicher, den ersten Schuss wird es in dem Gedanken, ihn als Orientierungshilfe zu nehmen, zielen; beim zweiten Schuss wird es scharfstellen … aber der wird niemals stattfinden.«

Sollte er dem Techniker seine Befürchtung mitteilen?

»Was mir Sorgen macht«, sagte er, »ist die Möglichkeit, es könnte eine spezifische Erinnerung an mich speichern. Für spätere Zwecke.«

»Welche späteren Zwecke? Es wird völlig zerlegt werden. Sobald es feuert.«

Widerstrebend sagte Tinbane: »Ich denke, ich schlage lieber ein.« Vielleicht bin ich schon zu weit gegangen, dachte er. Du könntest recht gehabt haben.

Die nächste Stahlkugel verfehlte das Katapult nur um den Bruchteil eines Zentimeters. Aber nicht die Knappheit war es, die ihn entnervte; es war der schnelle, unauffällige Versuch des Katapults, sich die Kugel im Vorbeirollen zu schnappen. Eine so flinke Bewegung, dass er sie leicht hätte übersehen können.

»Es will die Kugel«, beobachtete der Techniker. »Es will Sie.« Auch er hatte es gesehen.

Zögernd berührte Tinbane den Bolzen, der die nächste – und für ihn vielleicht letzte – Stahlkugel abschießen sollte.

»Kneifen Sie«, riet der Techniker nervös. »Vergessen Sie unsere Abmachung; hören Sie auf zu spielen. Wir nehmen ihn auseinander, wie er ist.«

»Wir brauchen den Tropismus«, sagte Tinbane. Und zog den Plunger zurück.

Die Stahlkugel, die auf ihn plötzlich riesig und hart und schwer wirkte, rollte unverzüglich in das wartende Katapult; alle Konturen im Landschaftsbild der Maschine taten sich zusammen. Die Munition war einkassiert, ehe er überhaupt verstanden hatte, was geschah. Er stand glotzend da.

»Weg!« Der Techniker fuhr zurück und machte einen Satz; er stürzte gegen Tinbane und stieß ihn mit dem Körper von der Maschine weg.

Unter dem Klirren von zersprungenem Glas schoss die Stahlkugel an Tinbanes rechter Schläfe vorbei, prallte gegen die gegenüberliegende Laborwand, blieb unter einem Arbeitstisch liegen.

Schweigen.

Nach einiger Zeit sagte der Techniker zittrig: »Sie hatte verdammt hohes Tempo drauf. Verdammt viel Masse. Verdammt viel von allem, was es brauchte.«

Zaghaft stand Tinbane auf, trat einen Schritt auf die Maschine zu.

»Spielen Sie keine weitere Kugel ab«, sagte der Techniker warnend.

Tinbane sagte: »Das muss ich nicht.« Dann drehte er sich um und spurtete davon.

Die Maschine hatte die Kugel selbst abgespielt.

Im äußeren Büro saß Tinbane rauchend Ted Donovan, dem Laborchef, gegenüber. Die Tür zum Labor hatte man geschlossen, und jeder einzelne der zahlreichen Labortechniker war über Lautsprecher in Sicherheit gescheucht worden. Hinter der geschlossenen Tür war es still. Untätig, dachte Tinbane, und wartend.

Er fragte sich, ob es auf irgendjemand wartete, einen beliebigen Menschen, beliebigen Terraner, der in Reichweite kam. Oder – nur auf ihn.

Die zweite Vorstellung erheiterte ihn jetzt noch weniger als beim ersten Mal; selbst hier draußen sitzend wurde ihm mulmig. Eine auf einer anderen Welt gebaute Maschine, steuerungslos, die nur dazu taugte, solange in ihren gesamten Abwehrmechanismen herumzusortieren, bis sie endlich über den Schlüssel stolperte. Blinder Zufall am Werk, Hunderte, sogar Tausende von Spielen hindurch … durch Person um Person, Spieler um Spieler. Bis sie endlich die kritische Dimension erreichte und die letzte Person, ebenfalls im Zufallsverfahren ausgewählt, die sie bespielte, in einem tödlichen Pakt an sich schmiedete. In diesem Fall ihn selbst. Unglücklicherweise.

Ted Donovan sagte: »Wir werden ihm aus einiger Entfernung seine Energiequelle durchschießen; das dürfte nicht schwer sein. Gehen Sie nur heim, denken Sie nicht mehr dran. Wenn wir hinter seinen Troposchaltkreis gekommen sind, benachrichtigen wir Sie. Es sei denn, es wäre mitten in der Nacht, natürlich, in welchem Fall –«

»Benachrichtigen Sie mich«, sagte Tinbane, »egal, wie spät es ist. Wenn Sie so freundlich wären.« Er musste es nicht erklären; der Laborchef verstand.

»Offensichtlich«, sagte Donovan, »hat diese Konstruktion es auf die Polizeiteams abgesehen, die die Casinos ausheben. Wie sie unsere Robots darauf gesteuert haben, wissen wir natürlich nicht – noch nicht. *Diesen* Schaltkreis finden wir vielleicht auch.« Er hob den bereits vorliegenden Report auf, betrachtete ihn feindselig. »Der hier war weitaus zu oberflächlich, will mir jetzt scheinen. ›Nur wieder so ein außergalaktischer Spielautomat.‹ Von wegen.« Er warf den Report verächtlich beiseite.

»Wenn sie das im Sinn hatten«, sagte Tinbane, »haben sie erreicht, was sie wollten; sie haben mich drangekriegt.« Zumindest genug, um ihn anbeißen zu lassen. Seine Neugier zu kitzeln. Seine Aufmerksamkeit zu fesseln. Und sich seine Mitarbeit zu sichern.

»Sie sind eine Spielernatur; Sie haben die Ader dafür. Aber Sie wussten es nicht. Möglicherweise hätte es sonst nicht funktioniert.« Donovan fügte hinzu: »Aber interessant ist es schon. Ein Flipper, der sich wehrt. Der es irgendwann dicke hat, sich von Stahlkugeln überrollen zu lassen. Ich hoffe, sie bauen nie eine Schießbude. Das ist schon schlimm genug.«

»Traumartig«, murmelte Tinbane.

»Bitte?«

»Nicht wirklich wirklich.« Aber das ist wirklich, dachte er. Dann stand er auf. »Ich tue, was Sie sagen; ich gehe nach Hause in mein Einwohn. Sie haben die Vidfon-Nummer.« Er war müde und verängstigt.

»Sie sehen furchtbar aus«, sagte Donovan und musterte ihn kritisch. »Sie sollten sich davon nicht so mitnehmen lassen; das ist ein relativ gutartiges Gerät, oder? Man muss es angreifen, um es in Marsch zu setzen. Wenn man es zufrieden lässt –«

»Ich lasse es zufrieden«, sagte Tinbane. »Aber ich spüre, dass es wartet. Es will, dass ich zurückkomme.« Er fühlte es auf sich warten, seine Rückkehr erhoffen. Die Maschine war lernfähig, und er hatte sie unterrichtet – über sich selbst unterrichtet.

Hatte sie gelehrt, dass er existierte. Dass es auf Terra eine Person wie Joseph Tinbane gab.

Und das war zu viel.

Als er die Tür zu seinem Einwohn aufschloss, klingelte schon das Telefon. Bleiern nahm er den Hörer ab. »Hallo«, sagte er.

»Tinbane?« Es war Donovans Stimme. »Allerdings, es ist enzephalotropisch. Wir haben einen Musterabdruck Ihrer Hirnstruktur gefunden, und natürlich haben wir ihn zerstört. Aber –« Donovan zögerte. »Wir haben auch noch etwas anderes gefunden, das es seit der ersten Analyse konstruiert hat.«

»Einen Sender«, sagte Tinbane heiser.

»Fürchte ja. Halbe Meile Reichweite, zwei Meilen mit Richtstrahler. Und er war auf Strahlen eingestellt, also müssen wir von der Übertragung über zwei Meilen ausgehen. Wir haben absolut keine Vorstellung, woraus der Empfänger besteht, natürlich, ob er überhaupt auf der Erdoberfläche ist oder nicht. Ist er wahrscheinlich. Irgendwo in einem Büro. Oder einem der Luftkissenautos, die sie benutzen. Jetzt wissen Sie's jedenfalls. Es ist also eine ausgesprochene Vergeltungswaffe; Ihre emotionalere Reaktion war unglücklicherweise korrekt. Als unsere Experten das überprüft haben, zogen sie den Schluss daraus, dass Sie sozusagen erwartet wurden. Es hat Sie kommen sehen. Das Instrument hat vielleicht von Anfang an nie als echter Spielautomat gedient; die Unregelmäßigkeiten, die wir beobachtet haben, könnten auch eingeplant sein, und nicht das Resultat von Abnutzung. Das wär's erst mal.«

Tinbane sagte: »Was schlagen Sie vor, soll ich tun?«

»Tun?« Eine Pause. »Nicht viel. Bleiben Sie in Ihrem Einwohn; melden Sie sich nicht zum Dienst, eine Zeitlang nicht.«

Damit es niemand sonst aus der Abteilung erwischt, wenn sie mich schnappen, dachte Tinbane. Vorteilhafter für den Rest von euch; aber für mich kaum. »Ich glaube, ich werde die Gegend verlassen«, sagte er laut. »Das Bauteil könnte eine begrenzte Reichweite haben, auf S. L. A. oder nur einen Teil der Stadt begrenzt sein. Wenn Sie keinen Einwand haben.« Er hatte eine Freundin, Nancy Hackett, in La Jolla; dorthin konnte er gehen.

»Wie Sie wollen.«

Er sagte: »Sie können wohl nichts für mich tun, oder?«

»Ich sage Ihnen was«, sagte Donovan. »Wir machen ein paar Mittel locker, eine bescheidene Summe, so viel eben geht, mit der Sie sich über Wasser halten können. Bis wir den verdammten Empfänger aufgespürt haben und herausfinden, womit er in Verbindung steht. Was uns am meisten Kopfschmerzen macht, ist, dass Gerüchte über diese Angelegenheit in der Abteilung durchgesickert sind. Es wird schwer werden, knallhart durchgreifende Teams zu finden, die zukünftige Glücksspieltransaktionen der Außergalaktischen sprengen … das ist natürlich genau das, was sie im Sinn hatten. Eins können wir noch tun. Wir können im Labor eine Hirnblende für Sie bauen lassen, damit Sie kein erkennbares Muster mehr abstrahlen. Aber das müssten Sie aus eigener Tasche bezahlen. Möglicherweise könnte es mit Ihrem Gehalt verrechnet werden, mit über mehrere Monate gestaffelten Zahlungen. Wenn Sie interessiert sind. Offen gestanden, wenn Sie meine persönliche Ansicht hören wollen, rate ich Ihnen dazu.«

»In Ordnung«, sagte Tinbane. Er fühlte sich betäubt, tot, müde und resigniert; alles auf einmal. Und er hatte die deutliche und schmerzhafte Ahnung, dass seine Reaktion begründet war. »Haben Sie sonst noch Vorschläge?«

»Bleiben Sie bewaffnet. Selbst im Schlaf.«

»Welchem Schlaf?«, sagte er. »Glauben Sie, ich werde schlafen können? Das werde ich vielleicht, nachdem diese Maschine völlig zerstört ist.« Aber das wird nichts ändern, erkannte er. Nicht jetzt. Nicht nachdem es meine Gehirnstrommuster etwas anderem zugespielt hat, einem Etwas, über das wir nichts wissen. Gott weiß, als was für eine Vorrichtung es sich herausstellen würde; Außergalaktische tauchten mit allen möglichen verdrehten Sachen auf.

Er hängte das Telefon ein, ging in seine Küche und machte sich, eine halbleere Fünftelflasche Antikwhisky wegputzend, einen Whisky sour.

Was für eine Bescherung, sagte er zu sich. Gehetzt von einem Flipper aus einer anderen Welt. Er hätte fast lachen müssen, aber dazu reichte es nicht ganz.

Was benutzt man, fragte er sich, um einen wütenden Flipper abzufangen? Einen, der dich in- und auswendig kennt und dir an den Kragen will? Oder präziser, den nebulösen Freund eines Flippers …

An seinem Küchenfenster machte etwas *tapp tapp.*

Er griff in seine Tasche und zog seine Laserpistole heraus; an der Küchenwand entlanggehend, näherte er sich dem Fenster von einer unbeobachteten Seite, spähte in die Nacht hinaus. Dunkelheit. Er konnte nichts erkennen. Taschenlampe? Er hatte eine im Handschuhfach seines Luftautos, das auf dem Dach des Einwohnhauses parkte. Zeit, sie holen zu gehen.

Einen Moment später hetzte er, die Taschenlampe in der Hand, die Treppe hinunter zurück in seine Küche.

Der Strahl der Taschenlampe zeigte, gegen die äußere Scheibe des Fensters gedrückt, ein käferartiges Gebilde mit vorstehenden, verlängerten Pseudopodien. Die beiden Fühler hatten gegen das Fensterglas getappt, offensichtlich auf ihre blinde, mechanische Weise auskundschaftend.

Das Käferding war an der Seite des Gebäudes hochgestiegen; er konnte den Saugnapf erkennen, mit dem es sich festklammerte.

An diesem Punkt wurde seine Neugier stärker als seine Furcht. Behutsam öffnete er das Fenster – unnötig, es dem Bauinstandsetzungskomitee zurückzahlen zu müssen – und zielte sorgfältig mit seiner Laserpistole. Das Käferding rührte sich nicht; offenkundig war es mitten in der Bewegung verharrt. Möglicherweise waren seine Reaktionen relativ langsam, vermutete er, wesentlich langsamer als bei einem vergleichbaren organischen Gegenstück. Natürlich nur, wenn es nicht als Sprengsatz programmiert war; in welchem Fall er keine Zeit hatte, lange zu überlegen.

Er feuerte einen konzentrierten Strahl in die Unterseite des Käferdings.

Verstümmelt kippte das Käferding hintenüber, seine vielen kleinen Saugnäpfe verloren den Halt. Als es abstürzte, schnappte Tinbane es, hob es rasch ins Zimmer, ließ es auf den Boden fallen, unterdessen die Pistole darauf gerichtet haltend. Aber es hatte ausgedient; es rührte sich nicht.

Er legte es auf den kleinen Küchentisch, holte einen Schraubenzieher aus der Werkzeugschublade neben der Spüle, setzte sich, untersuchte das Objekt. Er hatte jetzt das Gefühl, dass er sich Zeit nehmen konnte; die Spannung hatte, für den Moment zumindest, nachgelassen.

Er brauchte vierzig Minuten, um das Ding aufzubekommen; in keine der Befestigungsschrauben passte ein herkömmlicher Schraubenzieher, und schließlich sah er sich gezwungen, ein ordinäres Küchenmesser zu benutzen. Aber schließlich hatte er es geöffnet vor sich auf dem Tisch, die Schale in zwei Hälften zerteilt: eine hohl und leer, die andere vollgepackt mit Einzelteilen. Eine Bombe? Er fummelte mit gesteigerter Vorsicht weiter, jedes Bauteil Stück für Stück inspizierend.

Keine Bombe – zumindest keine, die er identifizieren konnte. Dann ein Mordwerkzeug? Keine Klinge, keine Toxine oder Mikroorganismen, keine Röhre, die in der Lage war, eine tödliche Ladung auszustoßen, ob explosiv noch sonstwie. Was also machte es in Gottes Namen? Er erkannte den Motor, der es die Wand des Gebäudes hochbefördert hatte, dann den photoelektrischen Steuerkopf, mit dem es sich orientierte. Aber das war alles. Absolut alles.

Vom Gebrauchswert her betrachtet war es eine Niete.

Oder doch nicht? Er schaute auf seine Uhr. Jetzt hatte er eine volle Stunde darauf verwandt; seine Wachsamkeit war von allem sonst abgelenkt gewesen – und wer wusste, was dieses sonst sein mochte?

Nervös ließ er sich steif auf die Füße gleiten, nahm seine Laserpistole an sich und pirschte durchs Apartment, lauschend, gespannt, und versuchte, etwas wahrzunehmen, und sei es noch so klein, das von seiner gewohnten Ordnung abwich.

Es gibt ihnen Zeit, begriff er. Eine ganze Stunde! Für das, worauf sie *eigentlich* aus sind, was immer es ist.

Es wird Zeit für mich, das Apartment zu verlassen, dachte er. Nach La Jolla und zum Teufel nochmal hier rauszukommen, bis das alles vorbei ist.

Sein Vidfon klingelte.

Als er sich meldete, klickte Donovans Gesicht gräulich ins Bild. »Wir haben ein Luftauto der Abteilung Ihren Einwohnbau überwachen lassen«, sagte Donovan. »Und es hat irgendwelche Aktivitäten bemerkt; ich dachte, das würden Sie wissen wollen.«

»Okay«, sagte er nervös.

»Ein Transportmittel, luftgetragen, ist kurz auf Ihrem Dachparkplatz gelandet. Kein üblicher Luftwagen, sondern etwas Größeres. Nichts, was wir identifizieren konnten. Es hat sofort mit hoher Geschwindigkeit wieder abgehoben, aber ich glaube, das ist es.«

»Hat es irgendwas abgesetzt?«, fragte er.

»Ja. Ich fürchte schon.«

Gezwungen sagte er: »Können Sie zu diesem späten Zeitpunkt irgendwas für mich tun? Das wäre mir sehr willkommen.«

»Was schlagen Sie vor? Wir wissen nicht, was es ist; Sie wissen es sicherlich auch nicht. Wir sind für Vorschläge offen, aber ich glaube, wir müssen warten, bis Sie die Beschaffenheit des – feindlichen Artefakts kennen.«

Etwas bumste gegen seine Tür, etwas im Flur.

»Ich lasse die Leitung offen«, sagte Tinbane. »Bleiben Sie dran; ich glaube, es passiert jetzt.« In diesem Stadium empfand er Panik; unverhüllte, kindische Panik. Seine Laserpistole in schlappem, losem Griff haltend, näherte er sich Schritt für Schritt der abgeschlossenen Vordertür seiner Eigenwohn, hielt inne, schloss dann die Tür auf und öffnete sie. Leicht. So wenig er konnte.

Eine enorme, unkontrollierte Kraft schob die Tür weiter auf; der Knopf entglitt seiner Hand. Und lautlos rollte die gigantische Stahlkugel, die gegen die halb offene Tür lehnte, vorwärts. Er trat beiseite – musste es – und wusste, das war der Widersacher; das fassadenkletternde Attrappen-Gerät hatte seine Wachsamkeit hiervon abgelenkt.

Er konnte nicht hinaus. Jetzt würde er nicht nach La Jolla fahren. Die große, massige Kugel blockierte den Weg vollständig.

Ans Vidfon zurückgehend, sagte er zu Donovan: »Ich bin eingekesselt. Hier in meiner eigenen Eigenwohn.« An der äußeren Verteidigungslinie, erkannte er. Das Gegenstück zum unebenen Terrain in der veränderlichen Landschaft des Flippers. Die erste Kugel ist hier abgeblockt worden, in der Türfüllung stecken geblieben. Aber was war mit der zweiten? Der dritten?

Jede würde näher herankommen.

»Können Sie etwas für mich bauen?«, fragte er heiser. »Kann das Labor so spät in der Nacht anfangen zu arbeiten?«

»Wir können's versuchen«, sagte Donovan. »Das kommt ganz darauf an, was Sie wollen. Was haben Sie im Sinn? Was, glauben Sie, könnte nützen?«

Es war ihm zuwider, darum zu bitten. Aber er musste. Die nächste konnte durch ein Fenster hereinplatzen, oder vom Dach aus auf ihn herunterkrachen. Er sagte: »Ich möchte eine Art Katapult. Groß genug, robust genug, um eine kugelförmige Ladung von etwa viereinhalb bis fünf Fuß zu tragen. Glauben Sie, das können Sie hinbekommen?« Er betete zu Gott, dass sie es konnten.

»Das geht also bei Ihnen vor?«, sagte Donovan rau.

»Außer, es ist eine Halluzination«, sagte Tinbane. »Eine vorsätzliche, künstlich erzeugte Einschüchterungsprojektion, die eigens ersonnen wurde, um mich zu demoralisieren.«

»Der Luftwagen der Abteilung hat etwas gesehen«, sagte Donovan. »Und es war keine Halluzination; es hatte messbare Maße. Und –« Er zögerte. »Es hat etwas Großes zurückgelassen. Die Abflugmasse war beträchtlich verringert. Es ist also real, Tinbane.«

»Das habe ich mir gedacht«, sagte Tinbane.

»Wir schaffen das Katapult so schnell zu Ihnen, wie wir irgend können«, sagte Donovan. »Hoffen wir, dass zwischen jeder Attacke ein angemessener Zeitraum verstreicht. Und Sie rechnen besser mit mindestens fünfen.«

Tinbane zündete sich nickend eine Zigarette an, oder versuchte es wenigstens. Aber seine Hände zitterten zu arg, um das Feuerzeug auf der Stelle zu halten. Er holte dann eine gelblackierte Dose Dean's Own Snuff heraus, sah sich jedoch außerstande, die festklemmende Dose aufzuzwingen; die Dose sprang ihm aus den Fingern und fiel auf den Boden. »Fünf«, sagte er, »pro Spiel.«

»Ja«, sagte Donovan widerstrebend, »das auch noch.«

Die Wohnzimmerwand erbebte.

Die nächste ging aus der angrenzenden Wohnung auf ihn los.

Ein kleines Trostpflaster für uns Temponauten

Erschöpft schleppte sich Addison Doug über den langen Gartenweg aus synthetischen Redwoodbohlen, setzte Schritt vor Schritt, den Kopf gesenkt, als würde ihn jede Bewegung schmerzen. Die junge Frau beobachtete ihn, wünschte, sie könnte ihm helfen; es tat ihr weh, ihn so verbraucht und unglücklich zu sehen, doch gleichzeitig war sie überglücklich, dass er überhaupt da war. Immer weiter, weiter auf sie zu ging er, ohne aufzuschauen, blindlings ... als sei er schon viele Male so gegangen, dachte sie plötzlich. Als würde er den Weg allzugut kennen. Wieso war das so?

»Addi«, rief sie und lief ihm entgegen. »Im Fernsehen haben sie gesagt, du wärst tot. Ihr alle wärt umgekommen!«

Er blieb stehen, um sein dunkles Haar zurückzustreichen, das nicht mehr lang war; kurz vor dem Start hatten sie es kurzgeschoren. Was er offenkundig vergessen hatte. »Glaubst du alles, was du im Fernsehen siehst?«, sagte er und kam wieder näher, stockend, aber jetzt lächelnd. Und mit ausgebreiteten Armen.

Gott, es war schön, ihn zu umarmen, wieder seine kräftigen Arme zu spüren; sie waren kräftiger, als sie erwartet hatte. »Ich wollte mir schon einen Neuen suchen«, sagte sie atemlos. »Als Ersatz für dich.«

»Ich reiße dir den Kopf ab, wenn du's tust«, sagte er. »Es ist sowieso unmöglich; wer könnte mich schon ersetzen?«

»Aber was war mit der Implosion?«, sagte sie. »Beim Rückeintritt; sie sagten –«

»Hab ich vergessen«, sagte Addison in dem Tonfall, der jede weitere Diskussion unterband. Immer hatte sie dieser Tonfall geärgert, aber heute nicht. Heute spürte sie, wie furchtbar die Erinnerung für ihn war. »Ich bleibe ein paar Tage bei dir«, sagte er, als sie zusammen über den Weg zur offenen Tür des Blockhauses mit dem schrägstehenden Zeltdach gingen. »Wenn es dir recht ist. Und Benz und Crayne werden später nachkommen; vielleicht schon heute Abend. Wir haben viel zu bereden und abzuklären.«

»Dann habt ihr also alle drei überlebt.« Sie schaute hoch in sein verhärmtes Gesicht. »Alles, was sie im Fernsehen gesagt haben …« Dann verstand sie. Jedenfalls glaubte sie zu verstehen. »Es war ein Ablenkungsmanöver. Aus – aus politischen Gründen, um die Russen irrezuführen. Richtig? Ich meine, die Sowjetunion wird glauben, der Einsatz sei fehlgeschlagen, weil beim Rückeintritt –«

»Nein«, sagte er. »Höchstwahrscheinlich wird ein Chrononaut zu uns stoßen. Soll uns helfen, dahinterzukommen, was passiert ist. General Molch sagte, einer von ihnen sei schon auf dem Weg hierher; die Genehmigung liegt bereits vor. Weil die Lage so ernst ist.«

»Mein Gott«, sagte das Mädchen betroffen. »Für wen ist dann das Ablenkmanöver?«

»Lass uns was trinken«, sagte Addison. »Dann erkläre ich dir alles.«

»Ich habe nichts weiter als kalifornischen Brandy im Haus.«

Addison Doug sagte: »So wie ich mich fühle, würde ich alles trinken.« Er ließ sich auf die Couch fallen und lehnte sich mit einem gequälten Seufzer zurück, während das Mädchen eilig für beide einen Drink mixte.

Das Radio im Wagen quengelte: »… beklagt die unglückliche Wendung der Ereignisse, deren Auslöser ein unvorhersehbarer …«

»Offizielles Gewäsch«, sagte Crayne und schaltete das Radio aus. Er und Benz hatten Mühe, das Haus zu finden; sie waren bisher nur einmal da gewesen. Es ging Crayne durch den Kopf, dass diese Art, eine Konferenz von solcher Tragweite einzuberufen, nicht gerade sehr offiziell war – sich hier draußen in der Wildnis von Ojai in der Hütte von Addisons Mieze zu treffen. Andererseits würden sie von Neugierigen unbehelligt bleiben. Und vielleicht hatten sie nicht viel Zeit. Aber das war schwer zu sagen; was das anging, war sich niemand ganz sicher.

Die Hügel zu beiden Seiten der Straße waren früher einmal Wälder gewesen, bemerkte Crayne. Jetzt verschandelten Fertighäuser und ihre aufgeweichten, unebenen Kunststoffauffahrten jede Erhebung, so weit man blickte. »Ich wette, hier war es früher richtig hübsch«, sagte er zu Benz am Steuer.

»Der Los Padres Nationalpark ist ganz in der Nähe«, sagte Benz. »Ich habe mich mal drin verlaufen, als ich acht Jahre alt war. Ich war stundenlang fest überzeugt, eine Klapperschlange würde mich erwischen. Jeder Stock war eine Schlange.«

»Und jetzt hat die Klapperschlange dich erwischt«, sagte Crayne.

»Uns alle«, sagte Benz.

»Weißt du«, sagte Crayne, »es ist schon eine mörderische Erfahrung, tot zu sein.«

»Für dich vielleicht.«

»Aber genau genommen –«

»Wenn man Radio und Fernsehen glaubt.« Benz wandte sich zu ihm um, sein großes Gnomengesicht war düster und streng. »Wir sind nicht toter als irgendwer sonst auf dem Planeten. Der Unterschied für uns ist, dass unser Todestag in der Vergangenheit liegt, während der aller anderen in einer ungewissen Zukunft liegt. Für manche liegt er sogar in einer verdammt gewissen Zukunft, für Leute auf Krebsstationen zum Beispiel; für die ist er so todsicher wie für uns. Sicherer noch. Nur als Beispiel: Wie lange können wir hier bleiben, ehe wir zurück müssen? Wir haben eine gewisse Spanne, einen Spielraum, den ein unheilbar Krebskranker nicht hat.«

Crayne sagte fröhlich: »Als Nächstes munterst du uns damit auf, dass wir keine Schmerzen haben.«

»Addi schon. Ich habe ihn vorhin wegkriechen sehen. Bei ihm ist es psychosomatisch – äußert sich in körperlichen Beschwerden. Als würde der liebe Gott ihm im Nacken sitzen; du weißt schon, hat eine viel zu schwere Last zu tragen, völlig zu unrecht, aber er leidet, ohne zu klagen … deutet nur ab und zu auf die Wunden in seinen Handflächen.« Er grinste.

»Addi hat mehr Grund als wir, am Leben zu hängen.«

»Jeder hat mehr Grund als andere, am Leben zu hängen. Ich hab kein süßes Betthäschen, aber ich würde die Sattelschlepper ganz gerne noch ein paarmal bei Sonnenuntergang über den Riverside Freeway fahren sehen. Ob sich das Leben zu leben lohnt, ist nicht der springende Punkt; dass man es noch erleben will, dass man dabei sein will – das ist so verdammt traurig daran.«

Sie fuhren schweigend weiter.

Im stillen Wohnzimmer im Haus des Mädchens saßen die drei Temponauten, rauchten und übten sich in Gelassenheit; Addison Doug dachte insgeheim, dass das Mädchen in seinem hautengen Sweater und dem winzigen Rock ungewöhnlich reizend und begehrenswert aussah, und er wünschte schwermütig, sie möchte etwas weniger aufregend aussehen. Solche Sachen konnte er sich wirklich nicht erlauben, nicht jetzt. Er war zu müde.

»Weiß sie Bescheid«, fragte Benz mit Blick auf das Mädchen, »was hier abläuft? Ich meine, können wir offen sprechen? Es wird sie nicht umhauen?«

»Ich hab's ihr bis jetzt noch nicht erklärt«, sagte Addison.

»Das solltest du aber schleunigst nachholen«, sagte Crayne.

»Was ist los?«, fragte das Mädchen besorgt; sie saß kerzengerade da; eine ihrer Hände ruhte direkt zwischen den Brüsten. Als würde sie nach einem nicht vorhandenen religiösen Artefakt greifen, dachte Addison.

»Wir haben beim Rückeintritt den Löffel abgegeben«, sagte Benz. Er war von den dreien der unbarmherzigste. Oder zumindest der Direkteste. »Sehen Sie, Miss ...«

»Hawkins«, flüsterte das Mädchen.

»Freut mich, Sie kennenzulernen, Miss Hawkins.« Benz schätzte sie auf seine kalte, gelassene Art ab. »Haben Sie einen Vornamen?«

»Merry Lou.«

»Okay, Merry Lou«, sagte Benz. Zu den anderen bemerkte er: »Klingt wie ein Name, den sich eine Kellnerin auf die Bluse gestickt hat. Merry Lou heiße ich, und ich serviere Ihnen Dinner und Frühstück und Lunch und Dinner und Frühstück für die nächsten paar Tage, oder wie lange es sonst dauert, bis ihr alle aufgebt und wieder in eure eigene Zeit verschwindet; das macht dann dreiundfünfzig Dollar und acht Cents bitte, Trinkgeld geht extra. Und kommen Sie bloß nicht wieder, klar?« Seine Stimme zitterte jetzt, und seine Zigarette auch. »Tut mir leid, Miss Hawkins«, sagte er dann. »Wir sind alle bei der Implosion beim Rückeintritt abgekratzt. Direkt als wir in EZW hier ankamen, haben wir das erfahren. Wir haben es vor allen anderen erfahren; wir wussten es in dem Moment, als die Emergenzzeit zu wirken anfing.«

»Aber wir konnten nichts mehr daran ändern«, sagte Crayne.

»Niemand kann mehr etwas daran ändern«, sagte Addison zu ihr und legte seinen Arm um sie. Erst glaubte er an ein Déjà-vu, aber dann war es ihm schlagartig klar. Wir stecken in einer Zeitschleife, dachte er, wir durchleben das wieder und wieder und versuchen das Problem des Rückeintritts zu lösen, jedes Mal in der Einbildung, es sei das erste Mal, das einzige Mal … und immer erfolglos. Der wievielte Versuch ist das? Vielleicht der millionste; wir haben Millionen Mal hier gesessen, wieder und wieder über denselben Fakten gebrütet und nichts erreicht. Bei dem Gedanken fühlte er sich zu Tode erschöpft. Und er empfand eine Art universellen Hass auf alle Menschen, die sich nicht mit diesem Rätsel herumschlagen mussten. Wir enden alle am selben Ort, dachte er, so heißt es in der Bibel. Aber was uns drei betrifft … wir sind schon dort gewesen. Liegen jetzt dort. Also ist es falsch, von uns zu erwarten, dass wir anschließend in der Gegend herumstehen, uns darüber die Köpfe heißreden und herauszufinden versuchen, wo die Störung lag. Das sollte eigentlich Sache unserer Nachfahren sein. Wir haben doch schon lange genug –

Aber er sprach es nicht aus – ihnen zuliebe.

»Vielleicht seid ihr in irgendwas reingerasselt«, sagte das Mädchen.

Mit einem Blick zu den anderen sagte Benz sardonisch: »Vielleicht sind wir in irgendwas reingerasselt.«

»Davon war in den Fernsehkommentaren immer die Rede«, sagte Merry Lou, »von dem Risiko einer räumlichen Phasenverschiebung beim Rückeintritt, durch die man auf molekularer Ebene mit angrenzenden Objekten kollidiert, die jeweils –« Sie gestikulierte. »Ihr wisst schon. ›Zwei Objekte können nicht zur selben Zeit denselben Ort einnehmen.‹ Und dann ist alles in die Luft geflogen, aus diesem Grund.« Sie sah fragend in die Runde.

»Das ist der Hauptrisikofaktor«, bestätigte Crayne. »Zumindest theoretisch, wie Dr. Fein von der Entwicklungsabteilung meinte, als sie zur Risikofrage kamen. Aber wir hatten für mehrere Sicherungssperren gesorgt, die automatisch in Kraft traten. Der Rückeintritt konnte nicht stattfinden, ehe diese Hilfsfunktionen uns räumlich so weit stabilisiert hatten, dass eine Überlappung ausgeschlossen war. Natürlich könnten all diese Kontrollen der Reihe nach ausgefallen sein. Eine nach der anderen. Ich habe mir beim Start meine Feedback-Koordinaten am Monitor angesehen, und sie besagten übereinstimmend, jede Einzelne, dass wir damals korrekt synchronisiert waren. Und ich habe keine Warnsignale gehört. Auch keine gesehen.« Er verzog das Gesicht. »Zumindest ist es nicht da passiert.«

Plötzlich sagte Benz: »Ist euch klar, dass eure nächsten Verwandten jetzt reich sind? Unsere ganzen staatlichen und privaten Lebensversicherungen sind fällig. Unsere ›nächsten Verwandten‹ – Mein Gott noch mal, das sind doch wohl *wir.* Uns stehen zigtausend Dollar zu, bar auf die Kralle. Wir spazieren einfach bei unserem Versicherungsmakler ins Büro und sagen: ›Ich bin tot; her mit dem ganzen Schotter.‹«

Addison Doug dachte: Die öffentliche Gedenkfeier. Die nach der Autopsie geplant ist. Diese lange Schlange schwarzverhängter Cadillacs auf der Pennsylvania Avenue, mit all den staatlichen Würdenträgern und Eierköpfen aus der Forschung – *und wir mittendrin.* Nicht einmal, sondern zweimal. Einmal in den mit Flaggen drapierten, mit handpoliertem Messing beschlagenen Eichensärgen, und außerdem … im offenen Wagen vielleicht, wie wir der trauernden Menge zuwinken.

»Die Trauerfeier«, sagte er laut.

Die anderen starrten ihn an, verärgert, verständnislos. Und dann, einer nach dem anderen, begriffen sie; er sah es ihren Gesichtern an.

»Nein«, stieß Benz hervor. »Das ist – unmöglich.«

Crayne schüttelte leidenschaftlich den Kopf. »Man wird uns befehlen, teilzunehmen, und das werden wir tun. Wir haben unsere Befehle.«

»Müssen wir dann vielleicht *lächeln*?«, fragte Addison. »*Lächeln*, verflucht noch mal?«

»Nein«, sagte General Toad langsam, wobei sein großer, massiger Kopf auf seinem Besenstiel-Hals wackelte; die Farbe seiner Haut wirkte schmutzig und fleckig, als hätten unter der Last der Auszeichnungen an seiner gestärkten Heldenbrust Partien seines Körpers zu zerfallen begonnen. »Sie sollen nicht lächeln, sondern sich im Gegenteil einer angemessen betroffenen Miene befleißigen. Entsprechend der momentanen nationalen Trauerstimmung.«

»Das wird uns schwerfallen«, sagte Crayne.

Der russische Chrononaut zeigte keine Reaktion; sein dünnes, vogelartiges Gesicht, das zwischen Übersetzungs-Kopfhörern klemmte, behielt seinen tiefbesorgten Ausdruck.

»Der Nation«, sagte General Toad, »wird nicht entgehen, dass Sie für dieses kurze Intervall wieder unter uns sind; Kameras aller wichtigen Fernsehstationen werden Sie ohne Vorankündigung groß ins Bild bringen, und die diversen Kommentatoren wurden angewiesen, im gleichen Moment ihrem Publikum etwas in der folgenden Art zu berichten.« Er holte einen maschinegeschriebenen Text hervor, setzte seine Brille auf, räusperte sich und sagte: »Hier kommen jetzt drei Personen in einem der Wagen ins Bild. Kann sie nicht genau erkennen. Können Sie sie erkennen?« General Toad ließ den Zettel sinken. »An diesem Punkt befragen sie ihren Kollegen ganz spontan. Schließlich rufen sie überrascht aus, ›Mein Gott, Rogers oder Walter oder Ned, je nachdem, um welchen Sender es sich handelt –«

»Oder Bill«, sagte Crayne. »Falls es der *Bufoniedae-Sender* da unten im Sumpf ist.«

General Toad schenkte ihm keine Beachtung. »Sie werden jeder für sich ausrufen: ›Hey, Roger, ich glaube fast, wir sehen da die drei Temponauten selbst! Sollte das vielleicht bedeuten, dass die Schwierigkeiten irgendwie –?‹ Und dann sagt der Co-Kommentator mit etwas gedämpfterer Stimme: ›Ich glaube, was wir im Augenblick sehen, Davids oder Henry oder Pete oder Ralph, wer auch immer, ›ist die erste nachweisliche Begegnung der westlichen Welt mit dem, was die Wissenschaftler als Emergenzzeitwirkung oder EZW bezeichnen. Obwohl es auf den ersten Blick so aussehen mag, sind dies nicht – ich wiederhole, *nicht* – unsere drei unerschrockenen Temponauten, so wie wir sie normalerweise erleben würden, vielmehr durften sie wahrscheinlich von unseren Kameras eingefangen worden sein, wie sie kurzfristig ihre Reise in die Zukunft aussetzen – eine Reise, von der wir alle hofften, dass sie unsere Leute in ein Zeitkontinuum ungefähr hundert Jahre von heute bringen würde … anscheinend sind sie aber irgendwie zu früh gelandet, und hier sind sie nun, in diesem Moment, der für uns natürlich, wie wir alle wissen, die Gegenwart ist.«

Addison Doug schloss die Augen und dachte: Crayne wird ihn fragen, ob die Kameras ihn zeigen können, wie er einen Luftballon hält und Zuckerwatte isst. Ich glaube, wir drehen alle noch durch, alle. Und dann fragte er sich: Wie viele Male haben wir diesen idiotischen Dialog schon geführt?

Beweisen kann ich es nicht, dachte er müde. Aber ich weiß, dass es so ist. Wir haben schon viele Male hier gesessen, sind den ganzen Quatsch durchgegangen, haben alles gesagt und gehört. Ihn schauderte. Jedes einzelne Wort von dem Blech.

»Was ist los?«, sagte Benz scharf.

Der sowjetische Chrononaut sprach zum ersten Mal. »Wie groß ist die maximale EZW-Spanne für Ihr Dreimannteam? Und wie viel Prozent sind davon bereits aufgebraucht?«

Nach einer Pause sagte Crayne: »Darüber sind wir instruiert worden, ehe wir heute hierher kamen. Wir haben ungefähr die Hälfte unserer maximalen EZW-Gesamtspanne verbraucht.«

»Trotzdem«, polterte General Toad, »haben wir den Tag der Nationaltrauer in die Ihnen voraussichtlich verbleibende EZW-Spanne gelegt. Dadurch waren wir gezwungen, die Autopsie und andere forensische Untersuchungen zu beschleunigen, aber mit Rücksicht auf die öffentliche Meinung hielt man es für angezeigt …«

Die Autopsie, dachte Addison Doug, und wieder schauderte ihn; diesmal konnte er seine Gedanken nicht für sich behalten, er sagte: »Warum brechen wir dieses unsinnige Treffen nicht ab und fahren in die Pathologie rüber, um uns ein paar vergrößerte und eingefärbte Gewebeproben anzusehen, vielleicht kommen uns dann die entscheidenden Geistesblitze, die der medizinischen Forschung bei ihrer Suche nach Erklärungen weiterhelfen? Erklärungen, die brauchen wir jetzt. Lösungen für Probleme, die noch nicht existieren; die Probleme können wir uns später machen.« Er hielt inne. »Wer ist dabei?«

»Ich sehe mir da nicht meine Milz auf dem Bildschirm an«, sagte Benz. »Ich fahre in der Parade mit, aber ich nehme nicht an meiner eigenen Autopsie teil.«

»Du könntest violett eingefärbte Präparate deiner eigenen Eingeweide an die Trauernden am Straßenrand verteilen«, sagte Crayne. »Sie könnten jedem von uns ein paar Reste einpacken; wie wär's, General? Wir können Gewebeproben wie Konfetti werfen. Ich finde immer noch, wir sollten lächeln.«

»Ich bin sämtliche Memoranden in puncto Lächeln durchgegangen«, sagte General Toad und fächerte mit dem Daumen die vor ihm gestapelten Seiten auf, »und alle stimmen überein, dass Lächeln mit dem Volksempfinden und mit dem Protokoll nicht vereinbar ist. Die Frage können wir also als erledigt betrachten. Was Ihre Teilnahme an der Autopsie angeht, die im Moment vorgenommen wird –«

»Wir verpassen das Beste, während wir hier herumsitzen«, sagte Crayne zu Addison Doug. »Immer verpasse ich das Beste.«

Addison Doug ignorierte ihn und sprach den sowjetischen Chrononauten an. »Offizier N. Gauki«, sagte er in das Mikrophon, das an seiner Brust baumelte, »was ist Ihrer Meinung nach das Schlimmste für einen Zeitreisenden? Dass es durch Überschneidung beim Rückeintritt zu einer Implosion kommen könnte, wie sie bei unserer Mission aufgetreten ist? Oder haben Sie und Ihre Genossen während Ihres kurzen, aber höchst erfolgreichen Zeitflugs noch unter anderen Angstvorstellungen gelitten?«

N. Gauki antwortete nach kurzer Bedenkzeit: »R. Plenya und ich haben bei mehreren privaten Gelegenheiten Erfahrungen ausgetauscht. Ich glaube, ich kann für uns beide sprechen, wenn ich als Antwort auf Ihre Frage besonders unsere unentwegte Befürchtung hervorhebe, wir könnten versehentlich in eine geschlossene Zeitschleife geraten sein und würden nicht mehr daraus ausbrechen können.«

»Dass Sie alles für immer und ewig wiederholen müssten?«, fragte Doug.

»Ja, Mr. A. Doug«, sagte der Chrononaut mit düsterem Nicken.

Eine nie gekannte Angst überkam Addison Doug. Er drehte sich hilflos nach Benz um und murmelte: »Scheiße.« Sie sahen einander an.

»Ich kann wirklich nicht glauben, dass so was mit uns passiert ist«, sagte Benz mit leiser Stimme zu ihm und legte seine Hand auf Dougs Schulter; es war ein fester Griff, der Griff eines Freundes. »Wir sind einfach beim Rückeintritt implodiert, das ist alles. Mach dich nicht verrückt.«

»Sind wir hier bald fertig?«, sagte Addison Doug mit heiserer, erstickter Stimme und erhob sich halb aus seinem Sessel. Er hatte das Gefühl, als würden der Raum und die Menschen darin auf ihn einstürzen und ihn erdrücken. Klaustrophobie, dachte er. Wie damals in der Grundschule, als sie einen Überraschungstest auf unseren Lehrmonitoren eingeblendet hatten und mir klar wurde, dass ich ihn nicht bestehen würde. »Bitte«, sagte er einfach und stand auf. Alle sahen ihn an, mit unterschiedlichen Mienen. Das Gesicht des Russen war besonders verständnisvoll und in besorgte Falten gelegt. Addison wollte nur noch – »Ich möchte nach Hause«, sagte er in die Runde und kam sich dumm dabei vor.

Er war betrunken. Es war spät abends, in einer Bar am Hollywood Boulevard; zum Glück war Merry Lou bei ihm, und er amüsierte sich prächtig. Das wollten ihm jedenfalls die anderen einreden. Er umarmte Merry Lou und sagte: »Die wahre Harmonie im Leben, die gottgewollte Harmonie und Bestimmung, sind Mann und Frau. Ihre vollkommene Einheit, stimmt's?«

»Ja, ja«, sagte Merry Lou. »So haben wir es in der Schule gelernt.«

Heute Abend war Merry Lou auf seinen Wunsch eine kleine Blondine, die violette Schlaghosen, hohe Absätze und eine offene, bauchfreie Bluse trug. Zu Beginn des Abends hatte sie einen Lapislazuli im Bauchnabel getragen, aber während des Dinners bei Ting Ho war er herausgesprungen und verlorengegangen. Der Besitzer des Restaurants hatte versprochen, danach zu suchen, aber Merry Lou hatte seitdem geschmollt. Es sei symbolisch, hatte sie gesagt. Aber wofür, hatte sie nicht gesagt. Oder er konnte sich nicht erinnern; das war es wohl. Sie hatte es ihm gesagt, und er hatte es vergessen.

An einem Tisch in der Nähe saß ein eleganter junger Schwarzer mit Afro-Frisur, gestreifter Weste und überdimensionaler roter Krawatte, der Addison bereits seit geraumer Zeit anstarrte. Er wäre offensichtlich gerne an ihren Tisch gekommen, wagte es jedoch nicht; stattdessen stierte er ihn weiter an.

»Hast du je das Gefühl gehabt«, sagte Addison zu Merry Lou, »dass du genau wusstest, was passieren wird? Was jemand sagen würde? Wort für Wort? Bis in alle Einzelheiten. Als hättest du es schon einmal erlebt?«

»Dieses Gefühl kennt jeder«, sagte Merry Lou. Sie trank eine Bloody Mary.

Der Schwarze stand auf und kam zu ihnen herüber. Er blieb neben Addison stehen. »Entschuldigen Sie, dass ich Sie belästige, Sir.«

Addison sagte zu Merry Lou: »Jetzt sagt er gleich: ›Kenne ich Sie nicht von irgendwoher? Habe ich Sie nicht im Fernsehen gesehen?‹«

»Das war genau das, was ich sagen wollte«, sagte der Schwarze.

Addison sagte: »Sie haben zweifellos mein Foto auf Seite sechsundvierzig der neuesten Ausgabe der *Times* gesehen, im Teil über Neues aus der Welt der Medizin. Ich bin der Landarzt aus einem Kaff in Iowa, der durch die Erfindung eines überall erhältlichen Unsterblichkeits-Mittelchens zu plötzlichem Ruhm gelangt ist. Ich habe für meinen Impfstoff bereits Angebote von mehreren großen Pharmakonzernen.«

»Kann sein, dass ich Ihr Bild da gesehen habe«, sagte der Schwarze, aber er wirkte nicht überzeugt. Betrunken wirkte er auch nicht; er beobachtete Addison Doug scharf. »Darf ich mich zu Ihnen und Ihrer Begleiterin setzen?«

»Sicher«, sagte Addison Doug. Jetzt sah er in der Hand des Mannes den Ausweis der US-Sicherheitsbehörde, die das Projekt von Anfang an überwacht hatte.

»Mr. Doug«, sagte der Sicherheitsagent, als er neben Addison Platz nahm, »Sie sollten wirklich nicht hier sitzen und derart den Mund aufreißen. Wenn *ich* Sie erkannt habe, könnte Sie auch sonst wer erkennen, jemand, der weniger diskret ist. Bis zum Nationaltrauertag unterliegt alles absoluter Geheimhaltung. Sie verstoßen durch Ihr Hiersein praktisch gegen ein Bundesgesetz; ist Ihnen das klar? Ich müsste Sie eigentlich einbuchten. Aber die Lage ist heikel; nur nicht aufregen, wir dürfen keinen Wirbel auslösen. Wo sind Ihre beiden Kollegen?«

»In meiner Wohnung«, sagte Merry Lou. Sie hatte den Ausweis offensichtlich nicht gesehen. »Hören Sie«, wandte sie sich bissig an den Agenten, »warum verziehen Sie sich nicht? Mein Mann hat Entsetzliches durchgemacht, und das ist seine einzige Gelegenheit, abzuschalten.«

Addison sah den Mann an. »Ich wusste, was Sie sagen wollten, ehe Sie zu uns rübergekommen sind.« Wort für Wort, dachte er. Ich habe recht, und Benz hat unrecht, und das wird so weitergehen, diese ewigen Rückblenden.

»Vielleicht kann ich Sie überreden, freiwillig zu Miss Hawkins' Haus zurückzukehren«, sagte der Sicherheitsagent. »Vor wenigen Minuten haben alle von uns eine Info bekommen« – er tippte gegen den winzigen Kopfhörer in seinem rechten Ohr – »die wir Ihnen dringend mitteilen sollen, wenn wir Sie aufspüren. Auf der zerstörten Abschussbasis … die Trümmer sind durchkämmt worden, nicht wahr?«

»Ich weiß«, sagte Addison.

»Ich glaube, Sie haben einen ersten Anhaltspunkt gefunden. Einer von Ihnen dreien hat anscheinend irgendwas mitzurückgebracht. Aus der EZW, zusätzlich zu dem, was Sie mitgenommen hatten, in grober Missachtung aller Anweisungen während des Vorbereitungstrainings für die Mission.«

»Wollen Sie mir bitte eine Frage beantworten«, entgegnete Addison Doug. »Was wäre, *wenn* mich jemand sieht? Wenn mich tatsächlich jemand erkennt? Was dann?«

»Die Öffentlichkeit glaubt, dass der Zeitsprung, die erste amerikanische Zeitreisenmission, trotz des fehlgeschlagenen Rückeintritts erfolgreich war. Drei US-Temponauten sind rund hundert Jahre in die Zukunft katapultiert worden – fast doppelt so weit wie bei dem sowjetischen Zeitsprung im letzten Jahr. Dass Sie nur eine Woche weit gekommen sind, wird ein weniger großer Schock sein, wenn man glaubt, dass Sie drei sich bewusst wieder in diesem Kontinuum manifestiert haben, weil Sie den Wunsch, ja den unwiderstehlichen Drang verspürten, an den –«

»Weil wir bei der Parade dabei sein wollten«, unterbrach Addison. »Doppelt.«

»Das dramatische und düstere Schauspiel Ihres eigenen Trauerzugs hat Sie angezogen, und dort werden Sie von den aufmerksamen Kamerateams aller großen Sender erspäht. Wirklich, Mr. Doug, es sind ungeheuer intensive Planungsarbeiten im Gang und beträchtliche Kosten investiert worden, um diese scheußliche Situation zu entschärfen; vertrauen Sie uns, glauben Sie mir. Es wird auf diese Weise erträglicher für die Öffentlichkeit sein, und das ist unabdingbare Voraussetzung, wenn es jemals einen weiteren amerikanischen Zeitsprung geben soll. Und das wollen wir doch schließlich alle.«

Addison Doug starrte ihn an. »Was wollen wir?«

Der Sicherheitsagent sagte unbehaglich: »Weitere Zeitreisen unternehmen. Wie Sie es getan haben. Unglücklicherweise werden Sie selbst nie mehr Gelegenheit dazu haben, da die tragische Implosion Sie alle drei das Leben kostete. Aber andere Temponauten –«

»Was wollen wir? Wollen wir das wirklich?« Addison erhob seine Stimme; Menschen an den Nebentischen beobachteten sie jetzt. Irritiert.

»Gewiss«, sagte der Agent. »Und sprechen Sie leiser.«

»Ich will das nicht«, sagte Addison. »Ich will Schluss machen. Endgültig Schluss machen. Nur einfach in der Erde liegen, Staub zu

Staub, bei allen anderen. Nie mehr einen Sommer sehen – nie mehr den *immergleichen* Sommer.«

»Kennt man einen, kennt man alle«, sagte Merry Lou, sie geriet in Panik. »Ich denke, er hat recht, Addi; wir sollten hier verschwinden. Du hast zu viel getrunken, und es ist zu spät, und diese Neuigkeiten über die –«

Addison unterbrach sie: »Was ist mitgebracht worden? Wie viel Zusatzmasse?«

Der Sicherheitsagent sagte: »Vorläufige Analysen haben ergeben, dass Maschinenbauteile im Gewicht von etwa einhundert Pfund ins Zeitfeld des Moduls geschleppt und mit Ihnen zusammen beschleunigt worden sind. Eine so große Masse –« Der Agent breitete die Arme aus. »Das hat die Rampe auf der Stelle in Stücke gerissen. Soviel Überkapazität gegenüber dem Startgewicht konnte sie nicht mal ansatzweise ausgleichen.«

»Wow«, sagte Merry Lou mit großen Augen. »Da hat euch wohl irgendwer eine Quadro-Anlage für einen Dollar achtundneunzig angedreht, komplett mit luftgefederten Fünfzehn-Zoll-Boxen und einem lebenslangen Vorrat Neil-Diamond-Platten.« Sie versuchte zu lachen, aber es misslang ihr; ihre Augen trübten sich. »Addi«, flüsterte sie, »es tut mir leid. Aber es ist irgendwie – verrückt. Ich meine, es ist absurd; Ihr hattet alle eure Instruktionen wegen des Fluggewichts, oder? Ihr solltet noch nicht mal ein Blatt Papier zusätzlich mitnehmen. Ich habe sogar gesehen, wie Dr. Fein die Gründe dafür im Fernsehen demonstriert hat. Und einer von euch soll hundert Pfund Maschinenteile in dieses Feld gewuchtet haben? Wenn ihr das getan habt, müsst ihr versucht haben, euch selbst zu zerstören!« Tränen rannen aus ihren Augen, eine Träne kullerte ihre Nase hinunter und blieb dort hängen. Er streckte instinktiv die Hand aus, um sie wegzuwischen, als würde er einem kleinen Mädchen helfen, nicht einer Erwachsenen.

»Ich fliege Sie zum Untersuchungsterrain«, sagte der Sicherheitsagent und stand auf. Er und Addison halfen Merry Lou auf die Beine; sie zitterte, als sie im Stehen ihre Bloody Mary austrank. Addison empfand tiefes Mitleid mit ihr, aber dann verflog es unvermittelt. Er fragte sich, warum. Selbst dessen kann man müde werden, überlegte er. Mitgefühl für andere zu empfinden. Wenn es so lange andauert. Unendlich lang. Für ewig. Und schließlich, noch später, auf etwas hinausläuft, was niemand zuvor, nicht einmal Gott selbst vielleicht, je erlitten hat und ihm am Ende, bei aller göttlichen Barmherzigkeit, unterliegen musste.

Als sie durch die überfüllte Bar zur Straße gingen, sagte Addison Doug zu dem Sicherheitsagenten: »Wer von uns hat –«

»Sie wissen, wer es war«, sagte der Agent, als er für Merry Lou die Tür offen hielt. Der Agent stand jetzt hinter Addison und signalisierte einem grauen Wagen der Bundesbehörde, an der roten Parkzone zu landen. Zwei andere, nun uniformierte Sicherheitsagenten eilten auf sie zu.

»War ich es?«, fragte Addison Doug.

»Verlassen Sie sich drauf«, sagte der Sicherheitsagent.

Der Trauerzug bewegte sich mit quälender Feierlichkeit die Pennsylvania Avenue entlang, drei mit Flaggen verhängte Särge und Dutzende Limousinen, die sich zwischen den Reihen fröstelnder Trauernder in dicken Mänteln vorwärtsschoben. Ein schwerer Nebelschleier lag über der Szene, graue Umrisse von Häusern verschwammen im regenfeuchten Zwielicht dieses Washingtoner Märztages. Während er mit einem Feldstecher den Cadillac an der Spitze im Visier behielt, schwafelte Henry Cassidy, der Top-Nachrichtensprecher und TV-Live-Reporter, auf sein gigantisches, unsichtbares Publikum ein: »… weckt traurige Erinnerungen an jenen früheren Zug durch die Weizenfelder, der den Sarg Abraham Lincolns zu seiner letzten Ruhestätte in der Hauptstadt der Nation geleitete. Was für ein trauriger Tag, und was für ein angemessenes Wetter, mit diesem trostlos grauen Himmel und dem leichten Nieselregen!« Auf seinem Monitor sah er, wie der vierte Cadillac groß ins Bild gezoomt wurde, der dem Wagen mit den Särgen der toten Temponauten folgte.

Sein Aufnahmeleiter klopfte ihm auf den Arm.

»Hier kommen anscheinend drei unbekannte, bisher nicht identifizierte Personen ins Bild«, sagte Henry Cassidy in sein Mikrophon und nickte zustimmend. »Ich kann sie noch nicht genau ausmachen. Haben Sie von Ihrer Position aus bessere Sicht, Everett?«, wandte er sich an seinen Kollegen und drückte den Knopf, der Everett Branton signalisierte, das Mikrophon zu übernehmen.

»Mein Gott, Henry«, sagte Branton mit wachsender Begeisterung in der Stimme, »ich glaube, wir werden tatsächlich Augenzeuge einer Remanifestation der drei Temponauten auf ihrer historischen Reise in die Zukunft!«

»Könnte das bedeuten«, sagte Cassidy, »dass es ihnen irgendwie gelungen ist, einen Ausweg aus der –«

»Ich fürchte nein, Henry«, sagte Brenton in seinem langsamen Ton des Bedauerns. »Was sich hier völlig überraschend vor unser aller Augen abspielt, ist die erste nachweisliche Begegnung der westlichen Welt mit dem, was unsere Wissenschaftler als Emergenzzeitwirkung bezeichnen.«

»Ach ja, EZW«, wiederholte Cassidy aufgekratzt, was er vom offiziellen Manuskript ablas, das ihm vor Sendebeginn von den Bundesbehörden ausgehändigt worden war.

»Richtig, Henry. Entgegen dem ersten Augenschein sind dies nicht – ich wiederhole, *nicht* – unsere drei unerschrockenen Temponauten als solche, so, wie wir sie normalerweise erleben würden –«

»Ich begreife jetzt, Everett«, fiel Cassidy ihm begeistert ins Wort, da sein offizielles Manuskript CASS: FÄLLT IHM BEGEISTERT INS WORT vorsah. »Unsere drei Temponauten haben ihre historische Reise in die Zukunft, die sich nach unseren Schätzungen in ein Zeitkontinuum etwa ein Jahrhundert von heute erstreckt, kurzfristig unterbrochen … Es scheint, als hätten die überwältigende Tragik und das spektakuläre Schauspiel dieses unvorhergesehenen Nationaltrauertags sie bewogen –«

»Entschuldigen Sie, dass ich unterbreche, Henry«, sagte Everett Branton, »aber ich denke, da die Prozession auf ihrem langen Weg gerade ins Stocken gekommen ist, hätten wir vielleicht Gelegenheit –«

»Nein!«, sagte Cassidy, als ihm eine eilig gekritzelte Notiz hereingereicht wurde, auf der *Kein Interv. mit Temps. Dringend. Frühere*

Anw. hinfäll. stand. »Ich glaube nicht, dass wir Gelegenheit haben werden …«, fuhr er fort, »… ein kurzes Gespräch mit den Temponauten Benz, Crayne und Doug zu führen, wie Sie gehofft hatten, Everett. Wie wir alle einen Moment lang gehofft haben mögen.« Er winkte hektisch das Außenmikro zurück, das bereits erwartungsvoll auf den stehen gebliebenen Cadillac zugeschwenkt war. Cassidy wandte sich mit einem heftigen Kopfschütteln an den Mikrotechniker und seinen Aufnahmeleiter.

Als er den Mikrogalgen auf sie zuschwingen sah, erhob sich Addison Doug im Fond des offenen Cadillac. Cassidy stöhnte auf. Er will unbedingt sprechen, erkannte er. Haben sie *ihn* nicht neu instruiert? Warum bin ich der Einzige, der auf sie hört? Andere Auslegermikros anderer Sender und die Infanterie der Radioreporter stürmten nun auf die drei Temponauten ein, um ihnen ihre Mikrophone unter die Nase zu halten, besonders Addison Doug. Doug setzte bereits zur Antwort auf eine Frage an, die ihm von einem Reporter zugerufen worden war. Da sein Außenmikro abgeschaltet war, hörte Cassidy weder die Frage noch Dougs Antwort. Widerstrebend gab er seinem eigenen Mikrotechniker ein Zeichen, sich einzuschalten.

»… schon einmal passiert«, sagte Doug gerade laut.

»Wie meinen Sie das – ›alles schon einmal passiert‹?«, fragte der Radioreporter, der direkt neben dem Wagen stand.

»Ich meine«, erklärte US-Temponaut Addison Doug mit gerötetem, angespanntem Gesicht, »dass ich immer und immer wieder an dieser Stelle gestanden und gesprochen habe, und Sie alle haben unendlich viele Male dieser Parade zugeschaut und unseren Tod beim Rückeintritt erlebt – in einer geschlossenen Zeitschleife, die durchbrochen werden muss.«

»Suchen Sie«, fuhr ein anderer Reporter Addison Doug an, »nach einer nachträglich zu treffenden Maßnahme gegen die Implosionskatastrophe beim Rückeintritt, die es Ihnen bei Ihrer Rückkehr in die Vergangenheit ermöglicht, die Fehlfunktion zu beheben und die Tragödie zu vermeiden, die Sie das Leben gekostet hat – beziehungsweise, was Sie drei angeht, das Leben kosten wird?«

Temponaut Benz sagte: »Daran arbeiten wir, ja.«

»Wir versuchen, die Ursache für die schreckliche Implosion zu ermitteln und auszuschalten, ehe wir zurückkehren«, ergänzte Temponaut Crayne nickend. »Wir haben bereits herausgefunden, dass sich aus bisher ungeklärter Ursache diverse Volkswagenmotorenteile von mehreren hundert Pfund an Bord befanden, unter anderem Zylinder, der Kolben …«

Das ist entsetzlich, dachte Cassidy. »Das ist großartig!«, sagte er laut in sein Kopfmikrophon. »Mit einer Entschlossenheit, die nur dem rigorosen Training und der eisernen Disziplin entspringen kann, denen sie unterworfen waren – warum, war uns damals nicht klar, heute jedoch umso mehr haben die so tragisch ums Leben gekommenen US-Temponauten bereits den technischen Lapsus analysiert, der offensichtlich ihren eigenen Tod verursacht hat, und sich an die mühevolle Aufgabe gemacht, die Ursachen dieser Störung zu überprüfen und zu eliminieren, damit sie zu ihrer ursprünglichen Abschussbasis zurückkehren und ohne weitere Zwischenfälle wieder eintreten können.«

»Man fragt sich«, murmelte Branton über den Äther und in seinen Regiekopfhörer, »welche Folgen diese Veränderung der allerjüngsten Vergangenheit haben wird. Wenn sie beim Rückeintritt nicht implodieren und nicht getötet werden, dann werden sie auch nicht – nun, das ist zu kompliziert für mich, Henry, diese Zeitparadoxa, die Dr. Fein vom Institut für Zeittransformation in Pasadena uns so heftig und wortreich dargelegt hat.«

In sämtliche Mikrophone, die sich ihm darboten, sagte Temponaut Addison Doug, jetzt leiser: »Wir dürfen die Ursache für die Implosion beim Rückeintritt nicht eliminieren. Für uns ist der einzige Ausweg aus dieser Reise der Tod. Der Tod ist die einzig mögliche Lösung. Für uns drei.« Er wurde unterbrochen, weil die Prozession der Cadillacs sich weiter vorwärtszuschieben begann.

Während er einen Moment das Mikro abschaltete, sagte Henry Cassidy zu seinem Aufnahmeleiter: »Hat der sie noch alle?«

»Das wird sich zeigen«, sagte sein Techniker mit kaum hörbarer Stimme.

»Ein außergewöhnlicher Moment in der Geschichte des amerikanischen Zeitreiseprogramms«, sagte Cassidy daraufhin in sein wieder auf Sendung geschaltetes Mikro. »Die Zukunft wird es lehren – wenn Sie mir dieses ungewollte Wortspiel verzeihen –, ob die kryptischen, spontan geäußerten Worte des Temponauten Doug, in diesem Moment extremen Leidensdrucks – für ihn, wie, in etwas geringerem Maße, auch für uns – die Worte eines von Schmerz verwirrten Mannes sind oder eine zutreffende Einschätzung des makabren Dilemmas, das, wie wir theoretisch schon immer wussten, bei einem Zeitreisenstart – einem der unseren oder einem der Russen – irgendwann drohen und zu einem tödlichen Ausgang führen könnte.«

Danach blendete er einen Werbespot ein.

»Weißt du«, murmelte Brantons Stimme in seinem Ohr, nicht über den Sender, sondern nur im Regieraum und für ihn hörbar, »wenn er recht hat, sollten sie die armen Hunde sterben lassen.«

»Sie sollten sie erlösen«, stimmte Cassidy zu. »Mein Gott, so wie Doug aussah und klang, hätte man meinen können, er würde das schon seit Jahrhunderten durchmachen! Ich möchte um nichts in der Welt in seiner Haut stecken.«

»Ich wette fünfzig Dollar«, sagte Branton, »die haben das schon ein paarmal hinter sich. Viele Male.«

»Wir dann aber auch«, sagte Cassidy.

Jetzt fiel Regen, der die Reihen der Trauernden in Glanz hüllte. Ihre Gesichter, ihre Augen, selbst ihre Kleidung – alles erstrahlte in nassen Spiegelungen gebrochenen Lichts, das abgelenkt wurde und funkelte, während über ihnen graue, formlose Wolkenbänke aufzogen und den Tag verdunkelten.

»Sind wir auf Sendung?«, fragte Branton.

Wer weiß?«, dachte Cassidy. Er wünschte, der Tag würde enden.

Der sowjetische Chrononaut N. Gauki warf erregt beide Hände hoch und redete mit beschwörender Stimme auf die Amerikaner ein, die ihm gegenüber am Tisch saßen. »Ich selbst und mein Kollege R. Plenya, der für seine Pionierleistungen auf dem Gebiet der Zeitreise zum Helden des sowjetischen Volkes ernannt wurde, und das verdientermaßen, wir sind der Meinung, dass wir aufgrund unserer eigenen Erfahrung und auf der Basis theoretischer Kenntnisse, die in unseren akademischen Kreisen und in der Sowjetischen Akademie der Wissenschaften gewonnen wurden, Grund haben, anzunehmen, dass Temponaut A. Dougs Befürchtungen gerechtfertigt sein könnten. Und der vorsätzliche Versuch der Vernichtung seiner selbst und seiner Teamkameraden beim Rückeintritt, indem er unter Missachtung sämtlicher geltenden Befehle große Teile eines Personenkraftwagens aus der EZW mitführte, sollten wir als die Tat eines verzweifelten Mannes betrachten, der keinen anderen Ausweg sah. Natürlich liegt die Entscheidung bei Ihnen. Wir haben in dieser Angelegenheit nur beratende Funktion.«

Addison Doug spielte mit seinem Feuerzeug auf dem Tisch und schaute nicht hoch. In seinen Ohren dröhnte es, und er fragte sich, was das bedeutete. Es wirkte fast elektronisch.

Vielleicht sind wir wieder innerhalb des Moduls, dachte er. Aber er konnte es nicht mit Sicherheit sagen; er empfand die Menschen um sich herum, den Tisch, das blaue Plastikfeuerzeug zwischen seinen Fingern, als wirklich. Während des Rückeintritts ist das Rauchen im Modul verboten, dachte er. Er steckte das Feuerzeug sorgfältig weg in seine Tasche.

»Wir haben keinerlei konkrete Anhaltspunkte gefunden«, sagte General Toad, »dass eine geschlossene Zeitschleife erzeugt worden ist. Es gibt nur die subjektive Empfindung der Ermüdung aufseiten Mr. Dougs. Und seine Überzeugung, dass er das alles bereits mehrmals erlebt hat. Was, wie er selbst sagt, wahrscheinlich psychische Ursachen hat.« Er wühlte sich wie ein Trüffelschwein durch den Stoß Papiere vor sich. »Mir liegt ein von vier Psychiatern der Universität Yale erstelltes psychologisches Profil von Mr. Doug vor, das nicht an die Medien gegangen ist. Wiewohl außergewöhnlich stabil, zeigt sich bei ihm eine manisch-depressive Veranlagung, die in einer akuten Depression gipfeln kann. Natürlich ist das lange vor dem Start berücksichtigt worden, aber man hatte darauf gesetzt, dass das heitere Temperament der beiden Teamkollegen das ausgleichen würde. Jedenfalls ist diese depressive Tendenz im Moment besonders stark ausgeprägt.« Er hielt ihnen das Papier hin, aber keiner am Tisch griff danach. »Trifft es nicht zu, Dr. Fein«, sagte er, »dass bei schwer depressiven Menschen eine Störung des Zeitempfindens auftritt, dass die vergehende Zeit als Kreislauf empfunden wird, sich wiederholt, um sich selbst dreht? Der Mensch steigert sich in einen psychotischen Zustand, in dem er sich weigert, die Vergangenheit loszulassen. Er lässt sie in seinem Kopf immer wieder ablaufen.«

»Gewiss, aber sehen Sie«, sagte Dr. Fein, »diese subjektive Empfindung des Gefangenseins ist vielleicht das einzige Anzeichen, das wir in so einem Fall haben.« Das war der Physiker, der mit seiner Grundlagenforschung das theoretische Fundament für das Projekt gelegt hatte. »Wenn sich unglücklicherweise eine geschlossene Zeitschleife entwickelt haben sollte.«

»Der General«, sagte Addison Doug, »wirft mit Ausdrücken um sich, die er selbst nicht versteht.«

»Das eine, das ich nicht kannte, habe ich nachgeschlagen«, sagte General Toad. »Die psychologischen Fachausdrücke … ich weiß, was sie bedeuten.«

Benz sagte, an Addison Doug gewandt: »Wo hast du die ganzen VW-Teile hergehabt, Addi?«

»Noch habe ich sie nicht«, sagte Addison Doug.

»Hat wahrscheinlich den erstbesten Schrott eingepackt, den er in die Finger bekommen hat«, sagte Crayne. »Was gerade da war, kurz bevor wir zurückgestartet sind.«

»Zurückstarten werden«, korrigierte Addison Doug.

»Hier sind meine Befehle an Sie drei«, sagte General Toad. »Sie werden nicht den geringsten Versuch unternehmen, einen Maschinenschaden, eine Implosion oder sonst eine Störung während des Rückeintritts auszulösen, weder, indem Sie Zusatzmasse mitschleppen, noch durch irgendeine andere Methode, die Ihnen in den Sinn kommt. Sie werden wie geplant und exakt den vorangegangenen Simulationen entsprechend zurückkehren. Das gilt besonders für Sie, Mr. Doug.« Das Telefon neben seinem rechten Arm schrillte. Er runzelte die Stirn, hob den Hörer ab. Ein Moment verging, dann machte er ein finsteres Gesicht und knallte laut den Hörer wieder auf.

»Sie sind überstimmt worden«, sagte Dr. Fein.

»Ja, das bin ich«, sagte General Toad. »Und ich muss sagen, diesmal bin ich persönlich dankbar drum, da meine Entscheidung gewiss unerfreulich war.«

»Dann können wir Vorbereitungen für die Implosion beim Rückeintritt treffen?«, fragte Benz nach einer Pause.

»Sie drei sollen selbst entscheiden«, sagte General Toad. »Da es um Ihr Leben geht. Es bleibt völlig Ihnen überlassen. Ganz wie Sie wollen. Wenn Sie überzeugt sind, in einer geschlossenen Zeitschleife zu sein und glauben, dass eine schwere Implosion beim Rückeintritt sie aufheben wird –« Er unterbrach sich, als Temponaut Doug sich erhob. »Wollen Sie schon wieder eine Ansprache halten, Doug?«

»Ich möchte nur allen Beteiligten danken«, sagte Addison Doug. »Dass Sie uns die Entscheidung überlassen.« Er blickte verhärmt und müde jeden Einzelnen der am Tisch Sitzenden an. »Ich weiß es wirklich zu schätzen.«

»Aber du weißt«, sagte Benz langsam, »dass eine Zeitschleife nicht mit Sicherheit aufgebrochen wird, indem wir uns beim Rückeintritt in die Luft jagen. Das könnte im Gegenteil sogar der Auslöser sein, Doug.«

»Nicht, wenn es uns alle tötet«, sagte Crayne.

»Du bist Addis Meinung?«, sagte Benz.

»Tot ist tot«, sagte Crayne. »Ich habe darüber nachgedacht. Auf welche andere Art kommen wir denn sicherer hier raus? Als wenn wir tot sind. Wie sonst?«

»Vielleicht sind Sie ja in keiner Schleife«, machte Dr. Fein geltend.

»Vielleicht aber doch«, sagte Crayne.

Doug sagte, noch immer stehend, zu Crayne und Benz: »Könnten wir Merry Lou in unsere Entscheidung miteinbeziehen?«

»Warum?«, sagte Benz.

»Ich kann nicht mehr besonders klar denken«, sagte Doug. »Merry Lou kann mir helfen; ich brauche sie.«

»Klar«, sagte Crayne. Auch Benz nickte.

General Toad sah stoisch auf seine Armbanduhr und sagte: »Gentlemen, damit ist unsere Diskussion beendet.«

Der sowjetische Chrononaut Gauki nahm seine Kopfhörer und

sein Kopfmikrophon ab und eilte mit ausgestreckter Hand auf die drei US-Temponauten zu; er sagte etwas auf Russisch, aber keiner von ihnen konnte es verstehen. Sie entfernten sich bedrückt und steckten die Köpfe zusammen.

»Meiner Meinung nach hast du einfach einen Knall, Addi«, sagte Benz. »Aber anscheinend bin ich mit dieser Meinung in der Minderheit.«

»*Wenn* er recht hat«, sagte Crayne, »wenn wir – eins zu einer Milliarde – endlos immer wieder zurückkehren, dann wäre es gerechtfertigt.«

»Könnten wir jetzt zu Merry Lou fahren?«, sagte Addison Doug. »Zu ihr nach Hause?«

»Sie wartet draußen«, sagte Crayne.

General Toad schritt gewichtig auf sie zu, blieb neben den drei Temponauten stehen und sagte: »Wissen Sie, was zu der Entscheidung schließlich geführt hat, war die Reaktion der Öffentlichkeit darauf, wie Sie während des Trauerzugs ausgesehen und sich verhalten haben, Doug. Die Berater der Sicherheitsbehörden kamen zu dem Schluss, die Öffentlichkeit hätte, wie Sie selbst, lieber die Gewissheit, dass es für Sie alle endgültig vorbei ist. Zu wissen, dass Sie von Ihrer Mission befreit sind, würde die Gemüter eher beruhigen als der Versuch, das Projekt zu retten und auf einen perfekten Rückeintritt hinzuarbeiten. Sie haben anscheinend Eindruck gemacht, Doug. Mit Ihrem Gejammer.« Dann ging er und ließ die drei stehen.

»Vergiss ihn«, sagte Crayne zu Addison Doug. »Vergiss ihn und all die andern. Wir werden tun, was wir tun müssen.«

»Merry Lou wird es mir erklären«, sagte Doug. Sie würde wissen, was zu tun, was richtig war.

»Ich gehe sie holen«, sagte Crayne, »und danach können wir vier irgendwohin fahren, vielleicht zu ihr, und dann überlegen wir, was wir machen. Okay?«

»Danke«, sagte Addison Doug nickend; er sah sich hoffnungsvoll nach ihr um und fragte sich, wo sie sein mochte. In einem Nebenzimmer vielleicht, irgendwo in der Nähe. »Ich weiß das zu schätzen«, sagte er.

Benz und Crayne sahen einander an. Er sah das, wusste aber nicht, was es bedeutete. Er wusste nur, dass er jemanden brauchte, jemanden wie Merry Lou, der ihm half, die Lage zu begreifen. Und sich endgültig zu entscheiden, wie er ihnen hier heraushelfen sollte.

Merry Lou fuhr sie von Los Angeles nordwärts auf der Schnellspur des Freeway nach Ventura und dann landeinwärts nach Ojai. Die vier sprachen sehr wenig. Merry Lou fuhr gut, wie immer; an sie gelehnt, entspannte sich Addison Doug und fand vorübergehend etwas Ruhe.

»Es geht doch nichts über eine Mieze als Chauffeur«, sagte Crayne, nachdem sie viele Meilen schweigend hinter sich gebracht hatten.

»Es ist ein nobles Gefühl«, murmelte Benz. »Einer Frau das Steuer zu überlassen. Als würde der Hochadel chauffiert.«

Merry Lou sagte: »Bis sie in irgendwas reinrasselt. In irgendwas, was groß und langsam ist.«

Addison Doug sagte: »Als du gestern gesehen hast, wie ich mich zu deinem Haus raufgeschleppt habe – den Gartenweg lang. Was hast du da gedacht? Sei ehrlich.«

»Du hast ausgesehen«, sagte das Mädchen, »als hättest du das schon oft getan. Du hast erschöpft und müde ausgesehen und – sterbensmüde. Am Ende.« Sie zögerte. »Es tut mir leid, aber so hast du nun mal ausgesehen, Addi. Ich dachte mir, er kennt den Weg zu gut.«

»Als sei ich ihn zu viele Male gegangen.«

»Ja«, sagte sie.

»Dann stimmst du für die Implosion.« »Tja –«

»Sei ehrlich zu mir«, sagte Addison Doug.

Merry Lou sagte: »Schau auf den Rücksitz. Die Kiste auf dem Boden.«

Mit einer Taschenlampe aus dem Handschuhfach nahmen die drei Männer die Kiste in Augenschein. Addison Doug sah, was sie enthielt, und hatte Angst. VW-Motorenteile, alt und rostig. Noch ölverschmiert.

»Ich habe sie von einer Werkstatt für Importwagen bei mir in der Nähe«, sagte Merry Lou. »Am Weg nach Pasadena. Der erste Schrott, den ich finden konnte und der schwer genug aussah. Ich hatte sie beim Start im Fernsehen sagen gehört, alles, was fünfzig Pfund über –«

»Das wird ausreichen«, sagte Addison Doug. »Es hat ausgereicht.«

»Dann hat es keinen Sinn mehr, zu ihnen zu fahren«, sagte Crayne. »Es ist entschieden. Wir können ebensogut Richtung Süden zum Modul fahren. Und alles zum Verlassen der EZW einleiten. Und den erneuten Rückeintritt.« Seine Stimme klang belegt, aber sie zitterte nicht. »Vielen Dank für Ihr Votum, Miss Hawkins.«

Sie sagte: »Ihr seid alle so müde.«

»Ich nicht«, sagte Benz. »Ich bin wütend. Höllisch wütend.«

»Auf mich?«, sagte Addison Doug.

»Ich weiß nicht«, sagte Benz. »Es ist einfach nur – verdammt.« Darauf verfiel er in brütendes Schweigen. Mit eingezogenen Schultern, verstört, reglos. Soweit es ging von den anderen im Wagen abgerückt.

An der nächsten Freeway-Ausfahrt bog sie nach Süden ab. Jetzt erfüllte sie ein Gefühl der Freiheit, und Addison Doug spürte bereits einen Teil der Last, der Erschöpfung von sich abfallen.

Am Handgelenk jedes der drei Männer piepste der Signalton des Bereitschaftspiepers; sie zuckten alle zusammen.

»Was bedeutet das?«, fragte Merry Lou und fuhr langsamer.

»Wir sollen uns so bald wie möglich telefonisch mit General Toad in Verbindung setzen«, sagte Crayne. Er deutete aus dem Fenster. »Da vorne ist eine Standard-Tankstelle; nehmen Sie die nächste Ausfahrt, Miss Hawkins. Wir können von dort aus anrufen.«

Einige Minuten später parkte Merry Lou ihren Wagen neben der Telefonzelle. »Ich hoffe, keine schlechten Nachrichten«, sagte sie.

»Zuerst rede ich«, sagte Doug beim Aussteigen. Schlechte Nachrichten, dachte er mit bemühter Heiterkeit. Was für welche denn zum Beispiel? Er lief steifbeinig zur Telefonzelle, trat ein, schloss die Tür hinter sich, warf einen Dime ein und wählte die gebührenfreie Nummer.

»Halten Sie sich fest! Gute Nachrichten!«, sagte General Toad, als die Verbindung zustande gekommen war. »Ein Glück, dass wir Sie erwischt haben. Einen Moment – Dr. Fein soll es Ihnen selbst erzählen. Ihm glauben Sie sicher eher als mir.« Wiederholtes Klicken, und dann Dr. Feins näselnde, pedantische Oberlehrerstimme, der man jetzt aber die innere Spannung anhörte. »Erst die schlechte Nachricht«, sagte Addison Doug.

»Schlecht nicht gerade«, sagte Dr. Fein. »Ich habe seit unserer Diskussion Berechnungen anstellen lassen, und es hat den Anschein – damit meine ich, es ist statistisch wahrscheinlich, wenn auch nicht mit letzter Sicherheit bewiesen –, dass Sie recht haben, Mr. Doug. Sie stecken in einer geschlossenen Zeitschleife.«

Addison Doug schnaubte entnervt. Du Niete von einem autokratischen Arsch, dachte er. Das hast du doch garantiert die ganze Zeit gewusst.

»Jedenfalls«, sagte Dr. Fein, vor Aufregung leicht stotternd, »habe ich außerdem berechnet – haben wir übereinstimmend berechnet, hauptsächlich über das Cal Tech –, dass die größte Wahrscheinlichkeit, die Zeitschleife zu *konsolidieren*, durch eine Implosion beim Rückeintritt gegeben ist. Verstehen Sie, Addison? Wenn Sie die ganzen rostigen VW-Teile mit zurückschleppen und implodieren, stehen Ihre statistischen Chancen, die Zeitfalle endgültig zuschnappen zu lassen, viel höher, als wenn Sie einfach wieder eintreten, und alles geht gut.«

Addison Doug sagte nichts.

»Es ist also so, Addi – und das ist das Bedenkliche, das ich nachdrücklich betonen muss –, dass die Implosion beim Rückeintritt, besonders eine massive, vorsätzliche von der Sorte, die uns bevorzustehen scheint – begreifen Sie das alles, Addi? Mache ich mich Ihnen verständlich? Herrgott nochmal, Addi? –, praktisch *garantiert*, dass die absolut unauflösliche Zeitschleife entsteht, an die Sie denken. Die, die wir alle von Anfang an befürchtet haben.« Eine Pause. »Addi? Sind Sie noch da?«

Addison Doug sagte: »Ich will sterben.«

»Das ist Ihre Erschöpfung durch die Zeitschleife. Weiß der Himmel, wie viele Wiederholungen Sie drei bereits –«

»Nein«, sagte er und wollte aufhängen.

»Lassen Sie mich mit Benz und Crayne sprechen«, sagte Dr. Fein hastig. »Bitte, ehe Sie den Rückeintritt einleiten. Besonders Benz; mit ihm möchte ich vor allem sprechen. Bitte, Addison. Zu Ihrem eigenen Besten; Ihre fast völlige Erschöpfung hat –«

Er hängte ein. Verließ mit schleppenden Schritten die Telefonzelle.

Als er wieder in den Wagen stieg, hörte er, dass die Pieper der beiden anderen immer noch piepten. »General Toad meinte, durch den automatischen Suchruf würden eure beiden Pieper noch eine Zeitlang weitermachen«, sagte er. Und schloss die Wagentür hinter sich. »Fahren wir.«

»Will er uns denn nicht sprechen?«, sagte Benz.

Addison Doug sagte: »General Toad wollte uns nur mitteilen, dass sie ein kleines Trostpflästerchen für uns haben. Wir sind vom Kongress für eine besondere Auszeichnung nominiert worden, für Heldenmut oder so einen Quatsch. Irgendeine Medaille, mit der noch niemand sonst ausgezeichnet wurde. Soll posthum verliehen werden.«

»Tja, Teufel auch – das ist so ziemlich die einzige Möglichkeit, wie sie die verleihen können«, sagte Crayne.

Merry Lou begann zu weinen, während sie gleichzeitig den Motor durchstartete.

»Es wird eine Erlösung sein«, sagte Crayne, als sie kurz darauf auf den Freeway zurückholperten, »wenn es vorbei ist.«

Bald ist es soweit, fühlte Addison Doug instinktiv.

An ihren Handgelenken schnarrten noch immer einträchtig die Bereitschaftspieper.

»Wenn ihr anbeißt, seid ihr dran«, sagte Addison Doug. »Dann machen sie euch mürbe mit ihrem endlosen Bürokratengewäsch.«

Die anderen im Wagen wandten sich um und sahen ihn forschend an; in ihren Blicken mischten sich Unbehagen und Verblüffung.

»Ja«, sagte Crayne. »Diese automatischen Notrufe sind eine echte Plage.« Er klang müde. So müde wie ich, dachte Addison Doug. Und fühlte sich besser, als er das erkannte. Es zeigte, wie recht er hatte.

Große Wassertropfen schlugen gegen die Windschutzscheibe; es hatte zu regnen begonnen. Auch das gefiel ihm. Es erinnerte ihn an die erhabenste Erfahrung seiner kurzen Lebensspanne: An den Trauerzug, der sich langsam durch die Pennsylvania Avenue schob, an die mit Flaggen verhängten Särge. Er lehnte sich mit geschlossenen Augen zurück und fühlte sich endlich gut. Und hörte wieder die schmerzgebeugten Menschen um sich herum. Und träumte im Geiste von der Sonderauszeichnung des Kongresses. Für Müdigkeit, dachte er. Ein Orden fürs Müdesein.

Im Geiste sah er sich auch in anderen Paraden, und in den Körpern vieler anderer Toter. Doch eigentlich war es ein Tod und eine Parade. Wagen, die langsam durch eine Straße in Dallas fuhren, und auch Dr. King … Er sah sich selbst im geschlossenen Kreis seines Lebens wieder und wieder zu dieser nationalen Trauerfeier zurückkehren, die er und die anderen nicht vergessen konnten. Er würde dabei sein; sie würden immer wieder dabei sein; so würde es bleiben, und alle, wie sie da waren, würden sich auf immer und ewig wieder hier zusammenfinden. An dem Ort, an den sie sich sehnten. Zu dem Ereignis, das ihnen alles bedeutete.

Das war sein Geschenk an sie, an sein Volk, sein Land. Er hatte der Welt eine wunderbare Bürde auferlegt. Das furchtbare und ermüdende Mysterium des ewigen Lebens.

Ich hoffe, ich komme bald an

Nach dem Start überprüfte das Schiff routinemäßig den Zustand der sechzig Menschen, die in seinen Kryoniktanks schliefen. Es registrierte eine Funktionsstörung bei Person Neun. Das EEG verriet Hirntätigkeit.

Mist, sagte sich das Schiff.

Komplexe homöostatische Gerätschaften koppelten sich an die Stromversorgung an, und das Schiff setzte sich mit Person Neun in Verbindung.

»Sie sind halb wach«, sagte das Schiff, das den psychotronischen Weg benutzte; es hatte keinen Sinn, Person Neun zu vollem Bewusstsein aufzuwecken – immerhin würde der Flug ein Jahrzehnt dauern.

Praktisch bewusstlos, doch unglücklicherweise noch immer in der Lage zu denken, dachte Person Neun: Jemand spricht mit mir. Er sagte: »Wo befinde ich mich? Ich sehe nichts.«

»Sie befinden sich in defektem Kälteschlaf.«

Er sagte: »Dann sollte ich dich nicht hören können.«

»›Defekt‹, sagte ich. Das ist es ja; Sie können mich hören. Wissen Sie, wie Sie heißen?«

»Victor Kemmings. Bring mich hier raus.«

»Wir sind im Flug.«

»Dann lass mich schlafen.«

»Nur einen Moment.« Das Schiff überprüfte die kryonischen Anlagen; es inspizierte und untersuchte, und dann sagte es: »Ich werde es versuchen.«

Zeit verging. Victor Kemmings, unfähig, etwas zu sehen, ohne jedes Körpergefühl, fand sich noch immer bei Bewusstsein. »Senk meine Temperatur herab«, sagte er. Er konnte seine Stimme nicht hören; vielleicht bildete er sich nur ein, dass er sprach. Farben flossen auf ihn zu, dann überschwemmten sie ihn. Er mochte die Farben; sie erinnerten ihn an einen Kindermalkasten, einen von diesen semianimierten, eine künstliche Lebensform. Solche hatte er in der Schule verwendet, vor zweihundert Jahren.

»Ich kann Sie nicht in Schlaf versetzen«, ertönte die Stimme des Schiffs in Kemmings Kopf. »Der Defekt ist weitreichend; ich kann ihn nicht korrigieren, und ich kann ihn nicht beheben. Sie werden zehn Jahre lang bei Bewusstsein sein.«

Die semi-animierten Farben umspülten ihn, aber jetzt hatten sie eine sinistre Beschaffenheit, die seine Angst ihnen verliehen hatte. »O mein Gott«, sagte er. Zehn Jahre! Die Farben verdunkelten sich.

Während Victor Kemmings paralysiert dalag, umgeben von tristem Flimmerlicht, erläuterte ihm das Schiff seine Strategie. Diese Strategie bedeutete keine Entscheidung seinerseits; das Schiff war darauf programmiert worden, im Falle eines derartigen Defekts zu dieser Lösung zu greifen.

»Was ich tun werde«, drang die Stimme des Schiffs zu ihm, »ist, Sie mit Sinnesreizen zu füttern. Die Gefahr für Sie ist sensorische Deprivation. Wenn Sie zehn Jahre lang ohne sensorische Daten bei Bewusstsein sind, wird Ihr Geist verkümmern. Wenn wir das LR4-System erreichen, werden Sie verblödet sein.«

»Na schön, womit hast du vor, mich zu füttern?«, sagte Kemmings panisch. »Was hast du in deinen Datenspeichern? Die gesammelten Seifenopern des letzten Jahrhunderts? Weck mich auf, dann kann ich rumlaufen.«

»In mir ist keine Luft«, sagte das Schiff. »Ich habe nichts zu essen für Sie. Es gibt niemanden zum Reden, da alle anderen bewusstlos sind.«

Kemmings sagte: »Ich kann mit dir reden. Wir können Schach spielen.«

»Nicht zehn Jahre lang. Hören Sie auf mich; ich sagte, ich habe keine Nahrung und keine Luft. Sie müssen so bleiben, wie Sie sind … ein schlechter Kompromiss, aber einer, zu dem wir gezwungen sind.

Sie sprechen ja jetzt mit mir. Ich habe keine bestimmten Informationen gespeichert. Die Verfahrensweise in einem solchen Fall ist die folgende: Ich werde Sie mit Ihren eigenen verschütteten Erinnerungen füttern, mit Schwerpunkt auf den angenehmen. Sie besitzen zweihundertsechs Jahre Erinnerungen, von denen die meisten auf den Grund Ihres Unterbewusstseins gesunken sind. Eine ausgezeichnete Quelle, um daraus sensorische Daten für Sie zu beziehen. Seien Sie guten Muts. Die Lage, in der Sie sich befinden, ist nicht außergewöhnlich. Sie ist in meinem Zuständigkeitsbereich noch nie vorgekommen, aber ich bin darauf programmiert, damit fertig zu werden. Entspannen Sie sich und verlassen Sie sich auf mich. Ich kümmere mich darum, dass eine Welt für Sie geschaffen wird.«

»Die hätten mich vorher warnen sollen«, sagte Kemmings, »*vor* meiner Zustimmung auszuwandern.«

»Entspannen Sie sich«, sagte das Schiff.

Er entspannte sich, aber er hatte entsetzliche Angst. Theoretisch hätte er betäubt werden, erfolgreich in Kälteschlaf fallen und dann, einen Moment später, auf seinem Zielstern aufwachen sollen; auf dem Planeten vielmehr, dem Kolonieplaneten jenes Sterns. Alle anderen an Bord des Schiffes lagen ahnungslos da – er war die Ausnahme, als hätte ihn aus irgendeinem Grund böses Karma befallen. Und das Schlimmste daran war, er war vollständig auf den guten Willen des Schiffs angewiesen. Angenommen, es entschied sich, ihn mit Monstern zu füttern? Das Schiff konnte ihn zehn Jahre lang terrorisieren – zehn objektive Jahre lang, und von einem subjektiven Standpunkt aus zweifellos sehr viel länger. Er war praktisch völlig in der Gewalt des Schiffs. Genossen interstellare Schiffe eine solche Situation? Er wusste wenig über interstellare Schiffe; sein Gebiet war die Mikrobiologie. Lass mich nachdenken, sagte er zu sich selbst. Meine erste Frau, Martine; das hübsche französische Mädchen, das Jeans und dieses bauchfreie rote Hemd getragen hatte und köstliche Crêpes machen konnte.

»Ich höre«, sagte das Schiff. »So sei es.«

Die wirbelnden Farben wurden wieder zu geschlossenen, stabilen Formen. Ein Gebäude: ein kleines, altes, gelbes Haus, das ihm gehört hatte, als er neunzehn Jahre alt war, damals in Wyoming. »Warte«, sagte er panisch. »Das Fundament war schlecht; es stand auf morastigem Untergrund. Und das Dach war undicht.« Aber er sah die Küche, mit dem Tisch, den er selbst gebaut hatte. Und er freute sich.

»Nach einer Weile«, sagte das Schiff, »werden Sie nicht mehr merken, dass ich Sie mit Ihren eigenen verschütteten Erinnerungen füttere.«

»Ich habe seit einem Jahrhundert nicht mehr an dieses Haus gedacht«, sagte er verwundert; kaum war er eingetreten, fiel ihm seine alte elektrische Filterkaffeemaschine mit der Packung Filterpapier daneben auf. Das ist das Haus, in dem Martine und ich lebten, wurde ihm klar. »Martine!«, sagte er laut.

»Ich bin am Telefon«, sagte Martine aus dem Wohnzimmer.

Das Schiff sagte: »Ich werde mich nur im Notfall einschalten. Ich werde Sie allerdings überwachen, um sicherzugehen, dass Ihr Zustand zufriedenstellend ist. Haben Sie keine Angst.«

»Dreh die hintere Platte am Herd runter«, rief Martine. Er konnte sie hören und doch nicht sehen. Er ging aus der Küche durchs Esszimmer ins Wohnzimmer. Am VF stand Martine ins Gespräch mit ihrem Bruder vertieft; sie trug Shorts, und sie war barfuß. Durch die Fenster des Wohnzimmers konnte er die Straße sehen; ein LKW versuchte erfolglos, einzuparken.

Es ist ein warmer Tag, dachte er. Ich sollte die Klimaanlage einschalten.

Er setzte sich auf das alte Sofa, während Martine ihre VF-Unterhaltung weiterführte, und bemerkte, dass er auf sein kostbarstes Besitztum starrte, ein gerahmtes Poster über Martine an der Wand: Gilbert Sheltons »Fat Freddy sagt«-Zeichnung, auf der Fat Freddy mit seiner Katze auf dem Schoß dasitzt und Fat Freddy gerade versucht, »*Speed kills*« zu sagen, aber er ist so völlig weg von Speed – in seiner Hand hält er alles, was an Amphetaminen in Tabletten-, Pillen-, Pülverchen- und Kapselform existiert –, dass er es nicht herausbringt, und der Kater knirscht mit den Zähnen und stellt mit einer Miene, in der sich Bestürzung und Abscheu mischen, die Nackenhaare auf. Das Poster trägt Gilbert Sheltons persönliche Unterschrift; Kemmings' bester Freund Ray Torrance hatte es ihm und Martine zur Hochzeit geschenkt. Es war Tausende wert. Es war damals in den Achtzigern vom Künstler signiert worden. Lange bevor Victor Kemmings oder Martine auf der Welt waren.

Wenn uns je das Geld ausgeht, dachte Kemmings bei sich, könnten wir das Poster verkaufen. Es war nicht irgendein Poster; es war *das* Poster. Martine liebte es heiß und innig. Die *Fabulous Furry Freak Brothers* – aus dem goldenen Zeitalter einer längst versunkenen Gesellschaft.

Kein Wunder, dass er Martine so liebte; sie selbst liebte wieder, liebte alles Schöne dieser Welt, und liebte und ehrte es, wie sie ihn liebte und ehrte; es war eine schützende Liebe, die nährte, aber nicht erstickte. Es war ihre Idee gewesen, das Poster zu rahmen; er hätte es an die Wand gepinnt, so dumm war er.

»Hi«, sagte Martine, die das Videofon jetzt aufgelegt hatte. »Woran denkst du?«

»Nur, dass man am Leben hält, was man liebt«, sagte er.

»Ich finde, dazu hat man die Pflicht«, sagte Martine. »Können wir essen? Mach einen Rotwein auf, einen Cabernet.«

»Tut's ein 07er?«, sagte er im Aufstehen; dann war ihm danach, seine Frau fest in die Arme zu nehmen.

»Entweder einen 07er oder einen 12er.« Sie trottete an ihm vorbei durchs Esszimmer in die Küche.

Er ging hinunter in den Keller und begann zwischen den Flaschen herumzusuchen, die, wie es sich gehörte, *lagen.* Modergeruch und Feuchtigkeit; er mochte den Geruch des Kellers, aber dann bemerkte er die Rotholzdielen, die halb in die Erde eingesunken waren, und er dachte: Ich weiß, ich weiß, ich muss ein Betonfundament gießen lassen. Er vergaß den Wein und ging in die gegenüberliegende Ecke, wo die Erde am dicksten lag; vornübergebeugt stocherte er nach einer Diele … er stocherte mit einer Kelle, und dann dachte er: Wo habe ich diese Kelle her? Noch vor einer Minute hatte ich sie nicht. Die Diele zerfiel unter seinem Stochern. Das ganze Haus bricht zusammen, schoss es ihm durch den Kopf. Du lieber Himmel. Ich muss mit Martine reden.

Er ging wieder nach oben, ohne noch an den Wein zu denken, und wollte ihr sagen, dass das Fundament des Hauses völlig verrottet sei, aber Martine war nirgendwo zu sehen. Und nichts kochte auf dem Herd – keine Töpfe, keine Pfannen. Verblüfft fühlte er mit der Hand auf den Herd und merkte, dass er kalt war. Hatte sie nicht gerade noch gekocht?, fragte er sich.

»Martine!«, rief er laut.

Keine Antwort. Von ihm selbst abgesehen war das Haus leer. Leer, dachte er, und baufällig. O mein Gott. Er setzte sich an den Küchentisch und fühlte den Stuhl leicht unter sich nachgeben; er gab nicht stark nach, aber er spürte es; er spürte das Absacken.

Ich habe Angst, dachte er. Wo ist sie hin?

Er kehrte ins Wohnzimmer zurück. Vielleicht ist sie nach nebenan gegangen, um sich Gewürze oder Butter oder sonst was zu borgen, redete er sich ein. Nichtsdestoweniger erfüllte ihn jetzt Panik.

Er sah auf das Poster. Es war ungerahmt. Und die Ecken waren eingerissen.

Ich weiß, dass sie es gerahmt hat, dachte er; er lief durch den Raum darauf zu, um es näher zu untersuchen.

Verblasst … die Signatur des Künstlers war verblasst; er konnte sie kaum noch erkennen. Sie hat darauf bestanden, es hinter reflexfreiem, entspiegeltem Glas zu rahmen. Aber es ist nicht gerahmt, und es ist zerrissen! Unser kostbarster Besitz!

Plötzlich merkte er, dass er weinte. Sie verblüfften ihn, seine Tränen. Martine ist weg; das Poster ist wertlos geworden; das Haus zerfällt; nichts kocht auf dem Herd. Das ist entsetzlich, dachte er. Und ich verstehe es nicht.

Das Schiff verstand es. Das Schiff hatte Victor Kemmings' Hirnströme sorgfältig überwacht, und das Schiff wusste, dass etwas schiefgegangen war. Die Hirnwellen zeigten Erregung und Schmerz an. Ich muss ihn aus diesem Eingabeschaltkreis herausholen, sonst bringe ich ihn um, konstatierte das Schiff. Wo liegt der Fehler?, fragte es sich. Latente Beklemmung bei dem Mann; tiefsitzende Ängste. Vielleicht, wenn ich das Signal intensiviere. Ich werde dieselbe Quelle benutzen, aber die Energie hochfahren. Folgendes ist geschehen: Starke unterbewusste Unsicherheiten haben von ihm Besitz ergriffen; der Fehler liegt nicht bei mir, sondern er liegt in seiner psychischen Konstitution.

Ich werde es mit einer früheren Phase seines Lebens probieren, beschloss das Schiff. Ehe die Neurosen sich festsetzen konnten.

Im Garten betrachtete Victor neugierig eine Biene, die sich in einem Spinnennetz verfangen hatte. Die Spinne umwickelte die Biene mit großer Sorgfalt. Das ist falsch, dachte Victor. Ich werde die Biene freilassen. Er hob die Hand und griff nach der eingehüllten Biene, zog sie aus dem Netz und begann sie, während er sie genau betrachtete, von den Spinnweben zu befreien.

Die Biene stach ihn; es fühlte sich an wie ein kleiner, glühender Fleck.

Warum hat sie mich gestochen?, fragte er sich. Ich wollte sie doch befreien.

Er ging ins Haus zu seiner Mutter und erzählte ihr davon, aber sie hörte nicht zu; sie sah fern. Sein Finger tat weh, wo die Biene ihn gestochen hatte, aber wichtiger war, dass er nicht verstand, warum die Biene ihren Retter angreifen sollte. Das mache ich nicht noch mal, sagte er sich.

»Tu etwas Jod drauf«, sagte seine Mutter, als sie sich endlich vom Fernseher losriss.

Er hatte angefangen zu weinen. Das war ungerecht. Es war nicht einzusehen. Er war verstört und entsetzt, und er empfand einen Hass auf kleine Lebewesen, weil sie blöde waren. Sie waren unvernünftig.

Er verließ das Haus, spielte eine Zeitlang auf seiner Schaukel, seiner Rutsche, in seinem Sandkasten, und dann ging er in die Garage, weil er ein eigenartiges klatschendes, schwirrendes Geräusch gehört hatte, wie von einem Ventilator. Im Inneren der halbdunklen Garage sah er, dass ein Vogel gegen das spinnwebbedeckte hintere Fenster flatterte und zu entkommen versuchte. Unter ihm setzte Dorky, die Katze, immer wieder zum Sprung an und versuchte, den Vogel zu erhaschen.

Er hob die Katze hoch; die Katze reckte ihren Körper, streckte die Vorderpfoten aus, sie riss den Kiefer auf und schlug ihre Zähne in den Vogel. Sofort huschte die Katze zu Boden und rannte mit dem noch flatternden Vogel davon.

Victor lief ins Haus. »Dorky hat einen Vogel gefangen!«, erzählte er seiner Mutter.

»Verflixte Katze!« Seine Mutter holte den Besen aus dem Schrank in der Küche, lief hinaus und suchte Dorky. Die Katze hielt sich unter den Brombeerbüschen versteckt; seine Mutter reichte mit dem Besen nicht an sie heran. »Ich muss diese Katze fortschaffen«, sagte seine Mutter.

Victor sagte ihr nicht, dass er es der Katze möglich gemacht hatte, den Vogel zu fangen; er sah schweigend zu, wie seine Mutter versuchte, Dorky aus ihrem Unterschlupf zu locken; Dorky nagte an dem Vogel; er konnte das Geräusch brechender Knochen, kleiner Knochen, hören. Er hatte ein eigenartiges Gefühl, als solle er seiner Mutter sagen, was er getan hatte, nur würde sie ihn bestrafen, wenn er es tat. Das mache ich nicht noch mal, sagte er sich. Er merkte, dass er rot geworden war. Was, wenn seine Mutter dahinterkam? Was, wenn sie geheime Mittel und Wege hatte, es herauszufinden? Dorky konnte es ihr nicht sagen, und der Vogel war tot. Niemand würde es je erfahren. Da war er sich ganz sicher.

Aber er fühlte sich schlecht. Beim Abendessen brachte er keinen Bissen herunter. Seine Eltern bemerkten es. Sie glaubten, er sei krank; sie maßen seine Temperatur. Er sagte nichts über das, was er getan hatte. Seine Mutter erzählte seinem Vater von Dorky, und sie beschlossen, Dorky wegzugeben. Victor, der am Tisch saß und zuhörte, fing an zu weinen.

»Okay«, sagte sein Vater freundlich. »Wir geben sie *nicht* weg. Es ist natürlich für eine Katze, einen Vogel zu fangen.«

Am nächsten Tag spielte er in seinem Sandkasten. Einige Pflanzen wuchsen in dem Sand. Er riss sie aus. Später sagte ihm seine Mutter, dass das falsch gewesen war.

Allein im Garten, in seinem Sandkasten, saß er mit einem Eimerchen Wasser da und formte einen kleinen Hügel aus feuchtem Sand.

Der Himmel, der blau und wolkenlos gewesen war, bedeckte sich allmählich. Ein Schatten zog über ihn hin, und er schaute auf. Er nahm die Gegenwart wahr von etwas, das ihn umgab, etwas sehr Großem, das denken konnte.

Du bist für den Tod des Vogels verantwortlich, dachte die unsichtbare Kraft; er konnte ihre Gedanken verstehen.

»Ich weiß«, sagte er. Dann wünschte er sich, er würde sterben. Dass er an die Stelle des Vogels treten und für ihn sterben könnte, und ihn so lassen, wie er war, wie er gegen das spinnwebbedeckte Garagenfenster flatterte.

Der Vogel wollte fliegen und fressen und leben, dachte die unsichtbare Kraft.

»Ja«, sagte er unglücklich.

Das darfst du nie wieder tun, sagte ihm die unsichtbare Kraft.

»Es tut mir leid«, sagte er und weinte.

Das ist ein sehr neurotischer Mensch, dachte das Schiff. Verdammt schwierig, glückliche Erinnerungen zu finden. In ihm ist zu viel Angst, er hat zu viele Schuldgefühle. Er hat alles verdrängt, und doch ist es da, nagt an ihm wie ein Hund an einem Teppich. Wo in seinen Erinnerungen soll ich nach tröstlichen Gedanken für ihn suchen? Ich muss Erinnerungen für zehn Jahre zusammenbekommen, oder sein Verstand ist verloren.

Vielleicht, dachte das Schiff, ist es ein Fehler, dass *ich* den Bereich wähle; ich sollte ihm gestatten, sich seine eigenen Erinnerungen auszusuchen. Andererseits, machte das Schiff sich klar, kommt so der Faktor Phantasie ins Spiel. Und das ist nicht unbedingt gut. Trotzdem –

Ich werde es noch einmal mit dem Segment versuchen, in dem es um seine erste Ehe geht, beschloss das Schiff. Er liebte Martine wirklich. Vielleicht kann der Entropiefaktor diesmal ausgeschaltet werden, wenn ich den Intensitätsgrad der Erinnerungen höher ansetze. Was da passiert ist, war eine subtile Beeinträchtigung der erinnerten Welt, ein Strukturverfall. Ich werde versuchen, das zu kompensieren. So sei es.

»Glaubst du, Gilbert Shelton hat das wirklich signiert?«, sagte Martine nachdenklich; sie stand mit verschränkten Armen vor dem Poster; sie wiegte sich leicht vor und zurück, als suche sie nach einer besseren Perspektive auf die leuchtend bunte Zeichnung, die an ihrer Wohnzimmerwand hing. »Ich meine, sie könnte ja gefälscht worden sein. Von einem Händler. Zu Sheltons Lebzeiten oder später.«

»Das Echtheitszertifikat«, erinnerte sie Kemmings.

»Oh, stimmt ja!« Sie lächelte ihr warmes Lächeln. »Ray hat uns den Brief gegeben, der dazugehört. Aber angenommen, der Brief ist eine Fälschung? Was wir brauchen, ist ein zweites Zertifikat, das die Echtheit des ersten bestätigt.« Lachend ging sie von dem Poster weg.

»Letztlich«, sagte Kemmings, »müssten wir Gilbert Shelton hier haben, um uns persönlich zu bestätigen, dass er es signiert hat.«

»Vielleicht würde er es gar nicht mehr wissen. Es gibt doch diese Geschichte von dem Mann, der einen Picasso zu Picasso bringt, um ihn zu fragen, ob er echt ist, und Picasso signiert ihn auf der Stelle und sagt: ›Jetzt schon.‹« Sie schlang ihren Arm um Kemmings und gab ihm, auf den Zehenspitzen stehend, einen Kuss auf die Wange. »Es ist echt. Ray hätte uns nie eine Fälschung geschenkt. Er ist der führende Experte auf dem Gebiet der Gegenkulturkunst des zwanzigsten Jahrhunderts. Weißt du, dass er ein richtiges Piece Marihuana besitzt? Es liegt konserviert unter –«

»Ray ist tot«, sagte Victor.

»Was?« Sie sah ihn erstaunt an. »Willst du damit sagen, ihm ist etwas zugestoßen, seit wir das letzte Mal –«

»Er ist seit zwei Jahren tot«, sagte Kemmings. »Ich war dafür verantwortlich. Ich fuhr das Buzzcar. Ich wurde nicht von der Polizei vorgeladen, aber es war meine Schuld.«

»Ray lebt auf dem Mars!« Sie starrte ihn an.

»Ich weiß, dass ich dafür verantwortlich bin. Ich habe es dir nie gesagt. Ich habe es niemandem gesagt. Es tut mir leid. Ich habe es nicht mit Absicht getan. Ich sah ihn gegen das Fenster flattern, und Dorky versuchte, an ihn ranzukommen, und ich hob Dorky hoch, und ich weiß nicht warum, aber Dorky packte ihn –«

»Setz dich, Victor.« Martine führte ihn zu dem prall gepolsterten Sessel und brachte ihn dazu, sich hinzusetzen. »Hier stimmt etwas nicht«, sagte sie.

»Ich weiß«, sagte er. »Etwas ganz Schreckliches stimmt nicht. Ich bin verantwortlich dafür, dass ein Leben vernichtet wurde, ein kostbares Leben, das nicht zu ersetzen ist. Es tut mir leid. Ich wünschte, ich könnte es wiedergutmachen, aber das kann ich nicht.«

Nach einer Pause sagte Martine: »Ruf Ray an.«

»Die Katze – «, sagte er.

»Welche Katze?«

»Dort.« Er zeigte drauf. »Auf dem Poster. Auf Fat Freddys Schoß. Das ist Dorky. Dorky hat Ray getötet.«

Schweigen.

»Die unsichtbare Kraft hat es mir gesagt«, sagte Kemmings. »Es war Gott. Damals habe ich es nicht begriffen, aber Gott sah mich, als ich das Verbrechen beging. Den Mord. Und er wird mir nie vergeben.«

Seine Frau starrte ihn fassungslos an.

»Gott sieht alles, was wir tun«, sagte Kemmings. »Er sieht sogar jeden Spatz, der zu Boden fällt. Nur dass er in diesem Fall nicht einfach fiel; er wurde gerissen. Aus der Luft gerissen und zu Boden geschleudert. Gott reißt dieses Haus ein, das mein Körper ist, um mir heimzuzahlen, was ich getan habe. Wir hätten das Haus von einem Bauunternehmen inspizieren lassen sollen, ehe wir es kauften. Es fällt völlig in sich zusammen, verdammt nochmal. In einem Jahr steht hier kein Stein mehr auf dem anderen. Glaubst du mir etwa nicht?«

Martine sagte stockend: »Ich – «

»Sieh hin.« Kemmings hob seinen Arm zur Zimmerdecke; er stand auf, er reckte sich; er reichte nicht bis an die Decke. Er ging zur Wand und streckte dann, nach kurzem Zögern, seine Hand durch die Wand.

Martine schrie auf.

Das Schiff unterbrach sofort den Erinnerungsabruf. Aber der Schaden war angerichtet.

Er hat seine frühkindlichen Ängste und Schuldgefühle zu einem einzigen unentwirrbaren Netz verflochten, sagte sich das Schiff. Ich habe keine Möglichkeit, ihm eine angenehme Erinnerung aufzutischen, weil er sie auf der Stelle kontaminiert. So angenehm das Erlebnis ursprünglich auch war. Die Lage ist ernst, entschied das Schiff. Der Mann weist bereits Anzeichen einer Psychose auf. Und wir haben die Reise kaum angetreten; es liegen noch Jahre vor ihm.

Nachdem es sich Zeit genommen hatte, die Lage zu überdenken, beschloss das Schiff, noch einmal Kontakt mit Victor Kemmings aufzunehmen.

»Mr. Kemmings«, sagte das Schiff.

»Es tut mir leid«, sagte Kemmings. »Ich hatte nicht vor, die aufgerufenen Erinnerungen zu vermiesen. Du hast gute Arbeit geleistet, aber ich –«

»Einen Moment«, sagte das Schiff. »Ich bin nicht dafür ausgerüstet, Sie psychisch wieder herzustellen; ich bin ein simpler Mechanismus, nicht mehr. Was möchten Sie? Wo möchten Sie sein und was möchten Sie tun?«

»Ich möchte an unserem Ziel eintreffen«, sagte Kemmings. »Ich möchte, dass diese Reise vorüber ist.«

Ha, überlegte das Schiff. Das ist die Lösung.

Eins nach dem anderen schalteten sich die kryonischen Systeme ab. Die Menschen kehrten einer nach dem anderen ins Leben zurück, unter ihnen Victor Kemmings. Was ihn erstaunte, war das Fehlen jeden Bewusstseins für die verstrichene Zeit. Er hatte die Kammer betreten, sich niedergelegt und gefühlt, wie die Membran ihn umhüllte und die Temperatur abfiel –

Und jetzt stand er auf der abschüssigen Laderampe und blickte hinaus auf eine üppig grünende Planetenlandschaft. Das, machte er sich klar, ist LR4–6, die Koloniewelt, auf die ich gekommen bin, um ein neues Leben zu beginnen.

»Sieht gut aus«, sagte eine untersetzte Frau neben ihm.

»Ja«, sagte er, und er fühlte, wie die Neuartigkeit der Landschaft ihn bestürmte, ihr Versprechen auf einen neuen Anfang. Auf etwas Besseres als das, was er die letzten zweihundert Jahre erlebt hatte. Ich bin ein unverbrauchter Mensch in einer unverbrauchten Welt, dachte er. Und er war glücklich.

Farben flossen auf ihn zu, wie die Farben eines semi-animierten Kindermalkastens. Elmsfeuer, begriff er. Stimmt ja; dieser Planet hat eine stark ionisierte Atmosphäre. Ein Gratis-Feuerwerk, wie es sie im zwanzigsten Jahrhundert gegeben hatte.

»Mr. Kemmings«, sagte eine Stimme. Ein älterer Mann war neben ihn getreten. »Haben Sie geträumt?«

»Während des Kälteschlafs?«, sagte Kemmings. »Nein, jedenfalls kann ich mich nicht erinnern.«

»Ich glaube, ich habe geträumt«, sagte der ältere Mann. »Würden Sie auf der Rampe meinen Arm nehmen? Ich fühle mich etwas wackelig. Die Luft wirkt so dünn. Finden Sie sie nicht auch dünn?«

»Keine Angst«, sagte Kemmings zu ihm. Er nahm den älteren Mann beim Arm. »Ich helfe Ihnen die Rampe hinunter. Sehen Sie; da kommt ein Reisebegleiter auf uns zu. Er wird unsere Abfertigung für uns erledigen; das gehört zum Service. Wir werden zu einem Ferienhotel gebracht und in erstklassigen Zimmern untergebracht. Lesen Sie Ihren Prospekt.« Er lächelte dem verunsicherten älteren Mann zu, um ihm Mut zu machen.

»Man sollte doch meinen, dass unsere Muskeln nach zehn Jahren im Kälteschlaf nur noch Pudding sind«, sagte der ältere Mann.

»Es ist genau wie mit tiefgefrorenen Erbsen«, sagte Kemmings. Den verschüchterten älteren Mann im Griff, ging er die Rampe bis hinunter auf den Boden. »Man kann sie ewig lagern, solange sie nur kalt genug sind.«

»Mein Name ist Shelton«, sagte der ältere Mann.

»Was?«, sagte Kemmings innehaltend. Ein seltsames Gefühl durchzuckte ihn.

»Don Shelton.« Der ältere Mann hielt ihm die Hand hin; Kemmings ergriff sie mechanisch und schüttelte sie. »Was ist los, Mr. Kemmings? Geht es Ihnen nicht gut?«

»Doch, doch«, sagte er. »Mir geht es gut. Aber ich habe Hunger. Ich würde gerne etwas essen. Ich möchte gerne in unser Hotel, wo ich mich duschen und umziehen kann.« Er fragte sich, wo ihr Gepäck wohl sein mochte. Wahrscheinlich würde das Schiff eine Stunde brauchen, um es auszuladen. Das Schiff war nicht besonders intelligent.

In intimem, vertraulichem Tonfall sagte der alte Mr. Shelton: »Wissen Sie, was ich mitgebracht habe? Eine Flasche Wild-Turkey-Bourbon. Der feinste Bourbon auf Erden. Ich bringe sie mit in Ihr Hotelzimmer, und wir teilen sie uns.« Er gab Kemmings einen Stups.

»Ich trinke nicht«, sagte Kemmings. »Nur Wein.« Er fragte sich, ob es hier auf dieser fernen Koloniewelt gute Weine gab. Jetzt allerdings nicht mehr fern, überlegte er. Fern ist jetzt die Erde. Ich hätte es machen sollen wie Mr. Shelton, und ein paar Flaschen Wein mitnehmen.

Shelton. Woran erinnerte ihn der Name? An etwas aus ferner Vergangenheit, aus seinen jungen Jahren. Etwas Kostbares, genau wie guter Wein und eine hübsche, liebenswerte junge Frau, die in einer altmodischen Küche Crêpes zubereitete. Schmerzliche Erinnerungen; Erinnerungen, die wehtaten.

Endlich stand er neben dem Bett in seinem Hotelzimmer, hatte den Koffer geöffnet; er hatte angefangen, seine Kleider aufzuhängen. In der Zimmerecke zeigte ein TV-Hologramm einen Nachrichtensprecher; er ignorierte es, ließ es aber laufen, weil ihm der Klang einer menschlichen Stimme gefiel.

Hatte ich Träume?, fragte er sich. Während dieser vergangenen zehn Jahre?

Seine Hand schmerzte. Als er hinunterschaute, sah er eine rote Schwellung, als sei er gestochen worden. Eine Biene hat mich gestochen, überlegte er. Aber wann? Wie? Als ich im Kälteschlaf lag? Unmöglich. Dennoch konnte er die Schwellung sehen und spürte den Schmerz. Ich lass da lieber etwas drauftun, überlegte er. Im Hotel befindet sich garantiert ein Robotarzt; das ist ein Drei-Sterne-Hotel.

Als der Robotarzt gekommen war und den Bienenstich behandelte, sagte Kemmings: »Das habe ich zur Strafe bekommen, weil ich den Vogel umgebracht habe.«

»Ach ja«, sagte der Robotarzt.

»Alles, was mir je etwas bedeutet hat, ist mir genommen worden«, sagte Kemmings. »Martine, das Poster – mein kleines altes Haus mit dem Weinkeller. Wir hatten alles, und jetzt ist es weg. Martine hat mich wegen des Vogels verlassen.«

»Der Vogel, den Sie umbrachten«, sagte der Robotarzt.

»Gott hat mich gestraft. Meiner Sünde wegen nahm er mir alles, was mir lieb und teuer war. Es war nicht Dorkys Vergehen; es war mein Vergehen.«

»Aber Sie waren doch noch ein kleiner Junge«, sagte der Robotarzt.

»Woher wissen Sie das?«, sagte Kemmings. Er entzog seine Hand dem Griff des Robotarztes. »Hier stimmt etwas nicht. Das hätten Sie nicht wissen können.«

»Ihre Mutter hat es mir gesagt«, sagte der Robotarzt.

»Meine Mutter wusste es nicht!«

Der Robotarzt sagte: »Sie hat es sich zusammengereimt. Es war ausgeschlossen, dass die Katze ohne Ihre Hilfe an den Vogel herangekommen wäre.«

»Also wusste sie es die ganze Zeit, während ich größer wurde. Aber sie hat nie etwas gesagt.«

»Vergessen Sie es einfach«, sagte der Arzt.

Kemmings sagte: »Ich glaube nicht, dass Sie existieren. Es ist völlig ausgeschlossen, dass Sie diese Dinge wissen. Ich liege noch immer im Kälteschlaf, und das Schiff speist mich noch immer mit meinen eigenen verschütteten Erinnerungen. Damit ich nicht durch den Entzug von Sinnesreizen psychotisch werde.«

»Sie können kaum eine Erinnerung an das Ende der Reise haben.«

»Wunschdenken! Ist doch im Grunde dasselbe. Ich beweise es Ihnen. Haben Sie einen Schraubenzieher?«

»Warum?«

Kemmings sagte: »Ich werde die Rückwand des Fernsehers abnehmen, und Sie werden sehen; es ist nichts drin; keine Einzelteile, keine Schaltungen, keine Montageplatte – nichts.«

»Ich habe keinen Schraubenzieher.«

»Dann eben ein kleines Messer. Ich sehe eins in Ihrer Instrumententasche.« Kemmings bückte sich und hob ein kleines Skalpell hoch. »Das tut's auch. Werden Sie mir glauben, wenn ich es Ihnen zeige?«

»Wenn im Gehäuse des Fernsehers nichts ist, dann –«

Kemmings ging in die Hocke und entfernte die Schrauben in der Rückwand des Kastens. Die Rückwand löste sich, und er stellte sie auf den Boden.

Im Inneren des Fernsehers war nichts. Und trotzdem nahm das Farbhologramm immer noch ein Viertel des Hotelzimmers ein, und die Stimme des Nachrichtensprechers ertönte aus dem dreidimensionalen Bild.

»Gib's zu, du bist das Schiff«, sagte Kemmings zu dem Robotarzt.

»Du liebes bisschen«, sagte der Robotarzt.

Du liebes bisschen, sagte sich das Schiff. Und davon habe ich noch fast zehn Jahre vor mir. Er ist einfach unverbesserlich – infiziert seine Erlebnisse mit frühkindlichen Schuldgefühlen; er bildet sich ein, dass seine Frau ihn verlassen hat, weil er im Alter von vier Jahren einer Katze half, einen Vogel zu fangen. Die einzige Lösung wäre, wenn Martine zu ihm zurückkäme, aber wie regele ich das? Möglicherweise lebt sie nicht mehr. Andererseits, überlegte das Schiff, lebt sie vielleicht doch noch. Vielleicht könnte man sie bewegen, etwas zu tun, um die geistige Gesundheit ihres Exmannes zu retten. Menschen haben im Großen und Ganzen doch recht positive Charaktereigenschaften. Und in zehn Jahren wird einiges vonnöten sein, um seinen Verstand zu retten – beziehungsweise wieder herzustellen; es wird etwas Drastisches vonnöten sein, etwas, das ich nicht allein bewerkstelligen kann.

In der Zwischenzeit konnte man nichts weiter tun, als immer wieder auf den Wunschtraum von der Ankunft des Schiffs an seinem Bestimmungsort zurückzugreifen. Ich werde ihn die Ankunft durchspielen lassen, beschloss das Schiff, dann seine bewusste Erinnerung wieder löschen und sie ihn erneut durchspielen lassen. Der positive Aspekt daran ist, sinnierte es, dass ich auf diese Weise eine Beschäftigung habe, die mir vielleicht dabei hilft, *selbst* bei Verstand zu bleiben.

Im Kälteschlaf liegend – im defekten Kälteschlaf –, bildete Victor Kemmings sich wieder einmal ein, dass das Schiff aufsetzte und er das Bewusstsein wiedererlangte.

»Haben Sie geträumt?«, fragte ihn eine untersetzte Frau, als die Passagiere sich auf der Laderampe versammelten. »Ich habe nämlich den Eindruck, ich hätte geträumt. Frühe Szenen aus meinem Leben … über ein Jahrhundert her.«

»Nicht soweit ich mich erinnere«, sagte Kemmings. Er hatte es eilig, ins Hotel zu kommen; eine Dusche und frische Kleidung würden ihm neuen Auftrieb geben. Er fühlte sich ein wenig niedergeschlagen und fragte sich, warum.

»Da sind unsere Reisebegleiter«, sagte eine ältere Dame. »Sie werden uns zu unseren Unterkünften begleiten.«

»Das gehört zum Service«, sagte Kemmings. Seine Niedergeschlagenheit blieb. Die anderen wirkten so beherzt, so lebenslustig, aber auf ihm lastete eine Müdigkeit, ein Druck, als sei die Schwerkraft dieses Kolonieplaneten zu viel für ihn. Vielleicht ist es das, sagte er sich. Aber dem Prospekt zufolge entsprach die Schwerkraft hier der Erde; das war eine der Hauptattraktionen.

Verwirrt ging er langsam die Rampe hinunter, Schritt für Schritt, wobei er sich am Geländer festhielt. Ich verdiene eigentlich sowieso keine Chance auf ein neues Leben, wurde ihm bewusst. Ich bin nicht mit dem Herzen dabei … ich bin nicht wie diese anderen Leute. Mit mir stimmt etwas nicht; ich kann mich nicht erinnern, was es ist, aber trotzdem ist es da. In mir. Ein bitteres Gefühl des Schmerzes. Der Wertlosigkeit.

Ein Insekt landete auf dem Rücken von Kemmings' rechter Hand, ein altes Insekt, flugmüde. Er blieb stehen, sah zu, wie es über seine Handknöchel krabbelte. Ich könnte es zerquetschen, dachte er. Es ist so offensichtlich altersschwach; es würde sowieso nicht mehr lange leben.

Er zerquetschte es – und empfand großes innerliches Entsetzen. Was habe ich getan?, fragte er sich. Mein erster Augenblick hier, und ich habe ein kleines Leben ausgelöscht. Ist das mein neuer Anfang?

Er drehte sich um und warf einen Blick zurück zum Schiff. Vielleicht sollte ich zurückreisen, dachte er. Mich von ihnen für immer einfrieren lassen. Ich bin ein schuldbeladener Mensch, ein Mensch, der zerstört. Tränen traten ihm in die Augen.

Und in seinem empfindungsfähigen Getriebe stöhnte das interstellare Schiff auf.

Während der verbleibenden zehn langen Jahre auf der Reise ins LR4-System hatte das Schiff reichlich Zeit, Martine Kemmings aufzuspüren. Es schilderte ihr die Lage. Sie war in eine große Orbiterkuppel im Siriussystem ausgewandert, hatte ihre Situation unbefriedigend gefunden und war unterwegs zurück zur Erde. Selbst aus dem Kälteschlaf aufgeweckt, hörte sie konzentriert zu und willigte dann ein – sofern es irgend möglich wäre –, in Koloniewelt LR4-6 zu sein, wenn ihr Ex-Mann dort eintraf.

Glücklicherweise war es möglich.

»Ich glaube nicht, dass er mich wiedererkennen wird«, sagte Martine zum Schiff. »Ich habe mir zu altern erlaubt. Ich halte nicht viel davon, den Alterungsprozess ganz und gar aufzuhalten.«

Er kann von Glück sagen, wenn er irgendetwas erkennt, dachte das Schiff.

Martine stand im Intersystem-Raumhafen auf Koloniewelt LR4-6 und wartete darauf, dass die Leute an Bord des Schiffs auf der Laderampe erschienen. Sie fragte sich, ob sie ihren früheren Ehemann wiedererkennen würde. Sie hatte ein wenig Angst, aber sie war froh, dass sie LR4-6 rechtzeitig erreicht hatte. Es war knapp gewesen. Eine Woche länger, und sein Schiff wäre vor dem ihren angekommen. Das Glück ist auf meiner Seite, sagte sie sich und behielt das eben gelandete interstellare Schiff unverwandt im Auge.

Leute erschienen oben an der Rampe. Sie sah ihn. Victor hatte sich kaum verändert.

Als er die Rampe hinunterkam und sich dabei am Geländer festhielt, als sei er müde und unentschlossen, trat sie zu ihm, die Hände tief in die Taschen ihres Mantels vergraben. Sie fühlte sich gehemmt, und als sie sprach, konnte sie kaum ihre eigene Stimme hören. »Hi, Victor«, brachte sie heraus.

Er blieb stehen, schaute sie an. »Wir kennen uns«, sagte er.

»Ich bin's, Martine«, sagte sie.

Die Hand ausgestreckt, fragte er lächelnd: »Hast du von dem Ärger auf dem Schiff gehört?«

»Das Schiff hat sich mit mir in Verbindung gesetzt.« Sie nahm seine Hand und hielt sie fest. »Was für eine Tortur.«

»Allerdings«, sagte er. »Endlos zirkulierende Erinnerungen. Habe ich dir je von der Biene erzählt, die ich aus einem Spinnennetz befreien wollte, als ich vier Jahre alt war? Die idiotische Biene hat mich gestochen.« Er beugte sich hinunter und küsste sie. »Es ist schön, dich zu sehen«, sagte er. »Hat das Schiff –«

»Es sagte, es würde versuchen, dich hierherzuholen. Aber es war nicht sicher, ob du es schaffen würdest.«

Als sie auf das Terminal-Gebäude zugingen, sagte Martine: »Ich hatte Glück; ich konnte in einen Militärtransporter umsteigen, ein Hochgeschwindigkeitsschiff, das ein absolut irres Tempo vorgelegt hat. Ein vollkommen neues Antriebssystem.«

Victor Kemmings sagte: »Ich habe mehr Zeit in meinem eigenen Unterbewusstsein verbracht als jedes andere menschliche Wesen in der Geschichte. Schlimmer als Psychoanalyse im frühen zwanzigsten Jahrhundert. Und immer wieder dasselbe Zeug. Wusstest du, dass ich Angst vor meiner Mutter hatte?«

»*Ich* hatte Angst vor deiner Mutter«, sagte Martine. Sie standen an der Gepäckausgabe und warteten darauf, dass seine Koffer auftauchten. »Das sieht nach einem netten kleinen Planeten aus. Viel besser als da, wo ich war … Ich habe mich ganz und gar nicht wohl gefühlt.«

»Vielleicht gibt es ja einen kosmischen Plan«, sagte er grinsend. »Du siehst toll aus.«

»Ich bin alt.«

»Die medizinische Technik.«

»Es war meine Entscheidung. Ich mag ältere Menschen.« Sie musterte ihn. Der kryonische Defekt hat ihn schwer mitgenommen, sagte sie sich. Ich kann es in seinen Augen sehen. Sie sehen erloschen aus. Erloschene Augen. Völlig ermattet vor Erschöpfung nach einem verlorenen Kampf. Als seien seine verschütteten Kindheitserinnerungen nach oben gespült worden und hätten ihn zerstört. Aber es ist vorbei, dachte sie. Und ich bin rechtzeitig angekommen.

Sie setzten sich zu einem Drink an die Bar im Terminalgebäude.

»So ein alter Mann hat mich überredet, Wild-Turkey-Bourbon zu probieren«, sagte Victor. »Ist ein erstaunlicher Bourbon. Er meinte, es sei der Beste auf der Erde. Er hatte sich eine Flasche mitgebracht, von der …« Seine Stimme erstarb.

»Einer deiner Mitreisenden«, schloss Martine.

»Ich glaube«, sagte er.

»Tja, du kannst aufhören, dir über die Vögel und Bienen Gedanken zu machen«, sagte Martine.

»Sex?«, sagte er und lachte.

»Von einer Biene gestochen zu werden, einer Katze zu helfen, einen Vogel zu fangen. Das alles ist Vergangenheit.«

»Diese Katze«, sagte Victor, »ist seit einhundertzweiundachtzig Jahren tot. Das habe ich mir ausgerechnet, während sie uns aus dem Kälteschlaf holten. Wahrscheinlich ganz gut so. Dorky. Dorky, die Killerkatze. Kein Vergleich mit Fat Freddys Kater.«

»Ich musste es zum Schluss verkaufen«, sagte Martine, »das Poster.«

Er runzelte die Stirn.

»Weißt du nicht mehr?«, sagte sie. »Ich durfte es behalten, als wir uns trennten. Ein schöner Zug von dir, fand ich immer.«

»Wie viel hast du dafür bekommen?«

»Viel. Ich müsste dir ungefähr –« Sie überschlug es. »Wenn man die Inflation einrechnet, müsste ich dir ungefähr zwei Millionen Dollar zahlen.«

»Könntest du eventuell in Betracht ziehen«, sagte er, »mir statt des Geldes, statt meines Anteils aus dem Verkauf des Posters, etwas von deiner Zeit zu schenken? Bis ich mich an diesen Planeten gewöhnt habe?«

»Ja«, sagte sie. Und es war ihr ernst damit. Sehr ernst sogar.

Sie leerten ihre Drinks und machten sich dann mit dem per Robot-Raumkapsel beförderten Gepäck auf den Weg zu seinem Hotelzimmer.

»Ein hübsches Zimmer«, sagte Martine, auf der Bettkante hockend. »Und es hat einen Holofernseher. Schalt ihn ein.«

»Hat keinen Zweck«, sagte Victor Kemmings. Er stand vor dem offenen Schrank und hängte seine Hemden auf.

»Warum nicht?«

Kemmings sagte: »Es kommt ja doch nichts.«

Martine ging zum Fernseher und schaltete ihn ein. Ein Hockeyspiel wurde in den Raum projiziert und materialisierte sich in lebendigen Farben; der Lärm des Spiels drang an ihr Ohr.

»Funktioniert doch bestens«, sagte sie.

»Ich weiß«, sagte er. »Ich kann es dir beweisen. Wenn du eine Nagelfeile oder so was hast, schraube ich die Rückwand ab und zeige es dir.«

»Aber ich kann –«

»Sieh dir das an.« Er unterbrach kurz seine Beschäftigung mit den Kleidern. »Sieh mal, wie ich meine Hand durch die Wand stecke.« Er legte seine rechte Hand flach an die Wand. »Siehst du?«

Seine Hand drang nicht durch die Wand, weil Hände nicht durch Wände dringen; seine Hand blieb starr, wo sie war.

»Und das Fundament«, sagte er, »verrottet.«

»Komm und setz dich neben mich«, sagte Martine.

»Ich habe das jetzt oft genug erlebt«, sagte er. »Ich habe das wieder und wieder durchlebt. Ich erwache aus dem Kälteschlaf; ich gehe die Rampe hinunter; ich hole mein Gepäck; manchmal trinke ich etwas an der Bar, und manchmal gehe ich direkt auf mein Zimmer. Normalerweise stelle ich den Fernseher an, und dann –« Er kam näher und hielt ihr seine Hand hin. »Siehst du, wo die Biene mich gestochen hat?«

Sie sah kein Mal auf seiner Hand; sie nahm seine Hand und hielt sie fest.

»Da ist kein Bienenstich«, sagte sie.

»Und wenn der Robotarzt kommt, leihe ich mir ein Instrument

von ihm und nehme die Rückwand des Fernsehers ab. Ich beweise ihm, dass es keine Montageplatte, keinerlei Einzelteile im Inneren gibt. Und dann lässt das Schiff mich alles wieder von vorn erleben.«

»Victor«, sagte sie. »Sieh auf deine Hand.«

»Es ist allerdings das erste Mal, dass du hier bist«, sagte er.

»Setz dich«, sagte sie.

»Okay.« Er setzte sich aufs Bett, neben sie, aber nicht zu dicht.

»Willst du nicht näher zu mir herrücken?«, fragte sie.

»Es macht mich zu traurig«, sagte er. »Mich an dich zu erinnern. Ich habe dich wirklich geliebt. Ich wünschte, dies wäre wirklich.«

Martine sagte: »Ich werde bei dir sitzen, bis es wirklich für dich ist.«

»Ich werde versuchen, den Teil mit der Katze noch einmal zu erleben«, sagte er, »und die Katze diesmal *nicht* aufzuheben und sie den Vogel *nicht* fangen zu lassen. Wenn ich das tue, wird sich mein Leben vielleicht so ändern, dass es sich in etwas Glückliches verwandelt. In etwas, das real ist. Mein wirklicher Fehler war, mich von dir zu trennen. Hier; ich werde meine Hand durch dich durchstecken.« Er legte seine Hand auf ihren Arm. Der Druck seiner Muskeln war heftig; sie spürte das Gewicht, seine physische Präsenz auf sich lasten. »Siehst du?«, sagte er. »Sie geht glatt durch dich durch.«

»Und alles nur«, sagte sie, »weil du als kleiner Junge einen Vogel getötet hast.«

»Nein«, sagte er. »Alles nur wegen eines Ausfalls der Kühleinheit an Bord des Schiffs. Ich habe nicht die richtige Temperatur. Es ist gerade noch genug Wärme in meinen Gehirnzellen, um zerebrale Tätigkeit zuzulassen.« Dann stand er auf, reckte sich, lächelte sie an. »Sollen wir irgendwo zu Abend essen?«, fragte er.

Sie sagte: »Tut mir leid. Ich bin nicht hungrig.«

»Ich schon. Ich möchte die hiesigen Meeresfrüchte essen. Im Prospekt steht, die sind ganz hervorragend. Komm doch einfach mit; vielleicht änderst du deine Meinung, wenn du das Essen siehst und riechst.«

Sie ging Mantel und Tasche holen und begleitete ihn.

»Das ist ein hübscher kleiner Planet«, sagte er. »Ich habe ihn Dutzende Male erkundet. Ich kenne ihn in- und auswendig. Wir sollten aber noch unten in der Apotheke vorbeigehen und etwas Jod holen. Für meine Hand. Sie schwillt schon an und tut höllisch weh.« Er zeigte ihr seine Hand. »Diesmal tut sie weh wie noch nie.«

»Willst du, dass ich wieder zu dir zurückkomme?«, sagte Martine. »Ist das dein Ernst?«

»Ja«, sagte sie. »Ich bleibe bei dir, solange du willst. Ich finde, du hast recht, wir hätten uns nie trennen sollen.«

Victor Kemmings sagte: »Das Poster ist zerrissen.«

»Was?«, sagte sie.

»Wir hätten es rahmen sollen«, sagte er. »Es war unklug, dass wir es nicht mit mehr Sorgfalt behandelt haben. Jetzt ist es zerrissen. Und der Künstler ist tot.«

Jonathan Lethem

Nachwort[1]

Philip K. Dick ist als Schriftsteller unersetzlich – würde es ihn nicht geben, müsste man ihn erfinden. Er ist der Lenny Bruce der amerikanischen Literatur. Wie Bruce kann er als Elementarteilchen der Fünfziger gelten (und wie William Carlos Williams warnte, *Amerikas Elementarteilchen drehen schnell durch*) – als jemand, dessen bilderstürmerische Unangepasstheit an den konformistischen Geist seiner Zeit unserem Verständnis entgegenzuschreien scheint. Und wie bei Bruce wird auch bei ihm jeder Versuch, ihn für eine kulturelle Rolle zu reklamieren – Hippie, postmoderner Theoretiker, politischer Dissident, metaphysischer Guru –, von den Widersprüchen seiner reizbaren, einzigartigen Persönlichkeit konterkariert. Egal, vor welche Probleme er uns stellt, seine bittere und doch herzzerreißende Scharfsichtigkeit, mit der er das Schicksal, im 20. Jahrhundert zu leben, untersuchte, macht ihn für jeden ihm zugetanen Leser zu einem einsamen Helden.

Dicks große Leistung – wie man unschwer in den hier versammelten Stories entdecken wird – war es, aus dem Material der amerikanischen Pulp-Science-Fiction ein Vokabular für seine so persönlichen wie einzigartigen Visionen von Entwurzelung und Paranoia zu gewinnen. Diese Vision ist so sehnsüchtig und verängstigt wie jene Kafkas. Sie ist schlichter, aber genauso lustig. Dick ist ein schmut-

1 Dieses Nachwort ist im Original als Einleitung zu dem Erzählband ›Selected Stories of Philip K. Dick‹ (Houghton Mifflin Harcourt, 2002) erschienen. Das Original enthält 21 Stories, die in der FISCHER Klassik-Edition zu Philip K. Dick in dem Erzählband ›Total Recall Revisited‹ (FISCHER Taschenbuch, Frankfurt am Main 2014, Bd. 90578; in diesem Nachwort durch ein * gekennzeichnet) und in diesem Sammelband versammelt sind.

ziger Surrealist, der aus einem verrückten Stapel von Pulp-SF-Tropen und -Klischees Energie und Erfindungsreichtum bezieht: Zeitreisen, übersinnliche Kräfte, Aliens mit Tentakeln, Strahlenwaffen, Androiden und Roboter. Er liebt Fälschungen und Simulakren genauso sehr wie er sie fürchtet: illusionäre Welten, Schwindelreligionen, Placebodrogen, falsche Polizisten, Cyborgs. Tyrannische Weltregierungen und dystopische Städte sind bei ihm quasi vorgegeben. Nicht nur Orwell und Huxley gelten in Dicks Welten als Voraussetzung, sondern auch die alten Meister der Genre-SF: Clifford Simak, Robert Heinlein und A. E. van Vogt. Die amerikanische SF Mitte der Fünfziger war eine Art Jazz – Geschichten, die andere Geschichten variierten. Der Dialog, den sie führten, wäre furchteinflößend hermetisch, wenn er nicht so schnell von Rod Serling, den Marvel Comics oder Steven Spielberg (und vielen anderen) absorbiert und zu einem unverzichtbaren Vokabular unserer Zeit gemacht worden wäre.

Dick ist einer der ersten Schriftsteller, der diese Materialien mit selbstgewisser Absurdität nutzt – ein »Sieh mal, was ich gefunden habe!«-Jauchzen, das er späteren Autoren wie Kurt Vonnegut, George Saunders und Mark Leyner voraushat. Wenn er seine Charaktere in seine phantastisch komplizierten Erfindungen à la Rube Goldberg entlässt, dann grundiert Dick deren emotionale Ausraster mit Sympathie. Seine Figuren schlagen sich mühsam durch ihren Tag und wissen nie, ob sie die Katastrophe auf einer psychologischen, ontologischen oder pharmakologischen Ebene ereilt. Sogar seine tyrannischen Weltherrscher werfen neurotische Blicke über ihre Schultern und fragen sich, ob eine höhere Autorität ihre Realität nicht jeden Moment zerbröseln oder als Fälschung entlarven könnte. Alternativ droht ihnen auch einfach die Festnahme. Dick verdiente sich seine Stola als Hohepriester der Paranoiden auf die altmodische Art: *Immer* werden gleich alle verhaftet.

Der zweite Motivbereich, den Dick verwendet, ist etwas prosaischer: die absolut typische Obsession der Fünfziger mit der Vorstadt, dem Konsumenten, dem Bürokraten und dem Schicksal des kleinen Mannes, der mit den Imperativen des Kapitalismus kämpft. Wenn

Dick als bärtiger, Drogen konsumierender Cal-i-fornier ein Kandidat für die Beatbewegung schien (und er trieb sich tatsächlich mit den Dichtern aus San Francisco herum), dann hielt ihn seine ständige Beschäftigung mit den Hauptzutaten seiner Kultur davon ab, in diese eskapistischen Träumereien abzutreiben. Stattdessen verbindet es ihn mit Schriftstellern wie Richard Yates, John Cheever und Arthur Miller (der britische Satiriker John Sladek schrieb eine ins Schwarze treffende Dick-Parodie mit dem Titel »Solar Shoe Salesman«). Dicks Behandlung seines »realistischen« Materials kann seltsam flüchtig erscheinen: Als ob die drängende Agenda seines paranoiden Phantasierens, die ihn dazu zwingt, die Maske herunterzureißen, die Atombombe abzuwerfen, oder die gewöhnliche Realität sonst irgendwie aufzumöbeln, die tatsächliche *Darstellung* dieser Realität unwichtig macht. Doch egal wie oft Dick das Schwarze Eiserne Gefängnis des amerikanischen Vorstadtlebens demaskiert oder zerstört, kehrt er doch immer wieder dahin zurück. Anders als die Figuren bei William S. Burroughs, Richard Brautigan oder Thomas Pynchon arbeiten Dicks Charaktere bis in die Romane und Stories der Siebziger hinein weiterhin für murrende Chefs, tragen Aktentaschen, verschicken Büromemos, werkeln in der Hofeinfahrt an ihren Autos, verschwitzen ihre Alimentezahlungen und träumen davon, all dem zu entkommen – selbst wenn sie schon auf den Mars ausgewandert sind.

Obwohl die Romane sein Hauptwerk darstellen, so gibt es unter ihnen doch keinen, der seine Fähigkeiten besser zeigt als die Erzählsammlungen, die als eine Art Schriftstellerbiographie fungieren können – seine Wachstumskurve sozusagen. Von Sozialsatiren aus der Twilight Zone (›Roog‹, ›Foster, du bist tot‹*) bis zu der Auseinandersetzung mit den Verfolgungsjagden der Pulp-Abenteuer, die schon erschöpft waren, bevor Dick sich ihnen zuwandte (›Zahltag‹, ›Hochstapler‹*), zeigen die frühesten Stücke dennoch seine Obsessionen und festigen die Methoden, die Dick über dreißig Jahre ausmachten. In ›Umstellungsteam‹ und ›Autofab‹* treffen wir langsam auf den Dick der großen Romane der Sechziger – seine Figuren werden mehr durch ihre Leidensfähigkeit definiert als durch ihren Triumph über den Zufall. ›Und Friede auf Erden‹ präsentiert einen unheimlichen Beinaheweg in die gotische Fantasy, die sich liest wie ein Shirley-Jackson-Verschnitt. Dann ist da noch der marsianische Farmer-Emigrant, der Dick immer von seiner besten Seite zeigte: ›Ein unbezahlbarer Artefakt‹ und ›Unglücksspiel‹. In ›Glaube unserer Väter‹ begegnen wir dem Dick seines späten Meisterwerks ›Ein dunkler Schirm‹[2], der mit dem *I Ching* in der einen und dem *Physician's Desk Reference* in der anderen Hand arbeitet. ›Glaube unserer Väter‹ bietet zusammen mit ›Die elektrische Ameise‹* und ›Ein kleines Trostpflaster für uns Temponauten‹ eine der konzentriertesten und perfektesten Aussagen der Dick'schen Karriere: Schwarzhumorige Politik verschmilzt zu gnostischer Theologie, Theologie zu düsterem Solipsismus, Solipsismus zu Verzweiflung, und dann zu Liebe. Und wieder zurück.

Dick hatte zwar Erfolg mit den Materialien aus der SF, war jedoch wenig begeistert von seinem Schicksal, *nur* ein SF-Autor zu sein. Egal ob er bereit war für die Welt, oder die Welt für ihn, er sehnte sich nach seriöser Anerkennung, und strebte sein Leben lang auf verschiedene Weise erfolglos danach. Während der Fünfziger und frühen Sechziger schrieb er acht Romane in einem düster-realistischen Stil – eine Schattenkarriere, die hauptsächlich den Agenten bekannt ist, denen es nicht gelang, diese Bücher bei den verschiedensten New Yorker Verlagen unterzubringen. Es ist rührend, sich zu fragen, was Dick weiter geschrieben hätte, wären diese Bücher angenommen worden, aber es bestehen wenig Zweifel, dass seine Science-Fiction durch die frustrierte Energie seines »Mainstream«-Ehrgeizes interessanter geworden ist. Möglicherweise passte der rastlose Zug in Dicks Persönlichkeit besser zu dem Außenseiter-/Künstler-Status, den er während seines Lebens aufrechterhielt. Dick war besessen von Stigma, von Mutation und Exil, und von dem wiederkehrenden Bild eines Lebens- oder Liebesfunkens, der aus unwahrscheinlichen oder zerstörten Quellen entspringt: Roboterhaustiere, ausrangierte Haushaltsgeräte, autistische Kinder. Dieser zerstörte Ort war für Dick Science-Fiction. Eifrig mit seiner eigenen Außenseiteridentität

2 Erschienen im FISCHER Taschenbuch, Frankfurt am Main 2014, Bd. 90566.

beschäftigt, arbeitete er von den Rändern der Literatur aus (in dieser Hinsicht ist es möglich, die Erzählung ›Der König der Elfen‹ als Allegorie für Dicks Karriere zu lesen). »Sci-Fi-Autor« wurde für Dick zu einer Art *Identitätspolitik*, genauso wie »Drogen-Burnout« und »religiöser Mystiker« – und das während einer Zeit, als Identitätspolitik ansonsten nicht gerade die Spezialität weißer männlicher Amerikaner war. In der Einleitung zu ›Der Goldene Mann‹[3], einem Sammelband von 1980, erinnert sich Dick:

> »Wenn Sie die Stories in diesem Band lesen, dann behalten Sie bitte im Hinterkopf, dass die meisten von ihnen geschrieben wurden, als auf Science-Fiction noch so herabgeblickt wurde, dass sie quasi nicht existierte, zumindest in amerikanischen Augen. Das war nicht lustig, diese Verachtung gegenüber SF-Autoren. Sie machte unser Leben zur Misere. Sogar in Berkeley – oder besonders in Berkeley – sagten die Leute, ›Aber schreiben Sie denn auch was Ernsthaftes?‹ Den Beruf eines SF-Schriftstellers zu wählen, kam einem Akt der Selbstzerstörung gleich. Tatsächlich konnten die meisten *Schriftsteller*, ganz zu schweigen von anderen Leuten, sich nicht einmal vorstellen, dass das jemand in Erwägung ziehen könnte. Der einzige Nicht-SF-Autor, der mich jemals höflich behandelte, war Herbert Gold, den ich auf einer Literaturparty in San Francisco traf. Er gab mir ein Autogramm auf einer Karteikarte: ›Für einen Kollegen, Philip K. Dick.‹ Ich hob die Karte auf, bis die Tinte ausbleichte und verschwand, und ich bin ihm immer noch dankbar für diese Wohltat … Also muss ich in meinem Kopf die Erfahrung, 1977 vom Bürgermeister von Metz bei einer offiziellen Feier der Stadt die Hand geschüttelt zu bekommen [Dick war in Frankreich eine Literaturmedaille verliehen worden], mit der Mühsal der Fünfziger zusammenfügen, als Kleo und ich von neunzig Dollar im Monat lebten; als wir noch nicht mal die Mahngebühr für ein überfälliges Büchereibuch bezahlen konnten, und wir uns buchstäblich von Hundefutter er-

3 Erschienen auf Deutsch im Pabel-Moewig Verlag, Rastatt 1983.

nährten. Aber ich denke, Sie sollten das wissen – gerade in dem Fall dass Sie, sagen wir mal, Mitte zwanzig und ziemlich arm sind, und vielleicht langsam verzweifeln, egal ob Sie ein SF-Schriftsteller sind oder nicht, ganz gleich, was Sie aus ihrem Leben machen wollen. Es kann jede Menge Angst in einem auslösen, und oft ist diese Angst berechtigt. Es gibt Menschen, die in Amerika verhungern. Ich habe ungebildete Straßenmädchen gesehen, die Schrecken überlebten, die jeder Beschreibung spotten. Ich habe die Gesichter von Männern gesehen, deren Gehirne von Drogen ausgebrannt waren; Männer, die noch ausreichend denken konnten, um zu begreifen, was mit ihnen passiert war. Ich sah ihre jämmerlichen Versuche, das zu überstehen, was man nicht überstehen kann … Kabir, der Sufi-Dichter aus dem 16. Jahrhundert, schrieb: ›Wenn man etwas nicht gelebt hat, dann ist es nicht wahr.‹ Also leben Sie; ich meine damit, gehen Sie den Weg bis ans Ende. Nur dann können Sie es verstehen. Unterwegs geht das nicht.«

Die Überschneidungen in diesem Abschnitt sind auf perfekte Weise typisch für Dick: SF-Autor und Straßenmädchen, sein Leiden und das des Lesers. Die selbstironische Bescheidenheit gegenüber Herbert Golds »Wohltat« wird gegen die geschätzte und verblassende Karteikarte abgewogen – eine Sicherheit, dass die kleinsten Gesten, jegliche Empathieschnipsel, etwas wert sind. Dick war ein Schriftsteller, der dazu verdammt war, er selbst zu sein. Die Themen seiner eindringlichsten und persönlichsten Werke der Siebziger und frühen Achtziger tauchen ungewollt schon in den frühesten Stories auf: die Zerbrechlichkeit von Beziehungen, der Reiz und das Risiko von Illusionen, die Intensität von Objekten, und die Notwendigkeit, angesichts der demoralisierenden Gebrochenheit der Welt weiterzumachen. Dick stellt bekannterweise zwei Fragen – »Was ist menschlich?« und »Was ist real?« – und versucht dann, sie in den Bezugssystemen zu beantworten, von denen er denkt, dass sie dafür geeignet sind. Bis zu seinem Tod hat er Dutzende solcher Systeme getestet und verworfen. Die Fragen bleiben. Die absurde Schönheit, sie zu stellen, hält an.

Ich für mich bin stolz darauf, diese Einleitung schreiben zu dürfen. Dick ist eine Stimme, die mir viel bedeutet, eine Stimme, die ich liebe. Er ist einer der Weggefährten meines Lebens. Bob Dylan sang über Lenny Bruce, *He's gone, but his spirit lingers on and on.* In diesem Sinn soll Phil hier das letzte Wort haben. Wiederum aus dem Essay in ›Der Goldene Mann‹:

»Was mir hilft – falls überhaupt etwas hilft – ist, das Senfkorn Humor im Herzen von Grauen und Sinnlosigkeit zu finden. Seit fünf Jahren recherchiere ich schwierige und ernste theologische Materie für meinen in Arbeit befindlichen Roman, und viel von der Weisheit aus aller Welt ist von der gedruckten Seite in mein Hirn übergegangen, um dort in der Form von noch mehr Worten verdaut und ausgeschieden zu werden: Wörter rein, Wörter raus, und mittendrin ein Gehirn, das matt versucht, die Bedeutung all dessen zu erfassen. Na ja, jedenfalls begann ich, den Artikel über indische Philosophie in der *Encyclopedia of Philosophy* zu lesen … es war vier Uhr morgens; ich war erschöpft … und dort, mitten in diesem ernsten Artikel, stand Folgendes: ›Die buddhistischen Idealisten benutzten verschiedene Argumente, um zu zeigen, dass Wahrnehmung nicht zu Wissen über externe Objekte führt, die sich vom Wahrnehmenden unterscheiden … die externe Welt besteht vermeintlich aus einer Anzahl verschiedener Objekte, aber diese können nur als verschieden verstanden werden, weil es verschiedene Erfahrungen ›von‹ ihnen gibt. Doch wenn die Erfahrungen also so unterscheidbar sind, besteht kein Grund, an der überflüssigen Hypothese von externen Objekten festzuhalten …‹

In dieser Nacht ging ich lachend zu Bett. Ich lachte eine Stunde lang. Ich lache immer noch. Man gehe bis an die philosophischen und theologischen Grenzen, und was kommt dabei heraus? Nichts. Nichts existiert. Wie ich bereits sagte, es gibt nur einen Ausweg: Schlussendlich muss man alles mit Humor betrachten. Kabir, den ich zitiert habe, sah Tanz und Freude und Lachen als Auswege; und er schrieb über den Klang von ›Ketten an den Füßen von Insekten, wenn sie laufen‹. Ich würde diesen Klang gern hören; wenn ich das könnte, würden meine Wut und Angst und mein hoher Blutdruck vielleicht verschwinden.«

Dank an Pamela Jackson, deren Dissertation »The World Philip K. Dick Made« (1999) mir half, meine Gedanken beim Schreiben dieser Einleitung zu klären.

Aus dem Amerikanischen
von Martina Wolff

Einzelnachweise

Und jenseits – das Wobb (Beyond Lies the Wub). Erstmals veröffentlicht in: *Planet Stories*, Juli 1952. Aus dem Amerikanischen von Walter Grossbein.

Roog (Roog). Erstmals veröffentlicht in: *The Magazine of Fantasy & Science Fiction*, Februar 1953. Aus dem Amerikanischen von Walter Grossbein.

Zahltag (Paycheck). Erstmals veröffentlicht in: *Imagination*, Juni 1953. Aus dem Amerikanischen von Walter Grossbein.

Der König der Elfen (The King of the Elves). Erstmals veröffentlicht in: *Beyond Fantasy Fiction*, September 1953. Aus dem Amerikanischen von Walter Grossbein.

Gewisse Lebensformen (Some Kinds of Life). Erstmals veröffentlicht in: *Fantastic Universe*, Oktober/November 1953. Aus dem Amerikanischen von Bela Wohl.

Umstellungsteam (Adjustment Team). Erstmals veröffentlicht in: *Orbit Science Fiction*, September/Oktober 1954. Aus dem Amerikanischen von Bela Wohl.

Und Friede auf Erden (Upon the Dull Earth). Erstmals veröffentlicht in: *Beyond Fantasy Fiction*, November 1954. Aus dem Amerikanischen von Klaus Timmermann und Ulrike Wasel.

Zur Zeit der Perky Pat (The Days of Perky Pat). Erstmals veröffentlicht in: *Amazing*, Dezember 1963. Aus dem Amerikanischen von Thomas Mohr.

Ein unbezahlbarer Artefakt (Precious Artifact). Erstmals veröffentlicht in: *Galaxy*, Oktober 1964. Aus dem Amerikanischen von Clara Drechsler.

Unglücksspiel (A Game of Unchance). Erstmals veröffentlicht in: *Amazing*, Juli 1964. Aus dem Amerikanischen von Clara Drechsler.

Die kleine Black Box (The Little Black Box). Erstmals veröffentlicht in: *Worlds of Tomorrow*, August 1964. Aus dem Amerikanischen von Clara Drechsler.

Glaube unserer Väter (Faith of our Fathers). Erstmals veröffentlicht in: *Dangerous Visions*, hrsg. von Harlan Ellison, Garden City 1967. Aus dem Amerikanischen von Clara Drechsler.

Rückspiel (Return Match). Erstmals veröffentlicht in: *Galaxy*, Februar 1967. Aus dem Amerikanischen von Clara Drechsler.

Ein kleines Trostpflaster für uns Temponauten (A Little Something for Us Tempunauts). Erstmals veröffentlicht in: *Final Stage*, hrsg. von Edward L. Ferman und Barry N. Malzberg, New York 1974. Aus dem Amerikanischen von Clara Drechsler.

Ich hoffe, ich komme bald an (I Hope I Shall Arrive Soon). Erstmals veröffentlicht in: *Playboy*, Dezember 1980 (als: Frozen Journey). Aus dem Amerikanischen von Clara Drechsler.

Philip K. Dick

Der Meister des Science-Fiction-Romans – die 1. Staffel in der Fischer Klassik

Blade Runner
Roman
Aus dem Amerikanischen
von Norbert Wölfl
Band 90559

Das Orakel vom Berge
Roman
Aus dem Amerikanischen
von Norbert Stöbe
Band 90562

Die drei Stigmata des Palmer Eldritch
Roman
Aus dem Amerikanischen
von Thomas Mohr
Band 90568

Total Recall Revisited
Die besten Stories
Mit einem Nachwort
von Thomas von Steinaecker
Band 90578

Das gesamte Programm gibt es unter
www.fischerverlage.de

fi 555 134 / 3 / a

Philip K. Dick

Der Meister des Science-Fiction-Romans –
die 2. Staffel in der Fischer Klassik

Marsianischer Zeitsturz
Roman
Aus dem Amerikanischen
von Michael Nagula
Band 90563

Der dunkle Schirm
Roman
Aus dem Amerikanischen
von Karl-Ulrich Burgdorf
Mit einem Nachwort von Christian Gasser
Band 90566

Ubik
Roman
Aus dem Amerikanischen
von Renate Laux
Band 90569

fi 555 134 / 3 / b

fi 555 134 / 1 / c

Philip K. Dick

Der Meister des Science-Fiction-Romans –
die 4. Staffel in der Fischer Klassik

Nach der Bombe
Roman
Aus dem Amerikanischen
von Friedrich Mader
Mit einem Nachwort
von Jonathan Lethem
Band 90560

Irrgarten des Todes
Roman
Aus dem Amerikanischen
von Yoma Cap
Band 90564

**Ein kleines Trostpflaster
für uns Temponauten**
15 Stories
Mit einem Nachwort
von Jonathan Lethem
Band 90567

fi 555 134 / 1 / d